금석문으로 본
단편 한국사 연구

Korean History through Epigraphy

by
Yang, Seung Ryul

금석문으로 본

단편 한국사 연구

斷編 韓國史 硏究

양승률 지음

서경문화사

머리말

   필자는 어려서부터 대부분의 사람들처럼 역사에 대한 옛날이야기에 관심이 많았다. 일찍부터 이 사실을 알고 할머니께서는 가승(家乘)이며 선조(先祖) 이야기를 즐겨해 주셨고, 세종대왕, 이순신장군은 간혹 역할이 뒤바뀌며 단골로 등장하는 인물들이었다. 이 같은 호기심은 중학교 때도 이어져 할아버지께서 시골 훈장이셨던 친구에게 간청해 그 분께서 쓰신 알지도 못하는 초서체(草書體) 글을 본 기억도 있다. 역사를 전공하게 된 것은 소년시절부터 옛날 역사에 대한 관심과 호기심에서 비롯되었다고 할 수 있다.

   현재 살고 있는 대전 일대에서는 한말(韓末)에 활동하였던 많은 유학자(儒學者)가 있었다. 그중 을사늑약에 반대하고 순국(殉國)한 연재(淵齋) 송병선(宋秉璿, 1836~1905)의 동생인 심석재(心石齋) 송병순(宋秉珣, 1839~1912)은 "老而無聞 將不免鄕人而止矣"라고 하였다. 이제 이 말씀은 곧 나의 말이 되고 말았다. 고루(孤陋)하고 견문이 좁을 수밖에 없는 시골에서 공부한다는 것은 참으로 어려운 일이었다. 내 딴에는 그것을 벗어나려고 무던히도 애를 썼고, 그 방법으로 택한 것 중 하나가 책을 모으는 일이었다. 장서(藏書)가 만여 권으로 불어난 것도 바로 그 때문이었다. 그리고 여행 같은 답사를 좋아하여 글을 쓸 때면 관련 유적지를 꼭 가보았다. 그때쯤 "讀萬卷書 走萬里路"라고 여기저기에 써 붙여두었던 생각이 난다.

   학부 때부터는 박물관에 기웃거린 덕에 유적 답사와 발굴도 낯설게 느끼지 않게 되었다. 또 당대 지식인에 대한 마음을 알고싶어 붓을 들고 필사(筆寫)를 하게 되었는데, 사서(四書)를 비롯해서 각종 사료(史料), 해동고승전(海東高僧傳), 왕오천축국전(往五天竺國傳) 등이 그것이다. 사경(寫經)이 수행(修行)으로 여겨지

foreword

듯이 매우 어려운 일이었다. 어떻게 보면 아까운 시간과 노력을 허비도 하였으나, 한 글자 한 글자 차분하게 꼼꼼히 보는 버릇이 생겨 금석학(金石學)과 원전(原典)에 자못 관심을 갖고 글도 썼다. 원전에 대한 관심은 사료(史料)의 영인본(影印本)을 좋아하는데 이르렀고, 글을 쓸 때면 모르면서도 덮어놓고 원전부터 찾았다. 금석문은 특히 고대사(古代史)에 있어 당대 중요한 사료로서 문헌 자료의 한계를 잘 보완해주기에 더없이 훌륭한 자료이다. 자료 판독(判讀)에는 탁본(拓本)이나 한문(漢文) 해독 능력, 문자학(文字學), 당대 지식이 종합되어야 하기에 그 판독은 정말 힘든 일이다. 게다가 대부분의 금석문이 파손 혹은 훼손되어 있으니 그것은 더욱 어려운 일이다. 예전 학자 중에는 도리어 '매번 비석의 파손된 곳을 대하면 더욱 사랑스럽다[每至石邊破處 更可愛]'라고 했으니 그 묘미도 있다. 금석문 자료를 제대로 판독하고 이를 바탕으로 글이 이루어지면 그 기쁨은 말로 표현할 수 없다. 어려운 공부였으나 지금까지도 해올 수 있었던 까닭이기도 하다.

　박물관 관련 일을 하면서 현장보다는 문헌 사료를 볼 일이 많아져 그 속에 보이는 금석문 자료를 연구 하고, 시대를 가리지 않고 글도 썼다. 이제 그것을 책으로 엮고 보니 무슨 학설은 고사하고 체계나 계통도 없는 한국사에 관한 단편적인 글 모음과 제목이 되고 말았다. 그중 특히 기억나는 것은, 나말(羅末) 이른바 '구산선문(九山禪門)'의 하나인 보령 성주사지(聖住寺址) 발굴 조사에 참가해서 하루에 위아래 이어지는 비석편[碑石片: 金立之 撰 聖住寺碑]을 두 개나 발견하고 글을 쓴 일이다. 지금도 생각하면 신기한 일이었다. 물론 그전에 비석 편을 발견하는 꿈을 여러 번 꾸기는 하였다. 이 책은 그동안 쓴 글을 시대 순으로 나열한 것에 불과하나, 삼십여 년 이상 역사에 대한 관심을 놓지 않고 있었다는 사실 한 가지는 대변할 수 있지 않을까 한다.

지금 살고 있는 지역은 안타깝지만 전통문화가 사라지기는 다른 곳과 다를 바가 없지만, 그나마 간신히 전통 학문을 이은 분들이 계셨다. 여러 가지 사정으로 학교를 나와서 바깥 세계에서 활동한 아쉬움은 있었으나, 오히려 그 덕분에 그 분들을 가까이에서 뵙는 기회를 얻었고 어깨너머로 배울 수 있었던 행운에 감사할 따름이다. 이 분들의 행실과 학문에 대한 학은(學恩)은 일일이 말로 표현할 수 없을 만큼 참말로 큰 것이었다. 학문에 대한 마음가짐이나 생각하신 바를 조금이라도 이해하고 느낄 수 있는 시간이었고, 전공에서도 많은 가르침을 받았다.

정역(正易)에 밝았던 삼정(三正) 권영원(權寧遠) 선생, 한말 이래 난곡학파(蘭谷學派: 蘭谷 宋炳華)의 학통(學統)을 이은 석음(惜陰) 송창준(宋昌準) 선생, 송은(松垠) 윤충호(尹忠鎬) 선생과 평소 격려를 아끼지 않은 초강(草江) 송백헌(宋百憲) 선생, 송준호(宋寯鎬) 선생도 잊을 수 없다. 늘 알뜰히 공부한다고 좋아하시던 구봉(九峯) 이정섭(李廷燮) 선생의 기대도 마음속 깊이 남아 있다. 이렇게나마 이분들을 기억하는 것으로 보잘 것 없는 보은을 하고자 한다. 아울러 필자의 학문적 역량과 한계를 알면서 지금까지도 학문적 교류를 이어가고 있는 몇 분의 학자와 후배들과 박물관 학예연구실 동료들의 지지와 성원에 이 책이 조금이나마 보답이 되었으면 좋겠다는 바람도 가져본다. 한없이 부족함에도 이제까지 공부하고 글을 쓸 수 있었던 것은 오로지 부모님의 무조건적인 지원과 지지 때문이었다. 또한 가정에서 역할의 부족함을 무던히도 이해하고 감내해준 가족들의 뒷받침도 빼놓을 수 없다.

분명 출판 세계와 학문 분야에서 아무런 기여도 하지 못할 서적임에도, 학부 때부터 구입 도서를 살뜰히 챙겨주신 서경문화사 김선경 사장님의 배려와 어려운 한자투성이 글을 잘 편집해준 김소라님의 수고로 펴낼 수 있었음에 깊은 감사의 마음을 전한다.

2025년 6월 일
學古山房에서

목차

1. 櫟泉 宋明欽의 七佛寺 鐘銘記와 薩水大捷 ·················· 13

   Ⅰ. 머리말 — 13
   Ⅱ. 櫟泉 宋明欽의 安州 七佛寺 鐘銘記 — 14
   Ⅲ. 薩水大捷과 七佛寺 — 23
   Ⅳ. 七佛寺와 乙支文德의 石像과 石碑 — 31
   Ⅴ. 맺음말 — 45

2. 有懷堂 權以鎭의 新羅 溫井碑攷 ·················· 47

   Ⅰ. 머리말 — 47
   Ⅱ. 權以鎭의 溫井碑文 判讀과 그 內容 — 49
   Ⅲ. 新羅의 溫井과 溫井碑 — 61
   Ⅳ. 溫井碑를 통해 본 新羅 中代의 巡狩 — 70
   Ⅴ. 맺음말 — 73

3. 儒城 溫泉考 ·················· 75

   Ⅰ. 머리말 — 75
   Ⅱ. 유성현 治所 比定 — 76
   Ⅲ. 1552년, 유성 온천 풍경 — 80
   Ⅳ. 유성 온천의 변모 — 89
   Ⅴ. 맺음말 — 95

contents

4. 金立之의 聖住寺碑 ································· 97

Ⅰ. 머리말 — 97

Ⅱ. 碑片의 復元 — 99

Ⅲ. 碑片의 判讀 — 107

Ⅳ. 碑文의 內容 — 119

Ⅴ. 碑文의 意義 — 136

Ⅵ. 맺음말 — 154

5. 聖住山門 관련 史料의 검토 ···························· 155

Ⅰ. 머리말 — 155

Ⅱ. 崇巖山聖住寺事蹟 — 156

Ⅲ. 『黃溪誌』에 보이는 深妙寺와 詢乂 — 176

Ⅳ. 기타 자료 — 188

Ⅴ. 맺음말 — 195

6. 의좋은 형제 '李成万·李順'의 紀事碑攷 ···················· 197

Ⅰ. 머리말 — 197

Ⅱ. 碑文의 判讀 — 198

Ⅲ. 碑文의 內容 — 207

Ⅳ. 大興戶長 李成万·李順 兄弟와 그 후손의 紀事碑 建立 — 216

Ⅴ. 맺음말 — 221

7. 淸白吏 錦江漁叟 李世璋의 怪石과 怪石碑 ················ 223

    Ⅰ. 머리말 ― 223

    Ⅱ. 이세장의 생애 ― 225

    Ⅲ. 청백리 이세장 ― 242

    Ⅳ. 강원도관찰사 이세장의 괴석과 그 후손의 괴석비 건립 ― 249

    Ⅴ. 맺음말 ― 261

8. 舟村 申曼의 『保幼新編』 編纂과 『舟村新方』 ············ 263

    Ⅰ. 머리말 ― 263

    Ⅱ. 신만의 생애 ― 265

    Ⅲ. 신만의 의료 활동 ― 271

    Ⅳ. 신만의 『保幼新編』 편찬과 『舟村新方』 ― 276

    Ⅴ. 맺음말 ― 287

9. 한우물 마을의 林孝生 墓碑攷 ···················· 289

    Ⅰ. 머리말 ― 289

    Ⅱ. 임효생 墓碑文의 判讀 ― 290

    Ⅲ. 임효생의 생애 ― 297

    Ⅳ. 한우물 洞契와 임효생 ― 301

    Ⅴ. 맺음말 ― 305

10. 御史 洪遠謨의 永世不忘碑 고찰 ················· 307

Ⅰ. 머리말 — 307

Ⅱ. 洪遠謨의 생애와 활동 — 308

Ⅲ. 永世不忘碑文의 判讀과 그 內容 — 311

Ⅳ. 홍원모 어사의 대전지방 善政 — 320

Ⅴ. 맺음말 — 328

11. 1894년 錦山地域 義會軍의 組織과 活動 ············· 331

Ⅰ. 머리말 — 331

Ⅱ. 錦山地域 東學農民軍의 活動 — 334

Ⅲ. 義會軍의 組織과 活動 — 340

Ⅳ. 珍山 浮水巖 戰鬪 — 349

Ⅴ. 맺음말 — 357

부록 1.「壬午六月日記」解題 ······················· 362

   2. 拓本 ··································· 381

찾아보기 ································· 392

1

櫟泉 宋明欽의 七佛寺 鐘銘記와 薩水大捷

I. 머리말

　조선 후기 湖西 山林의 대표적인 학자 중의 한 사람으로 同春堂 宋浚吉(1606~1672)의 玄孫인 櫟泉 宋明欽(1705~1768)[1]은 유람과 관련된 약간의 기록을 남기고 있다. 그 중 하나가 송명흠이 23세이던 1727년(英祖 3) 8월, 金聖采와 같이 關西地方을 유람했던 「西游日記」이다.

　그런데 「서유일기」 중에는 平安南道 安州 七佛寺 寺樓에 있었던 '古鐘銘'을 기록하고 있어 주목된다. 칠불사는 高句麗 乙支文德의 薩水大捷과 관련 있던 7인(僧)과 관련된 유적으로 알려져 있기 때문이다.

---

1) 송명흠에 대해서는 다음의 연구 성과가 있다. 은진송씨의 山林 관련 자료를 身後文字를 중심으로 정리한 성과(宋成彬, 『朝鮮朝 宋山林의 硏究』, 鄕志文化社, 1997)와 蕩平·勢道期 산림과 이 시기 집중적으로 산림을 배출한 대표적인 가문의 예로 들고 있고(禹仁秀, 『朝鮮後期 山林勢力硏究』, 一潮閣, 1999, pp.179~186), 그의 학문과 사상에 대한 논고로는 宋寅昌, 「櫟泉 宋明欽의 主敬思想과 現實對應」 『韓國思想史學』 14, 2000 등이 있다. 또한, 늑천 송명흠 집안 관련 古文書와 古書에 대한 해제 성과로는 成鳳鉉, 「櫟泉 宋明欽 先生家 寄贈 古文書·古書」 『늑천 송명흠 선생가 기증유물(I)』, 대전광역시향토사료관, 2004가 있다.

그러므로 우선 송명흠이 기록한 칠불사 '古鐘銘'에 대해서 살펴보고자 한다. 다음으로 고구려의 살수대첩과 칠불사가 어떤 관련이 있었는지를 살수대첩을 통해서 검토하고, 칠불사와 그 종을 비롯한 살수대첩 관련 유적·유물과 을지문덕의 유적으로 전하는 그 石像과 石碑에 대해서 살펴보고자 한다.

이같은 검토는 고구려 을지문덕의 살수대첩 자체에 대한 재조명과 더불어 을지문덕과 살수대첩이 후대에 끼친 영향과 현존하지 않는 칠불사와 그 유적, 유물 및 을지문덕에 관한 역사기록의 보완이라는 측면에서 의미가 있을 것으로 기대된다.

II. 櫟泉 宋明欽의 安州 七佛寺 鐘銘記

송명흠의 「서유일기」는 그가 23세이던 1727년(영조 3) 8월 2일부터 9월 7일까지 한달 남짓 김성채[2]와 함께 개성, 평양, 묘향산 일대를 돌아본 일기체의 유람 기록이다.[3] 기록은 여행 路程에 대한 간단한 내용이지만 관람했던 유적과 관련된 현판, 비문, 鐘銘 등을 대략적이나마 비중 있게 기록하고 있어 주목된다. 그 중의 하나가 8월 20일, 안주 칠불사 사루에 걸려 있던 '古鐘銘' 즉 오래된 鐘銘에 대한 기록이다(A-①).

---

2) 金聖采(1702~1736)는 자는 士亮, 본관은 淸風으로 潛谷 金堉의 5대손이다. 송명흠은 김성채의 父인 道洽의 사위로 두사람은 매형 처남간이 되고, 김성채의 아우 聖休(外祖는 송명흠의 父 堯佐의 生父인 炳翼)의 아들인 光黙(生父 김성채)은 송명흠의 동생인 閒靜堂 宋文欽의 사위로 사돈간이 되어(『淸風金氏世譜』 6, 1989, pp.678~681) 청풍김씨 김육의 후손과는 거듭된 혼인관계에 있었다. 송명흠은 김성채의 墓誌銘을 지었다(『櫟泉集』 권16, 「縣監金士亮墓誌銘 幷序」).

3) 이 기록은 1805년 간행된 『櫟泉集』에는 전하지 않고 그의 遺稿에 전하고 있다. 그의 유고는 11책 분량으로 문집 간행을 위한 유고로 1805년 간행본과는 異同이 있다(成鳳鉉, 앞의 글, p.152, p.171).

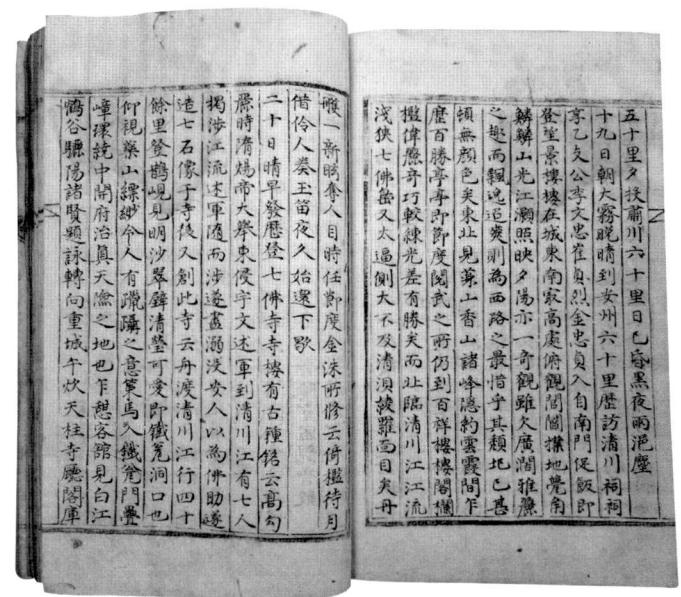

宋明欽, 『櫟泉遺稿』에 보이는 七佛寺鐘銘

A - ① (八月)二十日 晴 早發 歷登七佛寺 寺樓有古鐘 銘云 高句麗時 隋煬帝大
擧東侵 宇文述軍到淸川江 有七人揭涉江流 述軍隨而涉 遂盡溺沒 安人以
爲佛助 遂造七石像于寺後 又創此寺云[4)]
② 渡(淸川)江 歷憩七佛寺 樓有元至正四年所鑄鐵鐘[5)]

송명흠이 직접 보고 기록한 칠불사는 평안남도 안주 안주읍성 서북쪽에

---

4) 이후의 연행기록이나 지리지류에서도 살수대첩과 관련된 七佛(寺)에 관한 내용
은 이같은 내용의 범주를 크게 벗어나지 않는다. 이밖에 權文海, 『大東韻府群玉』
(以會文化社 影印本), p.599에서도 '薩水七石'이라는 항목에 약간의 글자 異同은
있으나 출전을 '勝覽'이라고 하여 역시『신증동국여지승람』의 기록을 싣고 있다.
5) 金昌業, 「稼齋燕行錄」; 林基中 編, 『燕行錄全集』, 2001, 권32, p.280 ; 권33, p.469.
이밖에도 1791년 金正中(字 士龍)의 「연행록(일기)」중의 "步下七佛寺 觀石鐘銘"
같은 기록도(같은 책, 권74, p.198 ; 권75, p.152) 이 종을 언급한 것으로 생각된다.

위치했던 關西 8景의 하나인 百祥樓에서 멀지 않은 곳에 있던 사찰이었다.6) 일제시대 이후까지 존재하다가 그 후 없어지고 현재는 그 터만 남아 있다.7)

이 같은 칠불사에 대한 기록은 우선 地理志類에서도 볼 수 있다.

> B - 七佛寺 在北城外 諺傳 隋兵陳[陣]于江上 欲渡無舟 忽有七僧到江邊 六僧 褰裳而涉 隋人見之 謂水淺 揮兵爭渡 而溺屍滿于川 水爲之不流 因建寺爲名 列置七石 以象七僧(『新增東國輿地勝覽』 권52, 安州牧 佛宇)

이들 기록을 보면, 양자 간 약간의 異同은 있으나 칠불사는 고구려 때 수나라 양제가 고구려를 침입했을 때, 薩水(淸川江)에서 수군을 유인하여 공을 세운 7인(승려)을 기려서 세운 사찰임을 기록하고 있다. 그런데 B의 기록이 '諺傳'이라고 한 반면 송명흠의 기록은 '古鐘銘'이라고 하고 있어 그 신빙성을 더해 주고 있다.8) 그러면 송명흠이 보았던 '古鐘銘'은 어떤 것이었을까.

송명흠이 기록한 銘文에서 '高句麗時'라고 하고 있으므로 고구려 당대의 종은 아님을 알 수 있다. 또한 당시의 강 이름인 薩水가 아니고 '淸川江'으로

---

6) 칠불사에 대해서는 주로 『신증동국여지승람』의 기록이나 丁若鏞의 『大東水經』에 인용된 박천 이옥의 「칠불사비」의 내용을 소개하고, 안주군 안주면 七佛山에 있는데 "大本山法興寺末寺 太古寺寺法"이라고 하였다(趙明基 編, 『韓國佛敎史學大事典(上)』, 1991, pp.3~4 ; 權相老, 『韓國寺刹事典(下)』, 1994, p.469). 이외 칠불사의 유물과 유적에 대한 소개는 張道斌, 『增補大韓偉人傳』上, 아세아문화사, 1981, pp.242~245가 상세하다.

7) 정태혁·신법타, 『북한의 절과 불교』, 民族社, 1990, pp.207~208. 을지문덕이 수군을 물리치고 전승 기념으로 세운 절이 안주의 칠불사와 순천의 안흥사라고 한다(같은 책, p.174).

8) 송명흠은 9세시 '北伐疏'를 지었다(『櫟泉集』 권19, 年譜. "一日作北伐疏曰 臣雖九歲小兒 願得十萬兵 橫行匈奴中"). 어린 시절의 일화이기도 하지만 송명흠의 역사의식 형성과 관련된 기록일 뿐만 아니라 후일 이같은 기록을 애써 남긴 연유가 있었음을 알게해주는 중요한 기록으로 이해된다.

되어 있고, '安人'이란 표현도 安北府나 安北大都護府나 安州 등이 설치된[9] 이후라야 가능한 표현이므로, 시기적으로 이 종은 高麗時代나 그 이후의 것임을 알 수 있다. 더 좁혀서 A-②는 1713년(肅宗 39) 老家齋 金昌業(1658~1721)이 燕行시 오는 길에 기록한 것인데, 칠불사 루에는 元 至正 4년 즉 1344년(忠惠 5, 忠穆 즉위년)에 만든 종이 있었다고 하였다.[10] 이보다 14년 뒤에 송명흠이 본 '古鐘'도 이 종일 가능성이 있다고 하겠다. 이 종일 경우 김창업도 송명흠처럼 보다 자세한 기록을 남길 수도 있었으나 별다른 기록을 남기고 있지 않다. 이밖에 많은 연행 기록에서 칠불사 관련 기록을 찾을 수 있는데, 그 중 徐長輔(1767~1830)의 1803년 연행 기록인 「薊山紀程」에는 칠불과 종의 사적을 더욱 보충할 수 있는 내용이 있어 주목된다. 그 내용은 역시 살수대첩에서의 七僧의 사적을 소개한 다음에, 아래와 같은 기록을 남기고 있다.

C - 轉眄之間 諸僧皆化爲石彌勒 散立淸川上下 故就其三佛齊立處 建一寺 別立彌勒院 以三佛軒 懸大梵鐘 而范子記其蹟[11]

이 기록을 보면, 칠불사의 종의 크기와 사적을 기록한 撰者에 대한 언급이

---

9) 안주는 고구려 때 이름은 息城郡이고, 統一新羅 景德王 때는 重盤郡이였다. 고려시대에는 태조 때 彭原郡, 태조 14년(931)에는 安北府, 성종 때는 寧州安北大都護府, 현종 때는 安北大都護府로 불렸고, 1369년(恭愍王 18)에 安州萬戶府를 두었다가 뒤에 安州牧으로 승격되었다(『신증동국여지승람』 권52, 안주목).

10) 칠불사 종이 이 때 만들어진 종으로 보면, 이것은 당시 安軸, 李齊賢, 李穀 등 高麗後期 史書를 편찬하던 新興士大夫들은 元과 高麗의 天子國과 諸侯國인 관계에서 고려 왕조의 독자적인 존속을 정당화 하려 했고, 고려의 문화적 자존심, 고려 혹은 민족 역사의 유구함의 강조나 高句麗의 故土를 회복하려는 의지가 엿보이는 것(邊東明, 『高麗後期性理學受容研究』, 一潮閣, 1995, pp.162~163) 등의 시대적 분위기와 관련이 있을 듯하다. 혹은 이 무렵 즉위한 충목왕대의 개혁정치와도 관련될 듯하다.

11) 임기중 편, 앞의 책, 권66, pp.46~47.

있어 중요하다. 크기에 있어서는 '大梵鐘'이라고 하여 상당한 크기의 범종이었으며, 그 사적을 기록한 사람에 대하여 '笵子'라고 하고 있기 때문이다. '笵子'는 '法子'의 뜻일 것이고, '법자'는 佛法을 닦는 사람을 의미하므로 스님이라고 말할 수 있다.

이렇게 보면, 칠불사의 종은 크기가 제법 큰 범종으로 종에 그 칠불의 사적을 기록한 사람은 스님임을 알 수 있다. 이같은 몇 가지 사실과 비슷한 시기의 범종이나 그 밖의 금석문 자료를 참고하면 칠불사 종의 대강의 모습을 그려낼 수 있을 것이다.

우선, 명문의 첫머리에는 개성에 있는 「演福寺鐘」의 銘文이나[12] 같은 시기의 「至正四年銘金鼓」 등의 명문을[13] 고려하면, 종을 만든 연대가 기록되어 있었을 것이다. 따라서 명문에는 A-②의 기록을 참조하면, (大)元至正四年……으로 시작했을 것이다.

다음으로, A-①과 같이 살수대첩에서 공을 세운 7인의 사적을 기록했을 것이다.

끝으로, 글을 지은 스님과 施主秩 명단이 있었지 않은가 한다.

한편, 이 종에 대해서 다른 정보를 제공해 주는 기록이 있다. 博泉 李沃(1641~1698)의 「安陵七佛寺碑銘」[14]이 그것이다.

D - 世傳 隋人旣次濊(薩)水 見七僧人徒涉 意其淺而隨之 麗人擠其後 隋兵太半沒溺不得渡 遂大敗遁去 句麗之捷 冥佑寔賴 …… 天順四年 我世祖大王徇西土 至安陵 詢古跡于父老 命於江上置梵宇 塑七佛而饗之 …… 又命知兵曹事韓繼禧 記蹟于鐘 今安西府城北臨江七佛寺是也

---

12) 許興植 編, 『韓國金石全文』 中世下, 아세아문화사, 1984, pp.1171~1177. "大元至正六年春……"
13) 黃壽永 編, 『韓國金石遺文』, 一志社, 1976, p.398. "至正四年四月初八日……"
14) 李沃, 『博泉集』 권8, 「安陵七佛寺碑銘」.

세상에 전하는 살수대첩에 관한 이야기와 天順 4년(1460, 世祖 6), 세조가 關西地方을 巡幸하여 安陵(安州)에 이르러 父老에게 그 고적을 묻고는 강 위에 절을 짓게하고 七佛을 만들어 모셨다는 것이다. 또한, 兵曹知事 韓繼禧(1423~1482)에게 명해 종에 그 사적을 기록하게 했다는 것이다. 이것은 이옥이 칠불사에 세워질 비의 비문을 위해 지은 글이다.[15] 또한 이 기록에는 1691년경 거의 폐허 지경에 이른 칠불사를 睦林奇(1625~1702)가 중수하게 된 사실과 '七佛樓'를 세웠다는 내용이 있다.[16] 그렇다면 김창업이나 송명흠이 사루에서 보았다는 종은 이 칠불루에 걸려있던 종을 본 것으로 생각된다. 그러면 송명흠이 본 종명과 한계희가 사적을 기록했다는 종과는 어떤 관련이 있는 것일까. 같은 종일 가능성도 있으나, 송명흠이 본 종명에는 고구려 당시에 安人이 부처의 도움이라 여기고 7인의 석상을 절 뒤에 세우고[17] 또 절을 창건했다고 하였고, 한계희가 기록하였다는 종명에는 세조대의 일로 기록하고 있다. 그러

---

15) 丁若鏞, 『大東水經』 권2, 薩水(『與猶堂全書』 제6집 제7권, 「大東水經」)에서도 살수가 청천강이라는 주요 전거로서도 인용되어 있다.

16) 이옥, 앞의 글, "今上十七年(1691, 肅宗 17) 泗川睦侯林奇之按戎枲且二年矣 遂捐俸儲廩 重新是寺 …… 建七佛樓" 목임기는 본관은 泗川, 자는 士圭이다. 1645년 武科로 吉州牧使, 忠淸·平安 兵使, 三道統制使 등을 지냈다(『泗川睦氏世譜』 中, 1988, p.31). 그는 길주목사시에 진휼에 힘써 치적이 있었고(『北關邑誌』 제2책), 吉州(『邑誌』 13, 함경도, 아세아문화사, 1986, p.88 ; 『肅宗實錄』 14, 肅宗 9년 8월 壬寅), 무과 출신답게 兵事에도 능한 장수였다(『肅宗實錄』 25, 肅宗 19년 2월 丙申). 그는 삼도통제사시(1693.4~1694.7)에 統制營城의 東·西·北 炮臺(樓)를 세운 바 있다(『洗兵館 實測調查報告書』, 문화재청, 2002, p.71). 그의 이러한 경력으로 볼 때, 칠불사의 중수는 살수대첩을 기념하면서 안주성의 중요성을 환기시키는 의미에서 이를 염두에 두고 추진한 일로 여겨진다. 이 무렵은 삼도통제사로 임명되기 전 평안병사 때의 일로 추정된다.

17) 이들 석상을 고구려 때 만든 것으로 보는 기록이 있다. 許穆, 『記言(續集)』 권48, 「關西誌」. "隋煬帝大發兵 伐句麗不利而歸 乙支文德乘其不利 襲擊大破之 隋敗兵至溘(薩)水 無舟可渡 追兵在後急 有浮屠七人 前徒涉 隋兵從之 皆溺沒 麗人溘(薩)水上作七浮屠 以祀之" 이밖에 연행록 등의 기록에서도 고구려 때의 제작으로 언급하고 있다.

므로 한계희가 그 사적을 기록했다는 종이 존재했다고 해도 서로 다른 종임을 알 수 있다.

또한 D의 기록은 약간의 연대상의 문제점도 있다. 우선 세조가 1460년(세조 6) 10월 3일, 황해·평안도를 순행한 것은 사실이나 큰 눈이 내려 順安縣에 이르렀다가 돌아왔다.[18] 또한 한계희는 1458년(세조 4) 2월에 兵曹知事였고, 3월에 兵曹參議였으므로[19] 기록상 착오가 있음을 알 수 있다.

한편, 이 기록을 문헌상의 사적 기록이라는 측면에서 볼 때, 칠불사의 사적을 일정부분 반영하고 있다고 보면, 그 시기는 한계희가 병조지사 때인 1458년에서 세조의 순행 시기인 1460년 사이 어느 때로 좁혀 볼 수 있을 것이다. 또한 한계희의 職銜 기록을 존중한다면 1458년 2월경으로 한정될 수 있다. 한계희는 병조에 몸을 담고 兵書와[20] 佛經에도 밝았으므로 칠불사 종명의 撰者로 기록하기에[21] 적합했을 것이다. 또한 칠불사가 전혀 세조대와 관련이 없던 것은 아니다. 칠불사가 세조의 관심 속에 조영되고 있었음은 1466년(세조 12) 7월 11일, 평안도 永明寺·七佛寺 및 龜城의 공사를 정지하고 혁파하게 한 사실에서도[22] 반증된다. 이 시기는 칠불사의 창건후 사세 확장과 관련

---

18) 『世祖實錄』 권22, 世祖 6년 10월.
19) 徐居正, 『四佳集(補遺)』 1, 韓繼禧 神道碑銘 幷序. "(戊寅)二月 擢兵曹知事 俄陞參議"
20) 한계희는 문종에서 세조대에 걸쳐 주요 兵書의 편찬 과정에서 많은 활약을 하였다. 문종대 완성한 『歷代兵要』나 세조대의 『五衛陣法』, 『御製兵將說』 등에서 편찬자로 참여하거나 음과 주석을 달거나 편집에 참여하였다.
21) 1462년(세조 8), 한계희는 「興天寺新鑄鐘銘幷序」를 지은 바 있다.
22) 『世祖實錄』 卷39, 世祖 12년 7월 庚辰. "承政院奉旨馳書于平安道觀察使曰 道內永明寺七佛寺及龜城功作 一皆停罷" 영명사가 고구려 東明聖王과 관련된 사찰이고(『新增東國輿地勝覽』 51, 平壤 佛宇 永明寺 및 古跡 九梯宮), 칠불사가 살수대첩과 밀접한 관련이 있는 사찰이고 보면, 이 때의 두 사찰의 佛事는 고구려 유적과 관련되고 당시 북방에 대한 주의와 우리나라 역사 특히 고구려 역사에 대한 어떤 일련의 관심과 관련이 있을 것이다. 특히, 세조는 檀君과 高朱蒙에 대한 치제에 가장 관심을 기울였고 고구려의 막강함을 동경하였다는 사실을(韓永愚, 『朝鮮前

된 공사였을 것으로 추정된다. 이는 세조가 우리나라와 중국의 역대 전쟁 사례를 모은 『歷代兵要』를 감수하고,[23] 『五衛陣法』[24]의 간행이나 직접 兵書인 『兵鏡』(뒤에 御製兵將說로 고침)』을 지었고, 武臣의 병서 학습을 중시하는 등 군사 방면에 관심이 많았던 점과[25] 당시 梁誠之(1415~1482)가 武成廟를 세울 것과 金庾信, 을지문덕 이하 제 고려의 명장의 사당을 세워 제사 지낼 것을 주장했던[26] 분위기와 무관하지 않을 것이다. 특히 칠불사 부근은 살수대첩과 관련하여 隋軍의 陣法이 사용되었던 전투 지역이었기 때문이다.

  이같은 정황으로 볼 때, 세조대에 살수대첩과 관련되는 칠불사와 칠불의 조성과 그 사적을 한계희에게 종에 새기도록 한 내용은 정확한 기록은 아니나 일정 부분 세조대의 군사 방면에 대한 주의와 칠불사 조영과 관련해서 파생된 기록으로 이해된다. 이는 송명흠이 기록한 고려시대 칠불사 종명과는 관련이 없으나, 조선 초기까지 전승되어 온 사적의 내용을 전하고 있다는 점에서 의미가 있다고 생각된다.

  期 史學史 硏究』, 서울대출판부, 1981, p.66) 고려하면 더욱 그렇게 생각된다.
23) 『역대병요』는 세종대 기획되어 1451년(文宗 元年) 7월에 완성되는데, 서문은 수양대군(세조)이 지었다(정해은, 『한국 전통병서의 이해』, 국방부 군사편찬연구소, 2004, pp.145~146).
24) 『오위진법』은 1451년(문종 원년) 기존의 진법을 바탕으로 文宗이 짓고 수양대군(세조)가 편찬을 관장하고 서문을 지었다(정해은, 위의 책, pp.96~97).
25) 정해은, 위의 책, pp.125~126.
26) 또한 세조로 하여금 역사에 관심을 갖게 한 이는 양성지라고 한다(韓永愚, 「訥齋 梁誠之의 社會·政治思想」『歷史敎育』 17, 1975 ; 「梁誠之의 社會·政治思想」『朝鮮前期 社會思想硏究』, 지식산업사, 1983, pp.30~31, pp.184~185 ; 鄭求福, 「朝鮮前期의 歷史敍述」『韓國의 歷史認識(上)』, 1976, p.240). 양성지도 살수는 청천강으로 인식하고 있었다(『訥齋集』 권1, 「平安道便宜十八事」. "安州城北據淸川江 乃高句麗大破隋兵之地 今城子低微 請改築之"). 이러한 인식은 『高麗史』 권58, 「地理 3」, 安北大都護府 寧州 조에서 淸川江에 대해서 夾註로 "古稱薩水 卽高句麗乙支文德敗隋兵百萬之地"라고 한 것과 『世宗實錄』 권154, 「地理志」, 安州 조에서 역시 청천강에 대해서 夾註로 "古称薩水 卽高麗乙支文德敗隋將宇文述于仲文等九將軍之地"라고 한 것과 그 궤를 같이한다.

이밖에 고구려 瓦片 출토,[27] 칠불사의 현판 기록,[28] 도금불상 4座,[29] 석상 3座[30] 등이 있었다고 하는데, 불상과 석상의 제작 연대를 고려나 조선시대로 추정하므로 칠불사의 창건과 종의 제작 시기를 가늠할 수 있는 방증 자료이다.

　그러므로 송명흠이 1727년(英祖 3) 8월 20일, 유람 중 보고 기록한 칠불사의 종과 그 종명[鐘銘幷序]은 1344년(忠惠 5, 忠穆 즉위년)에 만든 종이고, 글을 기록한 사람은 스님이었고, 고구려의 살수대첩에서 공을 세운 7인(僧) 내용을 기록한 것임을 알 수 있다. 이것은 현존하지는 않으나 고려시대 살수대첩을 기록한 금석문 자료로서 그 사료적 가치가 높다고 하겠다.[31] 또한, 고려시대 고구려 계승의식과[32] 고구려와 수의 전쟁 특히 살수대첩에 대한 인식을 살펴볼 수 있는 자료로도 그 중요성은 크다고 생각된다. 고려시대의 이러한 칠불사를 중심으로 한 살수대첩에 대한 인식은 조선시대에 이르기까지 계속되었던 것으로 이해된다.

---

27) 장도빈은 칠불사내에서 많은 高句麗 瓦片을 볼 수 있었다고 하였다(장도빈, 앞의 책, pp.243~244).

28) "本寺는 三國古刹로 隋兵과 戰할 時의 七佛을 紀念하기 爲하여 建한 것"(장도빈, 위의 책, p.243).

29) 고려시대의 제작이거나 후세에 高麗式을 追慕하여 제작한 것으로 추정하였다(장도빈, 위의 책, p.244).

30) 7석상 중에서 4좌는 유실되고 3좌만 남았고 시대도 고려식이거나 그 후세의 작으로 추정하였다(장도빈, 위의 책, p.244). C의 기록으로 보면, 1803년경에도 이미 7불 중 3불만 남았던 것으로 보인다.

31) 이는 문헌상에 전하는 고구려 금석문 자료인 東川王墓 石刻, 祥原郡의 王塚記, 平壤城 石刻 등(金相鉉, 「文獻으로 본 韓國古代 金石文」『文化史學』 21, 2004, pp.378~380)과 함께 중요한 자료로 생각된다.

32) 고려인의 고구려 계승의식을 여러 예에서 볼 수 있거니와(안병우, 「고구려와 고려의 역사적 계승 관계」『韓國古代史硏究』 33, 2004, pp.131~136), 칠불사종명도 그 한 사례가 될 뿐만 아니라 절대연대를 알수 있는 금석문 자료로서도 그 가치가 있다고 하겠다.

III. 薩水大捷과 七佛寺

살수대첩은 612년(嬰陽王 23), 고구려의 을지문덕이 이끄는 고구려군이 수나라 于仲文과 宇文述 등이 이끄는 30만 대군을 맞아 살수(淸川江)[33]에서 크게 이긴 전투를 말한다.[34]

---

33) 살수를 평안남도 안주의 청천강으로 보는 데는 고래로 별 이견이 없었다. 그러나 북한 학계에서는 1970년대까지도 청천강으로 인식하다가 70년대 후반부터 이 때의 살수에 대해 요동반도 大洋河의 지류인 '哨子河'로 보고 있다(『조선전사』 3, 1979, p.244 ; 『고구려력사연구』, 1985, p.68 ; 박진욱, 『조선고고학전서(중세편 고구려)』, 과학백과사전종합출판사(평양), 1991, p.92 ; 손영종 등, 『조선통사』 상, 사회과학출판사(평양), 1991, p.109 ; 손영종, 『고구려사』 2, 과학백과사전종합출판사(평양), 1997, pp.170~174). 최근의 북한 학계의 주장도 역시 변함없다 (전동철, 「수,당나라 침략자들을 쳐물리친 고구려 인민들의 투쟁은 나라와 민족의 자주권을 지키기 위한 반침략적 조국방위항전」 『북한의 최근 고구려사 연구』, 고구려연구재단, 2004, p.118). 북한 학계의 이같은 변화의 사실 배경에 대한 것은 다음 글이 참고된다(손영종, 앞의 책, p.173 ; 『고구려사의 제문제』, 신서원, 2000, pp.135~136). 이 밖에 손영종의 『고구려사』 중 그 기조를 이루고 있는 것은 소위 고구려 인민들의 대외 투쟁(대외 항쟁 부문)이라고 한다(李基東, 「北韓에서의 高句麗史 연구의 현단계 -孫永鍾 著『고구려사』를 읽고-」 『東國史學』 33, 1999, p.14). 북한의 『조선전사』 3의 「고구려사」 중 살수에 대한 내용을 검토한 고찰도 있다(신형식, 「고구려사 서술과 그 특징」 『남북한의 역사관의 비교』, 솔출판사, 1994, p.179 ; 「北韓의 「고구려사」(『조선전사』 3)의 分析과 批判」 『東方學志』 81, 1993, p.35 ; 「손영종의 『고구려사』(2)의 분석과 비판」 『慶北史學』 23, p.30). 북한 학계의 이러한 주장은 수 군대가 압록강 이남에 진격하지 않았다는 사실을 강조하려는 의도라고 한다(신형식, 『고구려사』, 이화여자대학교출판부, 2003, p.190 註50). 중국 학계에서는 청천강으로 보고 있다(劉永智, 「薩水考略」, 『社會科學戰線』. 1987년 4기: 『중국 학계의 고구려사 인식』, pp.225~243 및 李英 主編, 「隋第一次征高麗之戰」 『中國戰爭通鑑』 上冊, 國際文化出版公司(北京), 1995, p.449 ; 신형식, 「손영종의 『고구려사』(2)의 분석과 비판」, p.30 註) 11).

34) 고구려와 수·당의 전반적인 정리는 다음 글이 참고된다(임기환, 「고구려와 수·당의 전쟁」 『한국사』 4, 한길사, 1994 ; 李昊榮, 「수와의 전쟁」 『한국사』 5, 국사편찬위원회, 1996). 이 시기 고구려와 隋·唐과의 관계에 대한 중국학계의 연구성과는 수·당의 입장만 지나치게 강조하였고, 고구려에 대한 수·당의 정벌은 국가

이 전투의 주요 무대이기도 한 살수에 대해서는 그동안 다산 정약용의 상세한 지리와 역사 고증이 있었던 이래,[35] 고구려와 수와의 전쟁을 매듭짓는 전투 현장으로 인식되어 왔다.

그런데 살수에서의 자체 전투에 대한 연구는 청천강 상류에 제방[沙囊]을 쌓았다가 무너뜨려 수군을 궤멸시킨 것이 주요 공격인 것으로 인식하고 있다.[36] 이 점은 그동안 살수에서의 승리 그 자체에만 초점이 맞춰 있었기 때문은 아니었던가한다.[37]

물론 渡江에서의 병력과 을지문덕이 이끄는 고구려 군의 공격이 주효했겠으나 좀더 근본적인 勝戰 원인이 있었을 것으로 사료된다. 따라서 살수 전투를 중심으로 해서 전후를 면밀히 검토해 볼 필요가 있다. 다음은 『三國史記』 권44의 乙支文德傳의 내용이다.[38]

사이의 전쟁이 아닌 변강 소수민족 할거 세력을 통제하는 과정으로 이해하고 있다고 한다(余昊奎, 「中國學界의 高句麗 對外關係史 硏究現況」 『韓國古代史硏究』 31, 2003, pp.58~62).

35) 丁若鏞, 앞의 책.
36) 丹齋 申采浩는 살수대첩을 7승의 사적과 연계시켜 청천강 上流의 沙囊을 터놓고 공격해서 戰勝한 것으로 보았다(신채호, 「朝鮮上古史」 『丹齋申采浩全集』 上, 1972 ; 개정판(1995), p.270). 權悳奎, 「乙支文德과 薩水戰役」 『三千里』 7-7, 1935 ; 『乙支文德』, 正音社, 1948, p.13)나 『高句麗 對隋·唐戰爭史』, 國防部戰史編纂委員會, 1991, pp.93~94에서도 마찬가지이다.
37) 이 같은 전쟁사에 있어서 전쟁의 승패가 몇몇 개인의 초인적·영웅적 활동만으로 언급되고 보다 본질적인 측면에서의 파악의 아쉬움이 있다는 지적과 함께 그 한 예로 을지문덕의 살수대첩을 들고 있는 바와 같이(許善道, 『朝鮮時代 火藥兵器史硏究』, 一潮閣, 1994, p.229), 당시의 무기나 陣法 등에 대한 보다 구체적인 파악이 필요하다고 하겠다.
38) 기왕에 을지문덕전의 본문 자체에 대한 문장의 유래와 이에 대한 고증이 있다(李弘稙, 「三國史記 高句麗人傳의 檢討」 『史叢』 4, 1959 ; 『韓國古代史의 硏究』, 新丘文化社, 1971). 麗·隋戰爭과 을지문덕에 관한 자료로서는 을지문덕전이 가장 집약되어 있다고 한다(金哲埈·崔柄憲 編, 『史料로 본 韓國文化史(古代篇)』, 一志社, 1986, p.84). 또한, 『삼국사기』의 을지문덕전은 同書 「高句麗本紀」 嬰陽王 23

E- ① 乙支文德 未詳其世系 資沈鷙有智數 兼解屬文
② 隋 開皇中 煬帝下詔征高句麗 於是 左翊衛大將軍宇文述出扶餘道 右翊
衛大將軍于仲文出樂浪道 與九軍至鴨淥水 …… 度鴨淥水 追之 文德見隋
軍士 有饑色 欲疲之 每戰輒北 述等一日之中 七戰皆捷 既恃驟勝 又逼群
議 遂進東 濟薩水 去平壤城三十里 因山爲營 文德遺仲文詩曰 神策究天文
妙算 窮地理 戰勝功既高 知足願云止 仲文答書諭之 文德又遣使詐降 請於
述曰 若旋師者 當奉王 朝行在所
③ 述見士卒疲弊 不可復戰 又平壤城險固 難以猝拔 遂因其詐而還 爲方陣
而行 文德出軍 四面鈔擊之 述等且戰且行 (秋 七月 壬寅) 至薩水 軍半濟
文德進軍 擊其後軍 殺右屯衛將軍辛世雄 於是 諸軍俱潰 不可禁止 九軍將
士奔還 一日一夜 至鴨淥水 行四百五十里
④ 初 度遼(凡)九軍三十萬五千人 及還至遼東城 唯二千七百人

위 기록에서도 보다시피 『삼국사기』에 실린 기록은 을지문덕에 대한 간단한 기록(E-①)을 제외하면, 나머지 기록(E-②, ③, ④)들은 살수대첩에 초점이 맞춰 잘 요약되어 있음을 알 수 있다. 이 중 E-②와 같이 을지문덕이 이끄는 고구려군의 유인작전에 휘말려 隋軍 별동부대인 30만 5천명은 살수를 건너 평양성[39]에서 30리 떨어져 있는 지점에서 산에 의지해 軍營을 설치했음을 알 수 있다. 여기서 살수 건너 평양에서 30리 떨어진 곳이라면 대개 평양과 순안의 중간 지점쯤 될 것이다.[40] 그러나 E-③에서 보다시피 수군은 이미 극도로

년(612)조의 기사를 전재한 것이며, 『隋書』의 관계 기사를 補綴한 것이나 을지문덕의 살수대첩의 진상을 전해 주는 소중한 자료라고 한다(李基東, 「乙支文德」 『韓國學基礎資料選集』-古代篇-, 한국정신문화연구원, 1987, p.40).

39) 이 때의 평양성은 봉성(요녕성 봉성현 일대)으로 수도(평양성) 다음 가는 별도(부수도, 북평양) 였다고 한다(박진욱, 앞의 책, pp.209~210).

40) 구체적으로 수의 진영은 평양성 북쪽 30여 리 지점의 新店 부근의 산악지대와 그 후사면인 順安 남쪽 지역일 것이라 한다(『고구려 대수 · 당전쟁사』, p.92).

지쳐 다시 싸울 수 없을 정도였고, 평양성은 험하고 견고하여 쉽게 함락시킬 수 없었다.[41] 더구나 수의 右翊衛大將軍 來護兒가 이끄는 江·淮 水軍은 副總管 周法尙이 諸軍이 오면 같이 평양으로 진격하자는 만류를 뿌리치고 전진하다가 高建武가 이끄는 고구려군에게 패배하여[42] 더욱 수군을 어렵게 하였다. 이 점은 수군의 水陸 협동 작전을 무력화 시켰다.[43] 결국 수군은 군사를 돌이킬 수밖에 없었던 것이다.

그런데 수 군영에서 살수까지는 대략 130여 리로 수군은 '方陣'으로 전투 대형을 갖추고서 철수했다(E-③). 이 때 을지문덕의 고구려군은 사방에서 鈔擊을 했으므로 수군은 한편으로는 싸우면서 한편으로는 철군할 수밖에 없었다. 30여 만 명의 부대가 130여 리를 진을 이루어 철수하기에는 쉬운 일이 아니였을 것이다. 더구나 계속적으로 사방에서 고구려군이 공격하여 수세에 몰린 수군에게 타격을 입히는 형세였던 것이다. 그렇지만 수군이 살수에 이르기까지는 심각한 정도의 타격은 입지 않은 것으로 보인다. 그 주요 원인은 '방진'에 있었던 것으로 보인다. 방진은 수군이 쓰던 방어 전투 대형으로 상대편 기

---

41) 고구려는 이때 수군에 대하여 유인전술과 청야수성 전술을 혼용하였다(리지린·강인숙, 『고구려사연구』, 사회과학출판사(평양), 1976, p.194).

42) 『北史』 76, 來護兒傳 ; 『資治通鑑』 181, 隋紀5 煬帝 大業8년 6월 ; 『新校資治通鑑注』 9, 世界書局(臺北), 1987, p.5663 胡三省 注.

43) 이 점은 일찍이 胡三省이 薩水戰의 주요 패배 원인으로 지적한 바 있다(『신교자치통감주』, p.5665). "使來護兒之師不敗而先退 則營於平壤城外 與宇文述諸軍猶聲援相接 不致有薩水之狼狽也" 반면 이는 고구려 水軍의 활약이기도 하다. 이 점에 대해 일찍이 黃義敦은 고구려의 陸戰에서의 살수대첩의 승리의 배후에는 海戰에서의 高建武 장군의 활약이 컸음을 주목한 바 있다(黃義敦, 「高句麗 海軍의 活動」 『海圓文稿』, 1960, pp.453~463). 이같은 高隋전쟁은 새로운 전략이 사용되었고, 특히 해양 활동이 전쟁에 적극 활용되었다고 한다(윤명철, 『고구려 해양사 연구』, 사계절, 2003, p.313, pp.318~319). 이는 중국 학계도 지적한 바 있다(李英 主編, 앞의 책, p.449 評析). 한편, 북한 학계는 수군의 활동도 평양성-환도성, 봉황성, 살수-소자하로 인식하고 기술하고 있다(오붕근·손영종, 『조선수군사』, 사회과학출판사(평양), 1991, p.43).

병의 공격도 방어할 수 있어 쉽게 공략하기 어려운 진법이었다.

방진은 중국의 병법을 모은 『武經總要』나 이를 토대로 우리나라에서 편찬된 『歷代兵要』44)나 『兵將說』 등에도 특히 소개되고 있으며, 『병장설』 등에서는 陣法圖도 소개되어 있다. 이 중 『역대병요』는 세종대에 시작해서 단종대에 간행을 본 兵書로45) 여기에는 수가 돌궐을 상대로 방진을 썼던 예와 고구려와 수와의 전쟁에 이르기까지 역시 방진을 소개하고 있다. 우리나라 병서에서 방진을 수군의 주요 진법의 하나로 소개하면서 고구려와의 전쟁을 예로 들고 있는 것으로 보아 이 진법도 염두에 두고 편찬했던 것으로 보인다. 그것은 『역대병요』에서 같은 卷內에 隋의 楊素가 突厥을 칠 때 돌궐 騎兵의 갑작스런 돌격을 방어하기 위해 戎車와 步兵과 騎兵을 혼합하되 鹿角을 설치하여 方陣을 치고 기병은 그 안에 있게 하는46) 戰法을 구사하려 하였다. 그런데 양소가 이를 버리자 돌궐에서는 하늘이 준 기회로 알며 기뻐하면서 쳐들어 왔다고 하였다. 이는 돌궐의 기병을 방어하기 위한 수군의 주요한 진법이었음을 알려주는 기록이다. 상대편 기병의 충돌에 가장 효과적으로 방어할 수 있던 전투대형이었음을 잘 말해준다. 고구려의 날랜 기병에 맞서 퇴각하던 수군이 방어할 수 있는 길이란 이 방법밖에 없었을 것이다. 그러므로 수군은 이와 유사한 방진의 전투 대형으로 살수까지 갔던 것으로 이해된다.

결국 을지문덕의 고구려군이 수군을 격파할 수 있는 길이란 방진을 무너뜨리는 계책이 필요했다는 계산이 나온다. 그 계책이란 살수였을 것이다. 그동안 단순히 수군을 살수에서 격파한 것은 살수에 둑을 막았다가 터뜨려서 물을 건너는 수군을 섬멸한 것으로 이해하기도 했다. 사료(E-②)에서 수군이

---

44) 『歷代兵要』 권7, 「隋煬帝伐高麗大敗而還」.
45) 李在範, 「『歷代兵要』의 文獻的 考察」 『歷代兵要』 中, 國防軍史硏究所, 1996, p.6.
46) 『歷代兵要』 권7, 「隋楊素破突厥」. "先是 諸將與突厥戰 慮其騎兵奔突 皆以戎車步騎相參 設鹿角爲方陣-(注)設鹿角爲方陣者 斬木 存其大本 凡枝皆剡 其端如鹿角 然埋之陳前 以禦胡馬衝突 內爲方陣騎在其內"

반쯤 건널 즈음에 고구려군이 공격한 것이므로 그렇게 추정하는 것도 무리는 아닐 듯싶다. 그렇지만 이 시기는 사료(E-②)에서 '秋, 七月 壬寅(24일)'으로 장마철과 겹쳤으므로47) 애써 고구려군이 강의 둑을 쌓지 않아도 강물의 수량은 풍부했을 것이다. 또한, 전투의 긴박한 상황에 강의 둑을 쌓는 일이란 어렵고 그러한 사실도 적에게 쉽게 노출되었을 것이므로, 강의 둑을 이용한 전법이 살수대첩의 주요한 원인 중의 하나로 인식하기에는 문제가 있음을 알 수 있다.

고구려군에게 쫓기는 수군은 가급적 빨리 渡江해 방진을 하고 다른 수군과 합세하기에 가장 좋은 곳을 물색할 수밖에 없었을 것이다. 도강은 가장 얕은 곳의 선택임은 물론이다. 이를 간파한 을지문덕이 7인의 승려로 가장한 군사들로 물이 깊은 곳으로 유인하였던 것은 아닐까.48) 사료 A에서의 '七人'이 B에서는 '七僧'으로 표현되어 있다. 유인책으로 일반 사람의 복장보다는 승려의 행색이 보다 효과적이었을 것이다. 이 같은 을지문덕의 유인 전술에 휘말린 수군이 황급히 살수를 반쯤 건널 무렵은 방진이나 배수진을 쓸수 없었을 것이고 이 때는 수군의 전력이 가장 취약했던 시점이었다.49) 이 때를 놓치

---

47) 백제 지역은 이미 이해 5월에 큰물이 나서 人家가 묻힐 정도였다(『三國史記』 27, 武王 13년 5월. "五月 大水 漂沒人家"). 이 큰물이 비로 인한 것이었고, 또한 장마의 北上을 고려할 때, 살수 지역의 강수량도 매우 많았을 것이다.
48) 張道斌도 이 7僧은 을지문덕이 시킨 것으로 추정하였다(장도빈, 앞의 책, 아세아문화사, 1981, p.220, p.245). 그밖에 鹿足夫人 전설과 함께 을지문덕의 計策으로 이야기 되기도 하였다(李敦化,「戰史上의 最大痛快!, 薩水大合戰의 奇話」『別乾坤』 8, 1927, pp.164~165). 고구려군이 수군에 대해 쓴 전법 중 유인전술이 주효했으므로 그 개연성은 충분하다고 본다.
49) 북한에서는 1960년대에는 칠불사의 전설로서『신증동국여지승람』의 기록을 소개하면서 살수는 청천강이고 살수대첩의 무대였던 평양, 안주, 문덕 일대의 전설을 소개하기도 했었다(한룡옥 역주,『고대전기설화집』, 조선문학예술총동맹출판사, 1964, pp.64~66). 그러나 이후 역사 일화로서 이 때의 상황을 수군의 방진을 풀어 놓는 곳은 살수(소자하)이고 이곳에서 몰살시켰다고 하거나(김정설,「을지

지 않고 고구려군은 수의 後軍을 공격했던 것이다. 후군을 맡고 있었을 右屯衛將軍 辛世雄이 죽음을 당한 것도 이 때였다(E-③). 이렇게 되자 나머지 군사들도 다 진이 무너지게 되어 궤멸된 것으로 이해된다. 이 때의 전황이 얼마나 참담하고 급박했던가는 수군 將士가 하루 동안에 450리나 되는 압록수까지 도망쳤다는 사실(E-③)에서도 충분히 짐작할 수 있다.[50]

그 전과는 처음 수군이 요동을 건널 때 九軍 30만 5천명이던 것이 이 때 요동성으로 돌아간 병사가 고작 2천 7백 명이었다(E-④)는 사실에서 드러난다.

이 같은 살수대첩을 두고 『武經總要』에서는 '半濟可擊'이라고 하여 다른 전쟁의 사례와 함께 살수대첩의 예를 들고 있다.[51] 그런데 여기서는 방진에 대한 언급은 없이 수군이 반정도 건널 때 공격하여 승리한 것을 언급하고 있다. 그러나 고구려군이 공격한 시점은 바로 수군이 방진을 쓸 수 없을 뿐만 아니라 살수를 도강하기 가장 어려운 곳을 반쯤 건너던 때를 말하는 것으로 이해된다.

결국 을지문덕이 이끄는 살수대첩은 방진으로 후퇴하던 수군의 가장 취약한 지점인 살수를 도강하던 때에 군사력을 집중하여 승리를 이끌어낸 전투였던 것이다.

문덕」『조선력사일화집』, 과학백과사전종합출판사, 1994, p.79), 최근에는 일곱 사람으로 유인한 것으로도 언급하고 있다(리명숙, 「수나라대군을 물리친 을지문덕」『조선의 력사인물(1)』, 고등교육도서출판사(평양), 2002, p.66). 이들은 학술논문이 아니고 역사 일화나 위인전으로서 소개하고 있으나 살수를 애써 요동반도의 소자하로 한 것이나 칠불사 관련 사적을 언급하지 않은 것 등은 이들이 북한 학계의 살수-소자하 설에 바탕을 두고 윤색된 것임을 알 수 있게 한다.

50) 이 대첩에서 30만 5천명이 모두 전사한 것으로는 이해하기 어렵다고 하겠다. 일부는 포로가 되었을 것이다. 고구려에서는 이같은 포로들을 고구려에 정착시키기 위해 국가가 나서서 '遊女'들과 결혼시켰다고 한다(『資治通鑑』196, 唐紀12, 太宗貞觀 15년 8월 己亥 ; 曺祥鉉, 「고구려 '遊人'의 성격 검토」『韓國古代史硏究』32, 2003, p.286).

51) 『武經總要後集』권11, 半濟可擊.

한편, 살수대첩과 칠불사는 어떤 관련을 갖는 것일까. 처음 살수대첩에서 수군을 유인하는데 공을 세운 사람들에 대해서 사료 A에서는 '七人'이었다고 표현하고 있는데 반해 B에서는 '七僧'으로 차이가 있음을 알 수 있었다. 그러나 사료 A에서도 '七人'의 표현에도 불구하고 '佛助'로 이해하고 있는 것과 같이 이 같은 傳承은 '七佛'로 승화될 가능성을 내포하고 있었던 것이다. 이것은 특히 安州人이 살수대첩에 특히 공을 세운 7인에 대한 오랜 기억이 칠불로 승화될 수 있던 시점인 고려시대에 칠불사의 조영,[52] 칠불 석상의 건립과 종의 鑄成이 있었던 것이 아닌가 한다. 또한 칠불사 주변에는 '七佛島', '誤渡灘',[53] '破軍沼',[54] '骨積島',[55] '隋兵墳墓'[56] 등의 유적이 주로 이 주변에서 남아 전하는 것은 살수대첩에서의 전투가 칠불사 근처에서 집중적으로 전개되었을 가능성을 시사하는 것이다.

결국 살수대첩에서의 전투 중심지역으로 예전부터 인식되던 칠불사를 중심으로 고려시대이래 7인(佛)의 석상을 조성하였으며, 칠불사를 조영하였고 칠불의 행적을 중심으로 한 살수대첩의 내용을 담은 종을 鑄成하였던 것으로 이해된다.

---

52) 고구려의 왕이 세웠다는 전설도 있다(牛耳洞人 抄,「닐곱부체가 사람으로 화하야 수나라 군사를 함몰식혀: 安州 七佛寺(傳說의 朝鮮 五)」『동아일보』(1927.8.25), 제2면).

53) 『輿地圖書』이래 칠불사 관련 사적을「古蹟」의 오도탄 이란 항목이나「神異」혹은「雜誌」로 다뤄 분리시켜 기록하고 있다. 오도탄은 칠불도 곁에 있다. 『여지도서』 山川 오도탄. "在百祥樓下七佛島邊 隋兵溺沒之地"

54) 장도빈, 앞의 책, pp.249~252.

55) 골적도는 청천강 상류 10리에 있는데, 살수대첩시 수군의 시체가 쌓여 물이 흐르지 않았다고 해서 이름 붙여졌다. 『安州牧邑誌』(『朝鮮時代 私撰邑誌』48(平安道 4), 한국인문과학원, 1990) ; 앞의 『安州誌』, 島嶼. "骨積島 在淸川江上流十里 高句麗乙支文德大破隋師於此地 積屍滿江 漣(薩)水爲之不流 因而名焉"

56) 장도빈, 앞의 책, pp.263~264.

Ⅳ. 七佛寺와 乙支文德의 石像과 石碑

이상에서와 같이 칠불사와 그 종과 7인의 석상 등은 살수대첩에서 공을 세운 7인을 기리기 위해 고려시대에 세운 절임을 알 수 있었다. 그리고 칠불사는 고구려가 승리할 수 있도록 하는데 중요한 역할을 한 살수대첩과 관련 유적을 기념하는 사원이었고, 고려가 고구려를 계승했다는 의식이 있어 후대에까지 전승되었음을 추정할 수 있었다.

그렇다면 정작 7인 외에 고구려군을 이끌던 을지문덕에 관한 기록이나 유적은 더 이상 없었을까. E-①의 기록과 같이 그 世系는 미상이고 그 밖의 그를 묘사한 글도 소략하기는 마찬가지다. 그 후 조선시대에 와서 그의 출신지는 平壤 石多山으로 인정되었고, 그와 관련된 유적(묘소 등)과 전설 등이 평양을 중심으로 나타나고 있다.[57)]

또한 살수대첩의 중심지인 안주에서도 그의 유적이 있어 주목된다. 그것은 그의 석상과 석비가 있었다는 사실이다.[58)] 물론 1683년(肅宗 9)에 안주에 을지문덕 등을 봉안한 淸川祠가 세워진 사실은 있다.[59)] 그런데 그 배경에도 을지문덕의 立像으로 인정되는 石像 등이 전해 온 사실과 무관하지 않다는 것이

---

57) 홍양호, 앞의 책 ; 장도빈, 『大韓偉人傳』 1, 「乙支文德」에 자세하다. 이 밖에 17세기 애국적인 사서 중 대표적인 道家 史書인(韓永愚, 「17세기의 反尊華的 道家史學의 成長-北崖子의 揆園史話에 대하여」 『韓國學報』 1, 1975 ; 「揆園史話 解題」 『揆園史話·靑鶴集』, 아세아문화사, 1976) 하나인 『揆園史話』의 서문에서도 을지문덕 사우에 대해 언급했던 것은("後還至平壤 適自朝家有建乙支文德祠之擧 卽高句麗大臣殲隋軍百餘萬於薩水者也") 저자의 역사의식과 관련하여 주목된다. 평양을 중심으로한 을지문덕 관련 자료의 검토는 별고를 통해 밝혀보고자 한다.

58) 史書로서 많은 문제를 안고 있는 『桓檀古記』에서도 이 석상에 대해 언급하고 있는 것은 흥미로운 사실이다 (『환단고기』, 高句麗國本紀 6, "安州淸川江岸上 有乙支文德石像").

59) 청천사는 을지문덕, 崔潤德, 李元翼, 金德誠 등을 배향했는데, 1707년(숙종 33) 賜額되었다. 1670년(顯宗 11)에 세웠다는 기록도 있다(『典故大方』 권4, 安州 淸川祠). 현종대 안주 士林들의 사우 건립 청원 시점과 관련해서 기록한 것으로 보인다.

다. 이 석상에 대해서는,

> F- ① 高句麗大臣乙支文德 …… 今其水之南涯 有一片立石 而古老指爲將軍之像 有一間茅屋 今人稱曰將軍之祠**60)**
> ② 乙支公像 乙支文德石像 在淸川江祀壇傍**61)**(『安州誌』古蹟)

라고 하여 그것이 을지문덕의 立石의 石像으로 淸川江祀壇 곁에 있다고 하였고, 사당까지 있었음을 알 수 있다. F-①는 顯宗代 청천사를 세우기 위해 청원한 글에서 나온 문자이므로**62)** 이 석상은 현종대 이전으로 소급될 수 있고, 오랜 전승을 갖고 있음을 알 수 있다. 청천사 이전에 사당과 석상이 있었음을 보면, 안주에는 을지문덕을 제사하는 사당과 석상이 오랫동안 전해 내려왔음을 알 수 있다. 이 사당과 석상은 후에 F-①과 같이 사당은 청천사의 창건으로 유명무실하게 되었을 것이고 석상은 淸川江祀壇 곁에 남아 전한 것으로 볼 수 있다. 이 시기는 F-②를 수록한 邑誌가 純祖代 이후의 편찬인 점을 감안하면,**63)** 이 석상은 1800년대에도 존재했음을 알 수 있다.

그 후 이 같은 석상에 대한 소식은 전하지 않는 것으로 보아 어느 시기에 자취를 알 수 없게 되었다. 그런데 다음 기록은 이 석상이 훼손되어 땅속에 묻혔던 사실을 전해준다.

> G- 俗傳에 乙支文德石像이라하야 安州西門外地中에 뭇쳣더니 庚戌年九月에

---

60) 장도빈, 앞의 책, p.248.
61) 1872년에 제작된 「安州牧邑誌」에도 같은 내용이 실려 있다(『關西邑誌』 제10책, 안주목읍지, 古蹟 ; 『邑誌』 15, 평안도②, 아세아문화사, 1986).
62) 宣祖 때 安州人으로 文名을 날렸던 卞獻의 아들인 莊이 지은 글이라고 한다(장도빈, 위의 책, p.249).
63) 이 『안주지』는 원래 일본 天理大 도서관 소장본으로 표지와 내지에는 '今西春秋 圖書'인이 찍혀 있다. 필자는 국립중앙도서관 影印本(古 2774-2)을 이용했다.

著者가 安州人士와 共謀掘出하야 安興學校庭에 奉安하얏슴

이 기록은 海圓 黃義敦(1890~1964)[64]이 1946년에 지은 『增訂中等朝鮮歷史』에서 「薩水大戰」을 설명하면서 「乙支文德石像」 사진[65] 위에 기록한 설명문이다. 이 기록으로 보아 1910년 9(5)월[66] 황의돈이 安州 人士와 같이 안주 西門 밖 땅 속에서 이 석상을 파내어 安興學校庭에 봉안하였음을 알 수 있다.

이같은 사실을 梅泉 黃玹(H-①)과 滄江 金澤榮(H-②)은 다음과 같이 기록하였다.

H - ① 安州龍塘峴 得乙支文德石像及石碑于土中 碑折只半段 運置于該郡安興學校[67]

② 安州人 於龍塘峴 掘得高句麗名將乙支文德石像及石碑于土中 碑毀只存其半 乃幷移置于本郡安興學校[68]

---

64) 황의돈의 학문과 역사인식에 대해서는 다음 글이 참고 된다. 朴永錫, 「海圓 黃義敦의 民族主義史學」 『汕耘史學』 1, 1985.

65) 황의돈, 「隋唐의 入寇와 그의 擊退」 『增訂中等朝鮮歷史』, 三中堂, 1946, p.23 揷圖. 이 사진 자료는 인쇄 상태가 안좋아 거의 확인하기 어렵다.

66) H-①의 기록이 1910년 5월 조에 기록되어 있고(黃玹, 『梅泉野錄』, 國史編纂委員會, 1955, p.534), 「을지공의 긔렴비」 『新韓民報』(1910.6.22), 제3면에도 6월에 기록되어 있는 것으로 보아 5월의 誤記인 듯하다. 한편, 安州 서쪽 龍峴里 龍潭浦 위 안주성 아래 구릉에는 '一片石像', '一片碑碣', '數間의 廢址'가 있어 이를 '乙支公石像', '乙支公祠宇'라 하였고 그 地名을 '乙支公터'라고 하였는데, 隆熙年間(1907~1910)에 安昌鎬(浩)?가 안흥학교 생도들과 옮긴 것으로 전하기도 한다(「乙支公石像과 其祠宇」 『別乾坤』 12·13합집, 1928, p.131). F의 기록에 보이는 '乙支文德石像'과 '將軍之祠'와 일치하는 기록임을 알 수 있다.

67) 황현, 위의 책.

68) 金澤榮, 『韓史綮』, 1910년 말미(『金澤榮全集』 伍, 아세아문화사, 1978, p.352) 및 『韓國歷代小史』(『김택영전집』 肆, p.653)에 같은 내용이 실려 있다.

이들 기록에서는 좀 더 자세하게 안주인이 龍塘峴에서 을지문덕의 석상을 발굴했다고 적고 있다. 그런데 이중에는 '石碑'도 발굴되었다는 점이 주목된다. 그런데 비는 다만 훼손되어 그 반정도만 남았고 둘 다 안흥학교에 옮겼다고 하였다. 가까운 시기의 일임으로 사진 자료가 있을 가능성이 있어 찾아본 결과 역시 황의돈이 1925년에 발간한 『中等朝鮮歷史』에서 사진을 싣고 있었다. 역시 「살수대전」을 설명하면서 「淸川江 古戰跡」과 「乙支文德石像」이란 설명을 붙인 사진을 실려 있는데,69) 일부 훼손된 을지문덕 석상과 함께 斷碑의 모습도 있어 안흥학교에 있을 때의 사진자료로 생각된다.

그렇다면 이중 '을지문덕의 석비'의 행방은 어디에서 찾을 수 있을까. 어떠한 내용이었는지 의문이 된다.

1932년 7월 8일 소설가이자 언론인으로 잘 알려진 憑虛 玄鎭健(1900~1943)은 檀君 聖跡 巡禮의 길에 오르는데,70) 처음 도착한 곳이 안주였고, 그 이튿날 돌아 본 것은 칠불사, 백상루, 오도탄, 골적도 그리고 을지공석상이였다. 특히, 현진건은 「乙支公石像」이란 제목하에71) 백상루 아래 정문 들어오는 좌

---

69) 황의돈, 「高句麗의 武威」『中等朝鮮歷史』, 鴻文園, 1926, p.22 揷圖. 황의돈은 을지문덕 석상과 석비를 안흥학교에 옮겨놓은 것 말고도 안흥학교에서 韓國民族史 교육을 담당한 바 있다(박영석, 앞의 글, p.9). 그래서 그는 자신의 저서에 이같은 사진을 실었을 것이다.

70) 현진건, 『檀君 聖跡 巡禮』(『東亞日報』(1929.7.29), 제1면~11월) ; 藝文閣, 1948). 이 중 예문각에서 발행한 것은 현진건과 사돈이 되는 月灘 朴鍾和가 밝혔듯이, 현진건의 사후에 南窓 孫晉泰가 그의 유족에게 전한 원고를 토대로 한 것이다(위의 책, 예문각, 序). 이외에도 현길언 편, 『현진건 산문집』, 한양대학교 출판부, 2003 및 『현진건 문학 전집』 6(수필·평론·기타), 국학자료원, 2004 등에도 역시 실려 있다. 이같은 현진건의 순례 여행은 그가 재직하던 동아일보사의 檀君立論 운동에서부터 시작되었다고 한다(현길언, 『문학과 사랑의 이데올로기(현진건 연구)』, 태학사, 2000, p.236).

71) 현진건, 위의 글, 『동아일보』(1929.8.1), 제1면 ; 위의 책, 예문각, pp.13~16. 비문 판독에는 동아일보 기사와 예문각 판본이 제일 원고에 가깝기에 이를 중심으로 판독했다.

편에 있었다는 그 석상과 석비의 모습을 자세히 전하고 있다. 그 석상에 대해서는 다음과 같은 기록을 남겼다.

> I - 그 석상은 현존한대로 전체를 합하면 5척이 될까 말까, 투구와 머리를 새긴 듯한 돌은 두 조각으로 깨어져 동체위에 올려 놓였고, 그 동체 및 아랫도리는 끊어져 달아났다. 석면은 음각으로 갑주를 새긴 것이 지금도 완연하다.

현진건의 증언대로 이 때에는 이미 석상도 훼손되었다.[72] 또한 이 석상은 甲冑를 입은 장군의 형상을 새기되 갑주 같은 곳은 陰刻으로 하고[73] 크기는 동체까지가 대략 5척(약 150cm)이었다고 하니 立像으로 等身大이거나 조금 큰 정도의 석상이었을 것으로 추정된다. 여기서 다른 기록에는 크기는 약 4尺(약 120cm), 폭은 약 1尺 4寸(약 42cm)이고 뒷면은 자연석 그대로였다고 한다.[74]

이 같은 석상과 석비에 대해서는 이를 발굴해 안주 안흥학교에 옮겼던 황의돈이 남긴 석상과 석비에 대해서 사진 기록에서도 석상의 구체적인 모습은 사진 상태로 보아 자세하지 않으나 현진건의 증언과 거의 일치함을 볼 수 있다.[75] 이후 이 석상과 석비는 1920년대 후반[1928.5~1929.7] 백상루 아래로 이전

---

72) 현진건의 보고와 같이 장도빈도 훼손되었음을 전하고 있다(장도빈, 앞의 책, pp.247~248). 권덕규도 石像의 頭面이 파괴되었다고 하였다(권덕규, 앞의 책, p.7). 후에 安州 人士를 중심으로 이같은 을지문덕 석상과 석비를 보호하려는 碑閣 建立의 움직임이 있었다(『동아일보』(1939.8.8 및 1940.2.6), 제4면). 이 때 '을지공의 비석'이라는 사진 자료가 소개되었는데(「草泥에 묻친 乙支公碑 安州人士 碑閣建立을 渴望」『동아일보』(1939.8.8), 제4면), 바로 을지문덕의 석상 사진일 것이다.
73) 다른 기행문에서는 花崗岩에 금투구와 甲冑를 갖춘 위에 飛鎗과 大弓을 비껴 든 형상으로 묘사하고 있다(金振九,「北隊(安州, 薩水大戰蹟의 安州)」『別乾坤』 22, 1929, p.145).
74) 「乙支公石像과 其祠宇」『別乾坤』 12·13합집, 1928, p.131.
75) 다만 이 때의 석상은 동체위에 두상 부분이 현진건의 증언처럼 두 조각나지는 않았던 것으로 보인다. 그 후에 또 파손된 것으로 보인다.

을지문덕비   을지문덕석상

했다고 한다.76)

    또한 현진건은 석비에 대해서도 그것이 파편이고 너비는 2척(60cm), 높이는 3척(90cm) 정도77) 남았다고 하면서 그 비문에 대해서 정면, 좌우측면, 陰記(14행)에 대한 判讀을 시도하였다. 이와 함께 이 석비에 대해서는 汕耘 張道斌(1888~1963)도78) 기록을 남기고 있어 주목된다.79) 장도빈은 前面大字인 「高句

---

76) 현진건, 앞의 글. 이같은 이전에 대해서, 「乙支公石像과 其祠宇」, 앞의 책, 1928.5, p.131의 기록에서는 '安興學校(農學校)'로, 김진구, 앞의 글(1929.7.1)에서는 百祥樓 大門 바로 뒤에서 보았다고 하므로, 을지문덕의 석상과 석비는 1928.5~1929.7 어느 때인가 백상루 아래로 옮겨졌음을 알 수 있다. 본문의 사진 자료와 같이『조선향토대백과』③ 평안남도①, 평화문제연구소, 2005, p.290] 을지문덕비와 그 석상은 백상루 근처에 위치하고, 1847년(憲宗 13) 석상을 세우면서 비석을 세웠다고 한다.

77) 약 1尺 5寸(약 45cm)이라고 한 기록도 있다(위의 글).

78) 장도빈의 민족주의사학과 역사의식에 대해서는 다음 글이 참고 된다. 金昌洙, 「汕耘 張道斌의 民族主義史學(Ⅰ)」『汕耘史學』 1, 1985 ; 「汕耘 張道斌의 史學과 民族意識」『汕耘史學』 2, 1988 ; 신형식, 「汕耘 張道斌의 歷史認識」『汕耘史學』 2, 1988 등이 있다.

79) 張道斌, 『大韓偉人傳』제1집, 제2권, 「乙支文德將軍傳」, 國史院, 1961, pp.62~63 ;

麗大臣乙支」와 민간에 전하는 陰記 부분 전부를 기록하기는 했으나, 행수나 행의 구분이 없고, 좌우측면은 기록하지 않았다. 현진건이 판독한 것은 직접 비문을 보고 좌우측면, 행수를 기록했다. 그러므로 현진건의 원비석의 비문에 대한 판독과 장도빈이 수록한 비문을 서로 대조 보완한다면 대강의 비문 복원이 가능하다.

우선 현진건이 판독한 비문(이하 빙허본)과 장도빈이 수록한 비문(이하 산운본)을 토대로 비문을 복원하면 다음과 같다.

표1. 乙支文德 石碑 復原圖(굵은 글씨 및 네모칸-빙허본, 음영 글씨(빙허본과 중복되는 부분은 제외)-산운본, □-필자 추정자)

右		左		陰記															面前
2	1	2	1	14	13	12	11	10	9	8	7	6	5	4	3	2	1		
	士	翁	山	崇	薩	日	之	久	東	公	還	半	窮	外	浪	煬	公	1	
	林	別	長	禎	水	意	風	至	殆	至	渡	地	設	道	帝	箕		2	
	崔	執	康	紀	淸	略	雨	今	無	遼	而	理	機	拔	伐	城		3	
	宗	事	盒	元	浮	記	磨	俎	了	東	縱	戰	變	遼	高	人		4	
	宅	白	裕	二	功	其	洗	豆	遺	惟	兵	勝	見	東	句	諱		5	高
	高	楚	都	百	冠	實	石	之	其	二	急	功	陷	麗	文			6	句
	鎭	伯	有	二	大	因	已	薩	豊	千	擊	旣	軍	鴨	徵	德		7	麗
	化	康	司	十	東	爲	渤	之	功	七	殺	高	有	綠	天	乙		8	
	金	再	李	年	古	之	矣	南	偉	百	右	知	飢	軍	下	支		9	
	⋮	賢	信	丁	石	銘		岸	烈	人	屯	足	色	聲	兵	其		10	
		養	⋮	未	依			州	有	可	嘻	將	願	欲	大	水	氏	11	
		⋮		上	依			士	一	以	煬	辛	云	疲	振	陸	高	12	
				淨	民				民	片	亘	帝	世	止	之	建	俱	句	13

張道斌, 『增補大韓偉人傳』 上, 아세아문화사, 1981, pp.248~249. 장도빈은 偉人에 대한 연구에서 文獻史料를 최대한 이용하고자 하였고, 위인의 傳記를 통해서 당시의 역사적 상황을 이해시키고자 하였다고 한다(趙珖, 「大韓偉人傳 解題」, 張道斌, 『增補大韓偉人傳』 上, 아세아문화사, 1981, p.2). 이같은 장도빈의 인식은 「을지문덕장군전」에서도 잘 보여주고 있다. 그는 을지문덕에 관한 문헌자료는 물론이고 구비전승, 답사자료에 이르기까지 할 수 있는 모든 자료를 모아 정리하였다. 그가 민간에서 전해오던 비문을 애써 채록한 것도 이 때문이 아닌가 한다.

														行
				曰		莫	石	宇	東	雄	若	每	莫	進	麗	14
		進	我			不	故	宙	伐	隋	樓	戰	∴	左	嬰	15
		士	公			咨	老	垂	自	軍	樓	輒	其	驍	陽	16
		吉	水			嗟	傳	竹	載	俱	而	敗	時	衛	王	17
		元	可			遂	謂	帛	籍	潰	實	隋	麗	大	時	18
		模	洄			立	公	而	以	沒	誑	軍	王	將	賢	19
		識	海	屹		碣	之	尚	來	初	誘	一	命	軍	大	20
			山	彼		于	遺	無	未	隋	也	公	來	臣		21
			可	石		安	蹟	吾	有	軍	公	禦	護	也		22
			亘	嶽		州	年	若	出	復	之	兒	公			23
			崧	鐘		城	代	是	遼	勝	恃	率	沈			24
				氣		下	滋	之	東	遣	公	因	江	鷲		25
				陶		以		敗	者	使	其	諔	淮	有		26
				融		萬		而	凡	驟	其	水	智			27
				詩		世		隋	一	曰	東	營	軍	數		28
				寄		景		之	百	若	旋	濟	浮	兼		29
				仲		慕		宗	師	當	薩	降	海	善		30
				文					三	奉	水	欲	先	屬		31
				劍					萬	王	平	去	探	文		32
				斬						詣	壤	虛	左	隋		33
				世						行	三	實	翊			34
				雄						在	十	大	衛			35
										矣	里	將	大			36
										述	地	于	將			37
										見	依	仲	軍			38
										平	山	文	宇			39
										壤	設	欲	文			40
										城	軍	執	述			41
										險	營	不	出			42
										度	公	果	扶			43
										難	因	與	餘			44
										猝	遺	文	道			45
										拔	隋	述	右			46
										遂	將	追	翊			47
										爲	五	來	衛			48
										方	言	大				49
												將				50

大臣乙 支 … 公 … 碑

					陣	詩	軍	51
					而	曰	于	52
					行	神	仲	53
					公	策	文	54
					卽	究	出	55
					出	天	樂	56
					軍	文		57
					四	妙		58
					面	算		59
					抄			60
					擊			61
					至			62
					薩			63
					水			64
					及			65
					其			66

현진건은 현지 답사를 통해 파편으로 석상 곁에 있던 비문을 판독하였다. 그가 판독한 것은 비의 전반부인데 四面에 글씨가 쓰여 있는 형태로, 前面大字인 '高句麗大臣乙' 6자,[80] 좌측면 2행 21자, 우측면 9자, 陰記 14행 178자를 포함 도합 214자를 판독했음을 알 수 있다. 판독하지 못한 곳은 빈칸(□)으로 처리하였다(표 참조). 이중 비문의 글자 배치가 어떠하였는지는 음기의 행수(14행)를 기록하고 있는 점에서 비문을 복원하는데 중요한 단서를 제공해 주고 있다. 장도빈이 민간에 전하는 이 비문을 수록한 것과 대비해 보면, 문자간 약간의 이동이 있으나 거의 일치하는 것으로 보아 산운본은 이 비문을 移寫하거나 비문 초본을 필사한 것일 가능성이 크다고 생각된다. 특히 산운본에서는 빙허본에서 파손되어 읽을 수 없었던 부분과 하반부의 나머지 부분의 내용을 복원할 수 있을 뿐만 아니라 비를 건립한 시기와 撰者를 알 수 있는 정

---

80) 1929년에 기행 기록을 남긴 김진구도 역시 6자를 판독했다(김진구, 앞의 글, p.146). 그러나 그밖의 비문은 판독하지 않았다.

보를 제공해 주고 있어 중요하다.

　빙허본과 산운본의 토대로 복원한 비문은 전면 1행, 좌측면 2행, 우측면 1행, 음기 14행으로 전체 글자 수는 약 500자 이상 되었을 것이다.

　그러면 복원된 비문에 따라 내용상으로 단락을 구분지어 분석해 보면 다음과 같다.

　1) 高句麗 大臣 乙支公 …… 碑
　이 부분은 비의 전면대자 부분으로 비문의 주체를 나타냈으므로 이를 통해서 이 비가 을지문덕과 관련된 비임을 알 수 있다. 아래 陰記에서 '公'으로 시작하고 있으므로 '乙支' 다음에는 '公'자를 넣을 수 있고 제일 하단에는 '碑'자를 복원할 수 있겠다.

　2) 公箕城人 諱文德 乙支其氏 高句麗嬰陽王時 賢大臣也 公沈鷲有智數 兼善屬文
　이 단락은 제 1행 제 32줄까지의 부분으로, E-①과 크게 다르지 않음을 알 수 있다. 그런데 을지문덕을 箕城(平壤)人이라고 한 점[81](산운본에서는 생략)과 乙支를 그 성씨, 이름을 文德으로 구분하고 있는 점이 다르다.

　3) 隋煬帝伐高(句)麗 徵天下兵 水陸俱進 …… 還至遼東惟二千七百人
　이 단락은 제 1행 제 33줄에서 제 7행 제 10줄까지의 부분으로 비문의 대부분을 차지하고 있다. 내용은 을지문덕전에 실린 살수대첩의 경과로 기존의 사료와 크게 다르지 않다. E와 같은 을지문덕전에 기초한 것으로 보인다. 또한 '隋煬帝伐高句麗'에서 동아일보에 실린 판독문에는 고구려를 '高麗'라

---

81) 洪良浩, 『海東名將傳』 1, 「乙支文德」, "乙支文德 平壤石多山人也"에 근거한 듯하다. 『환단고기』, 고구려국본기에서 "乙支文德 高句麗國石多山人也"라고 한 것도 여기에 그 출전을 두고 있지 않을까 한다.

고 하였다.[82] '水陸俱進'에서도 '進'자를 '盡'으로 판독했으나 의미상으로나 산운본을 고려할 때 '進'이 맞을 것이다. 을지문덕이 우중문에게 보낸 詩句에서도 '知足云止'라고 되어 있는데, 글자가 훼손된 것을 표시하려함인지 판독되어 있지 않으나, 가운데 '願'자를 넣어야 할 것이다. 살수대첩에서 죽은 수군 '右屯將辛世雄'에 대한 기록도 산운본에 의거 우둔장 다음에 '軍'자을 첨가하였다.

4) 噫 煬帝東伐 自載籍以來 未有若是之敗 而隋之宗公殆無了遺 其豐功偉烈 可以亘宇宙 垂竹帛 而尙無吾東至今俎豆之

이 단락은 제 7행 제 11줄에서부터 제 9행 제 6줄까지의 내용이다. 수 양제의 고구려에서의 패배는 역사에서 그동안 있지 않았던 대참패로 隋氏가 거의 전멸할 지경이 된 반면에 을지문덕의 업적은 우주에 이르고 역사에 남았음에도 아직까지 우리나라에서 제사를 올리지 못했다는 내용이다. 여기서 1683년(숙종 9)에 안주에 을지문덕 등을 봉안한 淸川祠가 늦게 세워졌던 사실에 대한 내용으로 보인다.

5) 薩之南岸有一片石 故老傳謂公之遺蹟 年代滋久 風雨磨洗 石已泐[83]矣

이 단락은 제 9행 제 7줄에서 제 10행 제 9줄까지의 내용이다. 이는 을지문덕 석상의 소식을 전하는 내용으로, 그것이 살수 남쪽 언덕에 있었는데, 故老들이 을지문덕의 유적이라고 하나 세월이 오래되어 훼손되었음을 말하고 있다. 이 위치는 사료 F, G, H의 내용임을 알 수 있다. 이 비문을 통해서도 을지문덕의 석상으로 전하는 입상이 존재했음을 알 수 있다. 그러면 이 석상은 언제 제작되었을까. 칠불사의 造營과 그 당시 제작된 7인 석상의 존재, 종 제작

---

82) 현진건, 앞의 글, 『동아일보』(1929.8.1), 제1면.
83) 현진건의 이 글자가 훼손되어 판독할 수 없음을 '○(一字未詳)'이라고 표현하였다 (현진건, 위의 글). 의미와 산운본에 의거하면 '泐'자로 보충할 수 있다.

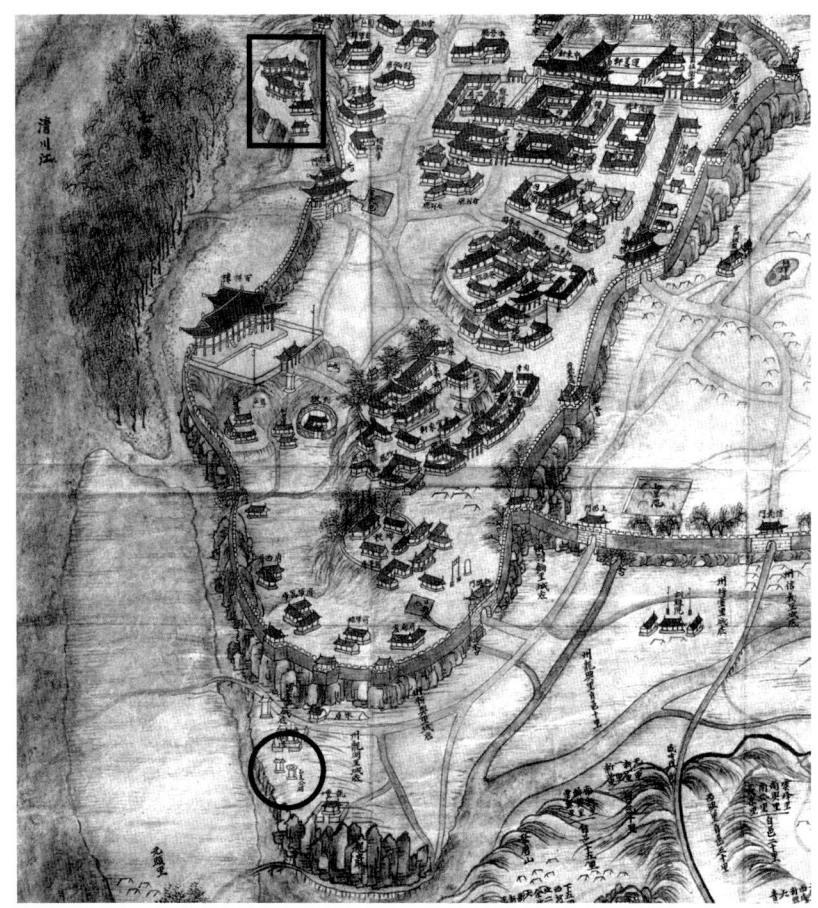

安州牧地圖[「朝鮮後期地方地圖」] 중 七佛寺(□)와 乙支文德碑・石像(○)

등을 고려하면, 역시 을지문덕의 석상도 이 무렵 제작되었지 않았을까 한다. 그것은 살수대첩의 주요 공로자로 7인과 을지문덕을 들 수 있는데 어느 한쪽만 그 공을 기렸으리라고는 생각되지 않기 때문이다. 그러나 기록과 같이 이 비석을 세울 때는 사당은 없어지고 석상도 많이 훼손되었음을 확인된다. 그 후 1930년대 들어와서는 I에서와 같이 더욱 훼손되어 있었음을 알 수 있다.

6) 一州士民 莫不咨嗟 遂立碣于安州城下 以萬世景慕之意 略記其實

이 단락은 제 10행 제 10줄에서부터 제 11행 제 6줄까지의 내용이다. 이 단락은 이 비를 세운 주체와 그 동기, 비의 건립 위치 등을 기록한 대목이다.

안주 士民이 을지문덕의 석상의 훼손을 안타깝게 여겨 안주성 아래에 이 비를 세웠는데 만세토록 경모하는 뜻을 부치고 비에 그 대강의 사실을 기록한다고 하였다. 여기서 비의 위치는 황의돈의 기록과 H를 종합해 볼 때, 안주 서문 밖 용당현 부근이었음을 알수 있다. 이 때 H와 같이 석상과 석비가 같이 출토되었다고 하므로 비를 세울 때 석상도 옆에 같이 놓았 것으로 추정된다.[84]

7) 因爲之銘曰 屹彼石嶽 鐘氣陶融 詩寄仲文 劒斬世雄 薩水淸浮 功冠大東 古石依依 民曰我公 水可洄海 山可亘崧

이 단락은 제 11행 제 7줄부터 제 13행 제 24줄까지의 부분이다. 지은이의 銘 부분인데, 빙허본은 살수부터 판독하였다. 원래 비석의 하단 망실된 부분부터 썼던 것인지 아니면 石刻시에 축약했던 것인지 현재로서는 잘 알수 없다. 석상을 을지문덕과 동일시하면서 그 전공과 전해 내려 온 내력을 잘 표현하고 있다.

8) 崇禎紀元二百二十年丁未上澣 …… 進士 吉元模 識

이 단락은 陰記의 제일 끝 단락으로서 제 14행 제 1줄부터 제 20줄까지이다. 비의 건립 연대와 撰者를 적은 부분이다. 빙허본에는 崇禎 紀元 220년과

---

84) 1872년에 발간된 평안도지도 중 安州牧地圖(『고서와 고지도로 보는 북한』, 서울대학교 도서관, 1991 ; 『조선후기 지방지도』 평안도편, 상권 21 安州牧地圖, 서울대학교 규장각, 2002)에도 '乙支公碑'라고 하여 비갓과 碑座를 갖춘 비와 다른 석물이 보이는데, 이 비와 을지공석상일 것이다. 이 지도에는 이 밖에도 지도 위에 설명문 첫 줄에 '古蹟'으로 하여 살수대첩과 七僧 사적을 기록하고 있다. 백 여 년 전에 安州 士民들이 石像과 石碑를 城下에 세웠다고 한다(권덕규, 앞의 책, p.7).

干支로 乙未라고 하고 있으나[85] 간지는 丁未(1847, 憲宗 13)이어야 한다. 이 해를 1727년(英祖 3)으로 보기도 하지만[86] 찬자의 생몰연대와 산운본으로 보면 1847년임을 알 수 있다. 또한 '上澣' 앞에는 달(月)에 대한 기록이 있었을 법한데 알 수 없다.

찬자인 吉元模는[87] 그 자세한 이력을 알 수 없으나 『司馬榜目』에 의하면, 본관은 善山, 자는 鴻叟이다. 그는 이 비문을 짓기 두 해전인 1845년(憲宗 11)에는 文科 初試에 장원한 바 있고[88] 다음해인 1846년 式年 進士였다. 거주가 안주로 되어 있는 것으로 보아 안주에서 주로 활동한 인물로 보인다.

9) 山長 康益裕 都有司 李信……
翕別執事 白楚伯 康再賢 養(裵?)   - 좌측면
士林 崔宗宅 高鎭化 金……   - 우측면

비의 좌우측면에 있는 내용으로 비의 건립에 주도적인 역할을 했던 인물들을 기록하고 있다. 이 중 흡별집사에서 康再賢 다음의 '養'은 성씨일 것으로 추정된다. 비문이 훼손된 상태에서 판독했음과 글자의 형태와 안주의 성씨를[89] 감안하면 '裵'씨가 아닐까 생각되지만 단정할 수 없다.

山長 康益裕는 다른 祠宇보다도 을지문덕 등을 봉안했던 淸川祠의 원장이었을 것이다. 도유사나 흡별집사, 사림 등도 청천사와 관련 있던 인물들이었을 것이다. 그러므로 이 비석은 청천사를 중심으로 한 안주 儒林들이 주도적으로 건립한 것으로 이해된다.

---

85) 을지문덕의 공적을 기록한 비로 소개하면서 연대만 "崇禎紀元二百二十年丁未"로 판독한 기록도 있다(「乙支公石像과 其祠宇」, 『別乾坤』 12·13합집, 1928, p.131).
86) 장도빈, 『증보대한위인전』 상, p.249.
87) 권덕규도 비문을 지은 사람은 '進士 吉元模'라고 하였다(권덕규, 앞의 책, p.7).
88) 『日省錄』 憲宗 11년 3월 2일조. "平安監司趙秉鉉以慶科文科初試榜目馳啓 幼學吉元模居首"
89) 앞의 『安州誌』, 姓氏.

이와 같은 을지문덕 석비의 비문 복원과 그 내용 분석을 통해서 다음과 같은 사실을 알 수 있었다. 이 비는 1847년(헌종 13) 안주의 청천사를 중심으로 한 유림들이 주동이 되어 건립하였고, 찬자는 안주의 진사였던 길원모였다. 비문은 전체 500여 자 이상 되었을 것이다. 이 때 오래전부터 청천강 南岸에 있던 을지문덕의 석상으로 전해 오던 장군 입상을 안주 서문 밖 용당현 부근으로 옮기고 비석과 나란히 세웠음을 알 수 있었다. 또한 이 석상은 칠불사의 조영 당시 7인의 석상과 더불어 그 무렵에 제작되었을 것으로 추정되었다.

V. 맺음말

이상과 같이 늑천 송명흠이 기록한 칠불사 종명에 대한 기록을 중심으로 살수대첩과 칠불사 유적 및 을지문덕의 석상과 석비 등에 대해서 살펴보았다.

송명흠이 기록한 칠불사 종명 기록은 전문을 다 싣고 있지는 않으나, 칠불사 종이 실재했음을 증명하여 문헌으로만 전하는 칠불사의 유래와 종의 鑄成을 밝힐 수 있는 결정적인 자료임을 알 수 있었다.

송명흠이 1727년(英祖 3)에 기록한 칠불사 종명은 高麗後期인 1344년(忠惠 5, 忠穆 卽位)에 만든 종임을 알 수 있었다. 또한 칠불사에 대해서는 정확한 기록은 아니나 세조대 칠불사와 관련하여 고구려의 살수대첩에서 큰 공을 세운 7인(僧)을 기념하여 1458년경에 왕명에 의하여 칠불사를 짓고, 당시 知兵曹事로 兵書와 佛敎에 조예가 깊던 한계희에게 그 사적을 종에 기록하게 했다는 자료도 있음을 알 수 있었다. 그동안 대부분의 칠불사 사적과 그 鐘에 관해서는 이렇게 인식되어 왔으나, 송명흠의 기록으로 그것이 고려시대의 종이고 당시의 기록임이 밝혀졌다.

다음으로 칠불사의 창건과 관련하여 살수대첩의 상세한 검토를 통해 살수대첩이 당시의 군사상 지형지물을 가장 잘 이용한 전투였고, 7인(僧)으로 隋軍을 유인해 수군의 方陣을 가장 효과적으로 격파할 수 있는 칠불사와 그 주변

薩水(淸川江)에서 최대의 승리를 이끈 대첩임을 밝힐 수 있었다.

고려시대에 들어와서도 칠불사와 그 주변 지역은 살수대첩에서의 전투 중심지역으로 인식되었다. 칠불사를 중심으로 살수대첩에서 공을 세운 7인이 七佛로 승화될 수 있었던 시점에서 칠불사의 조영과 그 鐘의 鑄成, 7인의 石像의 조성이 있었음을 알 수 있었다. 또한 이에 그치지 않고 을지문덕의 石像을 제작했음도 추정해 볼 수 있었다. 이 석상은 1940년대까지도 존재했음을 확인했다.

석상과 더불어 이 석상을 보존하고 기록으로 남기고자 1847년(憲宗 13) 안주의 士民 특히, 을지문덕 등을 봉안한 淸川祠의 유림들이 중심이 되어 을지문덕의 石碑가 세워졌음을 알 수 있었다. 을지문덕의 석비는 당시 安州 進士 吉元模가 지었고, 전문 약 500여 자가 되는 비석으로 추정되었다.

이후 1910년 9(5)월, 을지문덕의 석상과 더불어 이 석비는 安州 西門밖 龍塘峴에서 출토되어 안주 安興學校 교정에 있다가 1920년대 후반(1928.5~1929.7) 安州城 百祥樓 아래로 옮겨진 것으로 보인다.

결국 고구려의 살수대첩을 기리고 傳承하고자 하는 노력들은 고려시대는 물론이고 일제시대까지 그 현장이던 안주 지방을 중심으로 계속되어 왔음을 알 수 있었다. 그것은 七佛寺의 조영, 7인(僧)의 石像 건립, 鐘의 鑄成, 을지문덕의 石像과 그 石碑의 건립과 보존 등을 통해서 구현되어 왔던 것이다.

2

有懷堂 權以鎭의 新羅 溫井碑攷

I. 머리말

삼국시대부터 溫泉에 대해서는 적지 않은 기록이 남아 있다. 그것은 온천이 실생활과 밀접한 관련이 있기 때문일 것이다. 그 중에서 新羅의 東萊 溫泉[溫井]에 관한 기록은 특히 주목된다.

東萊는 삼국시대 이전에는 加耶 㐨山國[萊山國]이었다.[1] 그 후 신라의 居

---

[1] 동래는 加耶 瀆盧國에 비정되고 있다(李丙燾,『韓國古代史研究』, 1976, p.276 ; 金泰植,『加耶聯盟史』, 1993, pp.77~79). 독로국이 신라에 편입된 시기는 4세기 중엽에서 5세기 초일 것이라 한다(金泰植, 위의 책, p.144). 문헌기록에서 동래는 㐨山國(혹은 萊山國)으로 나타난다(『三國遺事』卷3, 靈鷲寺). 양자 사이에 어떤 관련이 있는지는 아직 알 수 없다. 혹 가야 독로국을 신라에서 장산국으로 별칭한 것은 아닌지 모르겠다. 한편, 脫解尼師今(57~79) 때 干이던 居道에게 망한 于尸山國, 居柒山國(『三國史記』卷44, 居道傳) 중 거칠산국이 동래일 경우 이미 동래 지역은 1세기경 신라에 복속된 것이 된다. 이와 관련하여 釜山地域 특히 東萊 福泉洞 古墳群을 중심으로한 考古資料와 文獻資料에 대한 전반적인 검토가 있다(朱甫暾,「4~5世紀 釜山地域의 政治的 向方」『新羅地方統治體制의 整備過程과 村落』, 신서원, 1998).

漆山郡이 되었는데, 신라 中祀 四海 중 南 兄邊과 溫井이 있는 곳이었다. 또한 동래와 그 주변에는 많은 古墳과 太宗臺, 義湘臺, 海雲臺, 梵魚寺, 絶影島 등의 고적이 있는데 이같은 몇가지 사실을 보아도 동래지역이 신라에 있어서 차지하는 비중은 크다고 할 수 있다.

그럼에도 그간 동래지역에 대해서는 고고학적인 연구 성과가 대부분으로서 고대사로서 역사적으로 다룬 논고는 많지 않다. 그 중 동래 온천에 관한 고대사 자료는 거의 남아 있는 유적을 설명하는 정도의 것에 그치고 있다. 그렇지만 현존여부를 알 수 없는 동래 온천에 있었던 '新羅 溫井碑'에 관한 단편적인 문헌기록과 金石文이 있어 보완의 가능성이 있다.[2]

그런데 이 중에서 조선 후기에 東萊府使를 지낸 有懷堂 權以鎭(1668~1734)의 글이 주목된다. 그는 실증적인 학풍을 바탕으로 고대에서 당대에 이르는 금석문에 대해 많은 관심을 가지고 기록을 남겼던 인물이다. 그 중에서 동래 온정에 관한 답사기적인 기록[詩]은 부족한 문헌 사료를 크게 보완하고 온정비의 대략적 복원을 가능하게 하리라고 생각한다.

따라서 본고에서는 먼저 권이진의 기록을 토대로 온정비의 내용을 살펴보고자 한다. 다음으로 신라에서 온정의 의미와 온정비의 성격을 검토하고, 끝으로 온정비가 中代 巡狩碑로서 갖는 의의를 검토하고자 한다. 이러한 고찰은 고대 금석문 자료의 보완과 신라에 있어서 동래지역의 역사적 위치를 가늠하는데 도움을 줄 것으로 기대된다.

---

[2] 그동안 동래의 신라 온정비에 대해서는 조선시대에 들어와서 詩(특히 李元鎭)나 단편적인 기록[金夢霖, 「溫井改建碑」] 등을 통해서 신라왕이 목욕했다거나 古碑가 있었다는 정도의 기록이 남아 있었다. 또한 이들 자료를 토대로 동래 온천에 대한 역사적 변천과정 속에서 이에 대한 언급이 있어왔다(都甲玄鄕, 「東萊溫泉」『釜山府史原稿』1권 6장, 1937, pp.254~258 ; 諸吉雨·金容旭, 「釜山 溫泉에 關한 研究(一)」『港都釜山』3, 釜山市史編纂委員會, 1963).

II. 權以鎭의 溫井碑文 判讀과 그 內容

權以鎭은 본관은 安東, 자는 子定, 호는 有懷堂 또는 收漫軒으로, 湖西山林의 대표적인 학자 중의 한 사람인 炭翁 權諰(1604~1672)의 손자이고, 尤庵 宋時烈(1607~1689)의 외손이다.[3] 그는 家學을 바탕으로 학문을 시작하고 21세 때는 부친 權惟의 명으로 明齋 尹拯(1629~1714)의 문하에서 수학하였다.[4] 27세(1694)에 문과 급제한 이후, 내직으로 戶曹判書, 工曹判書 등과 외직으로 咸平縣監, 東萊府使, 慶州府尹, 安東府使, 平安監司 등을 역임하였다. 그는 외직에 근무하면서 지방마다의 고질적인 폐단을 시정하려고 노력하였고, 선현

---

3) 권이진에 대해서는 근래 여러 방면에서 연구가 이루어지고 있다. 주요 연구성과를 들어보면, 사상사적인 측면(劉明鍾, 「有懷堂 權以鎭의 學統과 思想」『百濟研究』 10, 1979 ; 劉長林, 「有懷堂權以鎭的修養論及其現代價値」『儒學硏究』 1, 忠南大學校 儒學硏究所, 1993)과 문학적인 측면(史在東, 「有懷堂 權以鎭의 文學世界와 近代精神」『儒學硏究』 1 ; 『道山學報』 2, 1993 ; 李章佑, 「有懷堂 燕行詩文考」『道山學報』 3, 1994) 그리고 인물 소개가 있다(權兌遠, 「권이진(權以鎭)」『한밭人物誌』, 大田市史編纂委員會, 1993). 또한 생애와 내외 관직에서 나타난 그의 활동상을 연구한 성과(金駿錫, 「蕩平政局期의 實務官人 -權以鎭의 國體意識과 國防論-」『道山學報』 3, 1994와 金文植, 「18세기 전반 權以鎭의 對外認識」, 『道山學報』 4, 1995 ; 成鳳鉉, 「有懷堂 權以鎭의 생애와 經世觀」『대전문화』 6, 대전시사편찬위원회, 1997)가 있다. 한편, 권이진이 『東京雜記』 기사 중 의심나는 대목에 대한 실증적인 견해와 부족한 부분을 보완한 기록인 「東萊雜記刊誤」에 대한 고찰이 있다(金壽泰, 「有懷堂 權以鎭의 「東京雜記刊誤」」『道山學報』 6, 1997).

4) 권이진의 생애와 학문적 배경에 대해서는 權兌遠, 앞의 글 ; 金文植, 앞의 글, pp.124~137 ; 成鳳鉉, 앞의 글, pp.246~252에 자세하다. 덧붙여 그의 친우였던 宋儒傳과 太極圖說로 명재로부터 그 학문적 정밀성을 인정받은바 있거니와(『明齋遺稿』 卷24, 「答權以鎭子定」乙酉(1705) 一月二日), 明齋가 죽기전까지 편지 왕복이 있었다. 특히 명재와 관련하여 1711년 명재가 磻溪 柳馨遠의 『磻溪隧錄』에 대한 跋文이 있었던 점이 주목된다(『明齋遺稿』 32, 「跋隧錄辛卯」. 명재와의 사승관계와 권이진이 반계의 사돈인 宋道昌의 墓碣을 지은 점(『恩津宋氏譜(丁亥大譜)』 卷12, 2板) 등을 고려할 때, 권이진이 반계와 그의 학술에 대한 소식을 듣고 있었을 것이다.

현창과 유적 보존, 학자들과의 학문적 교류5) 등 그가 할 수 있는 모든 노력을 기울였었다. 이러한 그의 치적은 그가 지방관을 역임한 지역에서 존경을 받기까지 하였던 것이다.6)

그중에서도 특히 동래부사로 재임하면서, 그의 이러한 자세가 여실히 드러났다. 권이진은 1709년 정월 28일에 동래부사에 부임하였다. 그는 부임하면서 바로 동래지역이 왜관과 직접적으로 맞닿고 있는 지역이었으므로, 여기서 파생되는 많은 문제점을 개선하려고 노력하였고,7) 왜의 농간을 근절시키려고 무척이나 고심하였다.8) 또한 임진왜란 당시의 상황을 거울삼아 지역민

---

5) 예를 들면, 安東府使 시절 密庵 李栽(1657~1730)나 息山 李萬敷(1664~1732) 등과의 학문적 교류가 그것이다(『有懷堂集』 卷7, 「與李院長栽」 『有懷堂年譜』 卷1, 肅宗 3(4)4년 5월 23일조 ; 『息山集』 卷4, 「答權子定以鎭號有懷堂」, 「答權子定」). 후일 권이진의 조카이던 淑徵이 息山에게 그의 4대조 晚悔 權得己의 遺訓[每事必求是 無落第二義]을 써주기를 부탁했던 것도(『息山集』 卷18, 「書晚悔堂權公遺訓屛後」) 일찍이 권이진과의 교류가 있었기 때문일 것이다. 그전의 全羅都事와 東萊府使 시절에는 水村 任埅(1640~1724)과도 교류한 흔적을 볼 수 있다(『水村集』 卷4, 「法聖浦次權亞使以鎭韻」 ; 同書 卷5, 「以事到東萊贈府伯權定卿以鎭求和」). 뒷날 연행사로 다녀오면서 金川의 任埅 유배지를 방문하고 물자를 보내어 그 어려움을 덜어준 것(『有懷堂年譜』 卷2, 景宗 4년 7월 15일 조) 등은 그의 학문과 인격을 이해하는 좋은 예라 할 것이다.

6) 예를 들면, 그가 地理志인 箕城(咸平 古號)誌를 만들었던 咸平에는 그의 「縣監權侯以鎭萬世不諼碑」가 서 있다. 한편, 이러한 그의 행적에서였던지 星湖 李瀷은 그의 묘지명에서 「接人 無過情無實之話」라든지, 「瀷記 昔年 少遇公於客座 只瞻望壇宇 恭揖而過 必未嘗忘也」(李瀷, 「墓誌銘幷序」 『有懷堂集』 卷12)라고 하고 있고, 炭翁 遺集 序文에서 「嘗見其孫判書公於人客, 語言樸淳, 動靜遵禮. 其立朝質直好義信…」(李瀷, 「炭翁權先生遺集序」 『星湖文集』 卷32)라고 하며 기리고 있다.

7) 이와 관련하여 자료로서 권이진이 동래부사 재임시 對馬州太守에게 奉復한 書契가 남아 있다(『對馬島宗家關係文書』, 書契目錄集Ⅰ, 國史編纂委員會, 1992, pp.107~119). 국사편찬위원회에 등록된 번호는 2805, 2810, 2812, 2815~6, 2826, 2828, 2831, 2835~6, 2859~60, 2868 등이다.

8) 권이진이 동래부사로 부임하고 얼마안있어 明齋에게 올린 편지에 대한 명재의 답장에서도 느낄 수 있다(『明齋遺稿』 卷24, 「答權以鎭子定」(己丑, 1709) 七月一日).

들에 대한 경계심 고취와 동래지역에 대한 방비에 많은 노력을 기울였다. 그는 임진왜란 당시 동래부에서 순절한 宋象賢이하 諸先賢들의 殉節 사실을 널리 선양하고,[9] 방비를 위한 東萊山城의 보수 및 수축에 힘을 쏟았던 것이다.[10] 그 여가에 유적지를 유람하고, 관련 유적에 많은 관심을 가졌다.[11] 그는 여기에 그치지 않고 이의 보수와 기록에도 정성을 기울였다. 이 중 특히 금석문에 많은 관심을 기울였는데, 일찍이 향리에서 高麗時代 誌石을 고증한 일이 있었고,[12] 동래부사 시절에는「釜山子城碑」와「萬世德碑」를 보수하고 기록으로 남긴 일 등이 그것이다.[13] 이같은 사실은 그가 역사 자료로서의 금석문의 중요성도 인식하고 있었기 때문일 것이다.[14] 그 중의 하나는 그가 동

---

9) 그는 畵工을 시켜「東萊府殉節圖」를 보수한 일이 있는데, 순절도의 내력을 기록한 畵記가 남아 있다(『有懷堂集』卷7,「畵記」).
10) 金文植, 앞의 글, pp.139~146에 자세하다.
11) 동래부사를 지낸 후 慶州府尹이 되고 나서 7개월 여 만에「東京雜記刊誤」를 집필할 수 있었던 것은 그의 이와 같은 역사에 대한 관심과 考究에서 가능하였을 것이다.
12) 그는 鄕里[公州牧 山內面 無愁洞里 : 현 대전광역시 중구 무수동]에서도 집안 묘소를 이장하다가 誌石을 습득하고는 지석의 주인공을 高麗 인물인 李春啓로 판독한 사실이 있다(崔槿黙,「李春啓」『대전문화』3, 대전시사편찬위원회, 1994, pp.129~130 ;『大田金石文』, 대전시사편찬위원회, 1995, pp.830~833).
13) 그는 파손된 비를 보수하거나 목판에 새겨 보존하고 비문도 일일이 기록하고 있다(『有懷堂集』卷7,「續釜山子城折碑記」;『肅宗實錄』卷48, 36년 11월 庚子). 이 비는 임진왜란 때 明의 援軍으로 朝鮮에 왔던 萬世德과 李承勛 등이 세운 戰勝紀念碑이다. 이에 대해서는『忠烈祠志』附錄1에도 자세하다. 부산시 동래구 안락동 忠烈祠 내의 昭崒堂에는 권이진의 시(『有懷堂集』卷1,「次拜忠烈祠韻」)를 새긴 현판이 걸려 있다(金萬用,「釜山市內金石文 ; 懸板史料調査報告」『港都釜山』1, 부산시사편차위원회, 1962·1992).
14) 권이진은 온정에 대해 기록하면서 그 자신의 금석문에 대한 관심을 단지 호고적인 것이라고 말하고 있다. 그러나 그것은 역사와 결부된 자료로서의 인식에서 비롯된 것이다. 뿐만 아니라 그 자신 實務·實事意識을 지닌 官人으로서(金駿錫, 앞의 글), 학문에 있어서도 그의 실증적인 풍모를 느낄 수 있다. 그의 이와 같은 실질적인 것

『有懷堂集』卷1, 溫泉

래온천을 방문하고 그곳에 있었던 통일신라시대 碑片에 관해 시로써 읊은 기록이다. 동래 온천에 있었던 이 古碑는 그동안 新羅王의 '入湯紀念碑' 정도로서만 인식되어 왔고,[15] 구체적으로 비가 건립된 시기, 위치, 내용 그리고 성격 등에 대해서는 알 수 없었다. 그러나 권이진의 기록을 통해서 동래 온천에는 신라 溫井과 그 비석편이 존재했었고, 그것이 통일신라시대의 것이었음을 증명해주고 있다.

동래의 신라 온정에 관한 권이진의 기록은 그의 문집인『有懷堂集』卷1, 溫泉 條에 실려 있는 데,[16] 東萊 溫泉에 관해 長句의 시를 지어 기록하고 있다.

을 숭상하는 학풍은 유적과 금석문에 많은 관심을 갖게 했던 것으로 보인다.

15) 都甲玄鄕, 앞의 글, pp.254~258 ; 諸吉雨·金容旭, 앞의 글, pp.108~109.
16) <자료 1> 참조.『收漫軒集』卷1, 溫泉 條와는 약간의 문자 이동이 있고,『收漫軒集』에는 作詩 年代[辛卯, 1711]가 기록되어 있다. 권이진의 문집에 대한 書誌學的 연구로는 尹炳泰, 「大田의 典籍文化(Ⅱ)」『대전문화』2, 대전시사편찬위원회,

관련된 부분을 제시하면 다음과 같다(단락은 필자의 구분).

A - ① 溫泉 金井山下有溫泉 甃飾極巧 (是)昔日羅王行幸之地 有折碑大小數片 小者支湯屋柱 大者守泉人以磨豆擣衣 余感千古事 試尋(其)字劃 可辨者僅五六十字 爲賦長句以記之(辛卯)**17)**
② 金井山下泉潑潑 … 新羅盛時君王浴 屋支銅柱四有穴 礱石爲欄美如玉
③ 雄詞健筆書之碣 贔屭貞珉負以螭 字勢飄揚龍虵結 … 龜龍剝落餘片石
④ 剔垢噴水尋字畫 如掌之片三五字 文理缺裂不可讀 騈闐似說人士會
⑤ 復有大者字近百 列書姓名與官職 調府兵部分六官 將軍執事邦司直
⑥ 伊時金氏總眞骨 就中伊姓是何人 至今未聞此門閥 阿湌奈麻本資級 非有職掌如舍謁 謾傳羅官只湌麻 玫此可補史之闕
⑦ 隨駕宰相復幾人 鐫官刻名垂千億 史乘疎脫徵者少 姓字猶賴玆石刻
⑧ 事同驪泉緣行樂 石似岐鼓存古蹟

[*( ) 안은 舊文集**18)**과의 비교에 의한 보충임]

위의 기록에서 A-①에 의하면, 권이진이 동래부사 재임 시인 1711년[辛卯]에 동래온천에 직접 가서 확인한 신라시대 비편에 대한 기록임을 알 수 있다. 그런데 이 비편의 실존에 대해서는 일찍부터 알려져 왔다. 稼亭 李穀(1298~1351)은 이에 대해 시를 남기고 있는데,

浴室何年有 殘碑無復存(『稼亭集』 卷17, 「鄭仲孚示予去年蔚州所作東萊十首次其韻」)

1993, pp.273~279가 있다.
17) 이 시기는 辛卯年(1711) 3월 10일이라 한다(『有懷堂年譜』 卷1, 肅宗 39년(1713) 癸巳 3월 條 ; 『收漫軒集』 卷1, 溫泉 條).
18) 『收漫軒集』 卷1, 溫泉(『晩悔集 炭翁集 收漫軒集』, 月村文獻硏究所, 1985, p.632).

이곡이 鄭誧(仲孚)의 1331년경의 작품으로 생각되는 「東萊雜詩」[19]에 대해 次韻한 시이다.[20] 이를 통해서 온정과 비의 존재를 확인할 수 있고, 당시에도 이미 온정비는 파편이 되어 있었음을 알 수 있다.[21]

한편, 온정에서 권이진은 직접 비편을 판독하고 이를 바탕으로 좀 더 상세한 기록을 남기고 있어 주목된다. 권이진이 확인한 비편의 글자는 A-①·④·⑤에서 보다시피 200여 자 이상 되었을 것이다. 이들 비편 중 A-④는 권이진의 표현과 같이 작은 파편이어서 文理가 어긋나 읽을 수가 없었고,[22] A-①에서 읽을 수 있었던 비편의 내용은 권이진보다 60여 년 전인 1644년 동래부사로 왔던 太湖 李元鎭(1594~1665)[23]이 1645년에 이미 확인한 바 있다.

---

19) 『東文選』 卷9 ; 『雪谷集』 下, 『西原世稿』 2.
20) 鄭誧는 忠惠王 때 참소를 입어 그의 형인 頗와 같이 형은 寧海에, 그 자신은 蔚州로 귀양 갔었다(『高麗史』 卷106, 鄭瑎 附 誧傳). 이 시기는 자세히 알 수 없으나, 그의 형 오가 충혜왕 원년(1331) 4월에 역시 참소를 입은 점(『高麗史節要』 卷25, 忠惠王 元年 四月條)으로 미루어 이무렵으로 생각된다. 아마도 稼亭이 이렇게 次韻한 데에는 鄭誧가 자신이 지은 시를 보여주며 동래 온정에 대해서 자세한 소식을 전해주었기 때문일 것이다.
21) 이와 관련하여 諸地理書에서는 온정비에 대한 기록은 찾아 볼 수 없었다. 『高麗史』 卷57, 「地理」 2, 東萊縣 條에서 溫泉이 있다고 기록한 이래 『世宗實錄』 「地理志」나 『輿地圖書』 및 私撰地理志로 東萊府使 朴師昌이 1740년에 편찬한 『東萊府誌』 등에서도 溫井의 건물 및 그 구조를 기록하는 것에 그치고 있다. 이것은 온정비가 고려시대이래 이미 碑片이 되어 있었기 때문일 것이다.
22) 비문의 본문이었던 듯하다.
23) 이같이 이끼를 털어내면서 비문을 읽고 시로 읊은 李元鎭은 星湖 李瀷에게는 堂叔父가 되고 학문적인 영향을 주었을 것이라고 한다(姜世求, 『東史綱目硏究』, 1994, p.33). 이원진은 하멜 일행이 표류해 왔을 때 濟州牧使로 활약했고, 그의 여동생의 아들인 磻溪 柳馨遠의 학문에 깊은 영향을 주었다고 한다(李成茂, 「星湖 李瀷의 生涯와 思想」 『朝鮮時代史學會報』 3, 朝鮮時代史學會, 1997 ; 『朝鮮의 社會와 思想』, 一潮閣, 1999, p.270). 한편, 그의 저술로는 1653년 제주목사시 편찬한 『耽羅志』 말고도 先代 詩文을 모아 만든 『黃驪世稿』 2冊이 있다고 한다(『驪州李氏世譜』 卷首, 1992, p.110).

幽竇洩溫泉 石下通暢谷 剔蘇讀斷碑 王者曾休沐(『東萊府誌』,「題詠雜著」客舍 寅賓軒 條)

  이 시를 통해서 이원진이 온정을 찾았을 때는 이미 이끼가 끼어있을 정도로 오래전에 온정비가 파편이 되어 있었음을 알 수 있다. 그러나 그 파손이 아주 심하지는 않은듯하여 판독하는 데는 큰 무리가 없었던 듯하다. 간략하지만 (신라)왕이 휴양하고 목욕했다는 내용의 기록을 남기고 있기 때문이다.
  이 같은 비편을 후에 권이진이 확인한 내용이었을 것이므로 왕의 온정 행차에 대한 기록으로 남길 수 있었을 것이다. 그런데 권이진은 이를 좀 더 구체적으로 확인하고 있다. 그는 A-①·④와 같이 일일이 글자를 찾아보고 碑片을 물로 닦아내가면서 판독하고 있다. 이는 그의 정밀한 학문적인 태도와 역사에 대한 적극적인 관심에서 비롯된 것이다.[24] 이 같은 그의 비편 판독 내용은 A-⑤·⑥·⑦에 나타나 있다. 여기서 이를 토대로 다음과 같은 몇 가지 사실을 밝힐 수 있을 것이다.
  먼저 이 비편이 신라 어느 시기의 것인가 하는 것이다. A의 기록으로 볼 때 시기를 추정할 수 있는 몇 가지 근거를 얻을 수 있다. 우선 비석의 형태면에서 보면, 이 비석이 A-③과 같이 螭首[螭-龍]-龜趺[贔屓貞珉-龜]를 갖추고 있었음을

---

[24] 그의 이러한 면모는 「東京雜記刊誤」雁鴨池 條의 '楡'자 고증(李基東, 「新羅 金入宅考」『新羅骨品制社會와 花朗徒』, 1984, pp.199~200)에서도 잘보여 주고 있다. 그의 '楡'자 고증은 그의 향리와 가까웠고, 그에게는 외조부가 되는 尤庵 宋時烈의 『三梅堂八景(懷德縣 주변 八景)』중에 '楡坪揷秧'이 있는데, 이에서 참고한 것이 아닌가 한다. 명평이 있던 곳으로 추정되는 곳에는 홈통골이란 지명이 남아 있었다(『大田地名誌』, 대전시사편찬위원회, 1994, p.1310). 慶州 北楡寺가 자리한 곳의 지명도 홈태골이라 하므로(李基東, 앞의 책, p.200 註55 補), 이를 통해 고증한 것으로 생각된다. 이밖에도 그는 使行으로 燕京에 다녀 오면서 지은 燕行詩文에서조차도 이러한 세심한 면모를 보여 주고 있다(李章佑, 앞의 글, p.201). 이러한 몇가지 예를 보더라도 권이진은 실사와 고증을 중시하는 학문적 태도를 견지한 인물로 여겨진다.

알 수 있다. 따라서 이 비석은 통일신라기 일반적인 비석의 양식인 螭首-碑身-龜趺의 형식을 갖추고 있으므로 통일신라시대 비석임을 알 수 있다. 또한 이 비석이 문장과 글씨 면에서 뛰어났음을 알 수 있다[雄詞健筆書之碣].

한편 시기를 더 좁혀서 권이진이 확인한 '六官'이 구체적으로 무엇을 말하는지는 알 수 없으나 朝鮮時代 六曹에 비견될만한 六部가 정비된 시기이어야 한다.25) 여기에다가 A-⑤에 보이는 관부 중 가장 늦게 만들어지는 것이 '調府'이므로 자연히 조부가 만들어지는 해인 584년(법흥왕 3) 이후가 될 것이다. 또한 A-⑤의 將軍, 執事를 나라의 司直이라 하고 있는데, 사직은 다른 의미보다 이 비의 성격으로 볼 때 왕의 侍衛官屬을 의미하는 것이 아닐까 한다.26) 특히 장군을 보면, 신문왕 원년(681) 10월에 侍衛監을 파하고 將軍 6인을 둔 사실이 있는데,27) 이를 말하는 것으로 보인다.28) 그렇다면 '調府, 兵部'

---

25) 「東京雜記刊誤」에서도 新羅官制를 언급하면서 吏·戶·禮·兵·刑·工의 部와 비교하고 있다. 이에서 보다시피 그의 고대사 특히 新羅史에 대한 관심과 지식은 역사적 기록 이상의 치밀한 고증에 기초해 있었다. 다만, A-⑤, ⑥에서 보이는 신라 관직에 대한 견해에서 신라 관등 중 湌, 麻만 언급한 것은 신라의 제11관등까지로 한정해서 말한 듯하다.

26) 권이진이 將軍·執事를 신라시대의 東·西·南市典의 司直이나 조선시대 司直(五衛 소속 정5품 무관직)으로 본 것은 아닐 것이다. 여기서는 시위관속의 의미일 것으로 생각된다. 한편, 신라 執事部의 장관인 中侍(侍中)는 上大等·兵部令이나 그밖의 다른 관부의 장관이 슈보다 관등이 낮은 점을 들어 조선시대 승정원이나 고려의 중추원에 가까운 기관으로 보기도 한다(李仁哲, 『新羅政治制度史硏究』, 1993, pp.29~30).

27) 「冬 十月 罷侍衛監 置將軍六人」(『三國史記』 卷8, 神文王 元年 10月 條 ; 同書 卷40, 職官下 侍衛府 條). 이 기록에서와 같이 명칭과 관원이 바뀌었겠지만, 장군이 이전의 시위감을 대신하여 왕을 시위하는 직책임에는 변함이 없었을 것이다. 이 조치는 귀족들의 위협으로부터 전제왕권을 보호하는 시위부대를 강화하고 그 격을 높이려는 뜻을 나타낸 것이라 할 수 있다고 한다(李基白·李基東, 『韓國史講座』 1 古代篇, 1982, p.340).

28) 侍衛府의 임무나 기능은 국왕이 거주하는 궁성의 숙위와 국왕 및 왕실세력 행차시의 扈從으로 세분해 볼 수 있다고 한다(李文基, 『新羅兵制史硏究』, 一潮閣,

의 관부명은 경덕왕대 官府名의 漢化作業이 있기 전의 사실이므로 경덕왕대 (742~764)를 그 하한으로 잡을 수 있을 것이다. 또한 왕이 온천에 행행한 기록이므로 681~764년 중 이 부근의 행차기록에서 찾아 볼 수 있지 않을까한다. 이 시기에 왕의 온천 행차에 관한 기록으로는,

夏 四月 駕幸溫水(『三國史記』卷8, 聖德王 11)

라고 하여 성덕왕 11년(712) 4월에 溫水에 行幸한 기록이 보이고 있다.[29] 여기에 보이는 溫水를 지금의 溫陽으로 보기도 하나,[30] 거리상으로 보나 바로 전해에 성덕왕의 國南州郡 巡狩 사실로 보아도[31] 東萊 溫井일 것으로 생각된다. 특히 御駕가 온수에 행차한 사실을 특기한 점으로 보아 더욱 그러하다.[32] 이 점은 A-②의 기록[新羅盛時君王浴]에서도 보다시피 '新羅盛時'로 표현되고 있는 점으로 보아 신라 중대인 이 시기일 가능성이 높다고 하겠다.

따라서 이 신라시대 비석의 건립 연대는 통일기이고, 더욱 좁혀 온천에 행차한 기록이 남아 있는 712년(성덕왕 11)경으로 생각된다.[33]

1997, pp.164~167).

[29] 이 기사에 대해 巡幸의 잠재적 목적인 遊樂의 예로 보기도 하지만(申瀅植, 『三國史記硏究』, 1981, p.175), 왕의 온천 행차가 特記되어 있음을 보면, 이 행차가 갖는 의미는 그렇게 간단하지는 않았을 것이다.

[30] 李丙燾, 앞의 책, p.137.

[31] 「冬 十月 巡狩國南州郡」(『三國史記』卷8, 聖德王 10년 10월 조).

[32] 古山子 金正浩도 이 기사를 東萊 溫泉의 일로 기록하고 있다(『大東地志』卷7, 東萊 典故條). 고산자는 溫陽(溫水)보다는 신라 서울 경주와 동래와의 지리적 상황을 고려한 듯 하다.

[33] 한편, 동래온천과 관련하여 해운대 온천은 新羅末 眞聖女王이 이 곳에 幸御한 전설이 있다고 한다(『港都釜山』 7, 부산시사편찬위원회, 「古蹟都市로서의 釜山」, 1969 ; 1992, p.365). 이는 역대 신라왕들의 동래온정 행차와 관련하여 지어진 전설로 보인다.

다음으로 이 비석의 위치에 대한 문제이다. 위 A와 아래 C의 기록으로 보아 온정은 지금의 동래온천 부근임을 알 수 있다.[34] 다만 현재로서는 그 정확한 위치를 알 수 없지만, 권이진이 동래부사 재임 시로부터 50여 년 후인 1766년(英祖 42)에는 『甘藷譜』의 저자로 알려진 姜必履(1713~1767?)가 온정을 중수한 사실을 金夢林[35]이 짓고 宋光迪[36]이 쓴 「溫井改建碑」가 남아 있다.[37]

井在治北五里 源金井引入湯 浴之瘳百疾 古碑剝圂徵(金夢霖 撰, 「溫井改建碑」)[38]

---

34) 19세기의 지도인 『朝鮮後期地方地圖』나 『海東地圖』(『海東地圖』 上, 서울大學校 奎章閣, 1995, p.166)에도 溫井 건물이 보이고 있다([자료] 2 참조).

35) 그와 관련된 기록이 있으면 온정비에 관해 더많은 사실을 알 수 있을 듯하나, 현재로서는 본관이 一善(善山)인 것외에 더 이상의 사실은 알 수 없었다.

36) 김몽림에 비해 송광적에 대해서는 많은 사실을 알 수 있다. 송광적(1690~1775)은 본관은 礪山, 字는 道卿이다. 그의 先代에는 임진왜란시 동래부에서 활약했던 24功臣 중 宋昌文, 宋義男이 있었다. 그는 文行이 있었다고 하는데, 동래 忠烈祠志에는 그의 시가 실려 있다(『忠烈祠志』 卷8, 題詠條). 그는 1744년 동래향교 이건시에 營建有司와 司書로 활동하기도 하였다(金萬用, 「釜山市內金石文 및 懸板史料 調査報告」 『港都釜山』 2, 1963;1992). 또한 1731년(영조 7), 동래부사 鄭彦燮이 東萊邑城을 수축한 사실을 기록한 「萊州築城碑」의 書者인 宋光濟나 동래성의 「築城事蹟」 2冊을 보이며 碑記를 부탁했던 宋光洵은 바로 송광적의 두 아우일 것이다(『礪山宋氏大同譜』 卷1, 1989, pp.176~178). 당대 이들 형제들의 활동은 조선 후기 동래 지역의 역사에 있어서 기억되어야 할 것으로 생각된다.

37) 1832년경에 작성된 것으로 보이는 『東萊府邑誌』 및 1850년에 편찬된 『萊營誌』의 山川 溫井 條에서는 1765년의 일로 기록하고 있다(韓國學文獻研究所 編, 『慶尙道邑誌(慶尙道①)』 第5冊, 1982, p.232 ; 鄭景柱 譯, 『國譯 萊營誌』, 부산광역시사편찬위원회, 2001, pp.56~57, p.367). 한편, 訓導 朴命俊이 만들었다는 石函 중 하나는 (위의 책) 현재 「溫井改建碑」 앞에 있는 것이 아닐까 한다. 이것이 원래 두 개였다는 사실(諸吉雨·金用旭, 앞의 글, p.123)은 이를 뒷받침 한다.

38) 이 때의 상량문은 1923년에 발견된 바 있다(諸吉雨·金用旭, 앞의 글, pp.123~124). 이로 보아 이후로는 크게 중수되지 못하였던 듯하다.

일제강점기 온정개건비 모습(수원광교박물관 소장)

    이 비문 중에도 비석의 존재와 위치를 알려 주고 있는데, 이로 보아 역시 개건비가 위치하던 부근이[39] 신라시대이래 온천이었고, 온정비도 또한 이 근처에 있었을 것이다.[40]

    한편, 비석의 존재는 위 기록 A-①·③에서 보다시피 권이진의 온천 방문 시에도 이미 비석은 파편으로 되어 있었고, 일부는 건축물의 부재[小者支湯屋

---

[39] 「온정개건비」의 내용이나 『東萊府邑誌』, 碑版, 溫井改建碑 條에서와 같이 「온정개건비」의 위치는 '在溫井墻內'라 하고 있다. 이후 「온정개건비」는 약간씩 위치 이동이 있어 왔으나(諸吉雨·金用旭, 앞의 글, p.123, pp.166~167과 p.200의 지도), 현재는 부산광역시 동래구 온천동의 龍閣내에 위치하고 있다.

[40] 동래온천의 첫 泉源이 지금의 동래관광호텔 동북쪽 厚生公園에 있었던 못으로 보고 있는데 (諸吉雨·金用旭, 앞의 글, p.121, p.159 ; 『釜山地名總覽』2, 釜山廣域市史編纂委員會, 1996, p.344), 역시 이 부근이 아니었을까 추정된다.

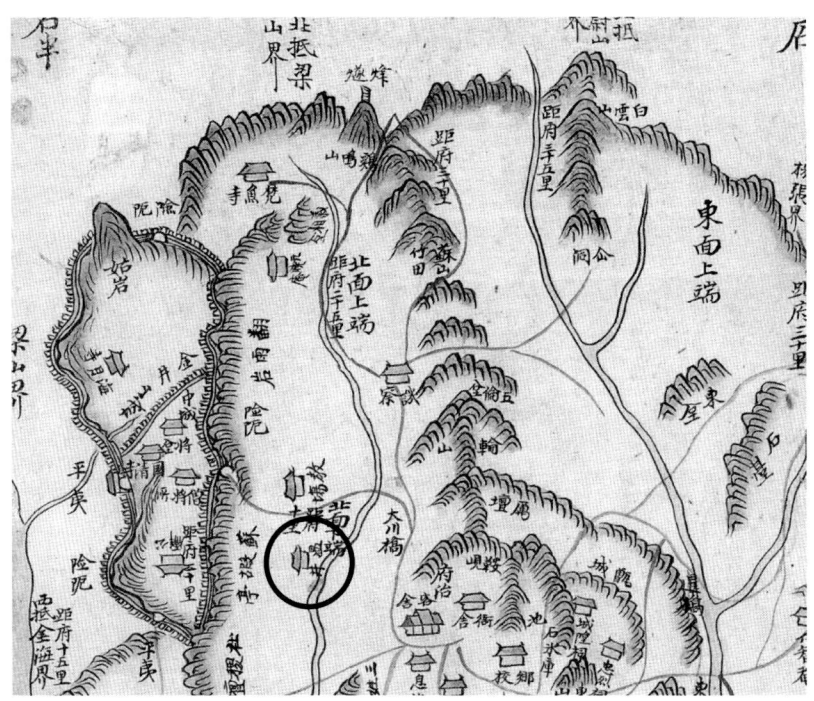

「海東地圖」에 보이는 溫井

柱]나 생활 용구[大者守泉人以磨豆擣衣]로도 쓰이고 있었으며, 이수-귀부도 역시 파괴되었다고 하고 있다. 그후 A-④의 기록과 같이 더 이상 온정비는 알아볼 수 없을 정도로 파괴되어 있었으므로 당시에도 제대로 전하지 못하였음을 알 수 있다. 오늘날 필자가 확인한 바로는 권이진이 확인했던 비편들조차 찾을 수 없었다.[41] 추후의 보다 정밀한 조사가 요구된다.

---

41) 필자는 1995~1997년에 걸쳐 부산시 동래구 온천동 일대를 현지 답사하며, 주변 지역을 조사한 적이 있다. 그러나 「온정개건비」만 찾아 볼 수 있었다. 필자보다 60여 년 전 일제강점기에 藤田亮策이나 都甲玄鄕도 이 비의 존재를 확인하려 했으나 東萊의 古老들로부터 斷碑가 있었다는 소식을 듣는 데서 그쳤었다(都甲玄鄕, 앞의 글, p.258).

이상과 같이 권이진의 온정비 판독 내용으로 볼 때, 東萊 온정에 있었던 新羅 溫井碑文에는 통일신라 이래의 온정 개발과 聖德王의 溫井 行幸 그리고 隨駕人物 등이 실려 있었을 것이다.

III. 新羅의 溫井과 溫井碑

이제는 신라 온정과 온정비가 동래 지역과 어떠한 관련하에 건립되었는지에 대한 보다 구체적인 검토가 필요하다. 이러한 검토는 온정비의 의미를 보다 잘 설명해주기 때문이다.

동래 지역에는 新羅 中祀의 四海 중 南 兄邊이 있는 곳이었다.[42] 여기에 동래 온정은 일찍부터 개발되어 왔다. 동래 온정이 왕실에 의해 본격적으로 개발되기 시작한 것은 太宗武烈王대부터가 아닌가 한다. 이와 관련하여 다음 기록을 살펴 볼 필요가 있다.

B- ① (金)春秋請詣國學觀釋奠及講論 太宗許之 仍賜御製溫湯及晉祠碑幷新撰晉書 … 春秋又請改其章服以從中華制 於是內出珍服(『三國史記』卷5, 眞德王 2년)

② 昔 武烈大王 … (唐太宗)面陳 願奉正朔 易服章 天子嘉許 庭賜華裝…及其行也 (唐太宗)以御製幷書溫湯晉祠二碑 曁御撰晉書一部 賚之 時蓬閣寫是書 裁竟二本 上一錫儲君 一爲我賜(崔致遠 撰,「大朗慧和尙塔碑」)[43]

③ (貞觀)二十二年 眞德遣其弟國相伊贊干金春秋及其子文王來朝 詔授春

---

42) 『三國史記』卷32, 祭祀志 四海.
43) 최치원이 특히 이 사실에 대해 無染의 선조[太宗]를 설명하면서 기록했던 까닭은 동래의 최치원 유적[『新增東國輿地勝覽』卷23, 東萊縣, 古跡 海雲臺]이나 최치원 撰 「唐大薦福寺法藏和尙傳」에서 海東 華嚴宗 大學의 장소로 金井山의 梵魚寺를 들고 있음을 볼 때, 이러한 사실들이 서로 연상되었고, 이같은 사실이 신라사회에 미친 영향이 고려되었기 때문은 아니었던가 한다.

秋爲特進 文王爲左武衛將軍 春秋請詣國學觀釋奠及講論 太宗因賜以所
制溫湯及晉祠碑 幷新撰晉書(『舊唐書』卷199, 新羅傳)

④ 明年(貞觀二十二年) (眞德)遣子文王及弟伊贊子金春秋來朝 拜文王左
武衛將軍 春秋特進 因請改章服 從中國制 內出珍服賜之 又詣國學觀釋奠
講論 帝賜所製晉書(『新唐書』卷220, 新羅傳)

　여기서 648년 김춘추가 唐 太宗으로부터 당 태종이 짓고 쓴 溫湯碑[44]와
晉祠碑[45] 그리고『晉書』[46]를 받아 가지고 온 사실이 있어 주목된다. 김춘추

---

44) 온탕비는 驪山에 세워져 있었는데, 현재 이 비는 전하지 않고 있다. 그 拓本의 일
부가 기왕에 敦煌文書에서 발견되었다(黃永武 主編,『敦煌寶藏』第140冊, 伯4508
號, 驪江, 1989, pp.566~576).

45) 晉祠(山西省 太原市)에는 원래 周 武王의 아우인 唐 叔虞의 사당이 있었는데 唐
太宗 때에 이름을 고쳐 晉祠라 했고, 貞觀 20년(646) 당 태종은 高祖 李淵이 太原
에서 起兵하여 일찍이 이곳에서 기도드린 바 있었기에 叔虞의 神恩에 감사드리고
자 스스로 짓고 쓴 비를 세웠다(『欽定全唐文』卷10,「晉祠銘幷序」). 그 내용은 宗
周 政治 및 당 숙우의 建國 업적을 기리고 唐朝를 창건한 文治武功을 선양하는 내
용이었다(中國歷史博物館 編,『簡明中國文物辭典』, 福建人民出版社, 1991, p.360,
p.442). 다른 예와 같이 이것이 신라에 어떤 영향을 미쳤을 듯 한데, 신라인 스스
로 김씨의 기원을 멀리 중국 고대 黃帝 軒轅氏의 아들인 少皥(昊)金天氏로 생각한
것은(「羅人自謂少昊金天氏之後 故姓金, 金庾信碑亦云 軒轅之裔少昊之胤」『三國
史記』41, 金庾信傳上 및「金仁問碑」)「晉祠碑」의 신라 도입에서 어떤 영향이 있
지 않았는가 생각된다.

46) 당 태종의 명으로 貞觀年(646~648) 중 房玄齡·高延壽 등이 찬한 것이다.『晉書』
와 관련해서는 당 태종의 修晉書詔가 있고(唐 太宗,「修晉書詔」『欽定全唐文』卷
8),『晉書』내용 중에는 당 태종이 撰한 宣·武紀와 陸機·王羲之의 二人傳論이
있다(李丙燾 譯註,『國譯三國史記』, 1977, p.79 註 6). 여기서 특히 당 태종이 宣帝
와 武帝를 논한 것은 선제는 西晉의 기초를 닦은 사람이고, 무제는 통일을 완성
한 사람이기 때문이라 한다(楊家駱,「晉書述要」『晉書』, 鼎文書局, 1983, p.7). 이
같은 사실은 김춘추의 삼국통일에 대한 의지에 고무적인 일이 되었을 것이다. 이
와 관련하여 후일 中代를 開創한 무열왕의 廟號가 太宗인 것은 創業之主라는 祖
先意識에서의 개념인 太祖를 의식하여 이에 대응하는 개념으로서 만들어진 것으
로 추정된다고 한다(李基東,「新羅 太祖星漢의 問題와 興德王陵碑의 發見」, 앞의

는 당에 전략적 차원에서 갔는데 태종으로부터 환대를 받고 있다. 이 무렵 김춘추는 B-①과 같이 국학 행사에도 참여했겠지만 驪山의 溫湯[華淸宮]이나 晉祠를 보았을 것으로 생각된다. 더구나 갓 만들어 낸 『晉書』중 一部를 서둘러 필사해 김춘추에게 준 것을 보면 김춘추의 관심과 요청에 의한 것이 아니었나한다.[47] 이렇게 보면 김춘추는 왕이 되고 나서 당 태종의 여산 온탕비에

책, p.373). 더 나아가 그의 칭호가 '太宗武烈'인 점은 중대 개창과 삼국통일의 실천에서 그가 차지하는 위치를 잘 대변한 廟號가 아닐까 한다. 또한 김춘추의 廟號가 '太宗'으로 당 태종과 같은 것도 일면 이와 관련이 있지 않을까 한다. 이로 인해 뒤에 당과 廟號 시비까지 일어나고 있지만(『三國史記』卷8, 神文王 12년 조 ; 『三國遺事』卷1, 太宗春秋公) 이에 대해 신라 조정에서 金庾信과 함께 三韓을 통일한 공적을 칭송하며 응대한 것이나(『三國史記』 8, 神文王 12년 條), 후일 최치원이 無染의 선조로 태종을 들면서 칭탄한 것이나(崔致遠 撰, 「大朗慧和尙塔碑」), 「上大師侍中狀」에서의 태종에 대한 칭송(『三國史記』卷46, 崔致遠傳)은 그만한 이유를 갖고 있다고 하겠다. 한편, 晉書의 편찬과정에서 나타난 東夷 관련기록, 특히 高句麗, 濊貊의 누락과 東夷 遣使 기록이 西晉 武帝代에 집중된 문제점에 대해서는 尹龍九, 「3세기 이전 中國史書에 나타난 韓國古代史像」『韓國古代史硏究』14, 1998, pp.151~156에 자세하다.

47) 이 같은 김춘추의 『晉書』의 도입은 신라의 史書 編纂에 있어서 前代史에 대한 관심과 史書 編纂에 영향을 주었을 것이다. 眞興王 元年(545)『國史』편찬이후 1백여 년이 흐른 시점이고, 王系도 달라진 시점에서 신라로서도 前代史를 정리할 필요가 있었을 것이다. 이 때 官撰史書나 傳記類 編纂의 가능성은 이미 제기되었거니와(李基東, 「古代國家의 歷史認識」『韓國史論』6, 국사편찬위원회, 1979, p.13, p.19 ; 李基白·李基東, 「統一新羅와 渤海의 文化」, 앞의 책, 1982, p.389), 그것이 中代 王權의 입장에서 통일을 합리화하고 한편으로 왕권 전제화를 뒷받침할 수 있는 새로운 역사서의 필요성에서 였다고 추정하기도 한다(趙仁成, 「統一新羅時代의 歷史敍述」, 韓國史硏究會 編, 『韓國史學史의 硏究』, 1985, p.21). 이것이 일단락 되는 시기는 聖德王 이전이 아닐까 한다. 그것은 金大問의 예에서 보듯이 다양한 종류의 傳記類가 편찬되기 때문이다. 또한 김대문의 傳記類의 史書編纂에는 그의 在世時를 고려하고, 김춘추가 입당한 648년 이래 위와 같은 급격한 외래 문물 수용과정을 염두에 둘 때, 신라 전통문화에 대한 견지 차원이 편찬의 주요 동기중의 하나가 아닐까 한다. 물론 그의 저술이 전제주의체제에 소외된 眞骨貴族들을 대변하고 과거의 전통을 찬양하는 방향으로 저술되어 전제주의에 항거한 것으로 보고 있는데(李基白, 「金大問과 金長淸」『韓國史 市民講座』1, 1987 ; 『韓

서와 같이 동래 온정에 대한 관심이 있었다고 생각된다. 이에 따라 동래 온정에 대해서 국가적인 개발을 했던 것이 아닌가 한다. 아마도 그 모델은 규모는 비교 할 수 없지만 唐의 驪山 溫湯이 아니었던가 한다. 더구나 동래 지역이란 신라 中祀의 하나가 있어 국가적인 祭祀와 溫泉을 겸한 곳이었으므로 적합하였을 것이다. 이에 따라 태종무열왕은 동래 온정을 왕실 온천으로 만든 것이 아닌가 한다. 이렇게 보면 김춘추가 당에 요청했던 것은 외교 전략상의 일 말고도 문화적으로 관계된 일도 대부분 실행에 옮겨진 것으로 생각된다. 위 기록으로 보면 國學에 관계된 일[B-①·③·④], 중국식의 章服[B-①·②·④][48] 등이 요청한 일이 되겠고, 溫湯碑, 晉祠碑, 晉書(B) 그리고 중국식 年號의 사용,[49] 賀正禮[50] 등은 그와 관련된다고 볼 수 있겠다.[51] 이렇게 볼 때, 온정의

國史像의 再構成』, 一潮閣, 1991, pp.244~245), 그의 저술에서 『鷄林雜傳』중 '鷄林'은 중국에 대한 것이며(李佑成 토론, 李基白 外, 『우리 歷史를 어떻게 볼 것인가』, 三星文化文庫 88, 1976, p.26), 『樂本』의 예와같이 신라의 전통을 살리려는 목적 의식에서 저술되었을 것이라는 점(李基白, 「金大問과 그의 史學」, 『歷史學報』 77, 1978 ; 『韓國史學의 方向』, 1978, p.14), 다양한 전기류의 편찬 등을 고려할 때 더욱 그렇게 생각된다.

48) 이것은 진덕왕 3년 정월 公服에 唐의 衣冠을 착용한 사실(「三年 春正月 始服中朝衣冠」 『三國史記』 卷5, 眞德王 3년)에서도 보다시피 실행에 옮겨 졌고, 이것이 김춘추의 건의에 의한 것으로 보고 있거니와(李丙燾, 『韓國史』 古代篇, 1959, p.506), 그 다음해 下敎에서 眞骨로써 爵位를 가진 자에게 관복을 입을 때 象牙로 만든 笏을 쥐게 한 사실(「四年 夏 四月 下敎 以眞骨在位者 執牙笏」 『三國史記』 卷5, 眞德王 4년)도 역시 이와 관련이 있을 것이다. 한편, 이 기록은 장신구에 있어 '皇龍寺型 帶金具'와 관련하여 신라가 唐의 帶金具를 수용하는 공식 시점으로 이해되고 있다(李漢祥, 「7世紀 前半의 新羅 帶金具에 대한 認識」 『古代研究』 7, 古代研究會, 1999, pp.36~37).

49) 「是歲 始行中國永徽年號」(『三國史記』 卷5, 眞德王 4년). 김춘추가 당태종 앞에서 '奉正朔'하겠다는 것을(B-②) 이 때와서 시행한 것으로 보인다.

50) 「五年 春 正月 朔 王御朝元殿 受百官正賀 賀正之禮 始於此」(앞의 책, 眞德王 5년)

51) 중국식 연호의 사용이나 하정례가 김춘추의 건의에 의한 것인지는 알수 없으나, 진덕왕 2년에 邯帙許를 사신으로 唐에 보냈을 때 당 태종이 신라가 독자 연

건립 역시 실행에 옮겨진 것으로 생각된다. 태종과 관련된 유적이라는 태종대는 이러한 사실들과 관련이 있었을 것이다. 권이진이 A-⑧처럼 이같은 비의 내용을 보고 흡사 驪泉[驪山溫泉]과 같다고 시를 읊었던 것도 양자 사이의 관련성을 염두에 둔 비유였을 것이다.[52] A-②나 C-②에서와 같이 장식이 화려하고 구리기둥[銅柱]이 있었다고 하고 있어 더욱 그러한 가능성을 시사해 주고 있다.

한편, 신라 중대에 이르면 동래 온정은 귀족들도 이용하고 있었다. 다음 기록에서와 같이,

> 寺中古記云 新羅眞骨第二十一主神文王代 永淳二年 癸未本文云元年誤 宰相忠元公 萇山國卽東萊縣亦名萊山國溫井沐浴 還城(『三國遺事』卷3, 靈鷲寺)

신라 중대에는 귀족들도 이용하고 있었음을 알 수 있다. 신문왕대 재상이었다는 忠元의 동래 지역 행차는 휴양을 위한 온천행이었을 것이다. 그만큼 중대에 이르면 동래 온정은 온천 휴양지로서도 애용되었음을 알 수 있다. 이같은 사실은 동래 온천이 처음에는 일반 민간의 온천으로 이용되다가 점차

호를 쓰는데 대한 질의가 있었던 점(『三國史記』 卷5, 眞德王 2년)이나 김춘추가 奉正朔하고(앞의 註), 章服을 고쳐 중국제도를 따르기를 요청한 사실과 관련하여 볼 때 역시 김춘추의 건의가 아니었던가 한다. 더구나 동왕 5년 稟主를 고쳐 執事部로 삼는 등의 관제변혁은 김춘추의 입당과 관계가 있고(李丙燾, 앞의 책, pp.505~506), 집사부의 설치가 당의 정치제도의 영향과 김춘추·김유신 일파의 정치적 배려에서 나온 것이라고 할 수 있다 하니(李基白, 「新羅 執事部의 成立」 『新羅政治社會史硏究』, 1974, p.153) 더욱 그렇게 생각된다. 이와 관련하여 김춘추의 입당외교가 정치적인 것 뿐만 아니라 문화적으로도 주목되어야한다고 한다(李丙燾, 앞의 글, p.505 ; 李基白, 앞의 글, p.153). 崔致遠이 김춘추의 입당 외교 활동을 기록하면서 '自玆 吾土一變至於魯'라 했던 데에는(崔致遠 撰, 「大朗慧和向塔碑」) 이 같은 일련의 사실들을 염두에 둔 표현이라 하겠다.

52) 일찍이 佔畢齋 金宗直(1431~1492)도 동래 온천이 新羅王의 溫井과 관련하여 중국 驪山의 예와 유사함을 시로 읊은 바 있다(『佔畢齋集(詩集)』卷2, 「東萊縣溫井」).

귀족들 특히 왕실에서 이용한 것으로 보인다.53)

이와 함께 동래 온정이 그 구조가 어떠하였는지는 다음 기록이 참고 될 것이다.

C - ① 湯泉傳自昔 浴室至今存(鄭誧, 『雪谷集』 下, 「東萊雜詩」)54)
② 溫井 新羅時 王屢幸于此 甃石四隅立銅柱 其穴猶存(『新增東國輿地勝覽』 23, 東萊縣 山川 條)55)

신라 당시부터 동래 온정은 왕실용 온천으로 극히 화려하고[甃飾極巧, 銅柱], 石造로 만들어져 내외로 구분된 구조라는 점 등을 알 수 있다. 이와 더불어 다음 기록은 온정에 대해 좀더 상세히 알려주고 있다.

井有內外石龕 世傳新羅王所創云 一龕可容五六人(『寒岡先生蓬山浴行錄』, 萬曆 丁巳(1617) 7월 26일 조)

이 기록으로 온정의 구조 외에도 규모면에서 탕 한 곳이 5~6명을 수용할 수 있는 규모라는 점 등을 알 수 있는 점에서 당시 왕실의 생활상도 실필 수 있는 좋은 자료로 생각된다.

---

53) 한편, 蔚山에 남아 있다는 신라왕과 관련된 유적(「王山在凡西尺果里新羅景德王幸溫井駐蹕于此 有侍王洞」 『蔚山邑誌』, 朝鮮時代 私撰邑誌 17 慶尙道 20)은 이와 관련이 있었을 것이다. 이 기록대로라면, 景德王과 梵魚寺에 주석했다는 表訓과는 表訓이 佛國寺에 주석했던 때 말고도 또다른 시기에 인연이 있었던 셈이다.
54) 李奎報(1168~1241)도 이에 대해 시를 남기고 있는데, 「同朴公(仁碩) 將向東萊浴湯池口占二首」 詩註에서 「泉下有池 浴必於此」라고 하고 있다(『東國李相國集』 卷12).
55) 권이진의 기록은 물론 이후 朴師昌 編, 『東萊府誌』를 비롯한 지리지나 개인 문집, 예를 들면, 黃胤錫, 『頤齋亂藁』 卷20, 乙未(1775) 2월 21일, 雜誌 溫泉 條(『頤齋亂藁』 第四冊, 한국정신문화연구원, 1998, p.229)의 기사 등에서도 똑같은 내용이 기록되고 있다.

또한 이와 관련하여 온정과 같이 金井山 내에 있는 梵魚寺를 주목할 필요가 있다. 범어사는 義相(625~702)이[56] 창건하고 그 高弟인 表訓이 주석한 것으로 전하고 있다.[57] 여기에 의상 말년의 구체적 행적이 명확하지 않은데 이 중 동래 온정과 관련하여 살펴보아야 하지 않을까 한다. 의상은 華嚴思想으로 중대 왕권 강화의 사상적 이념을 제공했다는 인물인데, 범어사가 文武王代(661~681) 창건되었다면[58] 그는 동래 온정과 같이 역대 왕과 귀족들의 행차가 빈번한 온정 근처에 범어사를 창건한 것이 된다. 이렇게 보면, 의상이 금정산에 범어사를 창건했던 데에는 그의 傳敎의 적극적인 방법으로 왕과 귀족들이 자주 행차하는 이 곳을 택한 것은 아닐까 한다. 더구나 이 지역에서는 中祀 四海의 南 兄邊이 있어 국가적인 제사의식을 치루는 곳이기도 하여 전교에 적합하였을 것이다. 이와 함께 고대로부터 교통의 요지이기도 한 이 곳을 생각하면[59] 일반 민중에 대한 전교의 목적도 있었을 것이다. 그것은 범어사의 사적에 '沐浴院'이 보이고 있는데,[60] 비록 후대의 사실이지만 온정과의 관련

---

56) 의상은 입당전부터 김춘추세력과 연결되어 있었을 것이라고 한다(金杜珍, 『義湘』, 1995, pp.74~75)

57) 韓國佛敎硏究院, 『梵魚寺』, 1979, pp.12~14. 범어사는 의상에 의해 창건된 것이 아니며, 의상계 화엄종 사찰로 인식하고 있다(金杜珍, 앞의 책, pp.275~276), 東溪는 「梵魚寺創建事蹟」(1700년)을 편찬하면서 표훈의 遺史를 참고하였다(한국불교연구원, 앞의 책, p.12). 이로 보면 범어사는 표훈과 깊은 관련이 있었다고 하겠다(金杜珍, 앞의 책, p.276). 또한 사적의 기록에 田畓에 대한 文籍은 新羅 金生(711~?)이 쓴 것이라고 명기하고 있음을 보면(한국불교연구원, 앞의 책, p.15), 선별적인 검토를 통해 사적의 내용은 믿어도 좋다고 생각된다.

58) 범어사의 창건은 문무왕 18년(678)이라고 한다(한국불교연구원, 앞의 책, p.14).

59) 조선 후기까지 동래 온천과 같이 있었던 동래의 溫井院은 嶺南大路의 종점에 위치한 휴식처로써 중요시되었다는 점(崔永俊, 「路邊聚落」 『嶺南大路』, 高麗大學校 民族文化硏究所, 1990, pp.278~282)도 이와 관련하여 참고된다.

60) 韓國佛敎硏究院, 앞의 책, p.15. 한편, 후대의 기록이지만 1766년 온정개건시 활약했던 都木手 僧 圓一이나 都石手 僧 眞願(「溫井改建碑」陰記) 등은 범어사의 승려들이었을 것이다.

성을 생각하면, 범어사는 대중을 교화하는 수단으로 목욕원을 오랫동안 운영해왔을 가능성도 있기 때문이다.[61] 이 같은 몇 가지를 생각하면 華嚴十刹에 금정산 범어사[62]가 들어가는 까닭은 보다 분명해진다고 하겠다.

이와 함께 동래의 異稱인 '蓬萊'에 있는 금정산에는 梵天의 金魚[63]나 蘇蝦와 金龜仙人[64]이라는 道家的인 요소와[65] 함께 질병에 유효하다는 온천을 끼고 있어 불로장생을 희구하는 왕들에게 매력 있는 장소였을 것이다.[66] 동

---

61) 이와 관련하여 중국 唐代 불교사원의 사회적 기능으로 숙박(inns), 목욕탕(publicbaths) 그리고 대금업(primitive banking institutions)이 있다고 한다 (Reischauer, 「The Regeneration of the Empire」『East Asia』, 1973, p.108).

62) 崔致遠, 「唐大薦福寺法藏和尙傳」.

63) 「金井山 在縣北二十里 山頂有石 高可三丈 上有井 圓十餘尺 深七寸許 有水常滿 旱不渴 色如黃金 世傳 有一金色魚 乘五色雲從天而下 游泳其中 以此名其山 因創寺名梵魚」(『新增東國輿地勝覽』卷23, 東萊縣 山川 條). 금정산 꼭대기에 한 우물이 있고, 이 우물에는 금빛나는 물고기가 오색 구름을 타고 하늘로부터 내려와 노닐고 있다하여 산 이름을 짓고 절을 창건하고 그 이름을 지었다고 한다. 그렇다면 이 전설은 신라시대이래 오래 전승되던 이야기일 것이다. 이미 崔致遠이 지은 「唐大薦福寺法藏和尙傳」에도 '金井山 梵語(魚)寺'가 보이고 있기 때문이다. 신라인의 우물에 얽힌 신앙은 많이 전해지고 있는데(李基東,「新羅人의 信仰과 宗敎」『慶州史學』16, 1997, p.56), 이것도 그 한 예가 되지 않을까 한다.

64) 「蘇蝦亭 蘇蝦常乘白鹿 與金龜仙人遊 俗稱蘇蝦亭 鳥雀不棲」(『新增東國輿地勝覽』卷23, 東萊縣, 古跡 條). 이러한 유풍은 후대까지도 계속 이어졌던 듯하여 仙人 金謙孝 고사도 전하고 있다(앞의 책). 소하는 '李蘇蝦'로 기록되기도 했다(申叔舟,『保閑齋集』卷14,「東萊縣城門樓記」). 한편, 이러한 선풍이 성행하는 신라에 신선방술이 곁들인 도교문화가 쉽게 수용되었을 것이라 한다(車柱環,『韓國의 道敎思想』, 同和, 1984, p.46). 두 仙人의 고사는 후대 洪萬宗(1643~1725)의『海東異蹟』에도 역시 전하고 있다.

65) 신라에서는 山岳信仰과 神仙說話가 많이 전해지고 있는데, 이같은 道家的인 문화현상은 三國 중 가장 현저했을 것이고, 神仙方術과 道敎의 敎說이 위로는 眞骨 貴族에서부터 아래로는 民間에 이르기까지 폭넓게 신봉되었으리라 한다(李基白·李基東, 앞의 책, p.262).

66) 한편, 동래가 道家 三神山의 하나인 '蓬萊', '萊山國'으로도 불렸다는 사실은 이를 더욱 뒷받침 해준다. 이와 함께 百濟의 望海亭과 관련하여 도가적인 영향으로 신

래 온정이 일정 부분 모델로 삼았으리라 생각되는 唐 華淸宮의 경우도 湯 주위를 瞽石으로 장식하고 탕 중에는 沈香으로 瀛洲·方丈 모양의 산을 만들어 놓았다든지 長生殿, 玉石으로 만든 老君像이 있었다던 老君殿이 있었다는 사실67) 등68)은 이를 뒷받침 해준다고 하겠다. 그러므로 名山의 五嶽에 화엄사찰이 있는 것과 같이 이러한 명산에 범어사가 존재했다고 믿어도 좋다고 생각한다.69) 이렇게 동래 지역은 新羅 中祀의 四海 중 南 兄邊이 있던 곳이고 溫井과 華嚴十刹의 하나인 梵魚寺의 존재를 생각하면 신라에 있어서는 매우 중요한 지역 중의 하나이었음을 알 수 있다. 이러한 곳이기에 국왕의 행차가 있었고 온정비가 건립되었던 것이 아닌가 한다. 이와 함께 성덕왕은 太宗武

라 경주 안압지의 세 섬이 三神山(方丈山·蓬萊山·瀛洲山)일 것으로 추정하고 이는 국왕 자신의 불로장생의 바램이었을 것이라 한다. 당시 신라 국왕을 비롯한 진골귀족들은 불로 장생을 비는 주술적인 현실생활의 철학으로서의 도교에 대한 관심을 가지고 있었고, 또한 聖德王代 六頭品이던 金志誠의 예에서 보이는 바와 같이 현실도피의 은둔사상으로서의 측면이 있었다고 한다(李基白,「望海亭과 臨海殿」『新羅思想史研究』, 1986, pp.288~290, p.291의 註6). 역시 당대 名筆이던 金生이 唐代 道士이던 田遊巖의 山家에 대한 글인「田遊巖山家序」를 쓴 것도(高平錫 編,『金生神筆』, 한림출판사, 1991, pp.12~13) 당시 이런 분위기를 반영하던 것은 아닐까 한다.

67) 이는 華淸宮 조사에서도 확인된 바 있다(趙康民,「唐華淸宮調査記」『考古與文物』, 陝西省考古研究所, 1983, 第1期, p.35). 한편, 이는 당시 唐 황실이 老子에게서 유래되었다고 하는 주장(Arthur F. Wright, 金裕哲 譯,「당태종(唐太宗)과 불교」, 아서 라이트·데니스 트위체트 엮음, 위진수당사학회 옮김,『唐代史의 조명』, 아르케, 1999, pp.339~340)과도 관련이 있을 것이다. 唐代 道教의 전개상은 다음 글에서 자세히 볼 수 있다(오상훈,「唐제국의 종교 정책과 도교의 전개」『중국도교사론1』, 이론과 실천, 1997).

68) 宋敏求,『長安志』卷15,「溫湯」(『文淵閣四庫全書』第587冊, 史部11).

69) 의상이 傳教케한 華嚴 十刹은 五嶽과 깊은 관련이 있고, 新羅의 名山에 자리잡고 있다고 한다(李基白,「新羅 五嶽의 成立과 그 意義」, 앞의 책, pp.210~211). 이 중 화엄 십찰이 사료에 따라 차이가 있지만(李基白, 앞의 글, p.211 註 22), 금정산 범어사는 다 들어 있어 의상이 전교케한 사찰이 분명하다고 하겠다. 또한 왜구를 진압하는 裨補寺刹의 하나로서 중요한 사찰이었다고 한다(한국불교연구원, 앞의 책, p.14).

烈王을 위하여 奉德寺를 세우고 7일 동안 仁王道場을 베풀고 大赦令을 내렸다고 하고 있다.[70] 이를 통해서 성덕왕은 태종에 대해 깊은 관심을 갖고 있었음을 알 수 있다.

따라서 성덕왕은 태종의 유적으로 볼 수 있는 동래 온정에 행행하고, 온정비에 태종과 중국 驪山의 溫湯碑의 유래로부터 태종과의 관련 사적을 적고 자신의 행차를 기록했던 것이 아닌가 한다.

IV. 溫井碑를 통해 본 新羅 中代의 巡狩

이상과 같이 동래 온정비의 내용과 그 성격을 살펴보았다. 그러면 보다 구체적으로 동래지역에 어떻게 해서 온정비가 세워졌는가 하는 의문이 남는다. 이러한 의문의 해결은 온정비의 순수비적인 성격에서 신라 중대 순수의 의미를 밝힐 수 있음을 의미한다.

앞서 살펴본 바와 같이 온정비는 왕의 온천 행차에 대한 기록이다. 그렇지만 이 행차가 단순한 행차가 아니었음은 성덕왕이 동래 온정 지역을 행행하기에 앞서 전년(711) 10월에 國南州郡을 巡狩하고 있고, 그 후에도 718년 2월에는 國西의 州郡을 巡撫하고 있어[71] 더욱 동래 온정의 행차가 순수의 성격이 강함을 암시하고 있다.[72] 더구나 규모면에서 비석편의 기록만 보아도 수

---

70) 『三國遺事』 卷2, 聖德王. 이 기록에 대해 의문이 없는 것은 아니나(李基白,「皇龍寺와 그 創建」『新羅時代 國家佛敎와 儒敎』;『新羅思想史硏究』, 1986, p.53 및 註 4) 성덕왕의 온정 행행이나 순수로 보아 신빙성있는 기록이지 않을까 한다.

71) 『三國史記』 卷8, 성덕왕 17년 2월.

72) 신라의 순수를 소국병합과정에서 민심수습 차원에서의 진휼과 대내적인 결속 강화, 고대국가 단계에서의 군사위문과 재해구제, 정복국가 단계에서의 영토확인을 위한 것으로 파악하기도 하는데(金瑛河,「新羅時代의 巡狩의 性格」『民族文化研究』 14, 1979), 본고에서와 같이 통일 후 순수의 성격에 대한 검토도 필요하다고 생각한다.

행 인원을 열거할 정도였고[A-④, ⑤], 그 중 宰相級에 해당하는 인물 몇 사람[A-⑦],73) 六部와 侍衛官屬[A-⑤] 등으로 구성되어 있었음을 알 수 있어 그 규모가 단순한 왕의 온천욕 행차 이상이었음을 알 수 있다.74) 더구나 비편에 보이지 않는 수행인원까지 생각하면, 간단히 그 규모면에서 보더라도 단순한 온천행 행기록으로만 볼 수는 없을 것이다. 이는 溫泉의 行幸을 겸한 地方民을 慰撫하는 巡狩(撫)의 측면이 더 강하다고 생각된다.75) 이런 관점에서 볼 때, 이 시기의 순수의 주요한 목적은 통일전의 지역에 대한 관심보다 이제는 지역의 民에 대한 관심과 배려였을 것이다.

이와 더불어 동래 지역이 신라 中祀의 四海 중 하나라는 점을 간과할 수 없다. 中祀의 四海에 대해서는,

四海 東阿等邊一云斤烏兄邊退火郡 **南兄邊**居柒山郡 西未陵邊屎山郡 北非禮山悉直郡
(『三國史記』 卷32, 祭祀志)

라고 하여 동서남북 사방의 祭場을 들고 있다. 四海는 바다신에게 제사지내는 祭場이다. 이 중 동래(居柒山郡)에는 南海神에 제사지내는 南兄邊 祭場이 있음이 주목된다.76) 여기에 온정비에서도 보다시피 남 형변이 있는 동래 지역은 왕의 행차가 많았음을 알 수 있다. 그렇다면 왕의 동래 온정 행차는 보다 더 큰 의미가 있었을 것이다. 제장이 종교적·신앙적 의미와 함께 군사적 의

---

73) 권이진이 A-⑥에서 '伊姓'이 眞骨 중에 있었다고 하는데, 성이 생략된 伊亮公의 예(『三國遺事』卷5, 朗智乘雲 普賢樹)나 金陽과 같이 字로 표기된 경우(『三國史記』卷44, 金陽傳 ; 拙稿, 「金立之의「聖住寺碑」」『古代研究』6, 古代研究會, 1998, p.76)가 아닐까 생각된다.
74) 권이진이 詩에서 행차의 성대함을 읊었던 데에는 溫井碑片 중에 보이는 여러 재상, 관료 등을 고려한 것일 것이다.
75) 이런 점에서 성덕왕 17년 조의 國西州郡 巡撫기사는 시사하는 바가 크다고 하겠다.
76) 「兄邊部曲 在縣南海岸 新羅祀南海神于此 載中祀」(『新增東國輿地勝覽』卷23, 東萊縣 古跡 條).

미도 있다고 하기 때문이다.[77] 왕의 행행시에는 이 같은 제사의식을 통해서 왕의 권위를 나타낼 수도 있었을 것이다.[78] 여기에 왕이 직접 순수하는 경우에는 제사의식이 더욱 강한 의미를 갖게 되었을 것이다. 더구나 진흥왕 못지 않은 순수를 했던 성덕왕의 순수에는 전대와는 다른 의미를 갖고 있음을 볼 수 있다. 성덕왕 17년(715) 2월의 순무기사를 보면

> 二月 王巡撫國西州郡 親問高年及鰥寡孤獨 賜物有差(『三國史記』 卷8, 聖德王 17년)

라고 하여 왕이 州郡을 巡撫하면서 직접 민의 고충을 듣고 있다. 그러므로 이 때의 '巡撫'한다는 의미는 왕이 보다 가까이에서 직접 백성에게 다가가 민정을 살폈다는 의미가 아닐까 한다. 특히 직접 나이 많은 사람[高年]에 대한 親問이 있었던 점은 다시 상기할 필요가 있다. 백성의 고통을 직접 들으려는 성덕왕의 배려가 있었겠고, 長壽에 대한 희구성도 있었다고 생각된다.[79] 이렇게 보면 성덕왕 21년에 백성에게 丁田을 지급했다는 의미에는 민에 대한 어떤 배려가 있었을 것으로 보인다.[80] 또한 성덕왕대에 보이는 많은 賑恤기사는

---

77) 최광식, 「국가제사의 제장(祭場)」『고대한국의 국가와 제사』, 1994, pp.321~322.
78) 大祀는 왕이 직접 제사를 지내고, 中祀는 중앙에서 신하를 파견하고, 小祀는 그 지역 지방관이 지냈을 것으로 보고 있다(최광식, 앞의 책, pp.322~323). 그런데 동래의 경우에는 왕의 직접적인 행차도 있었으므로, 왕이 행행할 경우 왕이 주관했을 가능성도 있어 보인다.
79) 이와 관련하여 「秋 八月 賜老人酒食」(『三國史記』 卷8, 聖德王 4년 조 ; 『三國遺事』 卷2, 聖德王)의 기록은 성덕왕의 민에 대한 배려가 어떠하였는가를 잘 보여준다.
80) 「秋 八月 始給百姓丁田」(『三國遺事』 卷8, 聖德王 21년 조). 이 때 백성들에게 지급된 丁田이란 烟受有田·畓으로 그 실제적인 의미는 백성들로부터 사유지 면적 기준의 田租를 국가에서 수취하게 된 것이라 한다(李喜寬, 統一新羅時代의 烟受有田·畓과 그 經營農民, 『史學研究』 50, 1995, p.77). 그런데 성덕왕의 치세로 보아 이것이 백성에게 어떤 방식으로든 혜택이 있었을 듯하다.

이와 관련하여 이해해야 할 듯하다.

이밖에도 성덕왕의 동래 지역의 순수 노정에는 의상이 화엄사상을 전교하게한 범어사도 들어 있었을 것이다. 성덕왕은 왕권 강화의 사상적 기반을 얻을 수 있는 화엄사상을 여기에서도 들을 수 있었을 것이다. 또한 범어사에 의상의 高弟인 표훈의 주석을 생각하면 더욱 의미 있는 일이었을 것이다. 의상은 평소 위정자에게 백성에 대한 관심을 촉구하곤 하였었다.[81] 그런 의상의 제자인 표훈은 왕에게 백성의 고충을 진언했을 가능성이 있다고 하겠다. 이렇게 볼 때, 동래 지역에 온정비가 건립된 것은 中祀의 제사를 통한 왕의 권위와 왕권강화 및 무병장수에의 희구를 동시에 충족시킬 수 있는 지역이었기 때문이라고 생각된다. 또한 이 시기의 순수가 왕의 민에 대한 관심과 왕권 강화라는 측면에서 이루어진 것으로 볼 수 있지 않을까 한다.

따라서 東萊의 新羅 溫井碑는 성덕왕의 溫泉 休養과 地方 慰撫를 겸한 巡狩의 성격도 갖고 있는 비였음을 알 수 있다. 또한 이를 통해 중대의 순수가 전대의 지역에 대한 관심에서 이제는 왕권강화와 민에 대한 보다 적극적인 관심과 배려에서 이루어졌음을 알 수 있다.

V. 맺음말

위와 같이 有懷堂 權以鎭이 시로 기록한 東萊 溫泉에 있었던「新羅 溫井

---

81) 의상이 추구하던 이상과 무고한 백성에 대한 관심은 閔泳珪,「新羅佛敎의 定立과 三階敎」,『東方學志』77・78・79합집, 1993 ;「四川講壇 第二講」,『四川講壇(西餘文存 其二)』, 又半, 1994, pp.51~60에 자세하다. 의상이 문무왕의 서울을 일신하려던 役事를 그만두도록 진언하였던 데에는(『三國史記』卷7, 文武王 21년 6월 ;『三國遺事』卷2, 文虎王法敏) 무고한 백성을 염두에 두었기 때문일 것이다. 이와 관련하여 의상은 국왕의 보살행 곧 국왕은 일반민에 대해 배려해야 하는데 통치의 대상으로 일반민을 새롭게 주목하되, 민심은 王道를 실천해서 얻어야 한다는 의식이 분명한 승려였다고 한다(남동신,「삼국통일과 사상계의 동향」『삼국통일과 동아시아(발표요지문)』, 한국고대사학회, 2001, p.146).

碑」의 내용과 그 의미를 검토하고 이를 통해서 신라 중대 巡狩의 성격을 살펴보았다. 권이진이 기록한 것은 파손된 비편에 대한 한편의 詩에 불과하나, 사실은 新羅史의 일부분을 보완할 수 있는 중요한 기록을 담고 있음을 알 수 있었다. 이것은 그가 지난 역사(특히 고대사)에 대한 많은 관심과 연구가 있었기에 가능한 일이었다.[82] 이를 토대로 살펴본 결과 다음과 같은 내용을 알 수 있었다.

첫째, 新羅의 東萊 溫井은 왕실용 온천으로서 현재 동래 온천 지역인 「溫井改建碑」 부근에 위치하고 있었고, 그 구조는 돌조각 장식과 구리기둥으로 화려하고, 돌로 내외를 구분하여 5~6명을 수용할 수 있었다.

둘째, 溫井碑의 형태는 일반적인 통일신라시대의 비석 양식과 같이 螭首 - 碑身 - 龜趺로 구성되어 있었다.

셋째, 온정비의 건립 연대는 712년(聖德王 11)경으로 추정된다.

넷째, 온정비문 중 권이진이 확인한 것은 비편에서 판독한 비문 200여 자였고, 신라 전성기 왕의 동래 온정 행차와 隨駕人物에 대한 것이었다.

다섯째, 온정비문의 내용은 권이진이 판독한 내용을 바탕으로 검토해 본 결과 다음과 같이 생각된다. 먼저 金春秋가 唐에서 溫湯碑文을 들여왔고, 唐의 驪山 溫泉[華淸宮]과 같은 東萊 溫泉을 개발했음과 聖德王이 동래 지역을 巡狩하면서 온천에 行幸한 사실을 적고, 그 다음으로 隨駕人物을 적었을 것이다.

여섯째, 온정비를 통해서 중대의 순수는 통일 전 순수의 지역에 대한 관심보다는 지역의 民에 대한 관심에서 이루어졌다고 볼 수 있겠다.

이상과 같은 사실을 종합해 볼 때, 東萊 溫泉에 있었던 「新羅 溫井碑」는 聖德王代 溫泉 休養과 地方 慰撫를 겸한 巡狩의 성격을 갖고 있었던 碑라고 생각한다.

---

[82] 권이진은 온정비편을 해독하기 위해 무척이나 고민하였었다. 풀지 못해 애태운 비감함을 시 끝 구절에 이렇게 달아 놓았다. "我感今古不能釋 日來摩挲必惻惻 爲作長句聯自遣 此意良苦無人識 安得巨筆如韓蘇 細述此事傳無極."

3

儒城 溫泉考

Ⅰ. 머리말

　　유성 온천은 삼국시대부터 있었다고 하는데, 유성 온천에 대한 상세한 기록이 나타나는 것은 조선 초부터로 儒城縣을 기점으로 그 위치가 산출되어 있다. 유성현 치소와 관련된 유적으로는 대전광역시 유성구 상대동에 옛 유성현터로 전하는 지역이 있다. 유성현의 정확한 위치는 백제와 고구려의 유물의 존재로 잘 알려진 월평동산성[시 기념물 제7호]과 관련하여서도[1] 그 治所와 城과의 관계를 추정해 볼 수 있는 중요한 자료이기도 하다. 또한, 일부 자료에 있어서는 高麗 明宗代 亡伊・亡所伊 봉기의 출발점이던 鳴鶴所와 部曲・所의 위치 비정에 있어서도 그 위치가 유성현을 중심으로 산출되어 있다. 이같이 유성 온천의 역사적 변천을 파악하기 위한 선행 고찰로서의 유성현의 위치 비정은 유성현 치소 및 그 관할 온천과 관련된 지역사 뿐만 아니라 중요한 역사적 사실들을 규명하는데 있어서도 매우 의미 있는 일이다.

---

1) 월평동산성의 역사적 가치와 그 출토유물을 통한 점유세력의 변화 추이를 살펴본 성과도 있다(『2017년 대전광역시 문화유산 학술대회-대전 월평동 산성-』, 대전광역시, 2017).

유성 온천은 고려시대이래 존재했는데, 온천은 삼국시대에도 사회문화사적으로 중요한 의미를 갖고 있던 것으로 이해된다.[2] 유성 온천은 전설상 백제시대까지 올라가지만[3] 역사 기록상으로는 고려시대의 단편적인 기록이 있고 주요하게는 조선 초기 이래 몇 가지 기록에서 보이고 있다. 이중 1552년(明宗 7)의 목욕에 관련된 기록[同浴錄]은 매우 상세하여 당시 유성 온천에 관한 많은 정보를 제공해주고 있다.

따라서 유성현 치소와 온천 기록에 관한 검토는 온천의 역사와 생활사에 대한 많은 정보를 전해주고, 문화사 측면에서도 유성 온천의 역사를 조명하는 의미가 있다고 생각한다.

II. 유성현 治所 比定

유성현은 백제 奴斯只縣으로 통일신라 경덕왕대 儒城縣이었던 지역이다. 이후 고려시대에는 公州牧에 내속된 이래 조선 후기 일정시기까지 屬縣으로 존속되었다가 폐현되었다.

이 같은 유성현의 터는 원래 두 개가 있었던 것으로 생각된다.

    A 儒城縣 在州東五十四里(『新增東國輿地勝覽』 권17, 公州牧 屬縣)
    B 古儒城 在儒城縣東四里廣道院傍 客舍鄕校倉庫基址尙存(위의 책, 공주목 古跡)

이 중 古儒城縣은 현재의 유성구 상대동 일대이지 아닐까 생각된다. 이 같은 치소 흔적은 고려시대이래 읍치일 가능성을 비정할 수 있다. 아울러 이곳

---

  2) 拙稿, 「有懷堂 權以鎭의 新羅 溫井碑攷」 『道山學報』 8, 2001.
  3) 『유성의 역사와 지명유래』, 유성문화원, 2000, pp.139~141.

에는 읍치소와 관련된 지명들도 남아 있어 거의 확실시 된다.[4]

또한, 여기에서 옮겼다는 유성현은 고유성이 유성현 동쪽 4리에 있었다고 하므로 고유성현에서 서쪽으로 4리에 있게 된다. 이 현치소에 대해서는 현재 별다른 기록을 찾을 수 없으나 지명으로 남아 있어 거의 비정할 수 있을 것이다. 현재 유성생명과학고등학교 옆의 궁말 일대가 그것이다.[5] 이와 관련하여 다음 기록이 참고 된다.

C- ① 寔公州儒城倉右局龍村也(尹東轆 墓碑)[6]
② 儒倉十二間 在州東五十里縣內面(『輿地圖書』公州牧 倉庫)

위의 1785년(正祖 9)에 세워진 윤동로의 비[C-①]는 고유성현터의 바로 곁에 있었는데,[7] 유(성)창은 유성구 구암동 倉里 일대로[8] 비정되므로 유성현은 거리상으로도 유(성)창과 그 가운데 위치하는 궁말 일대에 있었을 것이다.

한편, 유성현의 위치 확인은 고려 명종대 망이·망소이의 봉기가 일어났던 명학소의 위치를 비정하는데 좋은 자료를 제공한다. 그것은 명학소를 비롯한 몇 개의 소가 유성현을 중심으로 거리가 산출되어 있기 때문이다.

대전지역에는 명학소를 비롯해서 美化部曲, 甲村所, 村介所, 福水所, 搏山所, 金生所, 西峯部曲, 興仁部曲, 針伊所 등이 있었다.

기왕에 향과 부곡이 통일신라에 있어서는 현보다는 작은 단위의 지방 행정 단위였으나 고려시대에 들어와서는 특정 물품을 공납하던 곳이었음은 잘

---

4) 『朝鮮寰輿勝覽』, 大田郡 古跡 龍村 ; 『大田地名誌』, 대전시사편찬위원회, 1994, pp.943~947.
5) 『대전지명지』, pp.921~927.
6) 『大田金石文』, 대전시사편찬위원회, 1995, pp.716~721. 현재 이 비는 이전되었다.
7) 옛 유성현터로 추정되는 유성구 상대동 용촌에 위치하고 있었다.
8) 『대전지명지』, p.926.

알려진 사실이다. 그리고 이들은 소재지의 읍에 속했다고 한다.

이중 명학소와 미화부곡, 갑촌소, 촌개소, 복수소는 유성현을 중심으로 거리가 산출되어 있는 것으로 보아[9] 이들은 원래 유성현에 속했을 것이다. 이를 근거로 각 소의 대강의 위치를 찾아 볼 수 있을 것이다. 기록상으로 보이는 각 소와 부곡의 위치는 다음과 같다.

  D- ① 鳴鶴所 在儒城縣東十里(『新增東國輿地勝覽』 권17, 公州牧, 古跡)
   ② 美化部曲 在儒城縣東南二十八里(위의 책)
   ③ 甲村所 在儒城縣北十里(위의 책)
   ④ 村介所 福水所 俱在儒城縣東二十三里(위의 책)

우선 명학소의 위치로 보면 유성현의 동쪽 10리라고 하므로 현재의 甲川(省川)이 유성현 동쪽 7리에 있다고 하고,[10] 유등천[柳等(浦)川]이 유성현 동쪽 20리에 있다고 하므로,[11] 명학소는 이들 두 하천 사이에 위치하게 된다. 그 주요 산물이 무엇이었던가에 대해서는 현재로서는 잘 알 수 없다. 또한 미화부곡은 예전 산내면 일대가 될 것인데, 지명으로나 역사적으로 확실한 無愁洞里(대전광역시 중구 무수동)가 100리 거리라고 하므로 여기에 채 미치지 못하는 곳에 위치하게 된다. 또한 갑촌소는 유성현에서 북쪽으로 10리 거리에 있다고 하므로 예전 炭東面 일대가 되지 않을까 한다. 한편, 촌개소와 복수소는 유성현 동쪽 23리라고 하는데, 현재의 유등천이 유성현 동쪽 20리, 대전천이 동쪽 25리라고 하므로,[12] 이 두 소는 유등천과 대전천의 사이 어디엔가 위치

---

9) 『신증동국여지승람』 권17, 공주목, 산천.
10) 『신증동국여지승람』 권17, 공주목, 산천. "省川 在儒城縣東七里 源出連山珍山二縣地界 合流經鎭岑縣 至儒城縣東爲省川"
11) 『신증동국여지승람』 권17, 공주목, 산천. "柳浦川 在儒城縣東二十里 源出全羅道珍山縣地界"
12) 『신증동국여지승람』 권17, 공주목, 산천.

하고 있었던 것이 된다.

이처럼 유성현 치소의 확인은 유성 온천의 정확한 위치 및 유성현 일대의 각 소와 부곡의 위치 비정은 물론 고려 역사에서 큰 영향을 미쳤던 망이·망소이의 출신 지역인 명학소를 살펴보는데 중요한 자료가 됨을 알 수 있다.

이밖에 다른 기록으로 조선 초 유성현과 진잠현을 통합한 '杞城府'에 관한 기록도 있다. 현재 진잠지역에 남아 있는 '杞城'이란 지명을 살펴보면, 고려 때 진잠 지역이 '杞城府'의 일부였다는 기록이 있어서 주목된다. 『輿地圖書』, 鎭岑, 建置沿革 조의 기록이 그것이다.[13]

> **高麗時 置杞城府** 我國初 設監營於公州 割儒城五面 付公州 只留今五面 爲鎭岑縣

이 기록에 의거하면, 고려시대 '기성부'를 두었는데 그 범위는 진잠과 유성을 합한 것이었음을 알 수 있다.[14] 이후 조선 초기에는 공주에 감영이 설치되자, 유성의 5면을 나누어 공주에 영속시키고, 나머지 5면은 남겨 진잠현으로 삼았다는 것이다. 그렇다면 공주에 감영이 설치된 것은 1598년(宣祖 31)의 일이니 조선 초의 일일 수가 없다. 혹 世祖 때 공주에 鎭을 두었던 기록과 관련되지 않을까 한다. 그렇다면 진잠과 유성에 기성부를 둔 것은 언제였는지는

---

13) 이 기록의 출전은 확실치 않고 뒤에 『忠淸道邑誌』 권27, 「鎭岑邑誌」, 建置沿革에서도 보이는 기록이다. 후에 『朝鮮寶輿勝覽』, 「大田郡」, 建置沿革 條에도 기록하고 있으나 별다른 전거없이 같은 내용을 싣고 있다. 그런데 문제는 '杞城'이란 지명이 진잠의 다른 이름으로 기록에 남아 있다는 점이다(『新增東國輿地勝覽』 권18, 「鎭岑縣」, 郡名 條). 혹시 羅末麗初에 등장하는 '府'에서처럼 일시적으로 쓰였지 않았을까 생각되지만 별다른 기록을 찾아볼 수 없었다.
14) 현재 관아 건물로 진잠현치소(현재 대전시 유성구 원내동 일대) 근처에 있던 '杞城舘'이 남아 있다. 또한 유성현의 치소가 있던 상대동에도 기성골이란 지명이 남아 있는데(『대전지명지』, p.946), 이들 지명들은 혹시 기성부와 관련하여 남아 있던 지명들이었을 가능성이 있다고 하겠다.

아직 알 수 없으나, 이 기록대로라면 고려말에서 조선초에 일시적으로 존재했을 가능성도 있다고 하겠다. 여기서의 '조선초'는 태종 13(1413)에 현감을 두었으므로 이 이전이 될 것이다. 이 기록도 유성현의 역사와 관련하여 주목되고 추후 새로운 자료의 발굴을 통해서 보완될 수 있을 것으로 기대된다.[15]

III. 1552년, 유성 온천 풍경

고려시대 地理志를 보면, 懷德縣에는 鷄足山, 유성에는 溫泉이 特記되어 있다. 유성의 온천은 전설에는 삼국시대까지 올라가는데, 역사 기록으로는 고려시대부터 나타나고 있다.

> E- 儒城縣 本百濟奴斯只縣(夾註:斯一作叱) 新羅景德王改今名 爲比豊郡領縣 高麗仍舊名來屬 **有溫泉**(『高麗史』 권56)

이밖에도 전설로서 채록된 다음과 같은 기록도 보인다.

> 이제 여기에 소개하려는 것은 유성 온천의 기원과 이곳에 남아 있는 「로맨틱」한 전설인데 온천에 대한 기원은 文獻이 있지 않기에 알길이 없으나 지금으로부터 칠백년 전 **高麗忠肅王의 王女가 緣談을 피하야** 東鶴寺에 와서 削髮爲僧이 되어 있다가 온천에 나리어 목욕한 일이 있었다. 그때에 父王은 愛女를 찾어왔다가 그것을 알고 온천을 폐지해버리면 왕녀가 귀환하리라는 생각으로 衝火하야 灰燼시킨 것이니 역사 깊은 유성 온천의 由緖도 이에서 풀리게 된 것이다. 그러나 왕녀는 **하탕에 발을 닦고 상탕에 몸을 씻어** 잘아가는 자기의 몸맵시에 심취하야 백방으로… 토막

---

15) 拙稿,「상대동지역의 인문 · 역사적 환경」『大田 道安地區 宅地開發事業敷地內 大田 佳水院洞 · 道安洞 · 龍溪洞 · 上垈洞 원골遺蹟-考察-』, 중앙문화재연구원, 2011, pp.117~119.

> 「로맨쓰」는 아직도 허다한 사람의 입에서 흘러다닙니다 … 柳川에 農城 炭洞에 茂城 魚雲城 … 있는데 이것은 모다 백제시대? 新羅兵亂을 두려워 쌓었든 것인바 지금도 城址가 확연하게 남아 있다

이 전설은 1936년 신문에 게재된 현지 기자가 취재한 기록으로[16] 당시까지 민간에 전해오는 民譚을 채록해서 수록한 것으로 보인다. 오늘날 유성 온천에 관한 백제시대 관련 전설과는 또 다른 이야기가 전승되고 있음을 알수 있다. 이야기의 출전은 역시 근거를 알 수 없으나, 고려시대 기록에서와같이 온천이 있고 왕실에서도 알려진 온천이었다는 사실과 '上湯'과 '下湯'이 있었다는 사실과 왕녀의 존재로 보아 남녀 구분 온천탕이 있었다는 사실은 말할 수 있지 않을까.[17] 이 같은 고려시대 이래 온천은 조선시대에 들어와서도 어지간히 알려진 듯하며 신도안 도읍지 물색으로 太祖가 이 곳에 왔을 때와 太宗이 지나다가 목욕한 역사기록을 갖고 있다.[18] 조선조에 들어와서도 왕실에서 애용했다면 이는 고려시대 왕실의 유성 온천 이용과 무관하지 않을 것이다. 유성 온천은 왕실뿐만 아니라 사대부들도 즐겨 찾았다. 그들은 휴양뿐만 아니라 질병 치료를 목적으로 방문하였던 것으로 보인다.

15세기 초 四佳亭 徐居正(1420~1488)은 공주 溫井으로 목욕하러 가는 具僉樞를 보내며 쓴 시에서, 자신도 삼사십 년 전 柔城(儒城) 온천에 다녀온 사실을 회고하며 질병 치료에 효험이 있음을 암시하는 시를 쓰고 있거니와,[19] 1489년(成宗 20) 여름, 朱溪君 李深源(1454~1504)도 질병 치료를 목적으로 유성 온천

---

16) 大田支局 一記者, 「신흥대전의 오아시스 유성 온천을 찾어: 그 옛날엔 신라의 군마가 달리고 왕녀가 몸을 닦어」(『朝鮮中央日報』 1936.08.09.).

17) 남녀 구분탕과 더불어 그 구체적인 규모 등은 알 수 없다.

18) 『大田地理志』, p.237 및 註)664 ; 『공주의 지리지·읍지』, 공주문화원, 2001, p.35.

19) 徐居正, 『四佳集』, 「送具僉樞往浴公州溫井」 "… 一雪沈痾都已盡…柔城溫室憶曾遊 屈指如今卅四秋…". '溫室'이란 표현에서 목욕시설도 있었음을 알 수 있다.

에 거처한 일이 있었다.20) 아울러 1519년(中宗 14)에는 己卯名賢인 冲庵 金淨 (1486~1521)의 노모는 질병 치료를 위해 유성 온천을 찾았었다.21)

더 나아가면 어느 한 여름날, 유성 온천에서 여러 사람이 같이 목욕한 인연을 기록한 경우도 있다. 1552년(明宗 7), 宋鳳壽(1526~1596) 등 경향 각지의 15명이 유성 온천에서 목욕한 사실을 송봉수가 남긴 기록이 그것이다. 송봉수는 본관은 恩津, 자는 仁叟, 호는 義谷이다. 그는 은진송씨로 회덕[현 대전광역시 동구·대덕구 일원]의 입향조인 明誼에게는 7대손이 된다.22) 그는 음직으로 벼슬길에 올라 1576년(宣祖 9) 奉列大夫 司憲府監察을 시작으로 狼川縣監, 掌隸院 司議에 이르렀고, 1588년(宣祖 21) 봄에 부인의 장례로 회덕에 돌아왔다. 그는 임진왜란 때 어가를 호종하려다 하지 못하였고, 친구이던 동래부사 宋象賢의 순절, 趙憲, 李舜臣, 高敬命의 죽음에 곡을 하는 등 憂國이 지극하였다. 그가 교유하던 인물은 '通志錄'으로 남아 있는데, 德溪 吳健, 牛溪 成渾을 비롯하여 이순신의 부 李貞, 송상현 등 당대 저명한 인사가 120여 명에 이르러 그의 교유관계를 잘 알 수 있다.23) 그런데 그가 27세이던 1552년 7월 4일, 그는 유성 온천에서 경향 각지의 15명과 함께 목욕한 특이한 기록을 남기고 있는데 「同浴錄」이 그것이다.24) 당시 그는 서울 於義洞에 거주하고 있었다. 「동욕록」에는 유성 온천이 溫井(溫泉)과 椒井이 있었음을 밝히고 있어 유성 온천의

---

20) 李深源, 『醒狂遺稿』 卷2, 「二藝堂記」 "…己酉夏 深源己疾 于溫泉定舍之明日…." ; 權寧遠 譯, 『忠州朴氏家乘』, 忠州朴氏參議公派宗中, 1990, p.56.

21) 金淨, 『冲庵集』 卷5, 「請歸養疏」 "…今者母又嬰病 浴于公州溫井…" ; 『冲庵年譜』 卷上, (中宗)十四年己卯 先生三十四歲條.

22) 『恩津宋氏譜(丁亥大譜)』 권12 제3판.

23) 『恩津宋氏潛夫公派文獻錄』 卷上, 1973, 19~21板.

24) 『恩津宋氏潛夫公派文獻錄』 卷上, 1973, 21~22板. 번역문은 『恩津宋氏家藏遺乘』, 1973, 12~14板에 실려 있다. 또한, 이들 자료는 유성 온천 관련 자료로서도 소개된 바 있고(『史料로 본 儒城』, 「제3권 儒城의 金石文과 古文書」, 유성문화원, 2002, pp.11~13), 유성현과 온천의 존재와 관련한 성과도 있다(拙稿, 앞의 글, pp.119~122).

역사뿐만 아니라 당시 온천의 풍습 등 생활사에 있어서도 중요한 자료임을 알 수 있다. 다음은 그 번역문과 원문이다.[25]

[번역문]

같이 목욕한 기록(1552년, 明宗 7) 7월 4일

- 前康津縣監[26] 尹光雲 : 字는 雲之, 公州 北村 三岐에 산다.
- 前泗川縣監[27] 尹湯卿 : 자는 子任, 공주 북촌 삼기에 산다.
- 前參奉 李彦瑞 : 자는 祥卿, 鴻山 彌造川에 산다.
- 忠順衛 林有培 : 자는 培之, 공주 북촌 삼기에 산다.[28]

　　　金洽 : 자는 洽之, 恩津 山城에 산다.
- 前內禁 朴元 : 자는 仁叟, 永同 大棗旨에 산다.

　　　朴亨 : 자는 衢叔, 영동 대조지에 산다.
- **幼學 宋鳳壽 : 자는 仁叟, 서울 於義洞에 산다.**[29]

　　　田遇春 : 자는 仁卿, 恩津 壽洞에 산다.

　　　孫汝誠 : 자는 克一, 恩津 山城에 산다.
- 忠義衛 安軾 : 자는 子瞻, 서울 남대문밖[南大門外]에 산다.[30]

---

25) 번역문은 『은진송씨가장유승』을 참조 · 보완하여 작성하였다. 필자는 『동욕록』 원본을 종중을 통해 탐문하였으나 찾을 수 없었다.

26) 윤광운이 강진현감을 지낸 기록은 확인된다(「康津縣誌」 先生案 條 ; 『邑誌』 4, 全羅道①, 亞細亞文化社, 1983, p.132).

27) 윤탕경은 1549년 정월~12월에 사천현감을 지냈다(「泗川縣邑誌」 宦蹟 條 ; 『邑誌』 1, 慶尙道①, 아세아문화사, 1982, p.917).

28) 임유배에 대해서는 자는 알수 없으나, 扶安林氏 工曹典書 林蘭秀가 公州 三岐村에 정착한이래 지금까지 세거해온 사실과 시기적으로 대개 일치하는 점으로 볼 때, 임난수의 5대손인 임유배(『扶安林氏大同譜』 卷4, 회상사, 1986, p.1 ; 「副司直 林公墓表」 『蘭谷集』 卷18)일 가능성이 높다고 하겠다.

29) 송봉수는 자는 인수로 벼슬이 司議에 이르렀다고 한다(『恩津宋氏族譜(丁亥大譜)』 卷12, 2板).

30) 안식에 대해서는 同名으로 시기적으로도 동일인일 가능성이 있는 인물이 있으나

- 幼學 黃希老 : 자는 頤叟, 善山 網障에 산다.
  鄭震 : 자는 景初, 沃川 只士川에 산다.
- 別侍衛 任俊明 : 자는 子華, 公州 大別에 산다.
  任良臣 : 자는 彦輔, 公州 求古老味에 산다.

무릇 인정이 소홀히 하여 잊을 수 없는 것은 같은 곳에서 같이 놀았던 사람들이다. 우리들이 公山(공주) 椒井에 와서 목욕한 것이 비록 연령의 차이와 지위의 높고 낮음이 있었으나 살과 뼈를 부대끼며 한 온천 속에서 같이 목욕하면서 혹은 이야기하거나 혹은 장기로 같이 몇일 동안 심심함과 무료함을 달랬으니 정의가 지극하고 사귐이 깊다고 할만하다. 진실로 마땅히 그 성명과 그 거처를 기록해두어서 뒷날에 잊지 않을 자료로 삼는다. 더구나 尹先生(尹光雲?)의 명을 받드는데 정중하기 마지아니하니 감히 기록이 없을 수 없어 이에 공경히 뒤에 기록하노라[夾註 : 위 서문은 누가 지었는지 알 수 없는데 상고할 일이다].31)

이는 우리 司議府君(宋鳳壽)이 소시에 尹康津(尹光雲)이하 諸公과 함께 공산에 있는 椒井에서 같이 목욕했던 일이다[夾註 : 일찍이 공산 사람에게 들으니 이르기를, '이 초정은 儒城에 있었다'고 한다. 유성에는 원래 초정이 있었으며, 金乖崖(金守溫)가 말한 유성에서 목욕했다는 것[浴沂]32)은 곧 溫井이다. 그런즉 온정은 乖崖 시절에 있었던 것이고 초정은 府君(宋鳳壽) 시절에 있었던 것을 알 수 있다]. 가만히 삼가 살펴보건대, 諸公의 성명과 表德, 직함[御稱], 거주가 상세히 기록되어 있고, 또 誌가 있어서 그 자취를 전해주고 연대를 기록하여 그 시기를 밝혀주고 있다. 이에 당시의 훌륭한 자취를 미루어 알 수 있겠다. 아아! 아름다운 산수가 맑게 갠 가을을 만나 풍경이 더욱 빼어난데 때마침 모이니 흥취가 더욱 일어났으리라. 이제 그때를 좇아보니, 화

(『順興安氏第三派大同譜』 卷1, 回想社, 1996, p.18), 字나 그밖의 자세한 이력이 전하지 않고 있어 추후 검토가 필요하다.

31) [　] 발문을 쓴 송휘상의 夾註일 것이다.
32) 공자의 제자 曾晳이 沂水에서 목욕하고 沂山의 舞雩에 올라가 시가를 읊조리고 돌아오겠다고 한 고사를 비유한 말.

려한 집[玉宇]은 넓다랗고 가을바람[金風]은 천천히 일고, 좋은 벗이 구름 같이 별 같이 모여서 한 샘에서 목욕을 하는데 살과 뼈는 서로 닿고, 바람은 서늘하게 잔디 마당가에 부는데, 함께 십여 일을 머물면서 속마음을 다 털어놓았다. 序文 가운데 적은 저 舞雩에서 읊은 것이 비록 시기와 세대는 다르지만 이 아름다운 모임을 생각하건대 앞뒤의 만남을 헤아려보고 그 遺風을 우러러 한탄하면서 애오라지 기록하여 사모하는 뜻을 붙이노라.

崇禎紀元後 疆圉大荒落(丁巳, 1677, 肅宗 3) 3월 하순, 7대손 徽相(1710~1759)은 삼가 발문을 쓰노라.[33]

〔原文〕

同浴錄 嘉靖三十一年壬子七月四日
前康津 尹光雲 雲之 居公州北村三岐
前泗川 尹湯卿 子任 居上同
前參奉 李彦瑞 祥卿 居鴻山彌造川
忠順衛 林有培 培之 居公州北村三岐
    金洽 洽之 居恩津山城
前內禁 朴元 仁叟 居永同大棗旨
    朴亨 衢叔 居上同
幼學 宋鳳壽 仁叟 居京於義洞
    田遇春 仁卿 居恩津壽洞
    孫汝誠 克一 居恩津山城
忠義衛 安軾 子瞻 居京南大門外
幼學 黃希老 頤叟 居善山網障
    鄭震 景初 居沃川只士川

---

[33] 『恩津宋氏家藏遺乘』, 1973, 12~14板에 번역이 되어 있으므로 이를 참고하면서 약간의 수정을 가하였다.

同浴錄[『恩津宋氏潛夫公派文獻錄』卷上]

別侍衛　任俊明　子華 居公州大別
　　　　任良臣　彥輔 居公州求古老味

夫人情之所不可忘忽者 同遊同處之人也 我等之來浴于公山之椒井也 雖有年齒之少長 位秩之尊卑 而磨肥憂骨 同浴一井之中 或談或博 共破累日之閑 情義 可謂至矣 交道 可謂深矣 固宜題其姓名 錄其居處 爲他日不忘之資矣 而況承尹先生之命 鄭重不釋 其敢無誌 玆以敬記(夾註:右序文 不知某公所作 當考) 是我司議府君 少時與尹康津以下諸公 同浴于公山之椒井事也(夾註：嘗聞 諸公山之人則曰 是椒井 在儒城也 儒城元來有椒井 以金乖崖所謂浴沂儒城者卽 溫井也 然則 溫之著於乖崖時 椒之著於府君時者 可知耳) 竊謹按諸公之姓名 及表德 與夫銜稱及居住 斑斑載錄 而又有誌 以垂其迹 揭年 以昭其時 玆可以 追誦當時之勝迹矣 嗚呼 秀水佳山 値淸爍而風景益勝 覽賞遊玩際會晤而興緒 增暢矣 今蹟其時 玉宇廓如金風徐起 而良朋佳友 雲集星聚同浴一井 肥骨相摩 而風涼乎莎場之畔 共留浹旬肝膽相攄 而識乎序文之間詠彼舞雩 雖時異而世殊 想此嘉會 諒後前之齊契 仰遺風而永歎 聊以記而寓慕
崇禎紀元後疆圉大荒落 夬之下浣 七代孫 徽相謹跋

우선 위 기록에서 주목되는 것은 유성 온천이 초정과 온정일 때가 있었다는 사실이다. 여기에 유성 온천의 위치에 있어서도 다른 지역도 있었을 가능성을 말해주는 기록이 있다. 다음 기록을 보자.

F - 溫泉 在儒城縣東五里 **獨只于乙** 有屋宇[34]

온천이 유성현 동쪽 5리 '독지(기)우울(獨只于乙)'에 있는데, 집이 있다고 하였다. 유성현이 상대동과 그 근처 일대로 비정되므로 이곳에서 동쪽으로 5리 정도 되는 곳에 위치함을 알 수 있다. 그런데 흥미로운 사실은 독기울과 관련됨직한 지명이 아직도 남아 있다는 사실이다. 현 대전광역시 서구 도안동[舊 가수원동의 한밭직업훈련원과 그 일대]에 '獨起佛 혹은 독기뿔'로 불리던 지역이 있었다는 사실이다.[35] 음의 유사성이나 유성현과의 거리로 보나 조선 초기 세종대 무렵에 있었다는 독기우울은 가수원동에 있는 독기불이나 그 일대에 있었을 가능성이 있다고 하겠다.[36] 이것은 현재 유성 온천이 위치하고 있는 지역과는 거리가 있고 온천과 초정 온천의[37] 차이가 있어 앞으로 보다 면밀한 검토가 필요하다고 생각된다.

한편, 조선 후기 문신이던 竹堂 申濡(1610~1665)는 1657년(孝宗 8) 자신이 지은 椒井編의 서문에서 우리나라 초정을 들면서 공주의 초정을 들고 있는데,[38] 초

---

34) 『世宗實錄』 卷149, 「地理志」, 公州牧
35) 『大田地名誌』, 대전시사편찬위원회, 1994, p.642.
36) 일제강점기 신온천으로 불리던 지역(현재의 계룡 스파텔 인근)으로 추정하기도 하나(「儒城新溫泉調査報文」,『朝鮮地質調査要報』 제3권, 朝鮮總督府地質調査所, 1925, p.74), 이 같은 기록을 간과한 추정에 불과하다.
37) 중탄산(HCO3) 계열의 약수를 초정으로 볼 수 있고 유성 온천에서도 중탄산이 보고된 사실로 보면(「유성신온천조사보문」, 앞의 책, p.80 ; 『유성구지』 제2권(유성의 발전상), 1998, p.203), 이와 관련이 있을 듯 하다.
38) 申濡,『竹堂集』 卷13, 「椒井編序」 丁酉錄 "**國內椒井**在湖西之淸安縣者 最名有驗 此則舊爲御浴之所 其靈驗審矣 其次廣州 **公州**之兩井 世之謂椒浴者 皆知之矣"

정의 藥理 효험을 담은 古方文이 있었는데[39] 세상에 간행되지 않았고, 10여 년 전 자신은 공주의 초정을 지키는 사람이 가지고 있던 책을 보았다고 하였다.[40] 10여 년 전이면 신유가 1647년(仁祖 25) 公州縣監이었던 시절로 추정되는데,[41] 당시 유성 온천에는 초정을 지키는 사람이 있었던 사실과 초정의 효험을 기록한 책을 가지고 있었음을 알 수 있다. 조선시대 동래 온천에는 온천을 관리하는 관리인 1명이 '溫井直'으로 있었다고 하므로, 유성 온천도 관리하던 사람이 있었던 것으로 보아 그와 유사한 관리인이 있었던 것으로 추정된다. 아울러 그는 초정의 약리에 관한 책도 가지고 있었다고 하므로 초정을 왕래하는 사람들에게 초정의 효험도 전파했을 가능성이 높다고 하겠다.

아울러, 당시 유성 온천욕장은 위 기록으로 볼 때, 대개 남탕 15명 내외의 규모이었지 않을까 한다. 남탕을 이 정도 규모로 볼 때 조선시대 동래 온천의 경우 남녀탕의 구분이 있었다고 하고[42] 유성 온천의 경우도 김정의 노모나 송시열의 형수의 목욕한 경우로 보아도[43] 여탕의 경우도 거의 남탕과 비슷한 규모였을 것이고 도합 30여 명 이상이 목욕할 수 있던 규모였지 않을까 한다.

온천욕에서는 주로 질병 치료를 목적으로 하기도 하였을 것이나 담소나 오락을 겸한 담론과 사교의 장이기도 하였던 듯하다. 온천을 중심으로 한 목욕문화를 볼 때, 당시 사람들의 사고는 매우 유연하고 개방적이었던 것으로

---

39) 이 古方은 매계 조위(梅溪 曺偉, 1454~1503) 혹은 모재 김안국(慕齋 金安國, 1478~1543)이 짓고 한강 정구(寒岡 鄭逑, 1543~1620)가 그 발문을 지었다고 한다 (앞의 책, 「초정편서」 "古方卽梅溪所著 而寒岡鄭先生有跋云 一云金慕齋所著").

40) 앞의 책, 「초정편서」 "顧其方無刊行于世者 余所見則**在公之守井者** 今已十年矣 不知其書尙存乎否"

41) 『공주의 지리지·읍지』, 공주문화원, 2001, p.200, p.441.

42) 1766년(英祖 42)에 건립된 「溫井改建碑」[부산광역시 동래구 온천동 135-26번지 용각(龍閣) 내 위치]에도 당시 동래온천의 규모는 9칸에 남녀탕으로 구분되었다고 하였다["…凡九間區男女湯"].

43) 주)44 참조.

보인다. 온천에서 거의 10여 일의 적지 않은 시간을 같이 보냈으므로 이들은 주변에서 숙박도 하면서 휴양을 보냈던 것으로 생각된다.

IV. 유성 온천의 변모

유성 온천은 조선 후기에도 단편적인 문헌기록에서 찾아 볼 수 있다. 유성과 인접한 회덕현의 경우 조선 초부터 恩津宋氏가 세거하므로 해서 은진송씨 인물들 중에는 유성 온천과 관련한 기록을 남긴 경우도 있다. 尤庵 宋時烈(1607~1689)이 1651년(孝宗 2) 9월 6일, 조카 宋基學에게 보낸 편지에서도 그 형수가 유성 온천에서 목욕하고 9월 10일에 돌아올 것임을 밝히고 있는 것을 보면,44) 조선 후기에도 남녀탕이 있고 5일 이상 목욕을 한 사례가 있었음을 알 수 있다.

또한, 은진송씨 櫟泉家 고문서 중에는 온천 관련 기록을 볼 수 있다. 다음은 閑靜堂 宋文欽(1710~1752)의 아들인 宋致淵(1736~1783)에게 보낸 간찰로 추정된다.

> 수신 : 儒城浴所(유성 온천)에 보냄
> 발신 : 本家 平信　　　　　　　署押(宋文欽)
>
> … **어제 목욕 후 별 탈이 없고** 점점 기침이 나느냐? 모름지기 畏風을 잘 조리하고 다치지 않게 하기를 내 곁에 있듯이 해야 하는 것이 지극히 옳고 지극히 옳도다. …
>
> 7일, 아비가.

---

44) 宋時烈, 『宋子大全』 卷125, 「答基學 辛卯九月六日」 "嫂主方浴公州溫井 今十日當撤還云矣"

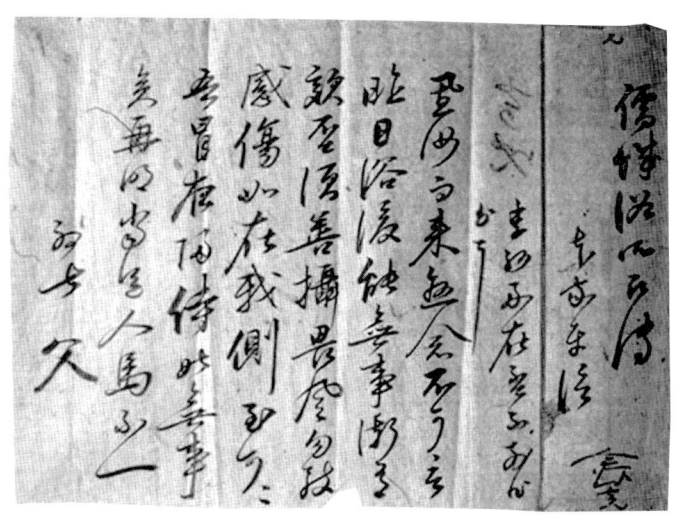

송문흠이 아들 송치연에게 보낸 간찰

[피봉]

儒城浴所 即傳

本家平信　　　　　　　　　　　　　　署押

[내지]

… **昨日浴後**能無事, 漸有

欼否 須善攝畏風, 勿致

感傷, 如在我側, 至可 至可. …

　　　초七. 父

　이 편지의 발신자[署押]와 수신자의 생몰년으로 볼 때 1740~1752년 사이에 보낸 편지로 보이고[45] 유성 온천을 '儒城浴所'로 표현하였다. 이 기록으로 보

---

45) 송문흠의 서압 형태로 보아(『늑천 송명흠 선생가 기증유물(VI)』, 대전광역시향토

면 1552년의 유성 온천은 약 2백년 후에도 온천으로서의 명맥을 그대로 유지하고 있었음을 알 수 있다. 이때의 온천 규모나 그 밖의 상황을 더 이상 알 수 없으나, 편지 내용으로 보아 송문흠의 아들인 송치연이 畏風의 치료를 위해 온천을 찾은 것으로 보이며 최소 4일 이상 머문 것으로 보아 당시에도 휴양뿐만 아니라 질병치료를 위한 온천의 효능을 활용한 이용도 있었음을 알 수 있다.

조선 후기에도 온천으로서의 명맥을 유지하던 유성 온천은 일제 강점기에 들어서는 日人들의 식민자본에 의해 대규모 온천 시설로 변모를 거듭한 듯하다.[46] 1914년 2월, 온천욕장 경영과 토지·가옥 貸付를 목적으로 '大田溫泉株式會社'가 일인 주도로 대전 시내에 설립되었다.[47] 그해 2월 다시 '儒城溫泉會社'로 고쳤던 것을 '儒城溫泉株式會社'로 개칭하고 본점도 충남 대전군 유성면 봉명리 480으로 옮기고, 동년 9월 자본금 10만원을 증자하면서 유성 온천 경영과 자동차 운수, 토지가옥 대부, 유성 온천 발전향상에 필요한 자금 유통을 부대사업으로 하는 회사로 동년 12월에 설립되었다. 회사의 取締役 사장은 金潤煥,[48] 대표로 전무 취체역에 金甲淳(1872~1960) 등이었다.[49] 이

사료관, 2009, p.191) 더 좁혀서 1740년대 후반에서 그의 몰년인 1752년 사이로 추정할 수 있다.

46) 일제강점기 유성 온천 개발과 대전 지역사회의 변화를 살핀 글도 있다(고윤수, 「일제하 유성온천의 개발과 대전 지역사회의 변화」『역사와 담론』93, 2020).

47) 본점은 忠南 大田郡 大田面 本町一丁目 85에 있는 것으로 되어 있다(『朝鮮銀行會社要錄』, 1921, p.224). 대전에 주재하는 스즈키 마츠요시(鈴木松吉) 중심으로 한 일본인 유지들이었다고 한다[다케쿠니 토모야스(竹國友康), 소재두 옮김, 『한국 온천 이야기-한일 목욕문화의 교류를 찾아서-』, 논형, 2006, p.222]. 다케쿠니 토모야스는 『朝鮮鑛泉要記』, 朝鮮總督府警務總監部衛生課, 1918(增補), 「유성온천」(『朝鮮』, 1923년 4월호), 「儒城新溫泉調査報文」(『儒城地質調査要報』제3권, 朝鮮總督府地質調査所, 1925)를 중심으로 유성 온천 개발 흐름을 정리한 바 있다(앞의 책, pp.222~231).

48) 회덕군수를 역임한 바 있는 金閏煥의 오자이고 동일인이 아닐까 한다.

49) 『朝鮮銀行會社要錄』, 1921, p.346 ; 『朝鮮功勞者銘鑑』, 1935, p.176.

후 공주의 사업가인 김갑순이 대부분의 권리를 양도받아 경영하게 된다. 동래 온천과 달리 유성 온천은 개발 초기부터 조선인이 경영에 직접 관여 했다고 한다.[50] 아울러 유성온천주식회사에는 유성호텔도 직영했는데 그 관광엽서도 남아 있다.[51]

1919년 1월, 鄭敬晳이 서울에서 간행한 『京鄕通商旅行尺牘』의 부록으로 「朝鮮鑛泉」조에서 오늘날에도 익숙히 듣는 동래 온천, 수안보 온천 등과 함께 유성 온천을 다음과 같이 소개하고 있다.

> 儒城溫泉이 忠南太田郡儒城面鳳鳴里에 在ᄒ니…泉質은 「알갈리」泉으로 總督府醫院의 試驗을 依ᄒ즉 「칼슘」 「막내슘」 「나트륨」鐵, 「크로-루」硫酸, 礬土(산화알루미늄), 硅酸, 結合炭酸等의 諸性分外에 尙 「라듐」 0.025를 含有ᄒ얏다云ᄒ며 其溫度攝氏四十五度요 一日湧出量이 六百餘石인바 胃腸病과 皮膚病에 快差 特效가 有ᄒ야 京鄕各處에 患者가 輻輳幷臻ᄒ으로 **大正三年[1914]二月에 太田及附近에서 日人이 發起ᄒ야 太田溫泉株式會社를 設立ᄒ고 資金一萬五千圓을 投ᄒ야 普通浴場一棟과 浴槽四個에 男女浴室이 具備ᄒ고 公園及娛樂의 設備가 有ᄒ며** 宿屋은 日人五戶와 鮮人二十三戶가 有ᄒ며 宿泊料는 特等一人에 二圓五十錢과 四等一人에 八十錢이며 鮮人家에는 一食約三十錢式이요 浴料는 普通一回四錢 一日十錢, 特等一回六錢, 一日十五錢이며, 太田儒城間 賃

---

50) 다케쿠니 토모야스(竹國友康), 소재두 옮김, 앞의 책, p.223. 김갑순이 1932년 자신의 환갑에 마침 흉년이 들자 자선한 일을 기록한 비[從二品 前中樞院參議 金公甲淳 慈善功德碑]가 현재 유성 온천 공원 내에 있다. 비문의 중추원 참의는 김갑순이 조선총독부 중추원 참의[1921~1930]이었음을 말한다(『친일반민족행위진상규명 보고서Ⅳ-1』, 친일반민족행위진상규명위원회, 2009, p.681). 이 비석은 유성 온천과 직접 관련은 없으나, 일제 강점기 김갑순이 유성 온천을 경영하던 곳에 세웠음을 알 수 있다. 아울러, 이 비문과 관련해서 김갑순의 『東尤壽集』, 「附錄」에도 실려 있다.

51) 『2012 대전 근대역사자료집-大田近代史硏究草 2』, 2013, pp.60~63. 유성온천공원[유성구 봉명동]의 「유성온천의 연혁」 소개 글에는 1918년 2월 유성온천호텔이 개관[현 유성호텔 온천수공원]되었다고 소개하고 있다.

金은 自動車 一人에는 五十錢, 馬車一人 片道에는 三十錢, 往復에는 五十錢, 人力車 片道에는 七十錢, 往復에는 一圓, 太田公州間 片道에는 二圓五十錢이라 患者浴客과 遊覽客이 四時로 絡繹不絶ㅎ야 到着되니 **一個年間에 約三萬五千人에 達ㅎᄂᆞᆮㅣ 群山, 全州, 淸州, 公州等地에서 來賓이 頗多ㅎᆫ다더라**

이 기록도 위의 사실들과 대체로 일치하는데, 1914년 2월에 대전과 그 인근의 일본인들이 발기해서 '대전온천주식회사'를 설립하고 보통 목욕탕 1동과 浴槽 4개에 남녀 욕실을 구비하고 주변에 공원과 오락시설을 갖춘 것으로 되어 있다. 아울러 주변의 숙박시설로 조선인 23戶와 일본인 5호가 있는 것으로 되어 있다.52) 아울러 연간 이용객 수로 약 15,000명 정도라고 말하고 있다. 이 같은 기록으로 보면 개발되기 전의 유성 온천 상황은 알 수 없으나 숙박시설로 조선인의 가옥이 일본인들에 비해 압도적으로 많았던 것을 보면, 이들 주변에 전래의 온천욕장이 있었던 것이 아닐까.

1930년대 유성 온천지구에서 영업한 여관으로는 新溫泉53) 지구에는 호메이칸(鳳鳴館, 일본식),54) 平壤旅館 · 鄭興旅館 · 朴炳琦旅館 · 萬年旅館[이상 조선

---

52) 당시 숙박시설에 관한 기록에서 '조선인 酒幕 23호, 일본인 여관 3호'의 기록은 이와 관련 있을 것이다(『大田儒城溫泉』『조선광천요기』).
53) 신온천은 옛날부터 온천이 나오던 곳으로 그 때문에 '藥洞'으로 불렸다는 것인데(「儒城新溫泉調査報文」, 앞의 책, p.73), 뒤에 '낙동(樂洞)'으로 지명이[『유성구지』 제3권(유성의 전통과 문화), 1998, p.442 ; 『유성의 역사와 지명유래』, 유성문화원, pp.135~136] 바뀌었다. 1919년 유성지도에도 '藥洞'으로 표기되어 있는 것으로 보아(『대전백년사 부록 大田의 地圖』, 대전광역시사편찬위원회, 2002, p.57) 원래 지명은 '藥洞'일 것이다.
54) 호메이칸(鳳鳴館)은 오늘날 '계룡 스파텔' 자리로[다케쿠니 토모야스(竹國友康), 소재두 옮김, 앞의 책, p.225, pp.230~231] 신온천지구에 해당한다. 호메이칸의 모든 시설은 滿鐵의 출자로 만들어졌으나 만철이 조선 철도의 위탁경영을 1925년 취소하고 나서는 대구의 후지나와 분준(藤繩文順)이 독립적으로 운영했다고 한다(다케쿠니 토모야스(竹國友康), 소재두 옮김, 앞의 책, pp.224~226). 이 같은 사실은 1933년 8월 23일자 「群山日報」 스크랩 자료로 儒城新舊溫泉의 民衆化 관

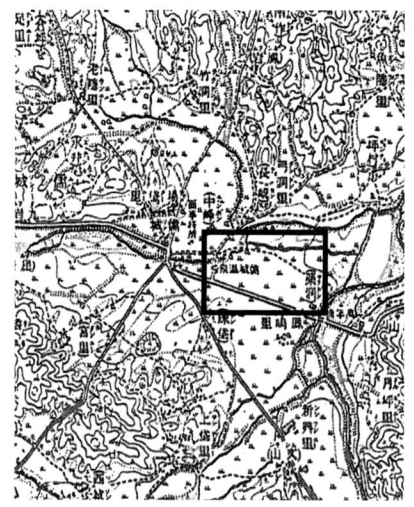 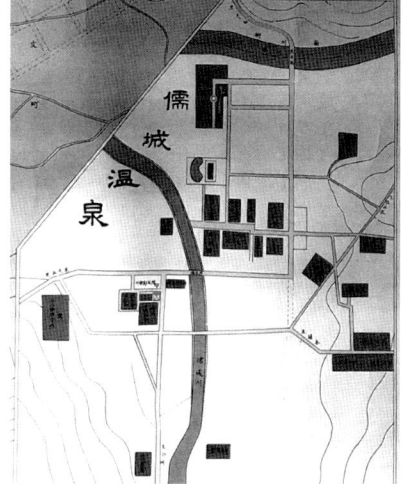

1919년 유성 온천 부분 지도   1933년 유성 온천 부분 지도[55]

식] 등이 있었고, 舊溫泉 지구에는[56] 勝利館, 常盤館, 스기야마여관(杉山旅館)[이상 일본식], 溫泉旅館, 靈泉旅館[이상 조선식]이 있었다.[57] 이 같은 유성 온천의 성황에 힘입어 全朝鮮弓術大會가 개최되기도 하였다.[58] 이후 일본인들의 신

　　련「儒城溫泉發展座談會」(국사편찬위원회, 한국사데이터베이스 참조)에서도 유성 온천의 경영자로서 후지나와를 언급하고 있다.
55) 충청남도역사문화원 충청남도역사박물관 소장[장을연 선생 제공]. 원지도는 1933년 충청남도청 대전이전 일주년기념으로 제작한「最新大田市街地圖」이다. 지도의 유성 온천 부분에는 鳳鳴館과 金甲淳의 儒城溫泉會社 浴場 사이에 '金甲淳別莊'이 표시되는 등 新·舊溫泉지구에 대해 상세히 기록되어 있다.
56) 구온천은 오늘날 유성 관광호텔과 리베라 호텔 그 주변을 말한다(다케쿠니 토모야스(竹國友康), 소재두 옮김, 앞의 책, p.231). 일제 강점기 사진엽서에서도 '朝鮮大田儒城舊溫泉'으로 표기되어 있다(『근대 사진엽서로 보는 100년 전 대전』, 대전시, 2011, p.30).
57)『朝鮮の聚落』,「儒城溫泉」, 朝鮮總督府, 1933, pp.402~423.
58)「每日申報」1933년 10월 12일 ;「동아일보」1936년 5월 2일.

온천 지구 개발 속에 점차 전래의 전통적인 온천시설은 자취를 감췄고, 크게는 김갑순을 비롯한 조선인이 경영하던 구온천 지구와 호메이칸(鳳鳴館)[59]을 중심으로 한 일본인이 경영하던 신온천 지구로 개발되어 나갔던 것으로 추정된다. 이후 한국전쟁 때 유성 온천은 큰 피해를 입고 대부분의 숙박시설이 파괴되었고, 구온천지구에는 만년장[1958년 개업], 유성관광호텔[1966년 개업]이 들어서고, 신온천지구에는 군인 휴양소[계룡스파텔]가 개설되면서 온천지로 점차 발전되어 갔다고 한다.[60]

V. 맺음말

유성 온천은 설화상으로는 삼국시대부터 존재하는 유서 깊은 온천으로 기록상으로는 고려시대부터 나타난다. 이미 고려시대에도 이름난 온천이었음인지 조선 전기부터 왕의 행차나 민간의 기록 속에서 등장한다.

유성 온천은 고려시대 왕녀의 목욕 기록, 조선 초 태조, 태종의 행차가 있었고, 지리지에서도 특기하고 있다. 1552년(명종 7)에는 같이 목욕한 사람들의 기록인 「동욕록」같은 매우 이채를 띠는 자료가 남아 있고, 조선 후기에는 간찰 등의 문서에서도 그 편린을 엿볼 수가 있다.

유성 온천은 조선 초에는 椒井과 溫泉이 있었고. 온천은 '獨起佛 혹은 독기뿔'[독기우울(獨只于乙)]로 불리던 지역에 있었고, '藥洞'으로 불리던 오늘날 유성 온천지역에 온천이 있었으며, 욕탕 시설[屋宇]이 있었던 점과 규모는 정확히 알 수 없으나 남녀탕 도합 30여 명이 목욕할 수 있었던 시설로 추정된다. 유성 온천은 조선 후기에는 '儒城浴所'로 표현되기도 하였다. 또한 당시 유성

---

[59] 일제강점기 채만식의 장편소설 『濁流』에 등장하는 '신온천의 B'는 이를 말할 것이다.

[60] 다케쿠니 토모야스(竹國友康), 소재두 옮김, 앞의 책, p.231.

온천에는 초정을 지키는 사람이[溫井直] 있었던 사실과 초정의 효험을 기록한 문헌도 있었고 초정에 왕래하는 사람들에게 초정의 효험도 전파했을 가능성이 높다. 유성 온천은 일제 강점기에는 식민자본의 투입 및 김갑순 등의 자본으로 대규모 온천 개발이 있어 전래의 온천 시설이나 관련 유적들은 종적을 감추게 된다.

　온천은 예나 지금이나 사람들에게 휴양과 그 약리 작용에 대해 잘 알려져서 그에 따른 개발과 활용에 많은 관심을 받고 있다. 온천은 그 성격상 기록상에서 구체적으로 잘 나타날 수 없는 부분이지만 유성 온천은 이외로 많은 자료가 남아 있고, 이를 통해서 역사적 변천 속의 온천을 살펴볼 수가 있다. 이 같은 자료는 유성 온천의 역사뿐만 아니라 당시 온천의 풍습 등 생활사와 문화사에 있어서도 매우 중요한 자료임을 알 수 있다.

4

金立之의 聖住寺碑

Ⅰ. 머리말

聖住寺는 新羅 下代 대표적인 禪宗 寺刹의 하나이다. 성주사에는 「四山碑銘」으로 잘 알려진 崔致遠의 「大朗慧和尙塔碑」가 남아 있어 성주사에 관한 여러가지 중요한 사실를 제공해 주고 있다. 그런데 성주사에는 「대낭혜화상탑」 이전에 세워진 또 하나의 碑가 있어 주목된다. 최치원은 이 비에 대해서 간단한 내용 언급과 함께 翰林郎 金立之가 지은 「聖住寺碑」라 하고 있다.

현재 「성주사비」는 「대낭혜화상탑비」와는 달리 완전한 상태로 전하고 있지 않다. 다만 이 같은 「성주사비」의 존재를 실증해 주는 碑片들이 오래 전부터 최근에 이르기까지 聖住寺址에 대한 연구[1]와 발굴성과[2]에 의해 寺址에

---

1) 聖住寺에 대해서는 그동안 꾸준히 연구가 있어왔다. 地表調査나(李殷昌,「保寧 聖住寺址의 中門址」『考古美術』 2-5, 1961 ;「保寧 聖住寺址의 金堂址」『考古美術』 3-4, 1962 ;『고고미술』 합집(上), 1979, p.236 ;「保寧 聖住寺址 調査報告」『亞細亞研究』 10-4, 1967), 寺址에 현존하는 탑을 중심으로 「大朗慧和尙白月葆光塔」의 존재를 상정하기도 하고(杉山信三,『朝鮮의 石塔』, 1944, p.128 ; 李殷昌,「保寧 聖住寺址 調査報告」), 이에 대해서 별도의 浮圖塔의 존재를 확인하는 성과도 있었다 (黃壽永,「新羅聖住寺 大朗慧和尙白月葆光塔의 調査」『考古美術』 9-11, 1968 ;『고

서 계속 발견되어 왔다. 이러한 「성주사비」에 대한 기존의 연구는 주로 개개의 비편에 대한 소개나 해독작업이 대부분이었고, 단편적인 사료로서 이 비문을 이용하는데 그쳤다.3) 그것은 「성주사비」의 복원이 이루어지지 않아서 전

고미술』 합집(上), pp.464~468). 이외에도 寺址 전반에 걸친 연구(李殷昌, 「保寧 聖住寺址 石塔考」『史學硏究』 21, 1969)와 남아 있는 4基의 탑에 대한 조사(洪思俊, 「聖住寺址石塔 解體와 組立」『考古美術』 113 · 114, 1972) 그리고 개별적으로 수습된 유물에 대한 연구(黃壽永, 「新羅 聖住寺址의 塑佛資料」『美術資料』 17, 1974)도 진행되었다.

2) 그동안 일부지역(추정 三千佛殿址)에 대한 발굴조사가 있었는데(東國大學校博物館, 「聖住寺址發掘調査特輯」『佛敎美術』 2, 1974), 최근 들어 본격적인 학술 발굴조사가 진행되고 있다(忠南大學校博物館, 『성주사지 발굴조사 약보고(1차), 1991 ;『성주사지 발굴조사 약보고서(2차)』, 1991 ;『보령 성주사지 발굴조사약보고서(3차)』, 1992 ;『보령 성주사지 제4차 발굴조사 약보고서』, 1993 ;『保寧 聖住寺址 第5次發掘調査略報告書』, 1994 ;『整備 · 復元을 위한 聖住寺址 1~6次 發掘調査報告』, 1997). 특히, 2차 발굴 때에는 金立之撰 聖住寺碑片 2개가 수습되었다. 한편, 최근 성주사에 관한 종합적인 발표도 있었다(忠南大學校 百濟硏究所, 『聖住寺』, 1998).

3) 김입지의 「성주사비」의 비편 소개 및 그와 관련된 연구로는 朴日薰, 「保寧聖住寺址 逸名碑片」『考古美術』 3-10, 1962 ; 黃壽永, 「金立之撰 新羅聖住寺碑」『文化財』 4, 1969 ;「金立之撰 新羅 聖住寺碑(續)」『考古美術』 115, 1972 ;「金立之撰 新羅 聖住寺碑(其三)」『考古美術』 117, 1973 등이 있다. 한편, 「성주사비」의 螭首와 龜趺는 파손이 심하고(李殷昌, 「保寧 聖住寺址의 逸名塔碑」『考古美術』 2-9, 1961 ;『考古美術』 합집(上), pp.153~154), 성주사비편 하나는 '逸名碑片'으로 추정되어(朴日薰, 앞의 글), 최치원찬 「대낭혜화상탑비」와 김입지찬 「성주사비」 이외의 逸名碑가 하나 더 있다고 인식되어 왔다. 또한 「聖住寺事蹟記」의 출현으로(黃壽永, 「崇巖山聖住寺事蹟」『考古美術』 9-9, 1968) 聖住寺의 기원을 百濟 烏會(合, 含)寺로 보고 이에 대한 연구도 진행되었다(洪思俊, 「百濟 烏合寺考」『考古美術』 9-11, 1969 ;「百濟의 漆岳寺와 烏含寺小考」『百濟硏究』 3, 1969, 黃壽永, 「百濟 烏合寺와 新羅 聖住寺」『丁仲煥紀念論文集』, 1974 ; 北野耕平, 「百濟時代寺院址の分布と立地」, 田村圓澄 · 黃壽永 編『百濟文化と飛鳥文化』, 1978, pp.150~162 ; 李道學, 「泗沘時代 百濟의 四方界山과 護國寺刹의 成立」『百濟硏究』 20, 1989, pp.114~119). 그밖에 비편에 등장하는 인물들에 대한 연구도 있었다(金杜珍, 「朗慧와 그의 禪思想」『歷史學報』 57, 1973, p.40 ; 李基東, 「羅末麗初 近侍機構와 文翰機構의 擴張」『歷史學報』 77, 1978 ;『新羅骨品制社會와 花郞

체적인 맥락을 이해하지 못했기 때문이다. 그런데 碑片이 최근에 수습한 것까지 합하면 10여 편에 이르고, 「대낭혜화상탑비」에서 「성주사비」의 일부 내용을 전하고 있어 복원이 어느 정도 가능하다고 생각한다.

따라서 이 글에서는 「성주사비」의 복원과 비문의 내용에 대한 본격적인 검토를 시도해 보고자 한다. 먼저 碑文의 復元을 시도해 보고, 다음으로 碑片을 중심으로 글자를 判讀하고 現存 碑文과 결락부분의 내용을 분석하고자 한다. 끝으로 이러한 비문이 갖는 역사적 의의를 다루어 보고자 한다. 이러한 「성주사비」에 대한 검토를 통하여 성주사의 창건과 중창, 단월 세력 등에 대한 새로운 이해가 있기를 기대한다.

II. 碑片의 復元

일반적으로 통일신라시대의 碑는 螭首 - 碑身 - 龜趺의 형태를 기본적으로 갖추고 있는데[4] 「성주사비」는 어떠하였을까. 현재 聖住寺址에 남아 있는 「대낭혜화상탑비」는 이와 같은 형태를 갖고 있으므로 비슷한 시기에 같은 寺址에 있었던 「성주사비」도 유사한 형태를 갖추고 있었을 것으로 생각된다. 또한 「성주사비」의 碑身에 해당되는 碑片이 최근까지 발견되고 있어 이수나 귀부의 존재 가능성을 추정할 수 있기 때문이다.

여기서 寺址의 講堂址 뒤에 있었던 파괴된 逸名塔碑의 이수와 귀부가 주

徒」, 1984, p.250 ; 「新羅下代의 王位繼承과 政治過程」『歷史學報』 85, 1980 ; 앞의 책, 1984, p.173).

[4] 형태면에서 통일신라시대 비로서는 지금은 螭首와 龜趺만 남아있는 「太宗武烈大王碑」가 비로서의 전형적인 형태인 螭首 - 碑身 - 龜趺를 갖추는 계기가 되었는데 (鄭永鎬, 「統一新羅의 文化(建築)」『한국사』 3, 1979, pp.300~302 ; 李浩官, 「統一新羅時代의 龜趺와 螭首」『考古美術』 154·155, 1982, p.138 ; 朴慶植, 「9世紀 新羅 石造美術의 特性」『史學志』 24, 1991, p.97), 이후 대부분의 신라 비에 있어서는 이와 같은 기본적인 형태를 갖추고 있다.

목된다.5) 이수는 3조각으로 파괴되어 있지만 逸失된 부분은 없고,6) 원형에 가까운 圭額에는「대낭혜화상탑비」와 마찬가지로 글씨는 없다. 귀부는 碑座 부분이 2조각 나서 남아 있고 나머지 부분은 다섯 조각난 것을 맞추어 놓은 상태로 있다.7)

그동안 이들 귀부와 이수를 2개의 逸名 塔碑 혹은 그 중 하나는「성주사비」의 이수와 귀부로 보기도 했다.8) 이 같은 견해는 구체적인 검증작업이 없어서 비 자체의 형태를 제대로 알 수 없었기 때문이다. 실제 검증을 해보아도 성주사비편과 남아 있는 이수와 귀부는 두개가 아닌 하나의 비의 것으로 서로 맞게 되어 있었다.

한편 성주사비편처럼 碑身이 碑片으로 남아 있는 경우, 먼저 이수와 귀부에 대한 구조적인 측면에서의 복원이 필요하다. 다음으로 이러한 복원작업을 통해서 비신의 복원에 접근하고자 한다.

우선 형태면에서 주목되는 것은 이수 - 비신 - 귀부의 연결 방법이다.「대낭혜화상탑비」가 이수 - 비신 - 귀부가 별다른 시설없이 그대로 맞춰 있다. 이에 비해서「성주사비」는 이수와 귀부에 凹式의 홈을 마련하고 비신부분은 상단과 하단에 각 각 凸式의 돌출부를 만들어 이수 - 비신 - 귀부를 서로 맞추게 되어 있다.9) 즉 파손된 이수에는 凹式의 홈이 남아 있고, 귀부에도 凹式으로 碑

---

5) 羅末麗初의 것으로 추정되었다(李殷昌,「保寧 聖住寺址의 逸名塔碑」, p.154).
6) 螭首는 위에서 아래로 세모꼴의 형태로 3조각이 났음을 보면 넘어지면서 파괴된 듯하다.
7) 현재 이들 이수와 귀부편은 國立扶餘博物館에 있다.
8) 이를 逸名 塔碑로 추정한 것(李殷昌,「保寧 聖住寺址의 逸名塔碑」, pp.153~154)과는 달리 그 중 하나를「성주사비」의 이수와 귀부로 보려는 견해도 있다(黃壽永,「金立之撰 新羅 聖住寺碑(續)」, pp.2~4).
9) 두 비의 이와 같은 차이점은 크기와 중량에 좌우되는 문제로 생각되는데,「대낭혜화상탑비」는 별다른 시설없이 그 자체 무게만으로도 견딜 수 있기 때문이 아닌가 한다. 한편 이수 - 비신 - 귀부를 갖춘 비의 양식상의 변천과정에서 구조적인 문제도 간과할 수 없다고 생각된다.

座가 있었는데 파손되고 단지 홈통의 흔적이 남아 있다.10) 여기에 그동안 발견된 비편들 중에는 상단과 하단에 해당하는 파손된 비편들이 있는데 凸式 부분이 남아 있다. 따라서 이들 비신에 해당하는 비편들과의 상호 대조를 통해서 逸名塔碑의 귀부와 이수는 「성주사비」의 이수와 귀부임을 알 수 있었다.

이러한 검토는 비신과 비문의 복원에 결정적인 단서가 된다. 여기서 비신의 외형상 복원은 凸式 부분이 남아 있는 비편과 이수와 귀부의 접합부분과의 관계에서 가능하다. 먼저 비신의 하단부를 구성하는 비편[(표 2-1)聖住寺碑 復元圖의 碑片⑤]은 비의 가장 하단부에 위치하고 凸式 부분도 남아 있는데, 이 비편의 가장 우측면에서 碑座를 끼울 수 있는 부분까지의 길이(17cm)와 남아 있는 귀부 碑座의 홈통 두께(17cm)가 같았다. 또한 홈통안의 비신이 들어가는 자리의 세로폭(17.5cm)과 비편의 비신을 끼울 수 있게 된 凸式 부분의 폭(16.5cm)이 거의 비슷하다. 또한 비신의 좌우측은 대칭이 될 것이다. 따라서 남아 있는 碑座의 크기(120×42)와 비신이 들어가는 홈통의 크기(79×17) 및 하단부 비편(비편⑤)을 서로 비교하면 비신의 가로폭(113cm)을 산출할 수 있다. 그런데 비신의 세로 폭은 남아 있는 비편들이 세로로 모두 연결되는 것이 없으므로 알 수 없다. 그렇지만 「대낭혜화상탑비」와의 비교를 통해 추정할 수는 있을 것이다.11) 그것은 두 비가 같은 寺址내에 있고 시기적으로도 비슷한 시대의 것이므로 양자 간의 비례 관계를 생각해 볼 수 있기 때문이다. 이를 토대로 하면 「성주사비」의 세로 폭은 190cm로 추정되므로, 비신의 윤곽은 가로 113cm, 세로 약 190cm로 그려진다.

다음은 비신의 복원인데 비신에는 어느 정도 분량의 글이 들어 있었을까. 그것은 비편의 井間數를 알면 파악할 수 있을 것이다. 여기서 비편들을 자세

---

10) 黃壽永, 「金立之撰 新羅 聖住寺碑(續)」, p.4 註) 6 및 8.
11) 「대낭혜화상탑비」는 높이가 약 480cm이고, 비신은 가로 155cm, 세로 263cm인데, 자세히 살펴보면 井間이 남아 있음을 알 수 있다. 정간은 가로 58행, 세로 96행이고 정간 형태는 정사각형으로 하나의 크기는 약 2.5cm이다.

히 살펴보면 井間이 그어져 있고, 가로×세로의 한 변의 길이가 3.05~3.2cm 정도 되는 정사각형에 가까운 형태로 되어 있음을 알 수 있다. 비편 중 우측 하단부에 해당되는 비편⑤도 역시 정간이 잘 남아 있다. 또한 이 비편의 우측 하단부의 모서리가 되는 부분이 온전히 남아 있어 碑表의 井間이 그어져 있는 부분과 우측면 모서리까지의 여백의 크기(3.2cm)를 알 수 있었다.

따라서 비신의 가로폭(113cm)과 정간의 크기를 고려하면, 비문의 내용이 들어가는 가로의 井間數는 '35'라는 사실을 알 수 있다. 또한 세로 井間數는 추정 세로폭(190cm)을 고려하면 '60'이 되지 않을까 한다. 그러면 이 같은 비신에 글자가 들어갈 수 있는 분량은 정간수를 기초로 산출하면 대략 2,100여 字가 되는데, 「대낭혜화상탑비」가 5,120字인 것에 비하면 반 정도의 분량이라고 추정할 수 있다.

이상과 같이 추정되는 비신에 現存하는 비편들은 어떻게 놓여질 수 있을까. 먼저 편의상 비편의 수습연대를 고려하지 않고 그동안 소개된 성주사비편을 복원 순서로 보면 다음과 같다.

표 1. 聖住寺碑片

번호	발견 연대	발견 위치	형태	최대 행수 (가로×세로)	두께 (cm)	소재
①	1971	민가 돌담	정면, 측면, 상면, 井間	6×6	?	부여박물관 (부여1508)
②	1991	講堂址 積心石群	정면, 측면, 뒷면, 정간	5×8	24	충남대박물관
③	1991	寺址 서북쪽 民家 돌담옆	정면, 측면, 뒷면, 정간	5×6	24	충남대박물관
④	1962	逸名 龜趺 운반시 수습	정면, 뒷면, 정간	5×7	24	부여박물관 (부여1508)
⑤	1971	민가 돌담	정면, 측면, 뒷면, 정간	7×7	24	부여박물관 (부여1508)
⑥	1962	逸名 龜趺 운반시 수습	정면, 뒷면, 정간, 碑片 상단에 螭首 삽입 부분	8×12	24	부여박물관 (부여1508)
⑦	1977	寺址 주변	정면	5×9	?	?

聖住寺碑 螭首(上)・碑座(中)・龜趺(下)片(국립부여박물관 소장)

번호	발견 연대	발견 위치	형태	최대 행수 (가로×세로)	두께 (cm)	소재
⑧	1973	寺址 주변	정면, 뒷면, 정간	6×7	24	호림박물관[12] (4113)
⑨	1973	寺址 주변	정면, 뒷면, 정간	7×12	24	호림박물관 (4113)
⑩	?	寺址 주변	정면	2×3	?	동국대박물관
⑪	1962	逸名 龜趺 운반시 수습	정면, 정간	5×4	?	부여박물관 (부여1508)
⑫	1991	「대낭혜화상탑비」앞	비편⑤의 오른쪽 뒷면 모서리	명문 없음	?	충남대박물관

*復元圖 및 표 2-2 拓影과 동일함(소재지의 숫자는 등록번호)

　표 2-2와 같은 비편들을 가지고 우선 외형상으로 복원이 가능한 비편부터 복원하고, 다음으로 내용상으로 복원할 수 있는 비편까지 복원을 시도하고자 한다. 여기서 전체 비편은 모두 12개인데, 그 중 복원이 가능한 비편은 ①~⑨이고, 내용만 알 수 있는 비편은 ⑩, ⑪이다.

　먼저 가장 정확하게 형태상으로 복원할 수 있는 것은 비편 ①, ⑤, ⑥과 ②, ③이다. 비편 ①은 글씨가 쓰여 있는 앞면과 오른쪽 측면이 남아 있고 뒷면은 파손되었다. 앞면은 상단행의 가로 글씨와 정간이 가지런히 남아 있고, 세로 행의 글씨가 쓰여 있는 부분에서부터 오른쪽 측면까지 온전히 남아 있어 비의 형태를 고려하지 않고도 이 비편 자체로도 비의 시작 부분임을 알 수 있다.

　한편, 이와 상응이 되는 비편 ⑤는 비편 ①과 반대로 비편 하단의 마지막 가로 글씨와 세로 글씨 그리고 井間이 있다. 또한 凸式 부분이 있는데, 龜趺의 碑座 凹式 부분과 접합되었던 상태를 보여준다. 이는 비의 우측 하단부를 구성하는 비편임을 말해준다. 또한 세로 첫째 줄의 井間이 공백으로 남아 있어 비편 ①과 대조해 볼 때 비문의 제 2행부터 시작되는 비편이다.

　비편 ⑫는 「대낭혜화상탑비」 동남쪽에 위치하는 추정 講堂址에서 발견하

---

12) 자로 열람과 탁본에는 호림박물관 이희관 선생의 협조가 있었다.

였다. 글자는 없으나 실물 대조 결과 비편 ⑤의 오른쪽 뒷면 하단부 모서리에 위치하는 비편이었다. 비편 ⑥은 碑의 상단의 가로 글자와 井間이 있고, 凸式의 부분이 있어 비의 상단에 해당하는 비편임을 알 수 있다.

비편 ②와 ③은 최근 忠南大學校發掘團의 聖住寺址發掘로 발견된 것인데, ②는 추정 講堂址의 積心石群에서 발견하였다.[13] 또한 ③은 寺址 서북쪽 민가 돌담 근처에서 찾은 것이다. 처음에 두 비편은 내용상으로 근접하리라고 추정했는데, 실제 두 비편을 가지고 접합을 시도해 본 결과 공교롭게도 두 비편은 깨어진 부분이 서로 들어맞았다. 두 비편 앞면, 오른쪽 측면 그리고 뒷면이 있어 두 비편이 비문의 1행이나 2행이 됨을 알 수 있다. 글씨의 상태가 좋고 井間이 잘 남아있는 비편 ②의 앞면을 살펴보면, 세로행 첫째줄이 공백으로 남아 있다. 이것은 이들 비편도 비편 ⑤와 같이 비문의 제 2행부터 시작되는 것임을 증명해 주는 것이다.

다음으로 내용상 복원할 수 있는 것이 비편 ⑦, ⑧과 ⑨이다. 여기서 우선 복원할 수 있는 것이 비편 ⑨이다. 비편 ⑨의 오른쪽 부분이 비편 ⑥보다 한 행이 더 남아 있다. 그런데 내용상으로는 비편 ⑨의 첫 행이 비편 ⑥의 첫 행에 바로 이어지고 있다. 따라서 비편 ⑥과 ⑨는 행을 같이 놓을 수 있고, 비편 ⑨는 비문의 하단부에 위치하는 것임을 알 수 있다.

나머지 ⑦과 ⑧은 비편 ⑥, ⑨와 내용상 상관관계에 있으므로 같은 부분을 이루는 비편들이다. 먼저 비편 ⑦의 3행과 비편 ⑧의 1행은 내용상 佛殿 건축 과정을 기술하고 있으므로 같은 행이 되는데, 佛殿 자체를 표현하고 있는 비편 ⑥이나 ⑨보다는 앞선 행이 된다. 그러므로 비편 ⑥과 ⑨사이에 비편 ⑦, ⑧이 들어가게 복원할 수 있다.

이렇게 놓고 보면, 비편 ⑥의 3행, 비편 ⑦의 5행, 비편 ⑧의 3행, 그리고 비편 ⑨의 4행이 내용상 일치를 보여서 복원할 수 있다. 또한 비신 복원 문장 중 가장

---

[13] 忠南大學校博物館, 「성주사지 발굴조사 약보고서(2차)」, 1991, p.6 ; 權兌遠, 「聖住寺址의 史略에 관하여」『湖西史學』19·20합집, 1992, p.7.

많은 행의 복원이 이루어져 撰者의 文體나 문장구성의 특성을 살필 수 있다.

끝으로 추정 복원할 수 있는 비편 ④가 있다. 비편 ④는 앞면, 뒷면 그리고 井間이 있지만 부정형 상태로 파손되었는데, 그동안 이 비편에 대해서는 '逸名碑片'으로 다루어져 왔다.[14] 그러나 실제 성주사지에서 그동안 수습된 비석편들이 성주사가 위치한 藍浦의 靑石(烏石)으로 동일한 石質의 비석편들이고, 同寺址에서 옮겨 온 이른바 逸名 이수와 귀부가 하나인 점 등은 이 비편이 동일한 비편일 가능성을 말해준다. 더구나 비편도 같은 석질의 것이고, 두께도 다른 비편과 같은 크기(24cm)이며, 井間 크기도 같다.

한편, 書體上으로도 이들 비편을 歐陽詢體로 인식하고 있지만 이들 비편의 서체상의 공통적 특징은 書法에 있어서 '乀'과 같은 '磔'의 부분에 이르러서는 삐침 상단에 약간의 굴곡을 주면서 살짝 치켜드는 경향이 있다. 이 같은 사실을 통해서 볼 때, 역시 비편 ④에도 '磔'의 결구를 보이는 글자가 5字나 있다. 따라서 비편 ④도 다른 비편들과 같은 비편임을 알 수 있다.

그러면 이 비편은 어디에 놓여야 할까. 우선 비편의 내용에 성주사관계 문구가 보이지 않고 다분히 개괄적인 내용이므로 구체적인 내용이 들어 있는 비편 ⑥~⑨ 중에는 들어갈 수 없다. 그렇다면 내용상 문장을 마무리 지을 수 없는 내용이므로 문장의 앞부분에 해당된다고 생각된다. 여기에 이제까지 본 바와 같이 비편 ①, ②, ③, ⑤는 세로 제 2행부터 비문의 내용이 시작된다. 또한 이들 비편의 세로 2, 3행이 비편 ④의 세로 1, 2행과 같이 많은 의미를 함축적으로 표현한 문구로 이루어져 있다. 이어 비편 ①, ②, ③, ⑤의 세로 4행은 구체적으로 역사적 사실에 접근하기 시작하는 행인데 비편 ④의 3행도 역시 추상적인 문구에서 실제적인 사실에 근접하고 있다. 그러므로 비편 ④의 세로 1행부터는 비편 ①, ②, ③, ⑤의 세로 제 2행과 같은 문맥을 이루어 나감을 알 수 있다.

또한 비편 ②, ③이 글의 의미로 볼 때 비편 ④보다는 비편 ①에 더 근접하

---

14) 朴日薰, 「保寧聖住寺址 逸名碑片」이래 '逸名碑片'으로 인정되어 왔다.

고 있으므로 비편 ④는 비편 ②, ③과 ⑤사이에 놓을 수 있다.

이밖에 내용만 알 수 있는 비편 ⑩, ⑪이 있다. 비편 ⑩, ⑪은 문맥상으로 비편 ⑥~⑨의 내용에 속하는 것으로 추정되나 비문을 복원하는 데는 무리가 있다고 판단되어 일단 여기서는 제외시켰다.

한편 「성주사비」에서 비의 陰記의 존재 가능성이 기대되나, 비편 ①~⑫가 비의 상단·중단·하단에 걸쳐 있음에도 불구하고 모두 陰記가 없는 상태였다. 따라서 「성주사비」는 碑表에만 글씨가 있고 뒷면의 陰記는 없었던 것으로 추정된다.15)

이상의 검토를 통해서 「성주사비」는 복원 형태상으로 크게 A·B·C·D로 나눌 수 있다. 우선 비편 ①~⑤를 구성하는 처음 부분은 A로 놓을 수 있다. A 다음에는 일정한 공백이 있었을 것이므로 그 여백은 B로 하고, 다음의 비편 ⑥~⑨를 구성하는 부분을 C로 잡을 수 있다. 끝으로 비편 ⑥이 凸式으로 螭首 부분과 접합을 이루게 된 왼쪽 측면 부분이 남아 있으므로 나머지 부분의 여백의 크기(8행)는 알 수 있다. 이를 D로 보고자 한다. 이와 같은 비편 ①~⑨로 비신을 복원한 것을 표로 나타낸 것이 표 2-1이다.

또한 A와 C의 비편들의 위치 복원은 문맥상의 밀접도를 바탕으로 비편과 비편 사이에 여백을 주었다. 또한 B의 공간은 가로행의 크기(井間 35행)를 알 수 있으므로 A와 C가 차지하는 행수를 제외한 나머지 행이 된다.

이렇게 볼 때, 성주사비편은 「성주사비」의 구성상 대부분 A와 C로 이루어져 있다. 또한 A와 C의 분량을 보면, 가로로 35행 중 최대 17행, 세로로는 60여 행 중 최대 40행에 이르고 있음을 알 수 있다.

III. 碑片의 判讀

이상과 같이 「성주사비」의 복원을 시도해 보았다. 이제 세부적으로 복원

---

15) 「대낭혜화상탑비」도 역시 陰記는 없다.

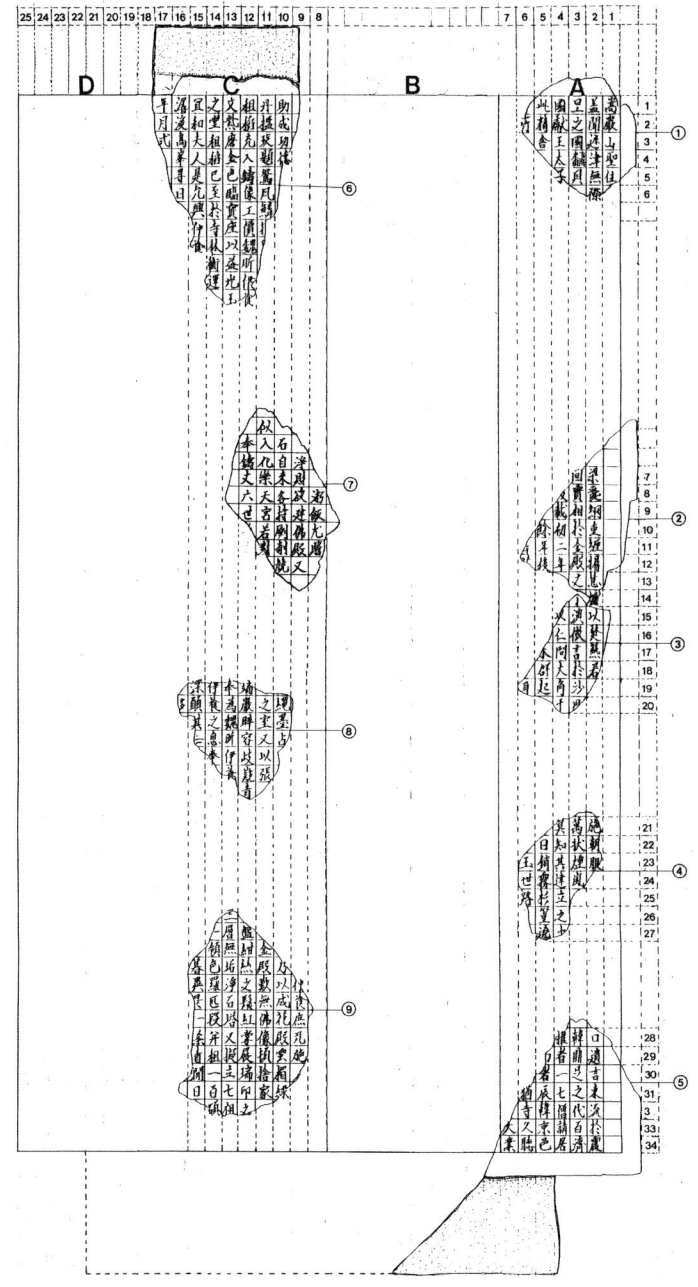

표 2-1. 聖住寺碑 復元圖

표 2-2. 聖住寺碑 拓影

비문을 구성하는 비편 ①~⑨와 나머지 비편 ⑩~⑪에 대한 판독을 하고자 한다. 성주사비편은 陰記가 없어 碑表에 있는 글자만이 판독 대상이 되며, 이들 비편은 대부분 글자를 알아 볼 수 있지만 일부는 글자 판독에 있어 혼동이 있어 왔다. 더구나 「성주사비」의 비문은 아주 함축적인 내용을 내포한 경우가 있고 파편이어서 글자 자체에 대한 정확한 판독이 없이는 내용 복원 및 그 분석은 어려운 문제이다. 따라서 그간에 연구된 성과와 필자의 확인 작업을 통해서 개개의 비편에 대한 字體 判讀을 시도하고자 한다.[16]

A-①은 비문 첫머리에 오는 비편이다. 정간의 최대 행수는 가로 6행, 세로 6행으로 판독 가능한 글자는 모두 25자이다. 碑表의 상태는 약간의 마모는 있지만 좋은 편으로 대부분의 글자는 판독된다. 그 중 판독이 필요한 글자는 1행의 ⓐ로 비편에는 '嚴'으로 되어 있는데,[17] 魏「蕭正表墓誌」의 '嚴', 「大唐大達法師塔銘」의 '嚴'이 있으므로 '嚴'으로 판독된다.[18] 다음으로 추정 보

---

16) 영문자는 해독할 글자를, □은 추정·보충한 글자를 나타낸다.
17) 黃壽永 編, 『韓國金石遺文』, 1976, p.87에서 '嚴'으로 판독한 이래 모두 '嚴'으로 보고 있다.
18) 秦公 輯, 『碑別字新編』, 文物出版社(東文選 影印), 1985, p.442. '嚴'자편 참조.

충할 수 있는 글자는 1행의 ⓑ와 ⓒ로「대낭혜화상탑비」에 '故翰林郎金立之所撰聖住寺碑'라 하고 있으므로 '寺碑'를 보충할 수 있다. 마지막으로 글자의 형태는 파손되었으나 확인 가능한 글자는 4행의 ⓓ로 '子'로 추정되었는데 확인해 본 결과 碑片에 '乙'로 되어 있으므로 역시 '子'로 판독할 수 있다.[19]

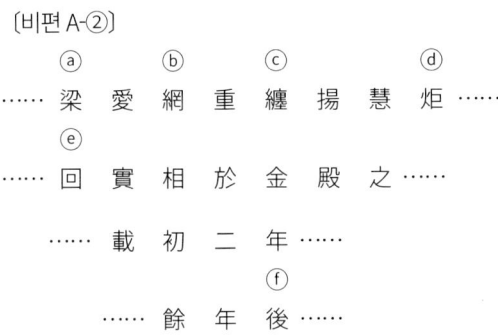

〔비편 A-②〕

　　　　ⓐ　　ⓑ　　ⓒ　　　ⓓ
…… 梁　愛　網　重　纏　揚　慧　炬 ……
ⓔ
…… 回　實　相　於　金　殿　之 ……

…… 載　初　二　年 ……

　　　　　　　　　ⓕ
　　…… 餘　年　後 ……

A-②는 정간의 최대 행수가 가로 5행, 세로 8행으로 판독이 가능한 글자는 모두 22자이다. 碑表의 상태는 거의 마모가 없어 글자의 판독이 모두 가능하다. 우선 판독이 필요하다고 생각되는 글자는 1행의 ⓐ, ⓑ, ⓒ로 ⓐ는 비편에 '梁'으로 되어 있는데 缺劃은 되어 있으나, 齊「靜明造象記」에 '梁'이 보이므로 '梁'으로 읽을 수 있다.[20] ⓑ는 비편에는 '絪'으로 되어 있는데, 隋「宋永貴墓誌」에 '絪'이 보이므로 '網'으로 판독된다.[21] ⓒ는 비편에는 '緷'으로 되어 있는데, 隋「龍藏寺碑」에 '緷'이 있으므로 '纏'으로 읽을 수 있다.[22] 끝으로 글자 형태는 파손되었으나 확인할 수 있는 글자는 ⓓ, ⓔ, ⓕ이다. 1행의 ⓓ는 비편에는 '炉'로

---

19) 洪思俊, 앞의 글, p.31에서 '子'로 추정했고, 黃壽永,「金立之撰 新羅 聖住寺碑(續), p.3 ; 李道學, 앞의 글, p.115 ; 韓國古代社會研究所 編,『譯註韓國古代金石文』 3(신라2, 발해편), 1992, p.243에서 '子'로 보고 있다.
20) 秦公 輯, 앞의 책, p.167. '梁'자 참조.
21) 秦公 輯, 앞의 책, p.297. '網'자 참조.
22) 秦公 輯, 앞의 책, p.453. '纏'자 참조.

되어 있다. 앞 글자인 '慧'자와의 상관관계로 볼 때 '炬'로 볼 수 있다. 2행의 ⓔ 는 비편에는 '凹'로 되어 있다. 이 글자가 정간 안에서 차지하는 위치로 볼 때 '回'로 추정된다. 4행의 ⓕ는 비편에는 '佟'로 되어 있는데, '後'로 읽을 수 있다.

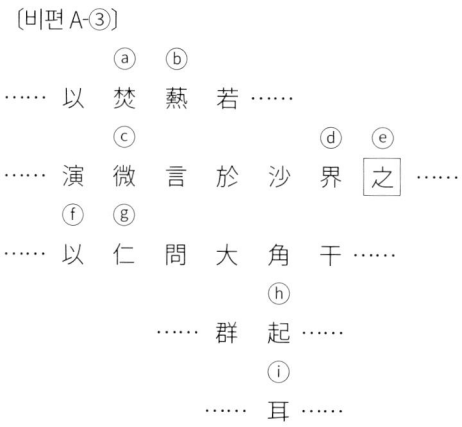

〔비편 A-③〕

A-③은 정간의 최대 행수가 가로 5행, 세로 6행으로 판독이 가능한 글자는 18자이다. 비표의 상태는 마모가 심하여 글자 판독에 약간의 어려움이 있으나 대부분 판독이 가능하다. 우선 판독이 필요한 글자는 1행의 ⓐ, ⓑ와 2행의 ⓒ이다. 먼저 ⓐ는 글자를 새긴 홈의 흔적이 남아 있어 '焚'으로 판독된다.[23] ⓑ는 글자를 새긴 홈의 흔적뿐만 아니라 바로 앞자인 '焚'자와의 상관관계에서도 추정할 수 있는데 '爇'자로 판독된다.[24] ⓒ는 비편에 '微'로 되어 있는데, 唐「康留買墓誌」에 '徽'자가 있는데 '徽'로 읽을 수 있다.[25] 다음으로 글자는 파손되었으나 확인할 수 있는 글자는 ⓓ, ⓕ, ⓖ, ⓗ, ⓘ이다. ⓓ는 비편에 '㸦'로 되어 있는데 남아 있는 글자의 획 뿐만 아니라 바로 앞의 '沙'자와의 관계에서 '界'로 추정된다. ⓕ는 비편에 '乂'로 되어 있는데 '以'로 읽을 수

---

23) 權兌遠, 앞의 글, p.7에서 '焚'로 보고 있다.
24) 權兌遠, 앞의 글, p.7에서 '爇'로 보고 있다.
25) 秦公 輯, 앞의 책, p.239. '微'자 참조. 權兌遠, 앞의 글, p.7에서 '微'자로 보고 있다.

있다. 또한 ⑧, ⓗ, ⓘ는 글자를 새긴 홈의 흔적으로 확인할 수 있는 글자들인데, ⑧는 '仁'으로, ⓗ는 '起'로, 그리고 ⓘ는 '耳'로 판독된다. 끝으로 문장의 상관관계에서 추정할 수 있는 글자는 2행의 ⓔ이다. ⓔ는 비편 A-②의 2행과 대구가 되는 말로 '之'자를 더 넣어 읽을 수 있다.

〔비편 A-④〕
…… 施 朝 服 ……
…… 萬 狀 煙 嵐 ……
…… 莫 知 其 建 立 之 史ⓐ 蹟ⓑ ……
…… 日 銷 霧 杉 篁 邊ⓒ ……
…… 玉 世 路ⓓ ……

비편 A-④는 정간의 최대 행수가 가로 5행, 세로 7행으로 판독이 가능한 글자는 22자이다. 비표의 상태는 마모가 없어 대부분의 글자를 판독할 수 있다. 먼저 글자는 파손되었으나 판독할 수 있는 글자는 ⓒ, ⓓ이다. ⓒ는 비편에는 '逵'로 되어 있는데 破劃의 일부가 남아 있어 '邊'로 추정된다.[26] ⓓ는 비편에는 '咎'로 되어 있는데 ⓒ와 같이 파획된 부분의 일부가 보이니 '路'로 읽을 수 있다.[27] 이밖에도 문장 내용상으로 추정해서 읽을 수 있는 글자는 ⓐ, ⓑ이다. 우선 ⓐ는 비편에는 '巾'로 되어 있는데 내용상 '史'로 추정할 수 있고, 더 나아가 ⓑ는 앞자인 '史'자와 관련하여 '蹟'자가 되지 않을까 한다.

---

26) 黃壽永, 앞의 책, p.91 이래 모두 '□'로 되어 있다.
27) 이를 □로 보거나(黃壽永, 앞의 책, p.91), '咎'으로 판독하거나(李蘭暎 編, 『韓國金石文追補』, 1979, p.15 ; 許興植 編, 『韓國金石全文』, 1984, p.267 ; 金煐泰, 『三國新羅時代佛敎金石文考證』, 1992, p.338), '絡(?)'으로 판독하고 있다(韓國古代社會研究所 編, 앞의 책, 1992, p.245).

〔비편 A-⑤〕
　　　　ⓐ
…… 口 遺 言 東 流 於 震
…… 韓 鼎 足 之 代 百 濟
…… 推 者 一 七 僧 請 居
　　…… 者 辰 韓 京 邑
　　　ⓑ
　　…… 猶 寺 久 聽
　　　　…… 天 業

　A-⑤는 정간의 최대 행수가 가로 7행, 세로 7행으로 판독 가능한 글자는 32자이다. 글자는 파손되었으나 확인할 수 있는 글자는 5행의 ⓑ이다. ⓑ는 비편에는 '酒'로 되어 있는데 파획된 부분의 일부가 남아 있어서 '猶'로 읽을 수 있지 않을까 한다. 다음으로 글자를 명확히 읽을 수 있음에도 혼동이 있는 글자는 ⓐ이다. 글자가 제대로 남아 있어 '口'로 읽을 수 있다.[28]

〔비편 C-⑥〕
助 成 功 德 ……
　ⓐ　　ⓑ　　ⓒ
丹 檻 琁 題 鴛 瓦 鱗 ……
租 稻 充 入 鑄 像 工 價 魏 昕 伊 湌 ……
　　　　　　　　　　　　ⓓ
文 紫 磨 金 色 臨 寶 座 以 益 光 玉 ……

---

28) 黃壽永 編, 앞의 책, p.87 ; 許興植 編, 앞의 책, p.265 ; 金煐泰 編, 앞의 책, p.335 에는 '囗'으로 되어 있고, 韓國古代社會研究所 編, 앞의 책, p.243에는 '口'로 되어 있다.

```
之 堂 租 稻 已 至 於 寺 林 衡 運 ……
宜 和 夫 人 是 允 興 伊 湌 ……
潺 湲 高 峯 䢔 日 ……
              ⓔ
年 月 式 ……
```

 C-⑥은 정간의 최대 행수가 가로 8행, 세로 12행인데, 판독 가능한 글자 수는 모두 64자로 비편 중 글자가 가장 많다. 대부분의 글자는 판독할 수 있는데, 우선 판독이 필요한 글자는 2행의 ⓐ, ⓑ, ⓒ이다. ⓐ는 글자의 마모는 심하나 글자의 흔적이 남아 있는 상태나 글의 의미상으로 보아 '丹'으로 생각된다.[29] 또한 ⓑ도 ⓐ와 같은 상태인데 '䃲'으로 읽을 수 있다.[30] ⓒ는 비편에는 '凡'로 되어 있는데 齊「道興造象」에 '凡'가 보이므로[31] '瓦'로 판독된다.[32] 의미상으로도 '瓦麟'이 되어 기와가 물고기 비늘처럼 놓여 있는 모습을 묘사한 것이 된다. 다음으로 글자는 파손되었으나 확인할 수 있는 글자는 ⓓ, ⓔ이다. ⓓ는 비편에는 '干'으로 되어 있는데, 비편 A-④의 5행에 '玉'이 보이고 있어 이 글자와 비교해 보면 '玉'으로 읽을 수 있다. ⓔ는 비편에는 '弍'로 되어 있는데 비편의 상태로 보아 글자의 왼쪽이 가지런히 파손되어 있어 남은 글

---

29) 黃壽永 編, 앞의 책, p.86에는 '□'으로 되어 있고, 李蘭暎 編, 앞의 책, p.15 ; 許興植 編, 앞의 책, p.263에는 '卄', 金煐泰 編, 앞의 책, p.334에는 '卄'으로, 韓國古代社會硏究所 編, 앞의 책, p.244에는 '丹'으로 되어 있다.

30) 黃壽永 編, 앞의 책, p.86 ; 李蘭暎 編, 앞의 책, p.15 ; 許興植 編, 앞의 책, p.263 ; 金煐泰, 앞의 책, p.334에는 '□'으로 되어 있고, 韓國古代社會硏究所 編, 앞의 책, p.244에서는 '䃲'으로 보고 있다.

31) 秦公 輯, 앞의 책, p.16. '瓦'자 참조.

32) 李蘭暎 編, 앞의 책, p.15 ; 許興植 編, 앞의 책, p.263 ; 金煐泰 編, 앞의 책, p.334에는 '昕'으로, 黃壽永 編, 앞의 책, p.86에는 '凡'으로, 韓國古代社會硏究所 編, 앞의 책, p.244에는 '凨'으로 鳳의 약자로 보고 있다.

자대로 '式'자로 판독된다.[33]

〔비편 C-⑦〕

```
                  ⓐ
       …… 粥 飯 尤 贍 ……
    …… 淨 財 欲 建 佛 殿 又 ……
    …… 石 自 來 各 持 厥 奇 競 ……
    …… 似 入 化 樂 天 宮 若 對 ……
                        ⓑ   ⓒ
       …… 奉 鑄 丈 六 世 尊 像 ……
```

C-⑦은 정간의 최대 행수가 가로 5행, 세로 9행이다. 판독할 수 있는 글자는 32자이다. 우선 판독이 필요한 글자는 ⓐ이다. 비편에는 '粥'으로 되어 있는데 바로 뒤에 있는 글자와의 관계를 고려하면 '粥'자로 읽을 수 있다.[34] 다음으로 추정 보충할 수 있는 글자는 5행의 ⓑ, ⓒ이다. ⓑ, ⓒ는 바로 앞의 문구가 불상을 나타내는 표현이고 복원된 비문에서 다음에 이어지는 내용이 佛像에 관한 묘사를 이루고 있으므로 '尊像'으로 추정할 수 있다.

〔비편 C-⑧〕

```
       …… 繩 墨 占 ……
       …… 之 堂 又 以 張 ……
```

---

33) 黃壽永 編, 앞의 책, p.86 ; 金煐泰 編, 앞의 책, p.334에는 '弍'으로 되어 있고, 韓國古代社會硏究所 編, 앞의 책, p.244에는 '成(?)'으로 되어 있다.

34) 黃壽永 編, 앞의 책, p.465 ; 韓國古代社會硏究所 編, 앞의 책, p.246에는 '粥'으로 되어 있고, 許興植 編, 앞의 책, p.267에는 '洼'로, 金煐泰, 앞의 책, p.337에는 '粥'으로 되어 있다.

　　　　　　ⓐ
…… 端 嚴 睟 容 岐 嶷 青 ……
…… 奉 爲 魏 昕 伊 湌 ……
…… 伊 湌 之 息 奉 ……
…… 深 願 其 ……

　C-⑧은 정간의 최대행수가 가로 6행, 세로 7행으로 글자는 29자인데 모두 판독이 가능하다. 판독이 필요한 글자는 ⓐ이나 비편 A-①에서 같은 글자가 보이고,[35] 바로 앞 글자와의 문구 관계상 '嚴'으로 판독된다.

〔비편 C-⑨〕

　C-⑨는 정간의 최대 행수가 가로 7행, 세로 12행으로 판독 가능한 글자는 모두 60자이다. 추정 보충할 수 있는 글자는 ⓐ, ⓑ, ⓒ이다. 우선 ⓐ는 불상 鑄成을 위한 시주가 전개되는 내용을 담고 있으므로 '財'자를 보충할 수 있다. 다음으로 ⓑ는 앞의 '盤紺絲之髮'과 대구가 되는 구절이고, 手印을 형용

---

35) 秦公 輯, 앞의 책, p.442. '嚴'字 참조.

한 구절이 앞에 있으므로 '手'자를 보충해 넣을 수 있다. ⓒ는 「대낭혜화상탑비」에서 「성주사비」를 소개하는 중에 影堂의 건립 사실이 언급되고 있으므로 '師'를 더 넣어 읽을 수 있다.[36] ⓓ는 글자는 파손되었으나 '潒'로 읽을 수 있지 않을까 한다.

〔비편 ⑩〕

…… 茶 香 手 ……

…… 不 墮 焉 ……

비편 ⑩의 정간의 최대행수는 가로 2행, 세로 3행이다. 모두 판독이 가능한데, 판독이 가능한 글자 수는 모두 6자이다.

〔비편 ⑪〕

ⓐ
…… 粥 飯 ……
…… 僧 長 有 三 ……
□ □ □
…… 成 群 忍 草 ……
ⓑ
…… 爨 ……

비편 ⑪은 정간의 최대 행수가 가로 5행이고, 세로는 4행으로 3행이 공백으로 되어 있다. 글자 수는 모두 11자인데 모두 판독할 수 있다. 판독이 필요한 글자는 ⓐ와 ⓑ이다. 우선 ⓐ는 비편 C-⑦의 ⓐ과 같이 '粥'자로 읽을 수 있

---

36) 「…… 像殿影堂之開創 故翰林郞金立之所撰聖住寺碑 敍之詳矣」(최치원 찬, 「대낭혜화상탑비」)

다. 다음으로 ⓑ는 비편에는 '𩯓'으로 되어 있는데,37) 宋「爨龍顔碑」의 '𩯓'나 魏「元鑽遠墓誌」에 '𩯓'에서 보이는 것처럼38) '爨'으로 판독된다.

이상과 같이 비편 ①~⑫까지의 비편의 판독을 시도해 보았다. 이를 통해서 판독한 글자는 모두 309자였다. 이 같은 분량은 「성주사비」 전체 분량인 2,100여 자와 비교 해보면 많은 분량은 아니다. 하지만 이들 비편은 비신에서 차지하는 공간 위치상으로 거의 절반에 이르는 분량을 차지하고 있어 내용 분석에 보다 많은 이해를 제공해 주고 있다.

Ⅳ. 碑文의 內容

위와 같이 「성주사비」의 복원과 판독을 시도해 보았다. 계속해서 현존 비문과 결락 부분의 내용을 검토하고자 한다. 먼저 현존 비문은 비문의 행의 순서에 따라 문맥상 이어지는 부분을 하나의 단락으로 나누어 내용 분석을 할 것이다. 또한 결락된 부분은 「대낭혜화상탑비」와의 비교를 통해서 내용을 살펴보고자 한다. 이 같은 검토는 비문의 내용에 대해 더욱 폭넓은 이해를 가져올 것으로 기대된다.

1. 現存 碑文의 內容 分析

복원된 성주사비문 중에서 현존 비문은 A와 C이다. A와 C는 크게 10단락으로 나누어 분석할 수 있다.

(1)「嵩嚴山聖住寺碑」

우선 첫째 줄에 보이는 '嵩嚴山聖住寺碑'는 원래 山門의 이름이 '嵩嚴山

---

37) 黃壽永 編, 앞의 책, p.87 ; 金煐泰 編, 앞의 책, p.335에는 '𩯓'으로 되어 있다.
38) 秦公 輯, 앞의 책, p.481 '爨'자 참조.

門'이었음을 알려준다. 다음 기록을 보면,

> 가 - ① 「(憲康王)曰我有末尼上珍, 匿曜在嵩嚴山」(「大朗慧和尙塔碑」)
> ② 「崇嚴山聖住寺.」(『祖堂集』 17)**39)**
> ③ 「同前聖住山參學等拜祖師文」(『東國李相國後集』 12)
> ④ 「(文聖王)勅賜聖住禪院, 山曰崇岩」(「崇嚴山聖住寺事蹟」)**40)**
> ⑤ 「崇嚴寺在聖住山」(『新增東國輿地勝覽』 20, 藍浦縣 佛宇條)
> ⑥ 「崇嚴寺在聖住山 今稱白雲寺」(『輿地圖書』 藍浦縣 寺刹條)**41)**

라고 하여 가①에서도 '嵩嚴'으로 나타나고 있다. 이후 고려(②·③)에서 조선시대(④·⑤·⑥)에 이르기까지 '崇巖(嚴)'이 보이고 있다. 이렇게 보면 聖住山門은 '嵩嚴山門'으로도 불렸음을 알 수 있다.**42)** 비문에 보이는 '嵩嚴山聖住寺碑'는 '嵩嚴山門 聖住寺의 碑'라는 의미일 것이다. 따라서 이 부분은 碑名을 적어 놓은 것이다.

한편, 碑名 뒤에는 撰者名이 있었을 것이다. 일반적으로 통일신라시대 비문에서 비명 다음에는 찬자명이 오는데 이와 같이 찬자명이 있었을 것이다.

---

39) 「祖堂集」『趙明基紀念佛敎史學論叢』 附錄, 1965.
40) 「崇巖山聖住寺事蹟」(황수영, 앞의 글)에는 '三千仏殿'이라는 기록이 보이고 있다. 그런데 성주사지에서 출토된 암막새의 명문 중에는 '正德十三年'銘 암막새와 「嘉靖二十七年」銘 암막새가 있다(충남대학교 박물관, 『발굴유물특별전』, 1992, pp.45~47). 전자에는 「正德十三年戊寅千仏殿改瓦」로, 후자에는 「嘉靖二十七年戊申三月日三千佛殿飜瓦改造記」로 명기되어 있다. 이는 정덕 13년(1518)에는 '千佛殿'이던 것이 꼭 30년 뒤인 가정 27년(1548)에는 '三千佛殿'으로 바뀌었음을 알려준다. 그렇다면 「숭암산성주사사적」에 보이는 '三千佛殿'이라는 기록으로 볼 때, 이 사적기의 작성 연대는 1518년이 그 상한 연대가 될 것이다.
41) 지금도 동네의 古老들은 聖住寺址 동쪽 산너머에 있는 白雲寺가 성주사 보다 더 오래된 절이라고 하고 있는데 그것은 이미 오래 전에 성주사가 없어지고 백운사만 남아 있었기 때문이라고 생각된다.
42) 추만호, 「나말여초 선종사상사 연구」, 1992, pp.83~84.

그 위치는 비명 다음 행이 바로 내용이므로 첫째 줄의 '嵩嚴山聖住寺碑' 다음에 기록되었을 것이고, 왕명에 의한 撰이므로 '翰林郞 臣金立之奉 敎撰'이라고 되어 있었을 것이다.[43] 이어서 書者가 있었을 것인데 書者 역시 金立之로 생각된다.

(2)「盖聞迷津無際……梁愛網重纏揚慧炬以焚爇若……施朝服……口遺言東流於震旦之國飜貝…… 回實相於金殿之□演微言於沙界之…….」

碑文 A의 2행과 3행을 구성하고 있는 이 구절은 釋迦牟尼가 이 세상을 濟度하기 전의 일[盖聞迷津無際]과 佛法이 東流해 와서는 梁(梁武帝)의 信奉을 지극히 받던 일[梁愛網重纏揚慧炬以焚爇若]이 묘사되고 있다. '梁'은 비문 중 비편 ⑤의 '(三)韓'과 비편 ⑦의 '石(工)'의 예와 같이 양무제의 대칭으로 생각된다. 그것은 사람이 주체가 되지 않고는 '愛網重纏……'이 될 수 없기 때문이다.

한편, 다음 구절은 특정인의 遺言이지 않을까 생각되기도 한다. 그러나 '佛法의 東流'를 말하고 있어서 당시 사람들에게 널리 인정되었던 佛法 東流를 표현한 말로 여겨진다.[44] 특히 '口遺言'으로 명기한 것은 禪宗의 '敎外別傳'의 의미도 나타낸 것으로 생각된다. 또한 '震旦'은 '佛法의 東流'에서와 같이 인도 - 중국 - 신라에 이르는 佛法(飜貝)이 金殿(佛事)과 沙界(沙門)을 통해 진단에 퍼져 나간다는 표현으로 쓰였다고 생각된다. '回實相', '演微言'이 바로 그 것을 설명하는 구절이기 때문이다. 또한 문장에 있어서도 「回 實 相 於 金 殿

---

43) 역시 金立之가 撰한 「昌林寺無垢淨塔願記」에도 「翰林郞新授秋城郡太守臣金立之奉 敎撰」라고 되어 있다.

44) 「(馬祖)復云 東流之說 盖出鉤讖」(「대낭혜화상탑비」). 이 같은 佛法東流의 鉤讖說이 무염과 연관된 것은 무염을 중심으로 한 新羅 禪宗의 正法相承說의 의도로 창안된 때문이라고 한다(鄭性本, 「新羅禪宗과 鉤讖說」 『韓鍾萬紀念韓國思想史』, 1991, pp.279~282).

之 □」와 「演徽言於沙界之 □」는 서로 대구를 이루고 있다. 이렇게 보면, 金立之는 口遺言의 성격을 佛法의 東流가 金殿(佛殿)과 沙門을 기반으로 함을 말한 것이 된다. 이것은 비문의 첫머리에 불법이 세상에 流布되기 전의 일과 佛殿 建立 등을 말한 것과 서로 연결되는 사실이다. 따라서 이 구절은 佛法 東流의 口遺言을 통해 佛法의 東流와 震旦 즉 신라에서의 佛敎 敎壇의 성립을 언급한 것이다. 또한 성주사 개창에 있어서 佛殿 건립의 緣起와 의미를 논한 것이라고 생각된다.

(3) 「……萬狀煙嵐……韓鼎足之代百濟國獻王太子…….」

비문 A의 3행 하단과 4행 상단을 구성하고 있는 이 문장은 바로 위 문장(2)와 동일 선상에 있음을 보면, 시대변화의 추이[萬狀煙嵐]를 설명하고 佛法의 東流가 구체적으로 三國에서 어떻게 전개되고 있는가를 보여 주고 있다. 즉 佛法이 百濟에 전파되어 성주사의 자리에 절이 들어서게 된 것을 말한 것으로 믿어진다. 이것은 성주사가 있게 된 것은 우연한 일이 아니라는 것이다. 특히 '百濟國'으로 지칭한 까닭은 성주사의 건립에는 오랜 인연이 있으며, 또한 백제 땅에 세워졌음을 염두에 둔 언급이라고 생각된다. 더구나 '韓鼎足之代百濟國獻王太子'라는 구체적 지적은 분명 삼국시대 성주사 이전 사찰의 존재를 말하고 있는 것이다. 여기에 三韓 - 百濟 - 獻王太子[45]의 지적은 「성주사비」가 성주사 건립과 관계된 비문인 점을 생각하면 절과 관계된 사실을 말하고 있는 것으로 생각된다. 여기서 '百濟獻王(惠王)太子(法王)'라는 기록으로 보면 구체적으로 절의 창건 연대는 기록되지 않았을 것이다. 法王이 太子로 있었던 기간은 1년 여에 지나지 않기 때문이다.[46] 이것은 百濟 獻王代(598)가 절

---

45) 獻王은 惠王이고(『三國遺事』 1, 王曆), 太子는 法王으로 생각되는데, 법왕이 태자였다는 기록은 보이지 않는다(『三國史記』 27, 惠王 및 法王). 그러나 이 기록을 통해서 법왕이 태자로 있었음을 알 수 있다.

46) 『三國史記』 27, 惠王.

의 창건연대가 됨을 말해준다. 따라서 위 구절의 내용은 佛法의 東流가 구체적으로 이 땅에서 어떻게 전개 되었는가를 삼국시대까지 소급해 설명하고 있고, 성주사가 백제 사찰이 있었던 舊址에서 重創하는 인연이 있음을 기술한 것으로 보인다.

(4) 「……載初二年□□以仁問大角干……莫知其建立之史蹟……追者一七僧請居此精舍…….」

비문 A단 4행의 이 내용을 통해 성주사가 신라가 삼국을 통일하는데 외교활동으로 큰 역할을 했던 金仁問과 관계 있음을 알 수 있다. 「대낭혜화상탑비」에서는 김흔이 무염에게 성주사에 머물러 주기를 청하는 말 가운데,

나 -「有一寺 在熊川州坤隅 時吾祖臨海公祖諱仁問唐醮伐獩受封之所」
　　　　　　　　　　　　貊功封爲臨海郡公

라고 하여 성주사 이전의 절이 김인문의 '受封之所'였음을 말하고 있다. 김인문이 臨海郡公으로 봉해진 것은 673년(文武王 13) 右驍衛員外大將軍臨海郡公으로 唐 長安에 있을 때였다.[47] 여기 비편에 보이는 '載初二年'을 金仁問이 延載元年(694) 4월 29일에 唐 長安에서 죽고, 延載 2年(695) 10월 27일에 新羅 西原에서 葬事 지냈다는 점을 들어 '(延)載初二年'으로 볼 수도 있다. 그러나 비편을 살펴보면 '載'자 위에 있는 글자의 하단부(人)가 남아 있는데 이것으로 보아서는 '延'자가 될 수가 없다. 그대로 '載初二年(691, 神文王 11)'으로 보는 것이 타당하다고 생각된다.

여기서 '追者'의 의미는 '追善者'의 의미일 것이다.[48] 이러한 追善者 17僧

---

47) 『三國史記』 44, 金仁問傳.
48) 金仁問과 仁容寺에서 보이는 追善에 의한 死者往生信仰(李基白, 「新羅 淨土信仰의 두 類型」 『歷史學報』 111, 1986 ; 『新羅思想史 硏究』, pp.151~158)의 예를 여기서도 볼 수 있지 않을까 한다.

이 이 절에 머물기를 청했다는 것이 된다. 이는 성주사가 통일신라시대에는 김인문을 위한 願刹이었음을 입증해주는 것이다. 비문에서도 같은 줄에 가까이 구성되고 있음을 보면 김인문을 위해 佛供을 드리려는 승려가 거처하기를 청했다는 것이 된다. 이로써 성주사가 중창되기 이전에 있었던 中代의 사찰은 김인문을 위한 願刹의 성격을 가지고 있었다고 생각된다.

(5) 「……餘年後□□□□□□群起……日銷霧杉篁邃……者辰韓京邑□所…… 耳……玉世路……猶寺久聽……天業……」

비문 A단의 5, 6, 7행을 구성하고 있는 부분이다. 앞 글과 이어지지 않고 단락져 있어서 무엇을 말하는지 알 수 없다. 그러나 시간의 경과를 나타내는 귀절(餘年後)이 있고, 절의 외관이 갖추어져 가는 모습을 표현한 것(日銷霧杉篁邃)도 보이고 있다. 여기에 덧붙여 좋은 주변여건(者辰韓京邑, 玉世路)의 표현은 절이 오랫동안 유지되었음(猶寺久聽)을 묘사한 것이 아닌가 생각된다. 그러면 이 시기는 언제였을까. 이 단락의 앞에서 김인문의 원당에 관계된 사실을 말하고 있으므로 김인문이 죽은 694년 이후의 사실을 말하는 것일 것이다.[49] 따라서 이 단락은 金仁問이 追善願堂이 성립된 이후부터 중간에 화재가 있기 전까지의 성주사의 변천과정을 묘사하고 있다고 생각된다.

(6) 「……粥飯尤贍……淨財欲建佛殿又……伊湌庶兄施……助成功德…….」

비문 C의 8, 9행과 10행 상단을 구성하고 있는 이 문단은 불전 건립에 드는 비용에 대한 시주 내용을 말한 것으로 생각된다. 여기서 시주하려고 했던 두 인물은 누구였을까. 여러 인물들이 있을 수 있겠으나 당시에 이찬의 관등에 있으면서 양자사이에는 인척관계이고, 성주사에 관계된 인물이라는 조건에

---

49) 비문에서 金堂(金殿)의 건립을 기록하고 있음을 보면, 이후 금당과 그 주변 건물들이 불에 탄 듯하다.

맞아야 한다. 그렇다면 누구보다도 종형제간이 되는 김흔과 위흔(金陽)을 들지 않을 수 없다.[50] 김흔은 무염이 성주사에 머물도록 주선했고, 그와 종형제간이 되는 魏昕은 檀越이었기 때문이다.[51]

한편 성주사 이전 사찰의 쇠퇴이후 그 재건을 위해 위흔은 佛殿을 건립하는데 시주(淨財)를 했고, 그의 종형이 되는 김흔도 시주했을 것이다. 비편에 보이는 '伊湌庶兄'으로 완곡하게 표현된 데에는 김흔의 정치적 몰락을 의미하는 小白山中 退居와 「성주사비」 건립 전인 849년에 세상을 떠났다는 사실[52]과 관련이 있을 것이다. 무염이 주석하려 할 때, 성주사의 이전 사찰은 김흔의 말과 같이 반쯤 잿더미가 되어 있었다.[53] 위 기록은 이러한 상황이 심각하여 당장 金堂의 건립이 우선되어야 했음을 보여 주고 있다. 그렇다면 이 단락은 성주사 중창을 위한 위흔과 김흔의 시주 내용을 담고 있는 것으로 생각된다.

(7) 「……石自來各持厮剞競……繩墨占……乃以成花殿雲楣綠
　　……丹檻琁題鴛瓦鱗……似入化樂天 宮若對……之室又以張
　　……」

碑文 C단의 10~11행을 구성하고 있는데, 위흔과 김흔의 시주로 불전이 이루어지는 과정을 나타내고 있다. 석공의 자발적인 참여[石自來各持厮剞競]와 목공 참여[繩墨占]의 묘사는 불전 건립의 순조로움을 표현한 것이다. 이어 花殿(佛殿)이 이루어지고 나서의 門楣[雲楣綠], 欄杆[丹檻], 서까래[琁題], 기와[鴛瓦鱗] 등의 세부 묘사를 하고 있고, 이렇게 이루어진 佛殿이 흡사 化樂天宮인 것 같다는 讚辭의 내용이다. 따라서 (7)은 성주사 중창에 있어서의 중심 건물인 金堂(佛殿)의 건립, 그에 따른 공사의 순조로움과 건립 후의 찬란한 모습을 묘사

---

50) 『三國史記』 44, 金陽傳 附 金昕傳.
51) 「時憲安大王檀越季舒發韓魏昕爲南北相 各居其官 猶左右相」(「대낭혜화상탑비」)
52) 『三國史記』 44, 金陽傳 附 金昕傳.
53) 「…間劫盡汔萏 金田半灰」(「대낭혜화상탑비」)

한 내용이라고 생각된다.

(8) 「……金殿歎無佛像頓捨家財……租稻充入鑄像工價魏昕伊湌 ……奉鑄丈六世尊像……端嚴晬容岐嶷靑……盤紺絲之髮紅掌展瑞印之手……文紫磨金色臨寶座以益光玉…….」

위 구절은 碑文 C단의 11행 하단과 12행, 13행 상단을 구성하고 있다. 내용은 불전에 불상이 없음을 걱정했는데, 다행히 佛像 造成에 필요한 충분한 시주가 들어와 왕명을 받들어 위흔의 주관으로 丈六世(尊像)를 鑄成했다는 사실과 螺髮, 手印 그리고 佛臺座에 앉아 있는 불상의 모습을 묘사하고 있다.54) 여기서 丈六世尊像55)을 鑄成하는데 주관한 인물이 위흔이고 보면 앞서 金殿(佛殿)에 불상이 없음을 탄식한 인물은 바로 위흔이 아닐 수 없다. 여기서도 위흔은 비문에 보이는 것처럼 家財[頓捨家財]를 시주했을 것이다. 앞의

---

54) 李殷昌,「保寧 聖住寺址의 金堂址」, p.236 ;「忠南散逸文化財」『考古美術』9-2, 1968 ;『考古美術』1~100합집(上), 1979, p.378. 이 鐵佛에 대해 文聖王의 願佛로 보려는 견해도 있다(黃壽永,「崇嚴山聖住寺事蹟」『韓國의 佛敎美術』, 1974 ;「統一新羅時代의 鐵佛」『考古美術』154·155합집, 1982 ;『韓國의 佛像』, 1989, pp.385~386).

55) 여기 보이는 佛像은 毘盧舍那佛일 것인데(文明大,「新羅下代毘盧舍那佛像彫刻의 硏究(續)」『美術資料』22, 1978, p.33 ; 黃壽永,『韓國의 佛像』, pp.385~386), 이 시기 毘盧舍那佛은 華嚴과 密敎의 영향을 받은 것이라고 한다(鄭濟奎,「新羅 下代 法相宗의 性格과 그 變化」『史學志』25, 1992, pp.15~16). 한편, 이 불상의 존재에 대해서 성주사지 주변 마을 사람들은 일제시대까지 있었다고 말하고 있다. 그런데 조선조 高宗代(1872) 만들어진「朝鮮後期地方地圖」중 藍浦縣地圖에는 佛像의 모습을 전하고 있어 이러한 사실을 증명해 주고 있다(韓永愚 外編,「朝鮮後期地方地圖」, 서울대학교 규장각, 1998). 이와 관련하여 毘盧舍那佛의 智拳印片과 몸체 파편으로 생각되는 불상편이 부여박물관에 소장되어 있다(扶餘博物館 金鍾萬先生 敎示). 성주사에 봉안된 이 같은 장육세존상은 智拳印의 비로자나철불인데, 이것은 보림사와 같이 국가와 밀접한 관련을 가진 사찰에 봉안되었고, 이러한 사실은 하대 선종과 화엄종의 교섭일 뿐만 아니라, 화엄, 선, 밀교의 결합이라고 할 수 있다고 한다(金英美,「朗慧無染의 禪思想」『聖住寺』, 1998, pp.47~48).

藍浦縣地圖(「朝鮮後期地方地圖」)에 보이는 聖住寺址 佛像

(7)에서 불전의 건립을 위해 淨財를 시주한 인물을 위흔으로 본 것과 연결되는 사실이다.

한편, 이 부분에 대해서는 「대낭혜화상탑비」에서 「聖住寺碑」 중의 '像殿影堂之開創'으로 기록하고 있는데 이 중 '像殿(佛殿)'에 해당되는 사실이다. 여기서 像殿의 부분은 비문에서 세로로 5줄을 차지하고 있을 정도로 비중 있는 사실이었으므로 崔致遠의 언급이 있었을 것이다. 따라서 이 단락은 단월인 위흔의 佛像[丈六世尊像] 鑄像을 위한 시주 내용과 鑄成된 후의 불상의 찬연한 모습을 묘사한 것으로 생각된다.

(9) 「……奉爲魏昕伊飡……三層無垢淨石塔又擬立七祖師……之堂租稻已至於寺林衡運……伊飡之息奉……領色羅匹段幷租一百碩……宜和夫人是允興伊飡…….」

碑文 C단 13행 하단과 14행, 15행의 상단을 구성하고 있는 데 三層無垢淨

石塔의 造成과 七祖師堂의 建立에 있어 施主의 내용과 施主者를 서술하고 있다. 내용 중에 보이는 無垢淨石塔이 願塔으로서 造成되었으리라는 점은 역시 金立之 撰인「昌林寺無垢淨塔願記」를 통해서도 알 수 있다. 또한 '領色羅匹段幷一百碩'이라고 하고 있다. 이것은 三層無垢淨石塔의 建立에 소용이 되는 비용을 기록한 것일 것이다. 乾寧 2년(895)에 만들어진 崔致遠 撰,「海印寺妙吉祥塔記」에 의하면,

　　　다 -「作租料幷租百卄石」

라고 하여 三層石塔을 만드는데 비용이 모두 '百二十石'이 들었음을 기록하고 있다.[56] 여기 보이는 施主 내용[租一百碩]이 海印寺 妙吉祥塔 건립 비용과 근사한 점을 보면 三層無垢淨石塔의 건립에 든 비용이라고 생각된다.[57]

한편, 七祖師堂의 건립에 관한 사실도 보이고 있다. 七祖는 무염이 馬祖系의 法孫이므로, 靜衆無相禪師일 것으로 생각된다. 그것은 무염보다 좀 늦게 입당했던 行寂이 無相의 影堂에 참배했는데[58] 당시 무상을 七祖로 추앙하고 있었음을 생각하면 七祖는 무상일 것이다.[59] 무염은 같은 신라 출신인 무상

---

56) 李弘稙,「羅末의 戰亂과 緇軍」『史叢』12・13합집, 1968 ;『韓國古代史의 硏究』, 1971, pp.544~548.

57) 이와 관련하여 聖住寺石塔에 無垢淨光大陀羅尼經을 봉납했을 가능성이 크다고 한다(姜友邦,「佛舍利莊嚴論」『佛舍利莊嚴』, 國立中央博物館, 1991, p.183). 한편, 聖住寺址내에는 이 시기로 추정되는 3基의 3층 石塔이 있고, 同寺址에서 옮겨왔다는 3층 석탑 1基가 부여박물관에 있다. 이들 중「성주사비」에 보이는 삼층무구정석탑이 어떤 것을 말하는지는 알 수 없다.

58)「乾符二年(875), 至成都府巡謁, 到靜衆精舍, 禮無相大師影堂.」(崔仁渷 撰,「朗空大師白月栖雲塔碑」; 崔柄憲,「新羅下代 禪宗九山派의 成立」『韓國史硏究』7, 1972, pp.458~459).

59) 鄭性本,「靜衆無相禪師 硏究」『淨衆無相禪師』, 1993, p.166 註)4 및 pp.168~169 註)17. 이와 관련하여 정중 무상을 비롯한 초기 선종사에 대한 연구 성과가 있다

을 七祖로 생각한 것이 아닌가 한다.[60] 따라서 위 내용은 「대낭혜화상탑비」 중의 「성주사비」 내용 소개에서 '像殿影堂之開創'의 부분에 해당되고, 그중에서도 '影堂'을 말한 내용일 것이다. 또한 삼층무구정석탑 부분은 내용 소개에서 누락되어 있음을 알 수 있다.

(10) 「……潺湲高峯㝵日……深願其……暮異□□□淙淸潤日……年月式…….」

碑文 C의 15, 16, 17행을 구성하고 있는 이 비문은 성주사의 중창 이후의 주변 경관과 번창을 기원하는 내용으로 생각된다. 또한 '年月式'이라는 표현은 해마다 달마다 늘 시주가 들어 오리라는 내용이 아닐까 한다. 결국 이 단락은 성주사가 중창된 이후 주위의 아름다운 광경에 대한 묘사와 시주도 잘 들어오리라는 성주사 번영을 기원하는 내용일 것이다.[61]

이밖에도 복원할 수는 없지만 내용상 비문 C를 구성한다고 생각되는 비편 ⑪, ⑫가 있다. 이들 비편의 내용 중에는 시주와 관련 있는 문구[茶香手, 粥飯]와 불전 건립과 관련 있는 문구[成群忍草]가 있다. 비편 ⑪, ⑫는 시주와 불전 건축의 내용을 담고 있는 비편들로 생각된다.

(閔泳珪, 『四川講壇(西餘文存其二)』, 1994).

60) 이와 관련하여 眞鑑禪師 慧昭가 六祖影堂을 건립하고 있는 사실이 주목된다[「屈指法胤, 卽禪師慧昭, 乃曹溪玄孫 是用建六祖影堂」(최치원 찬, 「眞鑑禪師碑」)]. 한편, 影堂 내에서 祖師를 어떻게 안치 했는지에 대해서는 구체적인 사실은 알 수 없으나 影幀을 그려 모신 듯하다[「來拜丹靑影下」(李奎報, 『東國李相國後集』 12, 「同前聖住山參學等拜祖師文」)]. 무염의 影堂 건립 사실을 당시 선종계에서 일어났던 六祖顯彰運動과 관련하여 이해하기도 한다(曺汎煥, 「朗慧無染의 出家와 南宗禪 受容」 『聖住寺』, p.39).

61) 비문 형식상 이 부분은 비의 銘에 해당될 것이다. 이와 관련하여 이 당시 寺碑의 예로는 『昌林寺碑』나 崔致遠 撰, 『初月山大崇福寺碑』 등이 기록에 보이지만 『초월산대숭복사비』만이 내용을 전하고 있는데 『초월산대숭복사비』에도 마지막 부분을 銘으로 장식하고 있다.

2. 缺落부분의 內容 分析

위와 같이 복원한 성주사비문에서는 A와 C 사이의 B와 마지막을 구성하는 D는 결락이 되어 있다. 이러한 결락 부분은 「대낭혜화상탑비」 중의 간단한 내용 기록 부분과의 비교 검토를 통해서 그 대체적인 내용의 복원이 가능하다고 생각된다.

먼저 결락 부분에는 어떠한 내용이 있었을까. 다음 사료는 그것을 추측케 해준다.

> 라 - 「始繹如琢狀卽見 大師西遊東返之歲年 稟戒悟禪之因緣 公卿守宰之歸仰 像殿影堂之開創故翰林郞金立之所撰聖住寺碑敍之詳矣」(「대낭혜화상탑비」)

여기서 마지막 내용으로 되어 있는 '像殿影堂之開創'은 복원 비문의 C에서 보인다. 그러므로 나머지 결락부분은 무염의 入唐과 歸國한 해, 佛戒를 받음과 禪을 깨달은 因緣 그리고 公卿守宰之歸仰 등의 내용이 있었음을 알 수 있다. 이와 같은 결락부분의 내용은 비문 A나 C에는 보이지 않으므로 비문이 결락된 B나 D를 생각해 볼 수 있다. 이 중 말미를 장식하는 D보다는 B에 실려 있었을 것이다(표 2-1). 그렇다면 B문단에는 구체적으로 어떠한 내용이 있었을까.

먼저 B의 첫 번째 문단인 '西遊東返之歲年'에는 어떠한 내용이 있었을까. 이 기록으로 보면 무염의 入唐과 歸國에 대해서 단지 '西遊'와 '東返'라고만 되어 있다. 그러나 이러한 내용에 대해 「대낭혜화상탑비」에서는 '敍之詳矣'라고 하고 있음을 보면 그 연대를 정확히 적고 있었을 것이다. 그러므로 이같은 내용은 「대낭혜화상탑비」에서 좀 더 구체적으로 살펴 볼 수 있다. 우선 무염의 '西遊'에 대해서는 長慶 2年(憲德王 14, 822)에 唐恩浦에서 朝正使 王子 金昕의 배로 입당한 것으로 나타난다.[62] 이후 무염의 '東返'은 會昌 5년(845) 廢

---

62) 『三國史記』 44, 金陽傳附 金昕傳. 또한 「대낭혜화상탑비」에서는 '長慶初'라고 하

佛로 돌아왔다고 하고 있다.[63] 그런데 무염은 입당 때에 漂風에 휘말리는 우여곡절을 겪었고,[64] 또 돌아올 때는 '會昌廢佛'로 곤란을 겪었다.[65] 그러므로 결락부분인 '西遊東返之歲年'에는 입당 연대와 귀국 연대뿐만 아니라 이러한 사실들이 함축적으로 표현되었을 것이다.

다음으로 '稟戒悟禪之因緣'의 기록이 실려 있었을 것인데, 이 부분은 앞의 '西遊東返之歲年'과 연결되는 사실이다. 이것은 무염이 受戒와 禪理를 깨달은 일에 대한 내용이다. 그렇지만 '稟戒'와 '悟禪'의 因緣이라는 말속에는 좀 더 많은 의미가 있지 않았을까 생각된다. 「대낭혜화상탑비」에,

마 - 「應東身者 八十九春 服西戎者 六十五夏」

라고 하여 무염이 具足戒를 받은 것은 25세(824) 때의 일로 되어 있다. 무염은 비록 12세에 雪嶽山 五色石寺에서 출가했지만,[66] 구족계를 받은 것은 25세 때의 일이다.

무염은 이미 17세 때인 816년에 入朝使 王子 金張廉을 따라 입당하려 했으나 풍랑을 만나 실패하고 있다. 그 이후 822년(憲德王 14) 唐恩浦에서 김흔을 따라 입당하고 있다.[67] 그러면 그 사이 5년여 기간 동안의 그의 행적은 공백

고 있는데, 『祖堂集』에서는 구체적으로 '長慶元年'이라고 하고 있다.
63) 「會昌五年來歸 帝命也」(「대낭혜화상탑비」)
64) 「會國使歸瑞節象魏 下佔足而西 及大洋中 風濤欻顚怒 巨艑襄女人 不可復振 大師與心友道亮 跨雙板 恣業風通星半月餘 飄至劍山島」(「대낭혜화상탑비」)
65) 이 시기에 일본의 求法僧이었던 圓仁은 '會昌法難' 당시의 사정을 전해주고 있는데(圓仁, 顧承甫, 何泉達 點校, 『入唐求法巡禮行記』, 上海古籍出版社, 1986, pp.150~197) 무염도 이와 유사한 일을 겪었을 것이다.
66) 雪岳 五色石寺址는 江原道 襄陽郡 西面 五色里로 추정하고 있다(閔泳珪, 「四川講壇拾遺-成都淨衆寺와 五色石寺」『四川講壇(西餘文存其二)』, 1994, pp.47~49).
67) 唐恩浦는 삼국시대부터 신라 하대에 이르기까지 나당간을 왕래하는 선박의 중요한 입·출항지였다고 한다(權悳永, 「新羅 遣唐使의 羅唐間 往復行路에 對한 考

으로 남아 있다. 이 기간에 대해서는 별다른 기록을 찾아 볼 수 없다. 단지 무염이 816년 입당을 시도하다가 실패하고서 漂着한 곳이 劒山島(黑山島)였다는 기록 뿐이다.68) 그런데 문제는 무염이 5년 후에 南陽灣의 唐恩浦에서 입당하기까지의 행적이다. 여기서 그는 육로로 가는 도중에 藍浦 성주사의 이전 사찰에 들렸다고 믿어진다. 지리적으로도 남포는 흑산도와 당은포의 중간에 위치하고 있으며 무염의 선조가 되는 김인문의 원당이 있었던 점을 생각하면 거쳐 갔을 것으로 생각된다.69) 이러한 과정을 생각하면 무염이 귀국 후 김흔의 성주사 주석 요청에,

바 - 「有緣則住」(「대낭혜화상탑비」)

라고 하고 있는데 이는 단순히 '因緣이 있으면 머물겠다'는 의미보다는 이미 '앞에서의 인연이 있었으니 머물겠다'는 뜻이라고 생각된다.

한편 무염은 입당하고서 25세(824)에 具足戒를 받았는데 어디에서 구족계를 받았는지는 알 수 없다. 그러나 입당 후부터 시일이 가깝고, 大興城 南山 至相寺에서 華嚴 수업을 받고 크게 깨달은 일도 있으니 혹시 그곳에서 구족계를 받았던 것이 아닌가 한다. 무염이 화엄사찰에서 구족계를 받았으리라는

察」『歷史學報』 149, 1996, p.4 ; 「遣唐使의 往復行路」『古代韓中外交史』, 1997, pp.190~191).
68) 헌덕왕 14년(822)에 당으로 사신을 보내기 전 가장 빠른 기록은 헌덕왕 9년(817)에 김장렴을 보냈다는 기록이 있는데(『三國史記』 10, 헌덕왕 9년), 崔致遠傳(同書 46)에는 그의 문집 중 「上大師侍中狀」을 인용하면서, 「元和十二年(817), 本國王子 金張廉風飄至明州下岸 浙東某官發送入京.」이라고 하고 있어 이 때의 사실로 생각되는 것이다.
69) 무염은 입당의 출발지로 藍浦 대신 唐恩浦를 택하고 있다. 남포가 항구 구실을 하고 있었음은 지명 자체에서도 알 수 있고, 또 일본의 求道僧 圓仁도 귀국에 있어서 唐 登州의 신라인의 도움을 받고 있는데 그 귀국 船路에 西熊州가 들어 있음을 보면(圓仁, 앞의 책, p.120) 대외적인 항구로도 이용되었을 것이다.

것은 그의 행적으로 볼 때 이상한 일이 아닐 것이다. 그는 입당 전에도 선종과 화엄종을 골고루 섭렵했고,[70] 이러한 敎禪에 대한 접근은 입당 후에도 계속되었던 것이다.

다음으로 비문 B의 마지막을 구성하는 내용은 '公卿守宰之歸仰'으로 성주사 중창의 檀越을 말한 것이다. 이에 대해서는 『祖堂集』無染傳에,

사 - 「一國臣寮(僚) 頭面禮於(大師)足下」

라고 하여 간략히 표현하고 있다. 그런데 「崇嚴山聖住寺事蹟」에서는 文聖王이 무염에게 烏合寺에 머물러 주기를 청하는데,

아 - 「文聖大王亦遣宰相魏昕泰昕 請居 因住錫焉」

라고 하여 재상인 魏昕과 泰昕을 보낸 것처럼 기술하고 있으나 저술자의 착오로 생각된다.[71] 그렇다면 어떠한 인물들이 있었을까. 우선 「대낭혜화상탑비」에 보이는 무염의 성주사 주석을 요청한 金昕을 들 수 있다. 김흔은 遣唐使로 무염과 唐에 동행했던 인물이었다. 그 후 그가 小白山中으로 退居하게 되는데,[72] 이와 같은 김흔에게 '山中宰相'이란 칭호가 붙어 있었다.[73] 그는

---

70) 新羅 下代 禪僧들 중에는 선종을 접하기 전에 華嚴을 공부했던 사람들이 많았다 (崔炳憲, 「新羅 下代 禪宗九山派의 成立」『韓國史硏究』 7, 1972, p.86).
71) 泰昕을 大昕으로 볼 경우도 魏昕과 大昕은 정치적 성향을 달리하는 인물이다(『三國史記』 10, 민애왕 2년).
72) 『三國遺事』 4, 洛山二大聖 觀音 正趣 調信에서 調信師의 傳에 등장하는 (太)守 金昕도 이 때의 사실을 바탕으로 한 것일 것이다.
73) 김흔이 정계에서 물러난 후 소백산중에서 승려들과 같이 생활하다가 죽은 것처럼 기록되어 있지만(『三國史記』 44, 金陽傳 附 金昕傳), 성주사 개창은 이 시기의 일이다.

잿더미가 되다시피 한 선조 김인문의 원당인 성주사 이전 사찰에 무염의 주석을 요청했다.74) 이에 대해 복원된 「성주사비」에서는 '(魏昕)伊湌庶兄'으로 표현하고 있다.

다음으로 魏昕이 있다. 그는 김흔의 從弟이며 성주사 개창에 있어서 단월이었다. 이 시기 兵部令이었던 위흔은 무염이 성주사에 주석하던 해(847)에 侍中이 되고 있다.75) 「대낭혜화상탑비」에서는 '檀越季舒發韓魏昕'으로 표현되고 있다. 그렇지만 「성주사비」에서는 보다 구체적으로 불전, 불상, 석탑, 조사당 건립에 주도적 역할을 했음을 보여 주고 있다.76)

한편 위흔과 같이 南北相이었던 誼靜(憲安王)이 있다. 그는 茶香의 信物을 보내는 등 그 예우가 남달랐다고 한다.77) 「성주사비」에는 보이지 않으나 그도 단월이었음을 알 수 있다.

또한 宜和夫人과 伊湌 允興을 들 수 있을 것이다. 「대낭혜화상탑비」에는 보이지 않는 인물들이다. 宜和夫人이 구체적으로 누구를 지칭하는지는 알 수 없다. 그러나 「성주사비」에는 '宜和夫人是允興伊湌'이라고 하여 伊湌 允興과 관계된 인물임은 알 수 있다. 이와 함께 이찬 윤흥은 유력한 진골귀족이었다고 한다.78) 이렇게 보면 두 사람도 단월이었을 것이다..

끝으로 文聖王의 妃가 있다. 그의 부가 되는 위흔 주도의 성주사 중창이었기에 文聖王妃도 단월이었을 것이다. 「성주사비」 C에 보이는 '伊湌之息'은 바로 이 사람을 말하는 것이 아닌가 한다.

---

74) 聖住山門 開創의 직접적인 기반은 金昕의 經濟力이었다고 한다(최병헌, 앞의 글, p.106).
75) 『三國史記』 44, 金陽傳 ; 同書 11 문성왕 9년 8월조.
76) 성주사의 대화재 이후 성주사의 개창을 위한 시주의 대부분은 김양에 의해서 이루어졌다고 보고 있다(李喜寬, 「聖住寺와 金陽」 『聖住寺』, 1998, pp.57~58).
77) 「時憲安大王(中略)遙展攝齋禮 贄以茗荈 使無虛月」(「대낭혜화상탑비」) 한편, 碑片 ⑩이 혹 誼靜(憲安王)의 施主와 관련된 문구가 아닐까 한다.
78) 李基東, 앞의 글, p.173.

이로써 보면 이러한 결락부분 B의 내용은 성주사 중창에 참여한 인물들 특히 김인문의 후손인 김흔과 위흔을 중심으로한 단월들의 활동이 언급되었을 것인데, 이들의 활동과 함께 성주사 중창이 이루어진 과정도 아울러 언급되었을 것으로 생각된다.

다음으로 결락부분인 D가 있다. 이 부분은 「성주사비」나 「대낭혜화상탑비」를 통해서도 어떠한 내용이었는지 알 수 없다. 그러나 「성주사비」 C의 마지막 부분이 성주사의 경관과 시주에 관계된 찬사의 내용이므로 더욱 자세히 성주사의 번영을 기원하는 내용(銘)이 실려 있었을 것이다. 또한 마지막 행에는 역시 김입지 찬인 「창림사무구정탑원기」와 같이 건립 연대가 기록되었을 것이다. 건립 연대는 무염의 주석(847) 이후부터 김입지가 秋城郡 太守로 임명(855)되기 이전이 될 것이다.[79] 「대낭혜화상탑비」에 '故翰林郎 金立之'로 기록하고 있기 때문이다. 그런데 「성주사비」에 나오는 위흔은 이찬 위흔으로 다른 관직이 없으므로 그가 시중을 지낸 경력(847~848)[80]을 고려하면 848년 이후가 될 것이다. 여기에 비의 건립은 성주사 중창 이후의 일이 될 것이므로 이를 감안하면 850년대나 되어야 가능하다.[81] 그렇다면 비의 건립 연대는 850~853년경이 아닐까 한다. 이렇게 보면 D의 내용은 성주사의 번창에 대한 祈願(銘)과 「성주사비」의 건립연대가 기록되었을 것으로 생각된다.

이상에서 현존 비문과 결락부분의 내용을 종합해 볼 때 김입지의 「성주사비」에는 무염이 귀국한 후의 구체적인 행적이 결락되어 있음을 알 수 있다.[82]

---

79) 「翰林郎新授秋城郡太守臣金立之奉 敎撰」(「昌林寺無垢淨塔願記」)
80) 『三國史記』 11, 文聖王 9년 및 10년.
81) 黃壽永, 「金立之撰 新羅聖住寺碑」, p.13.
82) 이는 「대낭혜화상탑비」가 무염의 행적이 중심이 되고 있는 사실과 관련하여 주목되는 사실이라고 하겠다. 이것은 같은 寺址내에 두 개의 비석이 세워지게 된 원인의 하나가 아니었을까 한다. 두 비석은 공존 시기가 있었을 것이다. 그것은 파손된 「성주사비」의 龜趺가 근래에 이르기까지 「대낭혜화상탑비」와 나란히 있었기 때문이다(李殷昌, 「保寧 聖住寺址의 逸名塔碑」, 1979, pp.153~154). 처음부터 「성

따라서 김입지의「성주사비」는 내용상 아래와 같은 복원이 가능하다(*표는 결락된 부분을 나타낸다).

    (1) 寺名
    (2) 撰者
    (3) 佛法의 始初와 聖住寺 開創 緣起
    (4) 聖住寺 이전의 百濟時代 寺刹
    (5) 金仁問의 受封之所와 追善 願堂으로서의 新羅 中代 聖住寺
* (6) 無染의 入唐求法과 歸國
* (7) 無染의 佛戒(具足戒)를 받음과 禪을 깨달은 과정
* (8) 聖住寺 重創과 檀越
    (9) 佛殿(丈六世尊像, 三層無垢淨石塔, 七祖師堂의 建立과 檀越의 施主
* (10) 聖住寺의 번창을 祈願하는 銘
* (11) 碑의 建立年代

결국「성주사비」는 성주사가 크게 화재를 입어 廢寺 위기에 있을 때 다시 중창되었던 사실을 紀念하기 위해 쓰여진 비라고 생각된다.

V. 碑文의 意義

이상과 같이 복원된 성주사비문에는 몇가지 주목되는 사실을 전하고 있음

주사비」를 파괴하고「대낭혜화상탑비」를 세우려는 계획이었다면「성주사비」의 귀부 자체도 없앴을 것이다. 최치원은「대낭혜화상탑비」와「성주사비」와「심묘사비」를 상호 보완적인 것으로 파악하고 있었으며, 낭혜의 행적에서 유교적 정치이념을 중시하였다고 한다(趙仁成,「낭혜화상비문」의 찬술과 최치원」,『聖住寺』, pp,23~28).

을 알 수 있다. 그것은 성주사 이전의 초창기 사찰의 존재, 김인문의 '受封之 所'와 그 이후의 변천과정, 檀越로서의 金周元 家系, 그리고 撰者인 翰林郎 金立之 등을 담고 있다는 사실이다. 여기서 이 같은 사실들에 대해 구체적으로 검토하고자 한다.

1. 聖住寺 創建 問題

「성주사비」에 있어서 무엇보다도 중요한 사실은 창건 문제를 언급하고 있다는 점이다. 즉 성주사의 초창기 기록으로서 百濟 法王 - 新羅 中代 金仁問으로 이어지는 관계 기사가 보이고 있다. 그런데 구체적인 창건에 관한 사정은 제대로 알려져 있지 않다. 그러므로 성주사 창건에 관한 기록의 구체적인 검토가 필요하다고 생각된다.

우선 백제시대 성주사와 관련하여 다음과 같은 기록을 찾아볼 수 있다.

A - 「百濟國獻王太子……」(「聖住寺碑」A-1행)
B - 「聖住禪院者 本隋陽帝大業十二年乙亥 百濟國二十八世 惠王子法王所建 烏合寺 戰勝爲寃魂願升佛界之願刹也」(『崇嚴山聖住寺事蹟』)
C - 「……易寺榜 舊名烏合寺 爲聖住……」(『孤雲先生文集』)
D - ① 「夏 五月 駵馬入北岳烏含寺 鳴迊佛宇數日死」(『三國史記』28, 義慈王 15년 5월)
② 「現(顯)慶四年己未 百濟烏會寺亦云烏合寺 有大赤馬 晝夜六時遶寺行道」(『三國遺事』1, 太宗春秋公)
③ 「百濟伐新羅還 時馬自行道於寺金堂 晝夜勿息 唯食草時止 或本云至庚申年爲敵所滅之應也」(『日本書記』26, 제명기 4년)

A는 성주사가 백제시대에 어떠한 사찰로 존재하였던가에 관한 기록이다. 백제 獻王은 惠王인데 태자로 명시되어 있음을 보면 백제 혜왕대 태자였던 법왕과 성주사와의 관계를 언급한 것이다. 그런데 이 기록이 성주사의 내력

을 기록한「성주사비」에 나오고 있으므로 역시 백제시대 사찰의 창건과 관련된 기사일 것으로 생각된다. 이러한 백제 사찰을 B, C는 烏合寺로 단정하고 있다. 그런데 오합사와 성주사를 직접 연결시키는 B는 조선 중엽이전으로 올라가지 못하는 기록이고 보면 오합사를 성주사로 바로 단정 지을 수는 없다고 생각된다.[83] 또한 D의 ①, ②, ③도 성주사가 오합사였다는 전제가 성립되지 않고는 설득력 있는 사료가 될 수 없다. 여하튼 백제시대 성주사 이전 사찰은 599년 혜왕대 태자였던 법왕과 관련되어 창건된 사찰이므로 백제시대 성주사에 백제 사찰이 존재했던 것은 의심의 여지가 없다고 하겠다.[84]

---

[83] 여기서 성주사 관계 자료에 대한 전반적인 검토가 필요하다고 생각된다.「崇巖山聖住寺事蹟」의 경우 저자, 수집경위, 출전, 연대 등이 불확실하고,『四山碑銘』의 경우도 注解本이 몇 가지로 남아 있어 이들에 대한 상호 비교 검토가 우선 선행되어야 할 것임으로 後考를 통해 다루어 보고자 한다.「숭엄산성주사사적」이「성주사비」를 참조하였을 개연성이 있다고 한다(南東信,「聖住寺와 無染에 관한 자료검토」,『성주사』, pp.19~20). 이밖에도 休靜의『淸虛堂集』에는「海東七代錄(七代錄)」,「無染國師別集」등이 보이고 있다.

[84]『整備·復元을 위한 聖住寺址 1~6次 發掘調査 報告』, 忠南大學校博物館, 1997 ; 李康承,「성주사 가람배치의 변천」『聖住寺』(發表要旨文), 忠南大學校 百濟硏究所, 1998, pp.8~9. 성주사가 위치했던 藍浦의 백제시대 지명은 '寺浦'인데(『三國史記』36, 地理3, 藍浦縣), 혹 성주사 이전 백제 사찰의 존재를 염두에 둔 지명이 아닐까 한다. 한편, D의 ①, ②, ③의 기록을 종합해보면, 烏會寺는 백제의 '北岳'에 위치하는 것으로 나타나고 있다. 북악은 지금의 烏栖山(李道學, 앞의 글,『百濟硏究』20, 1989, pp.121~122)이나 聖住山(李殷昌, 앞의 글,『史學硏究』21, 1969, pp.23~24)보다는 좀 더 북쪽에 위치한 禮山과 瑞山의 경계를 이루는 伽倻山으로 보는 것이 좋지 않을까 한다. 북악을 北部에 위치하는 산으로 본다면 '北部 修德寺'의 예에서도 보다시피 오히려 이 일대에서 찾아야 하지 않을까 하는 것이다. 그렇다면 유적으로도 서산 磨崖三尊佛과 普願寺址가 있는 가야산이 북부의 대표적인 산이 되지 않을까 생각된다. 더구나 수덕사가 위치한 예산 쪽으로 역시 가야산의 능선인 봉산면 화전리에서 발견된 四面石佛의 존재를 보면, 북부에서 가야산이 차지하는 비중은 어느 산보다 컸다고 생각된다. 그렇다면 북악은 백제 서울 부여에서 보아도 북쪽에 위치하고 있는 가야산으로 보는 것이 자연스럽지 않을까 한다. 따라서 북부-북악의 연결이 성립한다면 북악을 가야산에 연결시킬 수 있고 오합사는 이 부근에 위치한 사찰로 보는 것이 합당하다고 생각한다.

한편, 이후 성주사의 변천 과정은 어떠하였을까. 성주사 일대는 660년 백제 멸망 후 691년 김인문의 수봉지로 되었으므로 적어도 695년경 김인문 추선원당으로의 기능을 갖게 되기까지 약 30년간의 기간이 있었다. 여기서 성주사에 위치했던 백제시대 사찰은 백제 멸망기나 부흥운동 이후에도 사찰의 명맥은 유지하고 있었지 않았는가 생각된다. 그것은 김인문의 원당이 백제 사찰의 자리에 그대로 위치하고 있었기 때문이다. 물론 중간에 개보수는 수차에 걸쳐서 있었겠지만, 사찰이 중단되지 않고 이어져 온 것으로 보인다. 이렇게 보면, 성주사 개창전까지 성주사의 유지는 김인문과의 관계에서 비롯된다고 보아도 무난하리라고 생각된다. 그렇다면 성주사와 김인문은 어떠한 관계에 있었을까. 성주사와 김인문 관계 기사는 매우 소략하지만 다음을 들 수 있다.

E - 「……載初二年 以仁問大角干……」(「聖住寺碑」 A-4행)
F - 「有一寺 在熊川州坤隅 是吾祖臨海公 祖諱仁問唐醻伐獩貊功封爲臨海郡公 受封之所」(「대낭혜화상탑비」)

E의 사실이 있기 전 해인 載初元年(690)에 김인문은 당에서 '輔國大將軍上柱國臨海郡開國公左羽林軍將軍'에 제수되었다. 그는 당시 당경에 있었는데 당에서의 이와 같은 사실은 곧 신라에 알려졌을 것이다. 이 시기를 즈음하여 국내에서는 신문왕의 왕권신장을 위한 노력이 진행 중이었다. 同王 12년(692)에는 太宗廟號 문제로 당과 마찰이 있었으나 그대로 관철시키고 있다. 이는 조상에 대한 자부심의 면모를 보여주는 것으로 생각되는데, 이 시기에 당에서의 김인문에 대한 새로운 직책의 제수는 신라 조정에 왕의 叔父인 김인문에 대한 대우문제를 고려하게 했을 것이다.

그러면 신라의 김인문에 대한 대우는 구체적으로 어떠한 것이었을까. F는 그 대우가 성주사 일원이 김인문에게 封地로 내려진 것을 말해주고 있다. 그러면 이 시기는 그가 생존해 있을 때 가능한 일이 되므로 그의 생존 시기에 성주사와의 관계를 설명해주는 것으로 생각되는 E가 그 시기가 되지 않을까 한다. 이렇게 보면 E의 載初二年(691)에 F의 熊川州의 성주사 일원이 김인문에게 封地로서 내려진 것으로 생각된다. 여기서 그의 봉지는 어느 정도의 규모였을지 의문이다. 그렇지만 우선은 그가 전에 식읍으로 받은 양에 준했으리라고 생각해 볼 수 있다. 이와 관련하여 김인문에게 食邑으로 내려진 사례를 보면 다음과 같다.

G - ① 「(太宗王 3, 656)……太宗大王授以押督州總管 於是築獐山城 以設險 太宗錄其功 授食邑三百戶」(『三國史記』 44, 金仁問傳)
② 「……太宗大王歎美其功 特授食邑三百戶」(「金仁問碑片」)
③ 「論功 中分本彼宮財貨田莊奴僕 以賜庾信仁問(『三國史記』 6, 文武王 2년 6월조)
④ 「文武大王(8, 668)以仁問英略勇功特異常倫 賜故大琢角干朴紐食邑 五百戶」(『三國史記』 44, 金仁問傳)
⑤ 「仁問又入唐 以乾封元年(文武王 6, 666)扈駕登封泰山 加授右驍衛大將軍 食邑四百戶」(上同)
⑥ 「文武王(8, 668)高宗亦聞仁問屢有戰功……仍加爵秩 食邑二千戶」(上同)

여기서 ①, ②, ③, ④는 신라에서 받은 것이고, ⑤, ⑥은 당에서 받은 것이다. 우선 ①에서와 같이 김인문이 獐山城(慶山郡 慶山邑)을 쌓아 방어시설을 하여 그 공으로 받은 '食邑 300戶'는 그 위치는 알 수 없으나 통일 전의 사실이므로 남포 일원이 될 수가 없다.[85] 다음으로 ②는 비편이지만 『삼국사기』 「김인문전」의 내용과 일치를 보이고 있는 부분 중의 하나이다.[86] 앞뒤의 내용이

---

85) 『三國史記』 5, 太宗武烈王 3년조에는 「金仁問自唐歸 遂任軍主 監築獐山城」라고 하고 있다.
86) 黃壽永 編, 『韓國金石遺文』, 1976, pp.65~68.

없어 제대로 내용을 알 수 없으나 같은 태종대왕대이고, 식읍으로 내려진 양에 있어서도 일치를 보이고 있으므로 ①과 같은 내용일 것이다.[87]

다음 ③은 본피궁의 재화, 전장, 노복의 반을 받은 것으로 나타나는데 이것은 대고구려전의 전공으로 받은 것이다. 비록 직접적으로 식읍이란 성격을 띠고 있다고 보아도 좋을 것이다. 그런데 이것도 본피궁 소속의 것을 받은 것이므로 경주 일원을 크게 벗어나지 못하고 있었다고 생각된다.

다음으로 고구려 멸망 후, 그의 英略과 勇功의 특이함으로 해서 故大琢角干 朴紐의 식읍 500호를 받았다는 것이 ④이다. 이것이 김인문에게 내려진 봉지로 생각되기도 한다.[88] 그러나 김인문에게 봉지로 성주사 일원을 내려준 시기는 691년이므로 이 사례가 될 수 없는 것이다. 끝으로 ⑤, ⑥은 당에서 받은 식읍이므로 국내에서의 식읍과 관련이 없다. 그렇다면 691년에 김인문에게 내려진 식읍의 양은 얼마나 되었을까. 구체적인 기록이 없어 알 수 없으나 위의 식읍으로 내려진 양에 상당하는 양을 받았을 것으로 생각된다. 이렇게 보면 김인문이 국내에서 받은 식읍의 양은 경주 일원과 성주사일원을 합해서 모두 1천 여 호 이상을 헤아리게 된다.

이러한 그의 식읍은 어떻게 관리되었을까. 이것은 그가 국내에 없는 관계로 해서 그의 일족에 의해서 운영되어 왔을 것이다. 그 중 김인문이 691년에 봉지로 받은 성주사 일원은 그가 죽은 후에는 어떻게 되었을까. 다음 사료를 보자.

H -「……莫知其建立之……追者一七僧請居此精舍……」(「聖住寺碑」A-4~5행)

---

87) 藤田亮策, 「新羅金仁問墓碑の發見」 『青丘學叢』 7, 1932, pp.157~159.
88) 金昌錫, 「통일신라기 田莊에 관한 연구」 『韓國史論』 25, 1991, p.83. 그러나 이러한 사실이 성립하려면 최소한 668년 이전에 박유에게 식읍으로 내려졌어야 한다. 더구나 그 가능성이란 신라가 백제를 멸할 때 어떤 특별한 전공이 있어야 했을 것이다. 그러나 박유에 대해서는 이 시기 기록에 전연 보이지 않고 있다.

H는 E와 연결되는 문장인데 追者 17僧이 이 절에 머물기를 청했다는 기사가 보이고 있다. 그런데 여기서 복원된 비문에서 E와 같은 행이면서 가깝게 연결될 수 있는 문장이고 보면 H는 김인문과의 관계를 떠나서는 생각할 수 없는 사실이다. 그리고 '追者'는 '追善者'란 의미일 것이므로 김인문의 사후에 일어난 사실을 설명하는 것이 된다. 그렇다면 김인문 사후에 김인문과 성주사와의 관계는 추자 17승에서 보다시피 願堂과 관계가 있을 것이다. 여기서 17승이나 되는 승려가 자발적으로 주석을 요청한 듯이 보이나 1, 2인도 아니고 17명이나 되는 승려가 모두 같이 자발적으로 죽은 김인문의 追善 행위를 위해 성주사에의 住錫을 요청했다고는 볼 수 없다. 그렇다면 누구의 요청으로 17명의 승려들이 이 절에 주석하게 되었을까. 이들은 인용사의 예에서도 보다시피 '國人'으로 표현되는 김인문 일족이었을 것이다.[89] 이렇게 보면 이미 김인문과 仁容寺의 예에서도 보다시피 이 사찰도 김인문의 원당이었을 것으로 생각된다.[90] 결국 통일신라시대의 성주사는 김인문의 생존 시에는 신문왕의 숙부에 대한 대우로서 원당을 세워주는 공덕이 되는 사찰이었고, 김인문의 죽음에 이르러서는 追善願堂으로 되어 있었던 것이 아닌가 한다.[91]

　　한편, 이 같은 김인문 원당으로서의 성주사는 유지되어 내려오다가 중간

---

89) 李基白, 앞의 글, pp.151~158.
90) 김인문에 대해 '親唐的'인 인물로 보기도 하지만(權悳永, 「悲運의 新羅 遣唐使들 -金仁問을 중심으로-」『新羅의 對外關係史硏究』15, 新羅文化祭學術發表會 論文集, 1994, pp.244~245), 그가 당에서 옥에 갇혀 있을 때 그의 안녕을 위한 仁容寺의 창건이라든지, 통일신라기 성주사 이전 사찰과 김인문과의 관계로 보더라도 그를 '친당파'로 볼 수는 없다고 생각한다.
91) 功德과 追善이 결합된 淨土信仰으로 月明師, 燕岐의 「癸酉銘阿彌陀佛及諸佛菩薩石像造像記」 그리고 「甘山寺 阿彌陀佛造像記」의 예가 있는데(李基白, 「新羅 淨土信仰의 다른 類型들」『新羅思想史 硏究』, pp.169~177), 여기에 김인문과 성주사 이전 사찰도 포함될 수 있을 것이다. 그런데 양자간 차이점이 있다면, 전자가 공덕과 추선의 대상이 이원적이고 동시성을 띠는 반면에 후자는 공덕과 추선의 대상이 일원적이고 일정 시기지만 통시성을 띠고 있다는 점일 것이다.

에 화재로 인해 절이 거의 폐허화 되다시피 하게 된다. 이 같은 원인으로 김인문 원당으로서의 성주사의 구체적인 창건 내력은 H에서 표현된 것처럼 알 수 없었을 것이다. 그렇다면 이 시기는 언제일까. 이 시기는 김인문과 관계된 사찰로서 자리 잡은 시기가 691년부터이고 무염의 성주사 주석이 847년이므로 중간의 화재는 750~800년이 되는 시기로 잡을 수 있을 것이다.[92] 이 같은 시기로 보면 성주사는 그 개창이 있기까지는 50~100년의 시간이 남아 있었으므로 그때까지 겨우 명맥만 유지하는 상황이었지 않은가 한다. 이러한 상황에서 무염의 성주사 주석이후 김인문을 조상으로하는 김주원 가계 특히 김흔이나 위흔의 중앙정계 진출과 맞물려 성주사의 창건이 이루어지게 되었다고 생각된다.

이러한 성주사의 창건과 관련하여 「성주사비」는 사원 내에 구체적 건물 배치에 대한 자료를 제공해 주고 있다. 현존하는 「대낭혜화상탑비」에는 전혀 언급되어 있지 않지만 복원된 「성주사비」에서는 창건 과정에 있어서 몇 몇 주요 건물에 대해 구체적으로 기록하고 있다. 그런데 「성주사비」에는 기본적인 伽藍配置인 中門-塔-金堂-講堂 그리고 回廊에 대해서는 언급하지 않고 있다. 그 까닭은 중심 건물인 금당을 제외한 나머지는 일반적인 것이므로 애써 기록할 필요가 없었기 때문일 것이다. 결국은 이러한 일반적인 가람배치를 제외한 특이한 사항이 중점이 되었을 것이다. 복원된 「성주사비」에서도 보다시피 金堂, 丈六世尊像, 七祖師堂, 三層無垢淨石塔의 건립은 바로 이러한 사실을 나타내는 것으로 생각된다. 그렇다면 성주사 창건시의 가람배치는 중문-탑-금당(장육세존상)-강당과 회랑이라는 일반적인 가람배치 외에도 영당인 칠조사당과 삼층무구정석탑이 있었다고 생각된다.[93]

---

92) 「有一寺 在熊川州坤隅……間劫燼汙葍 金田半灰」(「대낭혜화상탑비」)

93) 여기서 「崇巖山聖住寺事蹟」의 기록대로 1000여 칸이나 되는 건물 규모를 성주사 개창기 규모로 볼 수는 없다고 생각한다. 더구나 사적기의 기록에서도 보다시피 단순히 건물의 명칭에서도 차이를 드러내고 있다.

이상과 같이 성주사의 창건과 관련하여 복원된 「성주사비」와 「대낭혜화상탑비」와의 비교 검토를 통해서, 성주사의 창건은 백제시대 혜왕대 태자였던 법왕과 관련된 사찰에서 비롯됨을 알 수 있었다. 이어 통일신라시대에 들어와서는 691년에 김인문에게 성주사 일원이 수봉지로서 내려졌는데, 특히 그 수봉지 내의 성주사 이전사찰은 그의 안녕을 기원하는 원당이 되었다가 그의 사후인 695년 이후에는 추선원당으로 되었고, 이후 대화재를 겪고 난 후 김주원가계에 의해 성주사가 개창됨을 알 수 있었다.

2. 聖住寺와 金周元 家系

위에서 본 바와 같이 성주사의 中代 寺刹은 김인문의 추선원당이었음을 알 수 있었다. 이 같은 성주사 일원은 김인문 一族의 거주가 있었을 것으로 생각되는데 봉지의 관리를 위해서는 추선원당의 유지를 위해서도 일족의 거주는 필요했을 것이다. 성주사 비문에서와 같이 김인문이 죽은 후 17인이나 되는 승려가 이 절에 주석을 청한 사실이 보인다. 이들은 단순한 수행만을 위한 승려가 아닌 김인문의 추선을 위한 목적을 갖고 있던 승려들이다. 그렇다면 김인문과의 관련성을 염두에 두면 이들 17인은 중앙에서 파견된 승려들이었을 것이다. 여기서 승려 17인을 지방의 사원에 파견한 이들은 누구였을까. 다음 사료를 보자.

> I-「仁問在獄時 國人爲創寺 名仁容寺 開設觀音道場 及仁問來還 死於海上 改爲彌陀道場」(『三國遺事』 2, 文虎王法敏)

경주에 있던 김인문의 원당으로 인용사를 창건한 국인의 존재가 보이고 있다. 이들은 글자 그대로의 의미보다는 김인문의 일족이었을 것인데, 이들은 경주에서 김인문에게 내려진 식읍을 경제적 배경으로 갖고 있던 이들이었을 것이다. 그렇다면 성주사의 김인문 원당에 17인의 승려를 파견했던 사람들도 역시 김인문을 조상으로 하는 그 후손이었을 것이다. 그런데 구체적으로 이들은 누구였을까.

우선 주목되는 것은 金周元 家系이다. 그중에서도 김주원 가계의 인물로 성주사 개창의 시주자인 김흔과 위흔이 주목된다. 김흔이 무염에게 성주사 주석을 요청한 말 가운데 '吾祖金仁問'이라고 하고 있음을 보면, 김흔과 위흔의 고조는 김주원이므로 김인문 후손은 김주원 가계 인물들이 되는 셈이다. 이렇게 보면, 김인문의 5대손인 김주원의 중간 선대가 성주사의 김인문 원당에 17인의 승려를 파견했던 이들이 아니었을까 생각된다. 이들은 김인문의 봉지 관리를 위해서나 김인문 사후 성주사의 김인문 원당의 유지를 위해서 그 일족을 거주하게 했고, 17인이나 되는 승려를 파견했을 것이다.

그렇다면 이와 같은 김인문 일족의 웅천주 일대 거주는 언제부터 였을까. 이 시기는 복원 비문에서 보이는 바와 같이 김인문과 성주사가 관련을 맺기 시작하는 연대인 '載初二年' 즉 691년(신문왕 10) 이후가 될 것이다. 이 시기를 즈음하여 김인문 일족의 거주가 시작되었고, 가까운 시기인 김인문 사후 695년경에는 봉지의 중심 가람이었을 성주사를 추선원당으로 하는 등 봉지와 원당의 유지를 위해 적극적으로 나서고 있음을 알 수 있다.

한편, 이 같은 김인문의 추선원당으로서의 성주사가 중간에 화재를 입어 거의 폐허화되다시피 하는데 이 시기는 이미 본 바와 같이 750~800년이 되는 시기로 추정하였다. 그런데 이후 절의 중건 사실이 나타나지 않고 있다. 무염이 주석(847년)한 후 성주사를 개창하기까지는 적어도 50여 년의 시간이 남아 있었다. 그 원인은 애장왕대의 사찰에 대한 제한적 조치나 왕권 다툼으로 인한 정국 불안정의 이유도 있었겠으나 더욱 심각한 문제가 있었을 것이다. 다음 사료를 보자.

J- ①「三月 熊川州都督憲昌 以父周元不得爲王 反叛……」(『三國史記』10, 憲德王 14)

②「…(中略)…戮宗族黨與凡二百三十九人 縱其民」(同王 14)

J-①에서와 같이 822년에 웅천주에서는 김헌창의 난이 일어나는데, 여기에 동조한 사람들은 김인문이 봉지를 받은 시기부터 시작해서 김인문 원당이 성립한 후 이 지방에 거주하고 있던 김인문을 조상으로 하는 일족이었을 것이다.[94] ②에서 '宗族'으로 표현되는 사람들이 바로 이들이었을 것이다. 또한 239인 중 '黨與'로 표현되는 사람들은 휘하의 병사(其民)를 거느렸던 김헌창의 막료들이었다고 생각되는데,[95] 이들의 숫자는 그렇게 크지 않았을 것이다. 그렇다면 239인 중 대부분은 웅천주지방에 거주하던 김인문 일족인 김주원 가계의 종족이었을 것이다. 결국 김헌창의 난으로 인한 웅천주지방의 김인문 일족의 대거 몰락은 김헌창의 난이 있기 전 가까운 시기에 있었을 김인문 원당인 성주사의 화재 이후 그 중창을 어렵게 했던 주된 원인이었을 것으로 생각된다.[96]

한편, 이러한 김인문 원당인 성주사가 대화재를 입은 후, 성주사의 개창은 역시 김주원 가계에 의해서 이루어지게 된다. 특히 김주원 가계의 위흔과 김흔이 중앙정계에의 진출이 있었다.[97] 김흔은 성주사 개창시기에 비록 소백산

---

[94] 이 같은 김인문의 莊園에 김인문 직계 후손들이 낙향해서 지방 세력화 되었고, 이들은 김헌창의 난과 연결되고 난의 후에도 해체되지 않고 성주산문 개창의 사회 경제적 기반이 되었다고 한다(崔柄憲,「新羅 下代 社會의 動搖」『한국사』3, 1979, pp.462~463).

[95] 이들 대부분을 金憲昌과 서울에 있었을 때부터 행동을 같이 하던 사람들로 보는 견해도 있다(李基白,「新羅私兵考」『歷史學報』9, 1957 ;『新羅政治社會史 研究』, 1974, pp.262~263 ; 盧泰敦,「羅代의 門客」『韓國史研究』21·22합집, 1978, p.333).

[96] 金憲昌 父子의 반란이후 金周元系는 元聖王系안의 독립된 가계에 분산 흡수되어 김주원계로서의 독자적인 힘을 잃고 있었다고 한다(尹炳喜,「新羅 下代 均貞系의 王位繼承과 金陽」『歷史學報』96, 1982, p.60).

[97] 성주산문의 개창에 있어서 호족과의 인적기반 관련성을 부정적으로 보기도 하지만(秋萬鎬,「羅末禪師들과 社會諸勢力과의 關係」『史叢』30, 1986, pp.9~11) 이러한 인적기반(金光洙,「羅末麗初의 豪族과 官班」『韓國史研究』23, 1979, p.138)과 경제기반이 없이는 성주산문 개창을 생각하기는 어렵다(崔柄憲, 앞의 글, pp.462~463).

중에 퇴거한 상황이었으나 '山中宰相'으로 표현되는 그의 정치적 지위에서 무염의 성주사 주석을 주선하고 있다.[98] 그리고 위흔은 김흔이 요청해 무염이 성주사에 주석한 해인 847년에 侍中으로 임명되고 있는데 무염이 성주사에 주석한 시기와 위흔이 시중직을 맡게 된 시기가 847년으로 동일 시기임을 보면, 김흔이 무염에게 성주사 주석을 요청한 것은 위흔이 시중직에 있음으로 해서 김인문 원당으로서 성주사 개창이 가능하리라는 생각 하에 추진되었던 것이 아닌가 생각된다. 이렇게 보면 성주사의 개창에 국가적 지원을 받게 뒷받침한 것이나 경제적 지원은 김흔이나 위흔의 중앙정계 진출에서 가능했을 것이다.

또한 당시 실권을 가지고 있던 진골귀족인 윤흥이나 윤흥과 관계 있던 의

---

98) 反神武王系였던 이찬 金昕이나 이찬 大昕 등이 그대로 신무왕대에 활동하고 있었던 사실을 생각하면 가능한 일로 생각된다(李基白, 「上大等考」 『新羅政治社會史研究』, 1974, p.125와 李基東, 「新羅下代의 王位繼承과 政治過程」 『新羅骨品制社會와 花郎徒』, 1984, pp.167~168). 여기서 김흔과는 비록 정치적 성향은 달랐으나 從弟가 위흔이었던 것은 그의 정치적 생명을 유지하는데 힘이 되었을 것이다. 한편 김흔과 대흔의 동일인 여부 문제가 있는데, 문성왕 11년(849) 9월에 이찬 金式과 이찬 대흔의 반란이 있었는데 同年 8월에 김흔이 죽고 있다. 여기서 대흔은 인명의 유사성이나 비슷한 직책 등과 관련하여 김흔과 동일인일 가능성을 추측하면서도 대흔이 모반하여 被誅된 시기와 김흔이 病死한 시기가 다른 점을 들어 다른 사람으로 제시하고 있기도 하다(李基東, 앞의 글). 그렇지만 이들 두 사람은 죽은 시기에 있어 대흔이 被誅된 것이 9월이고, 김흔의 病死는 8월 22일이라는 차이가 있을 뿐이다. 그런데 김흔의 葬事는 다음 달인 9월 10일로 나타나고 있어 김흔의 죽은 시기에 의문의 여지가 없는 것은 아니다. 이에 대해 동일인으로 보기도 하지만(金杜珍, 「新羅下代 崛山門의 形成과 그 思想」 『省谷論叢』 17, 1986, p.313 ; 文暻鉉, 「神武王의 登極과 金昕」 『趙恒來紀念韓國史學論叢』, 1992), 김흔은 복원된 성주사 비문에서 '伊湌庶兄'으로 표현되고 있으므로 그를 반란을 일으킨 인물로 보기는 어렵다. 또한 왕명에 의한 撰인 「대낭혜화상탑비」에서 언급했으리라고는 생각하기 어렵다. 더구나 그러한 인물에 대해 자세한 傳記까지 전해졌다고는 더욱 생각하기 어렵다. 한편, 김흔이 무염에게 성주사의 주석을 요청한 데에는 무염의 입당시 김흔과 동행했던 일, 중국에서 만났던 인연, 그리고 무염과는 한 조상인 龍樹伊湌과의 혈연관계도 의미있는 일이었을 것이다.

화부인도 성주사의 개창에 참여하고 있다. 비문에 보이는 의화부인은 봉교찬인 성주사비에 '夫人'으로 기록되고 있음을 보면 윤흥 이찬과 관계된 인물인데 윤흥 이찬의 女로 문성왕의 다른 비가 아니었을까 생각된다.[99] 이미 보았듯이 의화부인이 王妃級에 해당하는 인물임을 보았는데, 봉교찬인「성주사비」에 보이는 의화부인의 시주 사실에서 의화부인은 왕실과 관계된 인물임을 알 수 있을 것이다. 여기서 의화부인이나 윤흥 이찬도 김주원 가계의 성주사 중창에 깊이 관여하고 있음을 보면 이들과 김주원 가계간의 연결이 있었지 않은가 생각된다. 여하튼 성주사 개창의 시주자로서의 의화부인과의 관계에서 윤흥 이찬도 관계했을 것이므로 두 인물도 성주사 개창의 지원인물임을 알 수 있다. 이상의 검토를 통해서 특히 무염의 성주사 주석을 요청한 김흔이나 단월로서 사원의 중심 건물인 불전(금당)과 장육세존상 등 주요 건물의 건립에 주도적 역할을 했던 위흔에게서 김주원 가계의 역할이 주도적이었음을 알 수 있다.

결국 성주사의 개창과 관련하여 성주사 일대에는 691년 김인문의 봉지가 성립된 이후 성주사가 김인문의 추선원당이 되면서 김인문을 조상으로 하는 김주원 가계 일족의 거주가 있었다. 이것은 성주사 유지의 기반이었고 이 같은 기반이 822년 김헌창의 난을 고비로 무너지게 된다. 그러나 다시 830년대부터 중앙정계에 진출하는 김주원가계의 김흔이나 위흔의 주도적 지원아래 성주사는 개창되었다고 생각된다.

3. 聖住寺碑의 撰者 金立之

김입지는 신라 하대 文翰機構가 크게 확장되는 시기에 翰林臺에서 크게 활약한 인물이다.[100] 그는「昌林寺 無垢淨塔願記」도 지었다. 그런데도 그의

---

99) 宜和夫人의 이름을 직접 기록하고 있음을 보면 더욱 그렇게 생각된다. 아마도 후대에 允興의 謀叛(『三國史記』 11, 景文王 6년 10월조)으로 기록에서 누락된 듯하다.

100) 李基東,「羅末麗初 近侍機構와 文翰機構의 擴張」(『歷史學報』 77, 1978 ;『新羅

생애에 대한 구체적인 기록은 찾아볼 수 없다. 그가 宿衛學生이었던 점을 생각하면 대부분의 숙위학생의 예에서와 같이 그도 六頭品 출신이었을 것으로 생각된다.101) 여기서 그의 집안은 육두품 가문이지만 그가 숙위학생으로 되기까지는 경제적 뒷받침을 해줄 수 있어야 했을 것이므로, 그의 집안은 어느 정도의 경제력을 갖춘 집안이었을 것이다. 이러한 경제력을 배경으로 그는 학업에 전념하여 숙위학생에 선발되었고, 다른 육두품 출신들과 같이 학문적으로 자신의 길을 개척하려 하였다. 이러한 그는 다른 육두품 출신들과 같이 왕권에 대한 부정보다는 자신의 능력을 제한하는 골품체제에 대해 비판적 시각을 가졌을 것이다.102) 여기서 자신의 능력을 발휘할 수 있는 돌파구로써 찾은 것이 숙위학생 자격을 갖추는 것이었을 것이다.

여기서 그의 숙위학생 경력을 보면, 그도 憲德王 17년(825)에 入朝使 金昕을 따라 金允夫, 朴亮之와 더불어 渡唐하여 숙위학생이 되었다. 그는 이후 唐에서 宿衛하면서 唐의 賓貢科에 급제했다고 한다.103) 김입지의 재당 숙위학생 시절의 그의 행적에 대해서는 별다른 기록을 찾아볼 수 없다. 그러나『全唐詩』逸目 卷中에는 그의 칠언시 대구 7연이 실려 있어 주목된다.『전당시』에는 이외에도 崔致遠 9연, 金可紀 1연, 金雲卿 1구가 있는데, 이 중 김입지의 시가 7연이나 기록되고 있음은 그가 시재가 있었음을 알게 해준다. 더구나 그의 시 중 4연의 詩題(峽山寺翫月, 贈靑龍寺, 宿豊德寺, 贈僧)가 모두 불교와 관계된 것임을 보면, 설령 그의 여러 시 중에서 취사선택되었더라도 그가 불교에 대해 깊은 관심을 가졌음을 알 수 있다. 그런데 그의 귀국에 대해서는 별다른 기록을 보이지 않고 있다. 그렇다면 그의 귀국은 언제일까. 숙위학생의 受業

骨品制社會와 花郎徒』, 1984, p.250).
101) 申瀅植,「宿衛學生考」『歷史敎育』11 · 12합집, 1969, pp.69~77.
102) 李基白,「新羅 六頭品 硏究」『省谷論叢』2, 1971 ;『新羅政治社會史 硏究』, 1974, pp.59~63.
103) 李基東, 앞의 글, p.250 ;「新羅 下代 賓貢及第者의 出現과 羅唐 文人의 交驩」『全海宗紀念論叢』, 1979 ;『新羅骨品制社會와 花郎徒』, 1984, p.286.

年限이 10년이고 보면 만기까지 생각한다 해도 興德王代(826~836)가 될 것이다. 그러나 이 시기에 숙위학생들의 귀국에 대한 별다른 기록이 보이지 않고 있다. 그런데 흥덕왕 死後부터 본격화된 均貞系와 憲貞系의 왕권다툼이 계속되고 있었음을 보면, 김입지도 그간 숙위학생으로 당에 있으면서 다른 숙위학생과 더불어 긴박한 국내 사정을 이유로 귀국을 늦추고 있었던 것이 아닌가 한다. 이러한 사실은 왕권다툼이 어느 정도 정리되는 시기인 文聖王의 즉위 이후에 唐에서 滿期 숙위학생을 대거 還國시킨 사실에서도 드러난다. 즉 840년(文聖王 2)에,

K -「唐文宗勅鴻臚寺 放還質子及年滿合歸國學生共一百五人」

라고 하여 105인이나 되는 숙위학생이 귀국한 것으로 나타나고 있다.[104] 이는 귀국 연한이 되었으면서도 귀국치 않고 있던 신라학생들의 수가 문제가 될 정도로 많게 됨에 따라 나타난 당의 조치로 생각된다. 이렇게 보면 김입지도 여기 105인 중의 한 사람이었을 것이다.

한편 그의 본국에서의 관료생활은 그가 빈공과에 급제한 사실로 인해 한림대로 기용되면서부터 였을 것이다. 그는 郎(후에 學士), 待詔, 書生 등의 官員이 배치된 한림대에서부터 그의 관계 진출을 시작했던 것이다. 그렇다면 그가 翰林郎의 직을 맡게 된 것은 그의 입국 연대로 추정된 840년 이후가 될 것이다. 이후 그는 한림랑으로 재직하면서 「성주사비」를 짓게 된다. 이와 관련하여 「성주사비」는 성주사의 가람배치가 완성된 후에 그 건립이 있었을 것이다. 그렇다면 성주사비의 건립 연대는 언제일까.

위에서 본 바와 같은 「성주사비」의 건립 연대는 우선 문성왕대(839~857)가 될 것이다. 무염의 성주사 주석이 문성왕 9년(847)부터이기 때문이다. 여기에 비문의 내용 중에 보이는 인물 중 윤흥 이찬이 景文王 6년(866) 謀叛을 하고

---

[104] 『三國史記』 10, 헌덕왕 17년 5월조.

있다.[105] 그렇다면 모반한 인물을 비문에 기록하지는 않았을 것이므로 「성주사비」의 건립 하한 연대는 866년이 될 것이다. 또한 비문 A의 첫줄에 보이는 '崇嚴山聖住寺'는 문성왕대 易寺榜牌된 것이다. 여기서 「대낭혜화상탑비」에 보이는 바와 같이 성주사에는 무염의 주석 전 절이 거의 폐허화되다시피 했고, 복원된 성주사비문에는 무염의 주석 후 불전, 장육세존상, 칠조사당 그리고 무구정석탑 건립의 사실이 보이고 있음을 보면 1~2년 사이의 역사가 될 수 없고 850년대나 되어야 비의 건립이 가능하리라고 본다.[106] 여기서 檀越로서 크게 활약한 인물 중 문성왕대 南北相으로 있던 誼靜과 魏昕이 있는데 여기서 誼靜의 시주가 왕위에 오르기 전의 사실이고,[107] 撰者 김입지의 한림대 재직기간이 840~855년이므로 비의 건립 연대는 850~855년으로 좁혀 볼 수 있다. 더 나아가 비문에 보이는 이찬 위흔이 주동이 된 불전의 건립이나 장육세존상의 鑄成에 있어 '奉鑄丈六世尊像'이라든지 '奉爲魏昕伊湌'으로 표현되고 있음을 보면, 무염의 성주사 주석과 위흔 이찬이 侍中職을 갖고 있을 때인 847년부터 시작하여 문성왕 15년(853)에 왕이 사신을 보내 憮問이 있을 정도로 심각하게 西南地方의 蝗災가 있었던 시기[108]를 감안하면 이 시기를 넘어갈 수 없다고 생각된다. 그렇다면 결국 「성주사비」의 건립 연대는 850~853년이 되지 않을까 한다. 또한 김입지는 855년에는 문성왕의 원찰인 창림사의 「무구정탑원기」를 짓게 된다.[109] 여기서 그의 한림대 경력이 언제까지인지는

---

105) 『三國史記』 11, 경문왕 6년 10월조.
106) 黃壽永, 앞의 글, 『文化財』 4, 1969, p.13.
107) 「時憲安大王與檀越季舒發韓魏昕爲南北相 各居其官 猶左右相 遙展攝齋禮 贄以茗馛 使無虛月」(「대낭혜화상탑비」)
108) 『三國史記』 11, 문성왕 15년 8월조와 17년 정월조.
109) 현재 실물은 남아있지 않지만, 그 雙鉤模寫本은 남아 있다(小場恒吉, 『慶州南山の佛蹟』, pp.16~18). 書體上으로 보아 「성주사비」와 동일인의 것으로 추정되는데, 書者가 명시되어 있지 않지만, 두 기록의 書者도 역시 김입지가 아닐까 생각된다.

확실하지 않으나 890년 건립으로 추정되는 「대낭혜화상탑비」에 이미 '故翰林郎金立之'로 명기되어 있음을 보면 우선 890년대가 그의 경력의 하한연대가 될 것이다.110)

또한 上記 「무구정탑원기」에서 보이는 그의 관직명에 '翰林郎新授秋城郡太守'라고 하여 그가 855년 현재 새로 秋城郡(潭陽郡) 태수를 제수받고 있는 사실이 보인다. 그렇다면 그가 적어도 856년부터는 추성군 태수의 직임을 맡게 되고 한림랑직을 떠나게 도는 것이다. 여기서 그의 한림대의 경력은 더욱 좁혀 840~855년으로 추정해 볼 수 있다. 그런데 성주사와 그와의 관계는 그가 「성주사비」를 지었다는 사실에서이다. 「성주사비」는 그가 한림랑 재직 시의 撰이므로 이 기간 중에 그는 「성주사비」를 지은 것이다.111) 이후 그는 외관직에 나가고 있는데 빈공과 출신이 외관직으로 나가는 경우 태수급에 해당하는 직임을 맡고 있는 경우와 유사하게 그도 외관직으로 추성군 태수를 맡고 있다. 이후 그의 행적은 알 수 없다. 그러나 崔元, 崔賀, 朴仁範 그리고 崔致遠 등의 예에서 보이는 바와 같이112) 그도 외교사절의 일원이 되어 활약하지 않았을까 추측된다.

한편 위의 그가 남긴 기록을 통해서 볼 때 그의 사상적 경향은 대표적인 최치원의 예 등에서 보이는 육두품 출신의 儒佛 관심이 그에게서도 보인다. 특히나 주목되는 사실은 김입지도 최치원의 예에서도 보다시피113) 三韓에 대한

---

110) 「敏哀大王石塔記」(863, 景文王 3년)에 보이는 翰林(郎) 沙干 伊觀이 있으므로(黃壽永, 「新羅 敏哀大王石塔記」『史學志』3, 1969, p.66), 일단 그의 한림대 경력은 840~863년으로 추정해 볼 수 있다.

111) 무염이나 김입지가 시기적으로 차이는 있지만, 사신으로 갔던 김흔과 같이 중국에 갔던 사실에서 후에 김입지가 「성주사비」를 짓게 되었을 때는 그 사정을 누구보다 잘 알고 있었을 것이다. 아마도 그의 머릿속에는 이 같은 사실들이 그려졌을 것이다.

112) 申瀅植, 「羅末麗初의 遣唐留學生再論」『邊太燮紀念史學紀念論叢』, 1985, pp.599~601 ; 앞의 책, pp.142~144 ; 權悳永, 앞의 책, pp.142~144.

113) 「伏聞東海之外 有三國 其名馬韓卞韓辰韓 馬韓則高麗 卞韓則百濟 辰韓則新羅

인식이 있었다는 점이다.[114] 김입지는 「성주사비」에서 ㈂韓鼎足之代(百濟)을 삼국에 비정하고 있다. 또한 辰韓-新羅(者辰韓京邑)로 인식하고 있었다. 그렇다면 변한이나 마한을 고구려나 백제로 인식한 것이 되는데, 비록 더 이상의 구체적인 인식은 알 수 없으나 삼한을 삼국에 비정한 것은 당시 지식층의 삼한인식에 대한 일례를 보여주는 것으로 그 의미가 크다고 할 수 있다. 또한 그가 지은 「창림사무구정탑원기」나 「성주사비」에서 보이는 그의 불교에 대한 이해는 바로 이러한 사실을 말해 주고 있다. 佛法의 東流之說에 대한 이해나 禪宗에 대한 견해는 그의 숙위학생 시절에 갖추어진 것으로 생각된다. 그의 재당 시기가 선종의 확산 시기와 비슷함을 보면, 이 시기에 불교 전래에 대한 견해를 보면 梁(達摩)-口遺言(佛法東流)-㈂韓에 이르는 불법의 흐름을 말하고 있다. 이보다 늦은 시기지만, 역시 한림랑 崔賀 撰인 「大安寺寂忍國師照輪淸淨塔碑」에 보이는 '達摩圓宗'이라든지[115] '六祖-懷讓-馬祖道一-龔公山地藏大師-寂忍國師'의 예는 바로 당대 지식인들의 佛法 특히 禪宗(불법)의 東流之說에 대한 입장을 말하는 것으로 생각된다. 이렇게 보면 그도 당대 지식인들과 같이 불법의 동류지설을 믿고 있었다는 것이 된다.[116]

결국 이러한 김입지의 불교 특히 선종에 대한 폭넓은 이해와 빈공과 출신으로 같은 육두품 출신인 무염과 비슷한 시기에 唐에서 보낸 경력 등을 고려해 볼 때, 그가 한림랑이란 직책을 맡고 있었다는 사실과 더불어 「성주사비」를 짓게 되었다고 생각된다.

也」(『三國史記』 46, 崔致遠傳).

114) 신라사회에서는 7세기 후반이후 三國을 三韓으로 인식했다고 한다(盧泰敦, 「三韓에 대한 認識의 變遷」 『韓國史硏究』 38, 1982, pp.137~140).

115) 「대낭혜화상탑비」에서도 역시 무염을 '法號無染 於圓覺祖師爲十世孫'이라고 하여 '圓覺祖師(달마)'의 10세손이라고 하고 있다.

116) 그렇지만 그가 「성주사비」에서 기록한 七祖 중 靜衆 無相을 제외하고는 구체적으로 누구를 지칭하는지는 아직 알 수 없다.

VI. 맺음말

지금까지 金立之가 撰한 「聖住寺碑」의 복원과 비문의 내용에 대한 검토를 시도해 보았다. 이를 통해서 「성주사비」에 대해서 다음과 같은 사실을 알 수 있었다.

첫째로, 「성주사비」의 구조는 「대낭혜화상탑비」와 같이 螭首-碑身-龜趺의 형태로 되어 있었다.

둘째로, 撰者인 金立之는 書體를 고려해 볼 때 書者도 아닐까 추정하였다.

셋째로, 비의 建立年代는 비의 내용과 撰者인 金立之의 翰林郞 경력 등을 검토할 때 850~853년 사이일 것으로 여겨진다.

넷째로, 「성주사비」에 실린 글자는 약 2,100여 자로 「대낭혜화상탑비」가 5,120자인 것에 비하면 절반 정도의 분량이다. 현존하는 비편을 통하여 309자를 판독할 수 있지만, 내용상으로 보면 대체로 절반 정도에 해당되는 분량까지 파악할 수 있었다.

다섯째로, 비문의 내용은 다음과 같이 구성되었음을 알 수 있었다. 먼저 碑名과 撰者가 실리고, 이어 佛法의 東流와 聖住寺 開創 緣起 및 聖住寺 이전의 百濟時代 寺刹을 기록했을 것이다. 다음으로 新羅 中代에 金仁問의 追善願堂으로서의 성주사 개창과 無染의 入唐과 歸國, 受戒와 禪을 깨달은 과정을 언급하였을 것이다. 그리고 성주사의 重創과정와 檀越들을 적고, 마지막으로 성주사의 번창을 祈願하는 銘과 비의 建立年代를 기록했을 것이다.

그러므로 위와 같은 사실들을 종합해 볼 때, 金立之 撰의 「聖住寺碑」는 성주사 이전 백제시대 사찰이후 250여 년에 걸친 성주사의 역사와 신라 中代 金仁問의 追善願堂, 下代 無染의 住錫에 이르기까지의 내력을 기록한 聖住寺의 重創을 紀念하는 '紀念碑'였다고 생각한다.

5

聖住山門 관련 史料의 검토

Ⅰ. 머리말

聖住寺는 新羅 下代 대표적인 禪宗 寺院의 하나이다. 그런 만큼 성주사에 관한 많은 자료들이 존재하고 있다. 그 대표적인 것이 崔致遠의 「四山碑銘」 중의 하나인 「大朗慧和尙塔碑」와 金立之가 지은 「聖住寺碑」이고, 다른 금석문과 단편적인 문헌자료에도 기록이 남아 있다.

그동안 이러한 자료들에 대해서는 지속적인 발굴로 인한 자료의 검증과 연구 성과가 있어 왔다. 그 중에도 「대낭혜화상탑비」, 「성주사비」 등의 주요한 자료에 대해서는 많은 연구가 있어왔으나,[1] 『祖堂集』, 「崇巖山聖住寺事蹟」 『禪門寶藏錄』, 『淸虛堂集』 및 기타 문헌 자료 등에 보이는 성주산문에 관한 자료들에 대해서는 보다 정밀한 검토가 요구되는 형편이다.[2] 또한 필자는

---

1) 근래 성주사에 대한 종합적인 연구 성과가 있었다(「聖住寺」, 백제연구공개강좌, 1998). 또한 성주사에 대한 그동안의 발굴성과와 위의 연구를 종합한 보고서도 발간되었다(『聖住寺』, 忠南大學校 博物館, 1998). 拙稿, 「金立之의 聖住寺碑」『古代研究』6, 1998.
2) 이들 문헌 자료에 대해서는 최근 각종 자료와 발굴 보고서를 통해 정리된 바 있다

김입지의 「성주사비」의 복원 및 이해에 이들 자료를 이용한 바 있으나, 근래 一石 朴惟棟(1604~1688)이 편찬한 『黃溪誌』를 대하면서 이같은 자료 검토의 부족함을 느끼게 되었다.

따라서 이들 단편적인 자료에 대한 구체적인 분석과 더불어 이들 자료의 근거와 전승 등을 살펴보고자 한다. 이 같은 검토는 성주사에 관한 중요한 자료로서의 수용과 성주산문의 이해에 많은 도움을 줄 것으로 생각된다.

II. 崇巖山聖住寺事蹟

「崇巖山聖住寺事蹟(이하 事蹟)」은 「대낭혜화상탑비」, 「성주사비」와 함께 聖住寺 관련 자료로서 알려져 있다. 그런데 성주사 문헌 관계자료로서의 이 「事蹟」에 대해서는 寫本이면서도 著者, 蒐集經緯, 出典, 年代 등에 대해서는 기록되어 있지 않다고 한다.3) 그러나 근래 성주사지에 대한 발굴성과를 보면 적어도 「事蹟」의 연대는 가늠해 볼 수 있다.

최근 발굴성과에 의하면, 三千佛殿이 九間이었던 사실이 밝혀져 「事蹟」의 기록과 부합되고 있다. 또한 三千佛殿 주위에서 나온 銘文 암막새에서는,

---

(南東信, 「聖住寺와 無染에 관한 자료 검토」 『聖住寺』, 충남대학교 박물관, 1998).

3) 黃壽永, 「崇巖山聖住寺事蹟」(『考古美術』 98, 1968 ; 『考古美術』 合本輯 上, 1979, pp.450~451). 현재 이 필사본은 충남대학교 박물관에 소장되어 있고, 影印되어 소개되고 있다(『聖住寺』, pp.1020~1022). 이 필사본의 내용 중 첫머리에 「事蹟」이 실려 있는데, 원문 옆에 작은 글씨로써 교정이 되고 있음을 보면(南東信, 앞의 글, p.625), 이 「事蹟」 또한 다른 필사본에서 옮겨 적은 듯하다. 또한 이 사적이 실린 책은 제목은 보이지 않고, 내용도 목록없이 「崇巖山聖住寺事蹟」을 시작으로 70여 개 항목에 걸쳐 대부분 사찰 관련 기록을 남기고 있다. 이밖에도 지금은 전하지 않는 惠徹의 碑에 대한 기록(「鳳瑞庵新建勸文」)도 전하고 있어 보다 상세한 검토가 필요하다.

A - ① 正德十三年戊寅千佛殿改瓦[4]
　　② 嘉靖二十七年三千佛殿番瓦瓦改造記[5]

라고 되어 있었다. 즉 삼천불전은 正德十三年(1518)에는 '千佛殿'이었고, 1518년 이후부터 嘉靖二十七年(1548) 어느 사이엔가 '三千佛殿'으로 그 이름이 바뀌었다는 사실을 증명해 주는 것이다. 따라서 「事蹟」에는 '三千佛殿'으로 되어 있으니 「事蹟」의 上限年代는 1518년을 올라갈 수가 없다. 「事蹟」이 다른 여러 자료의 취사선택으로 이루어졌다고 하더라도 성주사의 규모를 언급한 이 부분의 기록만큼은 1518년이 그 上限年代가 되는 것이다.[6]

또한 출전과 관련하여 현재의 「事蹟」이 수록된 필사본에 선행하는 별도의 「事蹟」으로 존재했을 가능성이 있다. 그것은 「事蹟」을 집록했던 曼宇 鄭彙憲이 역시 集錄한 「海東 湖南道 智異山 大華嚴寺事蹟」에 茶의 유행과 관련하여 「事蹟」의 일부분을 인용하고 있기 때문이다.[7]

한편, 내용상에 있어서도 「事蹟」에는 성주사의 前身으로 百濟 烏合寺가 나오고 있고, 성주사의 規模, 新羅 文聖王과 敬順王 관계 기사가 실려 있는 등 많은 문제점을 안고 있다. 따라서 이 「事蹟」에 대한 검토 작업이 필요하다고 생각된다.

우선 내용의 全文은 다음과 같다(단락은 내용상 필자 분류).

---

4) 忠南大學校 博物館, 『聖住寺址發掘2次略報告書』, 1992 ; 『聖住寺』, p.217, p.231, p.821. 이외에도 魚骨文의 「甲辰年聖(住)千仏堂草」나 「乙巳年聖住千仏當草」 등의 銘文瓦(『聖住寺』, p.116, pp.122~123, pp.363~365, pp.914~919)는 이와 관련이 있지 않을까 생각된다.

5) 『聖住寺』, p.218, p.231, p.826.

6) 拙稿, p.81 註)39. 한편 南東信은 편찬 연대와 관련하여 고려 중기 이후에 편찬된 것으로 보고 있다(南東信, 앞의 글, p.625).

7) 鄭彙憲 集錄, 「海東 湖南道 智異山 大華嚴寺事蹟」『佛敎學報』6, 1969, p.233.

1) 崇巖山聖住寺事蹟(괄호 안은 필자의 원문 대조 교정)[8]

2) 聖住禪院者, 本隋陽(煬)帝, 大業十二年, 乙亥, 百濟國二十八世惠王子法王所建烏合寺, 戰勝爲冤魂, 願昇佛界之願刹也.

3) 時, 藍浦群賊起劫令滅, 俱(但)[9]存第屋可(也).[10] 新羅太宗大王八代孫·大朗(慧)和尙·無染國師, 唐, 德宗, 貞元十七年, 十二月, 二十八日, 午時, 誕生.

4) 年至十有三, 宿習冥感求出三界, 父母俱許. 大唐, 憲宗, 元和八年, 投雪岳山法性禪師, 剃落, 頓悟禪宗.

5) 入大唐麻谷山, 謁宝徹, 乃江西馬租(祖)道一禪師之上足也. 染師初謁, 道契印可, 直傳心印, 道播天下, 周流二十餘載矣.

6) 遇會昌五年, 乙丑, 沙汰, 勅外國禪僧各還本藩, 命漂(?)州觀使載艘食牒護送. 到海州連(漣)水縣, 便値本國內, 回繫纜光州錦城郡. 新羅第四十六世文聖大王, 聞師還命, 國人相慶曰: 連城璧後(復)還, 天宗爲之, 地有達(幸)也. 卽賜手敎, 親迎掖宮, 君夫人·世子·群公子·公孫環仰拜, 爲國師. 自是, 請益者, 所至稻麻矣.

7) 唐, 宜(宣)[11]宗, 大中元年, 丁卯, 冬, 十一月, 十一日, 至烏合寺, 其夜雪下半腰, 假住數日, 僧裕寂·梵行·志崇三人, 先居之, 固請住止. 文聖大王亦遣宰相魏昕·泰昕, 請居, 因住錫焉.

8) 惠(慧)和尙才高德重, 無爲而化, 不言而信. (時)藍浦群賊輻湊, 請益, 和尙猶鍾待叩, 似鏡現形, 以慧炤導其目, 法喜娛其腹. 由是, 群賊遷善改過, 出家

---

8) 근래 약간의 원문 교정과 표점 작업이 진행되었다(崔英成, 『譯註崔致遠全集』 1(四山碑銘), 1998, pp.359~362). 이와 더불어 영인본을 원문 그대로 옮기고 黃壽永, 「崇巖山聖住寺事蹟」(『考古美術』 98, 1968 ; 『考古美術』 合本輯 上, 1979, pp.450~451 ; 『佛敎美術』 2, 1974, pp.33~34)을 참고하면서 작성한 것이다.

9) 鄭彙憲이 집록한 영인본에 '但'으로 교정되어 있음을 보면(南東信, 앞의 글, p.625), 이 필사 원본도 원본은 아니었던 듯하다.

10) 鄭彙憲이 집록한 본문 옆에는 '也'로 추정하는 註記('恐也')가 달려 있는데 바른 교정으로 생각된다.

11) 鄭彙憲이 집록한 본문 옆에는 '宣'으로 추정하는 註記('恐宣')를 달고 있다.

得道(度?)者百餘人. 文聖大王頻降神筆曰: 熊州是海隅邊塞, 人性凶傲, 朕篤畏不服, 禪師旣爲佛法雄森[12]道德堪任, 人自行善, 朕喜充抱, 請禪道爲國鎭坐. 茶香信物四時連環, 因勅下曰: 烏合寺, 禪師所居, 誠可尊儼, 宜爲寺額, 勅賜聖住禪院, 山曰崇岩, 斯乃曰: 師道也.

9) 改創, 選法堂五層重閣, 三千佛殿九間, 海莊殿九間, 大雄寶殿五間,[13] 定光如來殿五間, 內僧堂九間, 極樂殿三間, 文殊殿三間, 觀音殿三間, 普賢殿五間, 遮眼堂三間, 十王殿七間, 栴檀林九間, 香積殿十間, 住室七間, 井閣三間, 鍾閣, 東行廊十五間, 西行廊十五間, 東西南北間(門?)各三間, 鍾閣二層. 中行廊三百間破, 外行廊五百間破, 基階猶存,[14] 水閣七間破, 庫舍五十間破矣.

10) 東西(面)都統巡官賜紫金魚袋崔致遠所撰碑一, 翰林郎阿湌金立之所撰碑一破. 釋迦如來舍利塔·定光如來舍利塔·迦葉如來舍利塔·藥師如來舍利塔四塔, 點靑山, 雙撑翠碧. 大朗(慧)和尙白月(葆)光塔安于西麓. 毘盧遮那佛一大尊像·三千佛相(像?)安于三千佛殿,[15] 此三千佛尊, 過去莊曰(嚴)[16]劫一千佛·現在賢劫一千佛·未來宿星(星宿)[17]劫一千佛三劫三千佛, 乃文聖大王造成願佛也.

11) 是刹也, 乾坐巽向, 歸元水破, 疊嶂帶海, 長岑回抱, 千峰壁立, 萬壑朝宗. 大州前統, 東枕苦師津, 南距藍浦, 西臨天池, 北背保寧縣, 租(祖)元白頭山聯

---

12) 鄭彙憲 集錄,「海東 湖南道 智異山 大華嚴寺事蹟」, 앞의 책, p.233에는 '森'으로 되어 있다. 원문을 보아도 역시 '森'으로 읽어야 하겠다.
13)「聖住寺碑」에서 말하는 丈六世尊像(拙稿, pp.85~87)은 여기에 안치되어 있었을 것이다. 이 본존상에 대해서는 金春實,「鐵佛『聖住寺』, pp.582~592이 참고된다.
14) 脚註로 처리해야 할 듯하다.
15) 발굴조사 결과 추정 삼천불전지에서 불대좌편이 발견되기도 하였다(『聖住寺』, pp.69~70, p.724).
16) 崔英成, 앞의 책, p.362.
17) 鄭彙憲이 집록한 본문의 두 글자 옆에는 표시점을 남기고 있는데, 이를 의문시하였던 듯하다.

來, 實鷄林之名山, 馬韓之跳壤也.
12) 王太祖(祖)統合三國時, 金傅大王治(沿)海西來, 傷嘆曰: 大朗惠(慧)和尙, 同祖聖骨也. 聖住禪院, 乃先祖所建願刹也. 率宮奴來居之. 王太祖以公主處之, 賜爵土田, 奉饋三道食邑. 金傅大王, 終身于玆, 陵基靈祠, 今在山頂矣. 自文聖大王, 歷憲安王景文王憲康王, 至金傅大王, 十一代也.

이상과 같이 단락을 나누어 아래와 같이 분석해 보고자 한다.

1) 崇巖山聖住寺事蹟

성주산문의 원래 산문 이름이 명시되어 있어서 주목된다. 「성주사비」에서도 첫머리에 '嵩巖山 聖住寺…'라 하고 있어 초기 산문이름은 숭엄(암)산문이었음을 알 수 있다.[18]

2) 聖住禪院과 그 前身으로서의 烏合寺[19]

'聖住禪院'이란 명칭은 寺址에서 출토된 고려시대 魚骨文 瓦片의 銘文에서 보이는 '聖住禪寺'[20]와 비교될 수 있다. 단정할 수는 없지만 이 기록이 고려시대의 기록도 참조하였을 가능성을 시사한다고 하겠다.

한편, 烏合寺의 創建을 隋陽(煬)帝 大業 12年(616) 乙亥라고 하였으나 「성주사비」 중에 '百濟國獻王(惠王)太子'의 기록으로 보아 이 年代 산출은 잘못된 것이라고 할 수 있다.[21] 獻王의 在位年代(598~599)로 보아도 17년이라는 차

---

18) 拙稿, p.81.
19) 성주사의 전신 사찰로서 百濟 烏合寺로 보는 「事蹟」의 문제점에 대해서는 필자가 다룬 바 있다(拙稿, p.95 註) 83).
20) 『聖住寺』, p.117, p.123, p.366, pp.921~922.
21) 大業 十二年(616)의 干支는 丙子이고, 乙亥는 大業 11년에 해당된다. 法王의 재위연대는 599~600년인데 여기 보이는 烏合寺의 창건연대가 616년이면 武王代(600~641)에 해당된다. 한편, 이같은 오합사의 창건연대를 落成年代로 보는 견해

이가 생긴다. 설사 616년을 落成年代로 본다 해도 절의 공사기간이 너무 길다.[22] 「事蹟」 저자는 百濟 獻王의 在位年代와 中國 年代紀의 비교에 있어서조차 잘못 계산한 것이다. 「성주사비」에서 애써 '獻王太子'라고 구체적으로 지적하고 있는 것을 보면, 598년을 그 창건연대로 보는 것이 좋을 듯하다.[23] 「성주사비」 기록 자체만으로도 백제시대 성주사에 사찰이 존재한 것은 분명한 사실이다.[24]

3) 무염의 出生과 그 시기

무염의 출생시기에 대해서 어느 기록에 근거한 것인지 알 수 없으나, 그가 藍浦에서 태어난 것처럼 기록하고 있다. 그렇지만 무염의 출생지는 慶州로 생각된다. 「대낭혜화상탑비」에 보면, 무염이 唐에서 귀국해 경주에 있던 그의 어머니를 만났었다.[25] 또한 『祖堂集』에,

> 嵩嚴山聖住寺故兩朝國師, 嗣麻谷, 法号無染, 慶州人也.

라고 명시되어 있다.[26] 이로써 보면 무염의 출생지는 경주인 것이 확실하다.

도 있다(李道學, 「泗沘時代 百濟의 四方界山과 護國寺刹의 成立」 『百濟研究』 20, 1989, pp.114~116).
22) 당대 創建된 泗沘의 王興寺 같은 경우에도 僧 30인을 두었을 정도의 규모이었음을 생각하면, 사비 부근도 아닌 곳에 사찰을 건립하면서 17년이나 되는 대규모 공사를 벌였다고는 생각되지 않는다. 더구나 武王代는 益山 彌勒寺 창건의 대역사를 하고 있는 중이었다(『三國史記』 27, 법왕 2년).
23) 拙稿, p.83.
24) 南東信, 앞의 글, p.626 ; 拙稿, p.95.
25) 「대낭혜화상탑비」에 「會昌五年, 來歸, …(中略)…入王城, 省母社」라고 하여 慶州에 있던 그의 母를 만났던 것으로 되어 있다. 따라서 그의 집은 경주에 있었고 출생지도 역시 경주였다고 생각된다.
26) 『祖堂集』 17, 九丈, 『趙明基紀念佛教史學論叢』, 1965, p.108.

「事蹟」의 편찬자가 무염의 출생지를 藍浦로 규정지으려 했던 것은 무염과 성주사를 깊이 관련시키려는 의도로써 그의 誕生의 神異性을 좀 더 부각시키려는 데서 나온 것은 아니었던가 생각된다.

한편, 그의 출생시기와 관련하여 '唐, 德宗, 貞元十七年(801), 十二月, 二十八日, 午時'라는 자세한 날짜의 표기는 「대낭혜화상탑비」에도 보이지 않는다. 그의 示滅年月日만 나올 뿐이다. 이를 逆算하면 出生年은 나올 수 있다. 그러나 月日은 나올 수가 없다.『文昌候集』에 실려있는 「대낭혜화상탑비」의 출생과 관련된 기록과 脚註를 보면,

應東身者, 八十九春 新羅哀莊王六年十, 服西戎者, 六十五夏.
二月二十八日生

이 註解는 純祖·憲宗年間 洪景謨의 것으로 생각되고 있다.[27] 여기서도 誕生年月日을 적고 있는데, '哀莊王六年(805)'이라는 해는 맞지 않고 月日만이 「事蹟」과 일치하고 있다.[28] 이로써 보면, 이 註解本과 「事蹟」이 어떤 자료를 인용했는지 알 수 없으나, 각각 별개의 자료에 근거하지 않았을까 생각된다.[29]

한편,「성주사비」에서도 무염의 入唐求法과 歸國한 해에 대해서만 언급되어 있었음을 보면「성주사비」에서도 출생 시기에 관해서까지 구체적으로 記

---

[27] 歷史學會編,「聖住寺無染和尙碑銘幷序」『韓國史資料選集』古代篇1, 1973, p.262 ; pp.308~309. 洪居士(洪景謨) 註를 이용했다는 李能和의『朝鮮佛敎通史』上編의「대낭혜화상탑비」脚註도 같다.

[28] 한편, 覺岸의 注와는 일치되고 있다(覺岸 註解의 四山碑銘 영인본 참고, 金知見,『四山碑銘 集註를 위한 硏究』, 1994).

[29] 국립중앙도서관 소장의『海雲碑銘註』(葦滄古-2102-47)는 蒙菴이 註解한 것으로 '年普(譜)'를 인용한다고 하고 있는데, 이를 보면 무염의 연보의 기록이 있었음을 알 수 있다. 한편, 근래「四山碑銘」의 여러 臺本을 종합해 註解한 성과가 있다(崔致遠, 李佑成 校譯,『新羅四山碑銘』, 亞細亞文化社, 1995).

述되었다고는 생각되지 않는다. 이렇게 보면 「事蹟」 편찬자가 인용할 수 있는 자료는 高麗末까지도 이용할 수 있었던 無染의 行狀(E-②)같은 것이 아니었나 생각된다. 行狀 같으면 개인의 자세한 年譜의 성격도 띨 것이므로 좀 더 자세한 出生年月日을 기록하고 있었을 것이다.

4) 무염의 出家와 禪宗受業, 5) 入唐과 麻谷 寶徹에게서의 印可

무염의 출가 시기에 대해서는 13세로서 「事蹟」이나 「대낭혜화상탑비」가 일치를 보이고 있다. 그런데 『조당집』에서는 12세로 기록하고 있다.[30] 출생에서부터 연대 산출에서 차이가 난 것이 아닌가 한다. 여기서 雪岳山 五色石寺의 法性禪師에게서 수업을 받았다는 것 역시 「事蹟」, 「대낭혜화상탑비」나 『조당집』이 일치를 보이고 있다.

한편, 「事蹟」에서는 무염이 깨달은 것이 이 때의 일인 것처럼 되어있으나, 「대낭혜화상탑비」에는 入唐 후 大興城 南山 至相寺에서의 일로 기록하고 있다.[31] 또한 「事蹟」에서는 출가 시기를 '大唐, 憲宗, 元和八年(813)'이라는 구체적 언급과 함께 麻谷山 寶徹和尙을 뵙고 印可를 받게 된 것에서 무염의 唐에서의 求法遍歷으로 마치고 있다. 出生時期가 나와 있고 13세에 出家한 것이니 年代는 算出될 수 있는 것이다. 그렇지만 「대낭혜화상탑비」에서는 무염이 雪嶽山 五色石寺에 出家한 후부터 浮石山 釋燈大德에게서 華嚴을 受業, 入唐時의 일과 至相寺에서 깨달은 사실 그리고 佛光(爽)寺에서 如滿에게 道를 물었던 사실이 더 기재되어 있다. 「事蹟」에서는 무염과 화엄종에 대한 언급이 빠져 있다.

결국 「事蹟」은 기존 자료의 사실을 좀 더 간략화 시키되 화엄종과 관계된 기록이 주로 생략되었다고 생각된다.

---

30) 『祖堂集』 17, 九丈, 앞의 책, p.108.
31) 「行至大興城南山至相寺, 遇說雜花者, 猶在浮石, 時有一瞖顔耆年, 言提之曰: 遠欲取諸物, 孰與認而佛 大師舌底, 大悟.」(「大朗慧和尙塔碑」)

6) 會昌5年(845) 沙汰로 인한 歸國

會昌 5年(845)의 法難으로 인한 귀국을 말하고 있다.[32] 귀국과정을 간략히 기술하고 있는데, 漂(?)州觀使에게 명해 海州 連水縣-光州 錦城郡에 도착한 것으로 되어 있다. 이 때의 사실을 文聖王代로 기록한 것은 시기적으로 「대낭혜화상탑비」와 일치하고 있다. 그러나 歸國 行路에 대해서 언급한 부분은 「事蹟」만이 있는 내용이다.[33] 더구나 해주 연수현과 광주 금성군은 그 연결에 있어 시기적으로 문제가 되는 지명들이다. 중국 海州는 唐代에는 東海로 쓰였고, 해주는 淸代에 와서야 쓰인 지명이며 連(漣)水縣은 隋代부터 쓰였으나 두 지명의 연결에서 시대가 어긋나 있다. 또한 금성군이 광주에 속하던 때란 경덕왕 16년(757) 이후이고, 광주란 고려 태조 23년(940)에 와서야 쓰인 지명이다. 또한 이 때 금성군은 또 羅州로 바뀌어 있었다.

한편, 「事蹟」에는 文聖王代에 무염을 경주에 맞아들인 것처럼 기록되어 있으나, 「대낭혜화상탑비」에는 景文王 11년(871) 가을의 일로 기록되어 있다.

---

32) 『舊唐書』18上, 武宗紀 및 圓仁, 『入唐求法巡禮行記』에도 이 때의 사정이 잘 기록되어 있다. 무염도 이와 유사한 역경을 겪었을 것이다. 단, 무염의 귀국한 해를 『祖堂集』에서는 '會昌六年(846)'으로 하고 있으나, 「대낭혜화상탑비」와 「事蹟」의 '會昌五年' 기록이 정확할 것이다.

33) 「대낭혜화상탑비」에 의하면, 무염은 귀국하여 경주에 들렸다가 小白山中으로 갔던 것이다. 그런데 무염이 거처할 곳을 찾아갔다는 소백산중은 혹시 榮州 浮石寺가 아닐까 한다. 그것은 무염이 소백산중에서 金昕을 만났다는 것으로 짐작된다. 김흔은 일찍이 839년 청해진 군사와 맞서 싸우다 패한 이후로 소백산중에서 스님들과 지냈고, 그로부터 꼭 10년 뒤인 849년 8월 27일 사망했는데, 장사지낸 곳이 奈靈郡(榮州)이고, 그가 죽은 후 부인은 비구니가 되었다(『三國史記』44, 金陽傳 附 金昕傳). 그렇다면 영주내 사찰로는 부석사를 생각하지 않을 수 없다. 더구나 부석사는 무염이 入唐 전에 釋燈大德에게 화엄을 공부하던 곳이었고, 입당 후 至相寺에서의 화엄 공부가 신라에서와 꼭 같았다고 했다는 기록이 보인다. 이러한 정황으로 미루어 김흔과 무염이 만났던 곳은 부석사가 아닐까 한다. 그렇다면 김흔과 무염의 만남은 결코 우연한 일일수가 없다. 무염은 822년 朝正使로 당에 가는 김흔의 배를 타고 입당했다는 사실과 함께 위와 같은 인연과 김인문을 한 조상으로 한 점 등이 고려된 김흔의 요청에 성주사에 주석했다고 생각된다.

이 점은 「事蹟」 편찬자의 착오로 생각된다.[34] 그런데 이 부분에서 「事蹟」과 「대낭혜화상탑비」의 내용이 일치를 보이고 있어 주목된다. 다음에서 「事蹟」과 「대낭혜화상탑비」의 내용을 대조 해보면 다음과 같다.

    B- ① 國人相慶曰: 連城璧後還, 天實爲之, 地有達也.(「事蹟」)
        國人相慶曰: 連城璧復還, 天實爲之, 地有幸也.(「대낭혜화상탑비」)
      ② 親迎掖宮, 君夫人・世子・群公子・公孫環仰拜, 爲國師.(「事蹟」)
        咸通十二年秋……及見先大王, 冕服拜爲師, 君夫人・世子旣太弟相國
        追奉尊謚・群公子・公孫 環仰如一.(「대낭혜화상탑비」)
        惠成大王
      ③ 自是, 請益者, 所至稻麻矣.(「事蹟」)
        自是, 請益者, 所至稻麻矣.(「대낭혜화상탑비」)

위와 같이 「事蹟」은 일부분에 있어서는 「대낭혜화상탑비」를 그대로 轉載하거나 앞뒤 순서를 바꾸어 배열했음을 볼 수 있다.

이렇게 보면 「事蹟」의 편찬자는 「事蹟」을 기술하면서 「대낭혜화상탑비」를 그대로 전재하거나 참조했음을 알 수 있다.

7) 무염의 烏合寺 住錫

무염의 오합사 주석 과정을 서술하고 있는데, 「事蹟」 중 제일 문제가 되는 곳 중의 하나이다. 여기서 무염이 오합사에 오게 된 것은 '唐, 宣宗, 大中元年(847), 丁卯, 冬, 十一月, 十一日'이라고 제시하고 있다. 「대낭혜화상탑비」에서는 '大中初'로서만 기록하고 있으나, 『조당집』에서는 '大中元年'으로 기록하

---

34) 뒤에서도 언급될 「無染國師別集」에서도 無染과 文聖王과의 대면 사실(E-⑤)이 보이는데 사실과 다르지만 둘 사이의 연결관계를 보면, 「事蹟」 저술 당시 「무염국사별집」도 참고되었을 것으로 생각된다.

여 「事蹟」과 일치를 보이고 있다.35)

한편 무염이 오합사에 주석하게 된 것이 우연히 이루어진 사실처럼 기술하고 있는 점이 주목된다. 겨울에 무염이 오합사에 이르니 허리에 찰 정도로 많은 눈이 내려 임시로 오합사에 머물게 되었는데, 그보다 먼저 이 절에 거처하고 있던 裕寂 · 梵行 · 志崇 등 3인이 한사코 머물러 주기를 청했다는 것이다.36) 이어 文聖王도 宰相 魏昕 · 泰昕 등을 보내 거처하기를 청해서 주석하게 되었다는 것이다.

여기서 우선 문제가 되는 것은 「대낭혜화상탑비」에서와 같이 무염의 성주사 주석이 金昕의 요청에 의해서 이루어졌다는 사실이 전연 빠져있다는 사실37)과 문성왕대는 魏昕과 泰昕을 같이 보낼 수 있었던 입장이 아니었다. 또한 魏昕은 聖住寺 重建의 檀越이었다. 泰昕의 경우도 金昕의 字인 '泰'가 大(泰)昕의 同音異寫한 것일 수 없고,38) 大昕은 閔哀王時 淸海鎭 군사를 이끌고 王京을 쳐들어 온 金陽(魏昕)軍과 맞서 싸운 인물이기 때문이다. 더구나 大昕은 文聖王 11年(849) 9월에 金式 이찬 등과 背叛하다가 伏誅되었다.39) 이러한 상황으로 미루어 그가 聖住寺와 관계있으리라고는 생각되지 않는다. 또한 金昕을 魏昕으로 오인하고 잘못 記述했던 것으로 볼 수도 있다.40) 그럴 경우에도 魏昕이 전연 누락되어 문제가 된다.

이로써 보면, 이 「事蹟」의 이 부분의 기술은 金昕과 무염과의 관계가 잘못 전해져 기록된 것으로 볼 수밖에 없다.

---

35) 『祖堂集』 17, 九丈, 앞의 책, p.108.
36) 혹시 성주사비 중 「…僧長有三…」이 있는데(拙稿, p.79), 이들 3인을 지칭하는 것이 아닐까 생각되기도 하지만 단정할 수 없다.
37) 「대낭혜화상탑비」에서도 언급되었음에도 이 사실이 전연 제외된 사실은 「事蹟」 기록의 사료 선택에 문제가 있었음을 반증한다.
38) 『三國史記』 44, 金陽傳 附 金昕傳.
39) 『三國史記』 11, 문성왕 11년 9월조.
40) 『孤雲先生文集』 2, 「無染和尙碑銘幷序」.

8) 무염의 教化와 易寺榜牌

무염의 성주사 주석 이후의 教化를 싣고 있는 것으로 풀이된다. 藍浦群賊을 教化시켜 出家得道(度)케 한 자가 100여 인이나 되었다는 사실을 말하고 있다. 이러한 사실을 어디서 발췌했는지 알 수 없다. 이 기록은 어디에도 보이지 않고 「事蹟」에만 보이는 기록이다. 熊州地方이 이미 憲德王 14년(822) 金憲昌의 亂을 겪었고, 그 뒤에는 王이 慰撫할 정도의 自然災害를 입기도 하는 등[41] 무염의 성주사 주석을 전후하여 熊州 地方의 어수선한 狀況을 고려하면 草賊의 무리가 발생했을 가능성에서 이렇게 적을 수 있겠지만 근거가 분명치 않은 기록이다. 이 같은 藍浦群賊에 대상으로 한 것은 아니지만 그 教化 내용은 「대낭혜화상탑비」에서 따온 듯하다. 教化내용 중에,

> C - ① 和尙猶鍾待叩似鏡現形, 以慧炤導其目, 法喜娛其腹(「事蹟」)
> ② 大師猶鍾待扣而鏡忘罷. 至者, 靡不以慧炤導其目, 法喜娛其腹(「대낭혜화상탑비」)

라고 하여 무염의 이같은 教化로 改過遷善케 된다는 것이다. 여기서도 양자 간의 주제 설명 내용은 다르나 「事蹟」이 「대낭혜화상탑비」를 참조했음이 역력히 들어난다. 이는 여러 자료를 취사선택하는 과정에서 드러난 것이라고 생각되나 일관성이 결여되어 있다고 볼 수 밖에 없다.

또한 「事蹟」에 文聖王이 빈번히 教書를 내리는 중에,

> 熊州是海隅邊塞, 人性凶傲, 朕篤畏不服…

이라는 말은 앞서 말한 金憲昌의 亂이나 藍浦群賊의 예로 보면 기술할 수 있

---

41) 『三國史記』 10, 憲德王 14년과 同書 11, 文聖王 15, 17년조. 혹 「성주사비」 중 「…群起…」(拙稿, p.84)와 어떤 관련성이 짐작되나 아직 단정할 수 없다.

을 법한 말로 보인다.

한편, 성주사의 易寺榜牌가 이루어진 사실을 언급하고 있는데, 「대낭혜화상탑비」에서 보이는 성주사로의 改稱과 大興輪寺로의 編入登錄과 비교해 보면 보완적인 내용을 담고 있는 듯 보이나, 대흥륜사로의 편입등록 사실도 누락되어 있고, 「대낭혜화상탑비」에서 보이지 않던 성주사의 前身이 烏合寺였음을 다시 한 번 근거 없이 기록하고 있다.

寺額을 내리는데 있어서도, 「대낭혜화상탑비」에서는 무염이 金昕에게 대답한 '有緣則住'의 네 글자를 중히 여기고서 '聖住'라고 내려준 것으로 記述되고 있지만, 「事蹟」에서는 무염이 거처하는 곳이니 尊貴하고 謹嚴함이 寺額이 되는 것이 마땅하다고 하여 寺名에 '聖住禪院'과 山名에 '崇岩'이라고 내려준 것으로 기록하고 있다. 여기서 보면, 寺名(山名)이 정해지는데 있어 「대낭혜화상탑비」에서는 金昕과 무염이, 「事蹟」에서는 文聖王 자신이 주도적 역할을 한 것으로 기술한 점이 다르다는 것을 알 수 있다. 이것도 「事蹟」 편찬자의 사료선택과정에서 드러난 것으로 생각된다. 무염의 성주사 주석이 최종적으로 文聖王의 命에 의한 것임을 염두에 둔 편찬자는 寺名·山名도 결국 文聖王이 내린 것이라고 이해한 것이 아닌가 한다. 이 과정에서 金昕과 관계된 사실은 누락됐다고 생각된다. 또한 「事蹟」 내용도 문성왕대에 한정되어 있다. 이 점 「無染國師別集」에서도 문성왕과 무염의 대면 사실(E-⑤)로 되어 있는 것과 관련하여 「事蹟」 편찬자의 참고 범위의 일단을 알 수 있다.

9) 聖住寺의 規模

성주사의 규모에 대해서 언급한 부분으로 편찬자가 직접 견문한 것을 토대로 작성했다고 생각된다. 건물의 명칭에 대해 일일이 언급하고 있을 뿐더러 건물의 間數까지 기록하고 있고, 남아있지 않은 건물에 대해서도 명칭과 間數를 기록하고 터와 섬돌까지 확인하는 자세함을 보여주고 있기 때문이다.

한편, 전체 建物의 間數가 千餘間에 이른다는 사실은 16세기경 聖住寺의 規模가 어떠했는가를 알려준다. 여기에서 한가지 주목되는 것은 '三千佛殿'

에 관한 것이다. 삼천불전이 이 당시 절의 중심이 되고 있었다는 것은 그 규모가 컸다는 사실과 함께 삼천불전에 관해「事蹟」에서 중요하게 언급되고 있다는 사실에서도 알 수 있다. 그러나 이 기록이 조선시대의 것임을 감안하면 무염의 성주사 창건시기로까지 올려 잡을 수는 없다고 생각된다.[42] 또한 「事蹟」기록 중에도 보이는 '內僧堂(九間)'이 명문와편으로 발굴되었는데,[43] 역시 조선시대 유물이었다. 또한「事蹟」이 고려시대의 기록을 참고했다면, 적어도 「성주사비」에서 언급하고 있는「七祖師堂」[44]에 관련된 기록이 있어야 한다. 조사당에 관련된 기록은 이외에도 고려시대 기록에도 보이고 있으므로[45] 기록되지 않을 수 없었을 것이다. 그러나「事蹟」에서는 이 부분에 관한 언급이 전혀 보이지 않고 있다. 기왕에 발굴 과정에서 수습된 銘文瓦 중「聖住租(祖)當(堂)瓦草」[46]는 이와 관련 있는 유물이 아닐까 한다.

10) 大朗慧和尙塔碑, 聖住寺碑, 四塔, 大朗慧和尙의 浮圖塔, 三千佛殿

우선 '大朗慧和尙塔碑'라고 하기보다는 찬자 중심으로 '東西(面)都統巡官賜紫金魚袋崔致遠所撰碑'라고 하고 있다. 최치원의 官職은 中國에서 받은 것인데,「대낭혜화상탑비」에 보면,

淮南入本國送國信詔書等使前東面都統巡官承務郞侍御史內供奉賜紫金魚袋臣崔致遠奉敎撰

---

42) 발굴 성과에서도 삼천불전지는 기존의 東回廊지에 위치하고 있었다(『聖住寺』, p.59, p.68 ; 南東信, 앞의 글, pp.625~626). 그렇다면 삼천불전은 창건 당시에는 없었다는 것이 된다.
43) 『聖住寺』, p.220, p.831.
44) 拙稿, pp.87~88.
45) 李奎報,『東國李相國後集』12,「同前聖住山參學等拜祖師文」; 拙稿, p.88 註)59.
46) 『聖住寺』, pp.360~361, pp.909~911.

라고 하고 있다. 여기서 '東西'는 '東面'의 訛字임이 분명하다. 「事蹟」의 편찬자는 「대낭혜화상탑비」를 참고하고, 편찬자가 중요하다고 생각되는 부분을 뽑아 썼다고 생각된다.

「성주사비」에 대해서도 역시 撰者 중심으로 기록하고 있다. 「事蹟」의 편찬 당시에도 성주사비는 파괴되었던 것으로 기술하고 있다.[47] 그렇다면 「事蹟」의 편찬자는 「대낭혜화상탑비」를 참고하고 여기서 언급된 '故翰林郎金立之所撰聖住寺碑'의 文句를 보았을 것이다. 그런데 「事蹟」 편찬 당시에는 존재하지 않았으니 없었던 것으로 기술했으리라는 推論은 가능하다. 그렇지만 金立之의 官等이 阿湌이었다는 사실까지 明記하고 있고 보면 쉽게 단정지을 수는 없을 듯하다. 翰林郎의 官等이 奈麻에서 阿湌까지 이고, 855년 「昌林寺無垢淨塔願記」에서도 보다시피 그의 秋城郡(潭陽郡)太守 부임도 이와 상응하는 사실이고 보면, 「事蹟」의 편찬자는 「대낭혜화상탑비」 외에도 다른 어떤 자료에 입각해서 이를 기술했다고 보는 것이 타당할 것이다.

또한 현재 聖住寺址에 남아 있는 四塔에 대한 名稱이 여기서 보이고 있다. 塔의 순서에 따라 이름이 붙어 있었다고 하면, 현재 金堂 앞의 五層塔은 釋迦如來舍利塔이고, 金堂 뒤에 서있는 三基의 三層石塔은 定光如來舍利塔·迦葉如來舍利塔·藥師如來舍利塔이 될 것이다.[48]

한편 大朗慧和尙白月葆光塔이 성주사의 서쪽 산기슭에 安置되어 있었음은 기존의 조사 성과가 증명해 주고 있는데,[49] 이것은 바로 무염의 浮圖塔으

---

47) 파괴의 정도가 어느 정도였는지는 알 수 없으나 寺址에서 옮겨온 螭首와 龜趺가 있었던 것으로 보아 비편도 있었던 듯 하다. 근래 발굴에서 발견된 비편 중에는 강당지로 추정되는 곳의 積心石群에서 발견되었는데, 비편의 파손된 단면을 보면 강당지 적심석으로 쓰이기 이전부터 파손되어 있었던 듯하다.
48) 근래 발굴 성과로 보면, 금당 뒤에 위치하고 있는 3基의 石塔은 본래의 위치가 아니었을 것이다. 따라서 언제 이들 석탑들이 옮겨졌는지 알 수 없으나 創建 당시의 위치는 아니었다고 생각된다(忠南大學校 博物館, 『聖住寺址發掘2次略報告書』, 1992 ; 『聖住寺』, pp.72~74).
49) 黃壽永, 「新羅聖住寺 大朗慧和尙白月葆光塔의 調査」 『考古美術』 9-11, 1968 ; 『考

로 생각되고 있다. 「事蹟」 저술 당시까지도 이 무염의 浮圖塔은 존재하고 있었던 것이다.[50]

끝으로 三千佛에 대한 언급이 있는데, 毘盧遮那佛一大尊像이 三千佛像과 같이 三千佛殿에 安置되어 있었다는 사실을 적고 있다. 그런데 이 三千佛이 過去莊嚴劫一千佛・現在賢劫一千佛・未來星宿劫一千佛인 三劫三千佛이며, 文聖大王이 造成한 願佛이라는 것이다.[51] 그러나 三千佛을 文聖大王의 願佛로 보는 데는 문제가 있다.[52] 三千佛이 奉安된 三千佛殿은 초창기 성주사의 동쪽 回廊 부분이 지나는 곳에 위치하고 있었기 때문이다.[53] 처음에는 東回廊이었으나 후에 어떤 이유에선지 파괴된 후 三千佛殿이 들어섰다고 생각된다.[54]

결국, 「事蹟」 편찬자는 저술 당시 성주사의 중심적인 건물이었던 三千佛殿에 대해 文聖王과 결부시켰던 것이다. 「事蹟」 편찬자는 文聖王이 무염을 오합사에 거처하게 했고, 성주사로의 易寺榜牌까지 했다고 보았으므로 三千佛殿과 文聖王을 관련시켜 설명했다고 생각된다. 그렇지만 三千佛殿과 文聖王을 직접 연결시킨 것은 편찬자의 착오라고 생각된다. 이로써 보면 여하튼 「事蹟」 편찬자는 역사 사실에도 깊은 관심을 가지고 있었으나 그 근거가 되

古美術」 합집(上), pp.464~468.
50) 현재는 대낭혜화상탑비의 곁에 파편이 되어 남아 있다.
51) 이는 문성왕의 願佛일 수가 없다. 삼천불전지 자체가 성주사 창건 당시의 건물이 아니기 때문이다(「聖住寺」, p.59, p.68 ; 南東信, 앞의 글, p.625).
52) 李柱亨, 「佛像」 「성주사」, pp.578~579.
53) 南東信氏는 발굴 결과와 사찰 변화의 대조의 필요성을 제기한 바 있고, 「事蹟」의 삼천불전과 동회랑의 문제에 있어 성주사 4차 가람에서 동회랑지가 폐기되고 그 자리에 삼천불전이 건립되었던 점을 지적한 바 있다(南東信, 앞의 글, pp.625~626 ; 忠南大學校博物館, 「聖住寺址 伽藍 變遷」 「整備・復元을 爲한 1~6次 發掘調査 報告」, 1997, p.29).
54) 忠南大學校 博物館, 「聖住寺址發掘2次略報告書」, 1992 ; 「聖住寺」, p.59, p.68.

는 기록에 있어서는 전거를 밝히지 않고 있고, 사실과 부합되지 않는 점으로 볼 때「事蹟」은 그대로 믿을 수 있는 기록이 아님을 알 수 있다.

11) 聖住寺의 주위 環境과 地理的 位置

「事蹟」편찬자는 성주사가 위치한 방향과 주위 경관을 서술하고 있다. 여기서 동서남북 四方의 地理를 설명하면서 성주사의 지리적 위치가 부각되도록 하는 표현을 쓰고 있다. 성주사 주위 지리를 설명하면서 元祖 白頭山-鷄林-馬韓이라는 배열은「事蹟」편찬자의 역사에 대한 식견을 엿볼 수 있게 한다. 편찬자는 성주사가 위치한 지역이 예전에 馬韓의 땅이었다는 것과 馬韓을 百濟로 보았던 것이다. 이러한 사실은 또한「事蹟」편찬자의 역사에 대한 높은 관심을 반영하는 것이라고 생각된다.

12) 敬順王 관계 사실

이 부분의 기록이 기존의 자료를 토대로 쓰여졌다고 할 때 高麗初를 올라갈 수 없는 것이다. 敬順王이 高麗 太祖에 나라를 바친 후 다시 慶州 事審官으로 任命되어 경주로 내려가는 과정에서 있었던 일과 결부시켜 기록한 것으로 생각된다. 그러나 역시 전거는 밝혀 있지 않다.

「事蹟」편찬자는 金傅大王이 성주사에 들렸음을 말하고 金傅大王은,

(金傅大王) 傷嘆曰: 大朗慧和尙, 同祖聖骨也. 聖住禪院, 乃先祖所建願刹也.

라고 했다고 한다. 편찬자는 무염과 金傅大王이 조상을 같이 하는 聖骨이고, 성주사가 文聖王의 願刹인 동시에 金傅大王의 선조라는 것을 金傅大王의 말을 빌어 다시 부언하고 있다.55) 결국 無染-文聖王-金傅大王이 모두 같

---

55)「대낭혜화상탑비」말미의 銘에,「…海東金上人(無染) 本枝根聖骨, 瑞蓮資報身」의 기록에 혹「事蹟」편찬자는 근거한 것인지 모르겠다. 한편, 두 기록에서 骨品制와

은 계통이 되는 셈이다. 비록 이것이 「事蹟」 편찬자의 직접적인 기록이 아니더라도 편찬자의 입장은 나타내는 것으로 생각된다. 또한 '(金傅大王)率宮奴來居之. 王太祖以公主處之, 賜爵土田, 奉饋三道食邑.'의 기사는 바로 敬順王의 事審官 任命과 食邑 그리고 樂浪公主에 얽힌 사실들을 쓴 것으로 풀이된다. 그런데 「事蹟」 편찬자는 이와 같은 일들을 모두 성주사 지역과 연관시켜 기록하고 있는데 문제가 있다. 더구나 敬順王이 이곳에서 일생을 마치고, 그의 陵基와 靈祠는 어느 山頂에 있다고 말하고 있다. 그러나 사실상 敬順王은 慶州의 事審官으로 가 있게 되고, 그의 陵이라고 생각되는 것도 현재 경기도 연천군 백학면 고랑포리에 소재하고 있다.[56] 그런데 靈祠에 관해서는 『輿地圖書』藍浦縣 檀廟 條에,

　　金傅大王祠 在玉馬山頂今無

라고 하여 玉馬山頂에 있었다고 한다. 여기서도 '金傅大王祠'만 보이고 그의 陵墓는 보이지 않고 있다. 물론 둘 사이는 가까운 지경에 있었을 것으로 생각되는데 陵基는 혹 있었다면 실제가 아닌 假墓의 형태를 취하고 있었지 않았나 생각된다. 단지 그의 靈祠만은 조선 중엽이래 『輿地圖書』 편찬 당시인 1760년 무렵까지 존속했을 것이다.[57] 그렇지만 이러한 金傅大王祠는 전

　　관련하여 眞骨이 聖骨로 불린 예로 보기도 한다(田美姬, 「新羅 骨品制의 成立과 運營」, 서강대 박사학위논문, 1998, pp.30~31).
56) 경주 황남동 소재의 「新羅敬順王殿碑」(1814) 및 경기도 연천군 백학면 고랑포리 소재의 「新羅敬順王陵表」(1747).
57) 현재 玉馬山의 山頂은 다른 통신시설이 들어서있어 그 존재를 확인하지 못했다. 옥마산정 아래에는 최근에 건립된 金傅大王의 祠堂과 碑가 있다. 이외에도 보령 지방에는 金傅大王과 관련된 유적으로 帝釋洞의 敬順王의 敬慕殿(보령시 남포면 창동리)이 있는데, 그곳에는 '湖西玉馬山金傅大王之旗'라는 旗가 있었다고 한다. 또한 경순왕과 관련되어 있다는 王臺寺(보령시 내항동)가 있는데, 이 절에는 마애불과 건물이 있었으나 별다른 유물을 찾을 수 없었다. 이런 것들은 또 「事蹟」에서

국 여러 지역에서 民間信仰으로서 影堂에 모셔져 내려오고 있는 것이 사실이다.58) 「事蹟」 편찬자는 이러한 민간신앙과 성주사를 결부시켰다고 생각된다. 지리적으로도 玉馬山은 성주사에서 바라보면 서쪽으로 바로 바라다 보이는 위치에 있는 점은 더욱 이러한 심증을 굳게 한다.

끝으로 「事蹟」의 말미를 장식하는,

自文聖大王, 歷憲安王景文王憲康王, 至金傅大王, 十一代也.

라고 하는 것은 성주사가 文聖大王의 願刹이며, 文聖大王과 金傅大王은 동일계통이라는 「事蹟」 편찬자의 관점을 간명하게 드러낸 것이라고 생각된다.

따라서 이와 같은 「事蹟」의 分析을 통하여 다음과 같은 몇가지를 말할 수 있을 것이다.

첫째, 「事蹟」의 편찬 연대는 1518~1611년경59) 어느 사이엔가 이었을 것이다.

둘째, 「事蹟」 편찬자는 정확한 역사 사실은 아니지만 역사에 많은 관심을 갖고 있던 인물이라는 점이다. 성주사의 前身이 百濟 烏合寺라고 밝힌 점, 성주사 지역이 馬韓(百濟) 지역이었다는 점, 그리고 성주사와 新羅 歷代王 특히 문성왕과의 관계를 밝힌 점 등이 그것이다.

셋째, 편찬자의 身分은 僧侶이었을 것으로 생각된다. 편찬자가 성주사의 建物 配置라든지 規模, 크기 등에까지 세세하게 알고 있었고, 사찰 관련의 다양한 자료를 참고했던 점을 보면 더욱 그러하다.

왜 누락이 되었는지 알 수 없다.
58) 『한국민속대사전』(1), 민족문화사, 1991, p.99.
59) 발굴 성과에 의하면 명문와에 보이는 간지는 1611년을 끝으로 보이지 않는다고 한다(『聖住寺』, p.219). 명문와편의 기록이 「事蹟」의 기록과 부합되기도 하는 점으로 볼 때 대략 이 시점으로 볼 수 있지 않을까 한다. 단, 편찬자가 海眼이 확실하다면 그가 편찬한 다른 여러 사찰의 사적 편찬연대와 같이 1630년경이지 않을까 한다.

넷째, 「事蹟」은 주로 무염의 行蹟에 많은 분량(반 이상의 분량)을 할애하고 있다. 이 점은 편찬과정에서 자료의 비중을 말하는 것으로 생각된다. 이외의 부분은 「事蹟」 편찬 당시 성주사의 現況을 나열하고 이와 결부된 歷史的 사실을 편찬자 나름대로 記述하고 있다.

다섯째, 「事蹟」의 편찬 과정에서는 「대낭혜화상탑비[四山碑銘註解本]」나 「無染行狀」 그리고 성주사와 관련되어 당시까지 전해내려 오던 口碑傳承이나 寺乘같은 것이 참고되었을 것으로 생각된다. 여기서 특이한 점은 「事蹟」이 문성왕대에 한정되어 있다는 것이다

여섯째, 위와 같은 사실을 토대로 「事蹟」의 편찬자를 구체적으로 언급할 수 있지 않은가 한다. 편찬자는 1518~1611년 사이에 생존했고, 성주사에 깊은 관심을 갖고 있던 인물이었다. 또한 이 「事蹟」이 求禮 華嚴寺에서 나온 사실 등을 고려하면 「四山碑銘」의 註解者 중에서 찾을 수 있지 않을까 한다.

註解者는 많이 있으나 華嚴寺에 因緣이 있었던 인물인 海眼(鐵面老人, 1567~?)으로 좁혀 볼 수 있다고 생각된다. 海眼은 그 자취로 보아 「四山碑銘」의 처음 註解者이고, 「金山寺事蹟」, 「華嚴寺事蹟」, 「大芚寺事蹟」[60] 등을 편찬했으며[61] 華嚴寺에 거처했다. 또한 그는 休靜의 제자인데, 이미 휴정의 문집인 『淸虛集』에는 「無染國師別集」, 「海東七代錄」의 내용을 인용하고 있으므로(E-④, ⑤) 海眼도 이를 보았을 것이고 「事蹟」 편찬시 활용했던 것이 아닌가 한다. 또한 그의 편찬인 「금산사사적」[62]의 체제와 「事蹟」의 체제가 방불한 점, 연대 표기에서의 유사성(중국연대+한국연대), 특히 사원내 건물명칭, 규모 등

---

60) 『大芚寺誌』와 관련하여 「大芚寺事蹟」의 찬술자로 中觀 海眼을 주목하고, 그의 저술로 보아 그가 韓國佛敎史資料의 정리에 각별한 관심을 기울이고 있었음과 이후의 寺誌 편찬에 커다란 영향을 미쳤을 것이라 한다(崔柄憲, 「茶山 丁若鏞의 韓國佛敎史 硏究」 『丁茶山硏究의 現況』, 1985, pp.334~335).

61) 이들 事蹟이 四山碑註를 답습한 부분이 많다는 지적은(韓國學 文獻硏究所 編, 「金山寺誌解題」 『金山寺誌』, 1983, p.4) 「事蹟」의 내용과 관련하여 주목된다.

62) 『佛敎學報』 3·4, 1966 ; 韓國學 文獻硏究所 編, 앞의 책, pp.204~208.

의 기술63) 등을 보면「事蹟」의 편찬자로 해안을 지목할 수 밖에 없겠다.

III.『黃溪誌』에 보이는 深妙寺와 詢乂

「대낭혜화상탑비」에는 무염의 高弟와 관련하여 다음과 같은 기록이 보인다.64)

> 門弟子名可名者, 厪二千人, 索居而稱坐道場者, 曰僧亮, 曰普愼, 曰詢乂, 曰心光.

이 중 '詢乂'가 보이는데, 그에 관해서는 무염의 제자로 무염 사후 대낭혜화상탑비 건립에 주동적 역할을 했으리라는 것과 다른 지역에서 성주산문의 종풍을 전했으리라는 정도의 이해뿐이다.

그러나 무염이 871~876년경 주석한 적이 있었던 심묘사에 관한 문헌자료에서 순예의 행방의 가닥을 볼 수 있는 자료가 있어서 주목된다. 그것은 一石 朴惟棟(1604~1688)65)이 기록한『黃溪誌』66)이다. 황계지는 박유동이 편찬한 私

---

63) 건물이 있었으나 편찬 당시 남아 있지 않은 경우는 脚註로서 '基階猶存'이라고 하고 있는데, 이같은 표현은「事蹟」도 마찬가지이다.
64) 무염과 그 제자들의 활동에 대해서는 崔柄憲,「新羅下代 禪宗九山派의 成立」『韓國史硏究』7, 1972, pp.97~98에 자세하다.
65) 本貫은 忠州, 字는 時甫, 號는 一石이다. 아버지는 효행으로 이름높던 安定公 事三이고, 어머니는 重峯 趙憲의 妹氏이다. 高祖인 址(將仕郞) 때부터 黃澗에 세거하였고, 그의 백부는 以龍으로 임진란에 黃澗에서 '黃義將'으로 불리던 義兵將이었다. 저서로『一石遺稿』와 黃澗縣의 邑誌인『黃溪誌』가 전한다.
66) 박유동의 후손인 朴濟允의 후의로 그 筆寫本(29.7×18.5)을 볼 수 있었다. 필사본은 1책으로 표제에 '黃溪誌 單'으로 되어 있고, 有界, 半葉 10행에 글자수는 일정치 않다. 이외에도 연세대학교 도서관 소장의 필사본(29×23.5)이 있다. 이 필사본도 1책으로 표제에 '黃澗縣輿地 卷之單'으로 되어 있고, 無界에 글자수는 일정치 않다. 지질이나 내지의 상하 界線이 연필로 그려져 있는 점 등으로 보아 근래

撰邑誌이다. 黃溪는 黃澗의 옛이름으로[67] 지금의 충북 영동군 황간면 일대를 가리킨다.

박유동은 그 선대부터 이 곳 황간에 정착해 살았다. 立齋 宋近洙(1818~1902)가 撰한 그의 行狀에 의하면, 그는 어려서부터 효행이 지극하고 학문에 뜻을 두었으며 임진란시 의병장이던 重峯 趙憲을 사모했다고 한다.[68] 성장해서는 충남 연산의 沙溪 金長生 문하에서 수학했으며, 懷德의 同春堂 宋浚吉(1606~1672),[69] 尤菴 宋時烈(1607~1689)[70]과는 학문적 교류와 道義之交를 맺었다고 한다. 그는 매우 열심히 학문을 닦았는데, 특히 經史에 밝았다고 하였다.[71] 그러나 벼슬길에는 뜻이 없었던지 벼슬이 參奉에 그치고 있다. 그는 생애 대부분을 향리에서 보낸 듯하다. 그렇기에 누구보다도 지역 사정에 밝았다. 나이 80이 넘어서도 지팡이에 의지하지 않고서 두루 산수유람을 즐길 정도로 강건하고 활동적인 성품이기도 하였다.

그러던 중 1681년 黃澗縣監으로 부임한 姜錫範(1681.4~1686.2)은 『新增東國輿地勝覽』이래 황간지역을 기록한 별다른 邑誌가 없음을 안타깝게 여긴 나머지 그 편찬을 계획하게 되었다. 여기에 적격자로 박유동을 생각하고 그의

의 필사본으로 생각된다.

67) 『新增東國輿地勝覽』 16, 黃澗縣, 郡名 條.
68) 그의 어머니는 바로 重峯 趙憲의 妹氏였다.
69) 『文正公府君日記』 癸巳(1653) 4월 22일 및 戊戌(1658) 6월 7일(『同春堂日記』, 향지문화사, 1995, p.147, p.194). 계사년 4월 22일에는 송준길의 문병차 간 듯한데 약을 살피고 있는 것을 보아 박유동은 의약에도 일정한 조예가 있었던 듯 하다.
70) 박유동은 송시열과 시나 편지를 통해 교류했으며(宋時烈, 『宋子大全』 2, 「寄朴兄時甫惟棟」 「和朴時甫」 「其二」 및 『宋書續拾遺』 1, 「答朴時甫惟棟 戊午」 「答朴時甫 辛酉三月」 「答朴時甫」), 송시열은 박유동의 제문을 지었고(『同書』 153, 「祭朴參奉惟棟文」), 그의 아버지인 朴事三을 위한 挽과 墓表를 지은 바 있다(宋時烈, 『宋子大全』 2, 「朴參奉事三挽甲申」 ; 『同書』 192, 「安定朴公墓表」). 박유동의 『一石遺稿』 1에서 송준길, 송시열 등과 화답한 詩를 많이 볼 수 있다.
71) 尹鳳九, 『屛溪集』 58, 「一石朴公惟棟行狀癸亥」 : 『一石遺稿』 2, 「行狀」 ; 宋近洙, 『立齋集』 18, 「一石朴公惟棟行狀」.

朴惟棟의 『黃溪誌』에 보이는 深妙寺 관련 내용

집을 방문하여 읍지 편찬을 부탁하게 된다.[72] 아마도 이같은 일은 박유동이 역사에 밝고 지역 사정을 누구보다도 잘 알고 있다는 사실이 크게 작용한 때문이었을 것이다.

이에 따라 『황계지』는 박유동의 나이 81세 때인 1684년(肅宗 10)에 편찬되었다.[73] 편찬체제는 다른 읍지류와는 달리 독특한 몇 가지가 눈에 띄는데 무엇보

---

[72] 서문도 박유동이 지었다. 여기에는 읍지 편찬 내력이 자세히 기록되어 있다. 한편, 충청도 個別邑誌의 사례로 볼 때(楊普景,「忠淸道邑誌 解題」『邑誌』(忠淸道篇), 아세아문화사, 1984, pp.9~15), 『황계지』는 아주 이른 시기의 私撰邑誌로서 주목된다.

[73] 후에 1793년 현감 鄭殷祥이 읍지를 편찬한 바 있으나 현존하지 않는 듯 싶고, 다시 1823년 『東國歲時記』의 저자 이기도한 현감 洪錫謨가 정은상이 편찬한 읍지를

다도 주목되는 것은 읍지의 대부분이 인물 위주로 구성되어 있다는 점이다. 그 인물도 신분의 귀천에 구애받지 않고 기록한 흔적이 보인다. 또한 각 마을마다 세거 성씨는 어떻고 현재 사는 사람은 누구인지까지 자세히 밝히고 있다.

특히나 눈여겨 보이는 것은 사원 뿐만 아니라 승려에 대해서도 따로 '緇流'라는 항목을 만들어 밝히고 있다는 점이다.74) 여기에는 조선 초기 선종의 법맥을 유지하는데 크게 기여한 正心과 碧松堂 智嚴에 관한 기록도 보인다. 이런 까닭으로 佛宇條에서도 다른 읍지와는 달리 좀더 자세한 기록을 엿볼 수 있다.75) 그 중 무염이 주석한 적이 있고 憲康王 親製의 深妙寺碑가 세워졌을 深妙寺에 대한 기록이 주목된다.76) 『황계지』 佛宇 尋(深)妙寺, 般若寺 條 및 坊名 邑內面 牛峙村 條에,

> D-① 尋妙寺 寺爲前朝巨刹, 而今廢者殆二百年, 寺基有毀塔. 盖聞, 國初辟佛毀塔時, 所毀也. 寺有八景, 使君峰・月留峰・山羊壁・龍淵坮・花軒壑・靑鶴窟・法尊菴・冷泉亭舊基在內冷泉.77)

참고하면서 편찬한 『黃澗郡邑誌』가 전한다(「黃澗郡邑誌序」; 李泰鎭・李相泰 編, 『朝鮮時代私撰邑誌』(14), 한국인문과학원, 1989, p.4, pp.446~447). 그러나 박유동의 『황계지』와 체제나 내용면에서 차이가 나는 것을 보면 정은상이나 홍석모가 편찬할 때 참조되지 못했던 듯하다. 한편, 편찬 시기에 대해 尹鳳九는 77세 때의 일로 기록하고 있는데(윤봉구, 앞의 글), 박유동 자신이 서문에서 밝히고 있듯이 81세 때의 일일 것이다. 혹 처음 집필시기가 아닐까 생각되기도 한다.

74) 그가 많은 사찰을 찾아보았으며, 高僧과 교류가 많았던 점에서 기인하는 것은 아니었던가 한다.

75) 일찍이 屛溪 尹鳳九도 「公年七十七(八十八), 作黃溪志, 建置沿革・山川・謠俗・土産・人物 撰述甚詳」(尹鳳九, 앞의 글)이라 하여 『황계지』의 내용이 자세함을 지적한 바 있다.

76) 기왕에 『新增東國輿地勝覽』 16, 黃澗縣 佛宇 條에 보이는 深妙寺를 이 심묘사로 비정한 바 있다(李基東, 「羅末麗初 近侍機構의 擴張과 文翰機構의 擴張」 『新羅骨品制社會와 花郎徒』, 1984, pp.263~264 및 註)113의 補).

77) 深妙寺八景은 『新增東國輿地勝覽』 이래 심묘사의 정경 묘사에 빠짐없이 등장해

도판 1. 深妙寺址(충북 영동군 황간면 원촌리) 전경

도판 2. 縣監 尹鳳五去思碑의 蓮花文 碑坐

② 牛峙村 在完亭之下尋妙寺基之上……丁丑年間, 余與宋尤齋結茅其村, 講道數年而返, 盖愛尋妙山水之勝也.

　　박유동이 본 1681년경의 심묘사지에는 단지 절터에 무너진 탑만 있는 것으로 확인하고 있다. 박유동은 1637년에 심묘사 근처에 초옥을 짓고 우암 송시열과 학문을 강론한 적도 있었으므로[78] 심묘사지에 대해서 잘 알고 있었을 것이다. 이러한 심묘사지에 대해서는 그간 문헌기록과 지표조사로도 확인할 수 있었다. 현재 그 위치는 忠北 永同郡 黃澗面 院村里이다. 일찍이 지표조사가 있었으나[79] 그 이상의 조사 연구는 부족한 형편이다. 필자는 근래 사지와 그 주변 답사를 통해서 塔材片,[80] 礎石,[81] 瓦當,[82] 塼[83] 등을 찾아 볼 수 있다.

---

78) 현재 이곳에는 後學 黃澗縣監 韓山 李運永이 쓴 「尤菴宋先生遺墟碑」가 있고, 1955년 5월 유림들이 세운 寒泉精舍가 있다. 송시열은 1637년경 황간에 있었다(『宋子大全』附錄2, 年譜).

79) 鄭永鎬, 「新羅 深妙寺의 推定」 『考古美術』 113·114, 1972, pp.34~39 ; 본고 〈도판 1〉 참조.

80) 탑재편은 현재 근처 민가 밭 축대나 尤菴宋先生遺墟碑의 碑坐石과 寒泉精舍 앞에 흩어져 있다(鄭永鎬, 앞의 글, p.38 ; 淸州大學校 博物館, 『永同郡 文化遺蹟』, 1992, pp.62~63).

81) 근처에서 별다른 초석은 보이지 않으나, 심묘사지가 있는 원촌리 원촌교 입구에는 縣監尹鳳五去思碑가 있는데 그 碑坐石이 주목된다. 이 비좌석은 위가 팔각이고 그 주위에 연화문이 시문되어 있는데 그 수법이 매우 정교하다. 통일신라시대 것으로 추정되는데, 비는 그 팔각부분을 파들어가 세워져 있다. 근처 심묘사지에서 운반해 썼을 것이다. 기왕에 이것이 원래는 석등 기단석이 아니었을까 생각된다(〈도판 2〉 참조). 이밖에도 현재 황간면 남성리 南城 駕鶴樓 옆에 黃澗鄕校가 있는데 그 大成殿 蓮花文 礎石도 주목된다. 원래의 대성전 초석은 아닌 듯하고 근처 절터에서 들여다 쓴 듯한데 혹시 심묘사지에서 가져다 쓴 것은 아닐까 한다(鄭永鎬, 앞의 글, p.38 ; 청주대학교 박물관, 앞의 책, p.63). 또한 대성전 주변과 가학루 초석에도 탑재가 있다.

82) 암막새는 蓮唐草文인 듯하고, 수막새 두 점은 椽木瓦이고 한 점은 蓮花文 와당인

도판 3. 深妙寺址에서 수습한 瓦當片 ① 蓮唐草文 암막새, ② 蓮花文 수막새, ③·④ 椽木瓦

있었다.

심묘사는 일찍이 무염이 거처하던 곳이었다. 무염은 景文王 11년(871) 왕의 요청으로 경주를 방문했고, 國師로 임명되었다. 이어 경문왕은 尙州 深妙寺를 禪那別館으로 삼아 무염을 주석케 했다고 한다.[84] 그렇다면 심묘사는 무염이 창건한 것이 아니라 그 전에 있던 절을 무염이 주석할 수 있도록 선종 사찰로 삼은 것이라고 볼 수 있다.[85] 이후 876년 봄에 경문왕이 병에 걸려 다시 경주를 방문했다가 이 해 7월 왕이 죽자 다시 성주사로 돌아왔다고 한다. 결

데(〈도판 3〉 참조) 연목와로 보면 통일신라 중대까지도 볼 수 있을 듯하다.

83) 민무늬전이었다.
84) 「俄苦樊笯中卽亡去, 上知不可强, 迺降芝檢, 以尙州深妙寺不遠京, 請禪那別館, 辭不獲, 往居之. 一日必葺, 儼若化城.」(「대낭혜화상탑비」)
85) 청주대학교 박물관, 앞의 책, p.62. 절에서 수습한 와당이나 초석류를 보더라도 무염의 주석 이전부터 절이 있었다고 볼 수 있겠다.

국 무염이 심묘사에 머문 것은 871~876년경이 되지 않을까 한다.

한편, 그 이후 심묘사에 관한 기록은 찾아 볼 수 없었다. 그러나 다음 기록은 그 뒤의 심묘사 운영에 대한 실마리를 제공해준다. 박유동은 일찍이 심묘사지를 찾아보고 그 감회를 읊은 시를 남기고 있는데,

> … 聞道新羅無染師, 暫辭金闕此棲遲(朴惟棟, 『一石遺稿』1, 尋妙寺懷古二首)

이는 그가 애서 심묘사지를 찾아보고 남긴 시일 뿐더러 그 내용은 사실과 부합되는 기록임을 알 수 있다. 또한 『黃溪誌』般若寺조에,

> 般若寺 寺在白華山下石川上流. 舊說, 新羅無染國師住尋妙寺時, 遣沙彌詢乂, 驅黜神龍, 陸其淵, 而建此寺 僧居凡二十八房空殿五, 爲湖西巨刹, 壬辰之亂, 蕩然燒盡, 僧輩僅構二房 而居焉.[86]

이 기록들이 비록 읍지에 실린 기록이기는 하나 박유동이 직접 보고 들어 적은 기록이고 보면 믿어도 좋다고 생각된다. 더구나 무염의 高弟 '詢乂'가 구체적으로 정확하게 거론되고 있음을 보면, 이 기록들이 당시까지 존재하던 어떤 기록의 전승에 의한 기록이었지 않을까 한다. 혹은 심묘사에서 멀지 않은 곳에 있는 반야사에서 얻었던 기록이지 않을까 한다.

이렇게 보면 876년(헌강왕 2) 무염이 성주사로 돌아간 이후에는 심묘사의 유지와 운영에는 무염의 제자인 詢乂가 심묘사에 주석하면서 심묘사를 중심으로 무염의 선풍을 전파했던 것은 아닌가 한다. 또한 헌강왕대에는 무염이 성주사에 주석한 이후의 행적을 적은 헌강왕이 직접 撰한 深妙寺碑가 세워지

---

[86] 반야사는 현존하고 있고, 절 주위에서는 고려시대로 추정되는 토기나 기와편이 보이고 있다(청주대학교 박물관, 앞의 책, pp.58~59). 한편, 바로 백화산에서 발원하는 석천 천변에 절이 위치하고 있는 점을 고려한다면, 절의 창건 전설은 일정한 근거를 갖고 있음을 알 수 있다.

게 된다.[87] 이 비가 건립된 것은 881년 헌강왕의 요청으로 경주를 방문한 이후부터 886년까지로 볼 수 있을 것이다. 그렇다면 이 비의 건립 연대는 881~886년이 되지 않을까 한다. 그런데 이 비가 세워진 것이 심묘사이고 보면 이 비를 건립할 때 주도적인 역할을 한 인물은 역시 심묘사에 주석하던 순예가 아니었을까 생각된다. 순예는 881년 가을 헌강왕의 요청으로 무염이 경주에 방문했을 때 수행한 것으로 되어 있고 왕 앞에서 법문을 설한 것으로 되어 있다.[88]

한편, 「심묘사비」의 대략적인 내용은 이미 「대낭혜화상탑비」에 기록되어 있다. 그 내용을 보면,

> 爲佛爲孫之德化, 爲君爲師之聲價, 鎭俗降魔之威力, 鵬顯鶴歸之動息, 贈太傅獻康大王親 製深妙寺碑, 錄之備矣.

「심묘사비」에는 「성주사비」가 성주사 창건을 기념하는 기념비라고 할 때, 그 이후의 무염의 행적을 중심으로 해서 기록된 비일 것이다. 더구나 그것이 왕이 직접 지은 비문인 점을 염두에 두면, 무염의 개인적인 행적보다는 주로 신라 왕실과의 관계가 중심이 되지 않았을까 생각된다. 위의 최치원이 언급한 내용으로서는 구체적으로 어떤 내용인지 알 수 없으나 비문을 지을 때까지의 무염의 행적을 살펴보면 그 대강을 짚어 볼 수 있을 것이다. 이 시기 무염의 주요한 활동은 「대낭혜화상탑비」로 보면, 憲安王에서 景文王, 憲康王 代에 왕의 자문에 응하거나 심묘사에서의 주석(871~876) 그리고 國師로 임명(871)되고, 廣宗의 法稱이 더해지는 등 주로 왕실과의 밀접한 관계를 유지하

---

87) 「대낭혜화상탑비」 이후 「심묘사비」에 대해서는 별다른 기록이 남아 있지 않다. 더구나 현존 사지에서도 碑片이나 螭首, 龜趺片조차 나타나지 않고 있다. 앞으로의 발굴 성과에 기대할 수밖에 없을 듯하다.
88) 「臨告別, 求妙訣, 乃昫從者, 擧眞要, 有若詢乂圓藏虛源玄影, 四禪中得淸淨者, 緖抽其慧, 表纖旨, 注意無怠, 沃心有餘」(「대낭혜화상탑비」)

던 시기였다. 이 점 崔致遠이 심묘사비에 대해 그 제자의 말을 빌어 표현한 말 중의「太傅王神筆所紀, 盖顯示殊遇云爾」(「대낭혜화상탑비」)와 부합된다.

결국 심묘사는 무염의 고제이던 순예의 주석으로 해서 성주산문의 종풍을 진작시키던 주요한 도량의 하나였고,「심묘사비」는 순예의 주도적 역할에서 건립된 비로 생각된다.

한편, 이와 관련하여 심묘사의 순예와 같이 무염의 제자이면서 따로 성주산문의 종풍을 펴고 있던 德裕山 靈覺寺의 心(深)光이 주목된다. 영각사에 대해서는 별달리 알려진 기록이 없다. 영각사는 현재 慶南 咸陽郡 西上面 上南里 南德裕山 아래에 위치하는 것으로 되어 있다.[89] 그러나 필자가 답사한 결과 현재의 영각사에는 시대를 올려 잡을 수 있는 유물은 보이지 않았다.[90] 더구나 현재의 건물들은 크게 개보수 되어 있고 원래의 석재들은 대웅전의 기단석이 되어 있는 경우도 있었다. 또한 절 주변에는 주로 조선시대 자기편이나 와편들이 보이고 있다. 다만 華嚴殿 앞에 거칠게 다듬기는 하였지만 큰 규모의 石槽(175×225cm)가 있는데 이것도 '癸亥二月移安'이란 銘文을 갖고 있었다. 그렇다면 현재의 영각사가 원래의 자리가 아닐 수 있다는 의구심을 갖게 한다. 이와 관련하여 다음 기록이 참고될 것이다.

조선 중기의 학자로 居昌에 살았던 葛川 林薰(1500~1584)[91]은 일찍이 영각

---

89) 당시에는 天嶺郡(함양군)의 領縣이던 利安으로 조선시대에는 安陰縣이었다(『新增東國輿地勝覽』 31, 安陰縣, 佛宇 條). 이와 관련하여 최치원이 외직으로 890년경(894년 이후) 천령군 태수로 있던 적이 있는데(崔敬淑,「崔致遠硏究」『釜山史學』 5, 1981, pp.21~22 ;『新增東國輿地勝覽』 31, 咸陽郡 名宦조), 이무렵 최치원은「대낭혜화상탑비」를 지었으므로, 최치원은 심광에 대해서 잘 알고 있었을 것이다.

90) 다만 주변에서 異形의 石材들이 散見되나 이것으로 보아서는 어떠한 건축물의 부재인지 알 수 없었다.

91) 本貫은 恩津, 字는 仲成, 호는 葛川이다. 저서로『葛川集』 4권 2책이 있다. 후에 이조판서에 추증되었고, 諡號는 孝簡이다.

사에서 공부한 바 있고,92) 南德裕山을 기행 했으며 기왕에 「靈覺寺重修記」를 지은 바 있다.93) 이 중수기 중에 다음 기록이 주목된다.

> 寺之創, 不知肇何代, 壁上有舊板誌記, 亦不知何人作. 康獻大王, 開運三年, 丙子, 四月, 始創是寺. 越丙申, 太祖神聖大王合三韓爲一 更創是寺, 而今已廢久, 礎砌埋沒. 正統十四年 有僧圓瓊者, 披荊棘重建云云 乃天順六年之揭也. 僧徒又傳, 寺之西洞有古靈覺, 圓瓊者, 常居於此 … 然此說他無所見, 不足信也.

林薰이 보고 기록한 天順 6년(1462)의 이 영각사 현판 기록대로라면, 영각사의 창건은 '康獻大王' 開運 3년 丙子 4월이 된다. 그런데 이 기록이 다음의 丙申年(936, 태조 19) 이전이어야 한다고 할 때, 開運 3년은 946년이므로 맞지 않으며 개운 3년은 干支도 丙午여야 한다. 또한 '강헌대왕'이 누구인지 알 수 없으나 굳이 신라에서 찾는다면 憲康王의 誤記라 볼 수 있는데 그렇다고 하더라도 헌강왕대에는 또 丙子의 간지가 있지 않다. 여러 정황을 고려하면, 헌강왕대 無染의 高弟 心光의 주석 시기로 보는 것이 좋을 듯 싶다.

또한 高麗 太祖 19년(936)에 다시 중창된 것으로 보이는데, 바로 이 해는 후백제가 멸망하는 해이기도 하다. 이러한 사정을 고려한다면 심광의 문하 제자들인 麗嚴, 玄暉 등이 고려조에서 활동한 사실과 부합되는 일일 것이다.

다음으로 스님들이 전하는 말로는 지금의 영각사 西洞에 옛 영각사가 있었다고 전했다는데 葛川은 다른 곳에서 볼 수 없으므로 이를 믿기 어렵다고 보고 있다. 그러나 현재의 절 주변에서 보이는 유물이나 와편 등을 볼 때94) 대

---

92) 「余於少時, 寓靈覺寺, 因登黃峯.」(林薰, 「登德裕山香積峰記」 『葛川集』 3)
93) 林薰, 「靈覺寺重修記」 『葛川集』 3.
94) 단, 사찰내 '癸亥二月移安'의 銘文이 있는 石槽와 영각사 중수 기록과 관련지어 생각하면, 영각사의 圓瓊이 중창한 시기(1449)에서 멀지않은 1443년(癸亥)에 옛 영각사에서 옮긴 것이 아닌가 생각된다.

부분 후대의 것들이므로, 오히려 당시 스님들이 전했던 말이 더욱 신빙성이 있다고 보여진다. 또 正統 14년(1449) 지금의 영각사를 중건한 圓瓊이 늘 이곳에 주석했다하니 지금의 절은 원경이 옛 영각사에 있으면서 새로 창건한 절이고 영각사는 후에 이곳으로 옮겼다고 보는 것이 좋으리라 생각된다.

이러한 몇가지 점들을 고려하면, 영각사는 심광의 주석 이후에 그 제자들의 고려조에서의 활동에 힘입어 중창의 기회도 있었음을 알 수 있고, 현재의 절은 원래의 영각사가 아님도 알 수 있다. 좀 더 정밀한 조사를 통해서 원래의 영각사지에 대한 조사 연구가 있어야겠다.

한편, 이러한 기록들이 비록 후대의 기록이기는 하나 해당 절에 그대로 전해오는 기록이거나 전승이고 보면 일정한 사실적 근거가 있다고 보아진다. 그렇다면 덕유산 영각사의 심광이나 백화산 심묘사의 순예로 보아 무염의 제자로 성주사 외에 다른 지역에서 무염의 선풍을 펴고 있는 이들도 대부분 이 일대와 그 주변 지역을 중심으로 활동하고 있었지 않았는가 생각된다.[95] 그 밖에 따로 도량을 열었던 제자들인 僧亮이나 普愼의 경우도 대부분 이 지역 일대에서 활동하지 않았을까 생각된다. 이밖에도 무염의 제자로 성주사 창건과 관련하여 圓朗이 주목된다. 「月光寺圓朗禪師碑」에 의하면, 원랑은 856년 이전에 무염을 찾아갔고, 성주사의 주요한 寺務를 총괄했던 것으로 드러난다.[96] 그렇다면 이 무렵은 성주사가 중창되고 정비되던 시기임으로 많은 일들이 있었을 것인데 원랑이 이 때의 일을 도맡았던 것으로 생각된다.[97]

---

95) 심광을 스승으로 출가한 法鏡大師 玄暉(879~941)의 경우 그 출신지가 지리산과 영각사가 있는 덕유산에서 가까운 南原인 점에서도 알 수 있다.

96) 「時也, 師兄慈忍禪師, 自唐歸國, 師時造謁忍禪師…習定三月後, 依廣宗大師, 大師見知, 令摠寺務, 辭不獲已, 因而蒞焉.」(「忠州 月光寺 圓朗禪師 大寶光禪塔碑」, 李智冠, 『校勘譯註歷代高僧碑文』(新羅篇), 1994, p.213)

97) 원랑은 무염과 동일한 선풍을 지녔을 것이며, 월광사는 송계지역(충북 제천시 한수면 송계리)에 무염의 선풍을 전하는 역할을 했을 것이라 한다(忠淸專門大學 博物館, 『提川 月光寺址』(附: 提川의 佛敎遺蹟), 1998, pp.18~19).

그 후 영각사 심광의 경우에는 나말여초에 많은 제자들이 출입한 것으로 드러나는데, 菩提寺 大鏡大師 麗嚴, 淨土寺 法鏡大師 玄暉(879~941)[98] 등이 그들이다. 그러나 심묘사 순예의 경우에는 별다른 기록이 보이지 않고 있다.

IV. 기타 자료

성주산문 무염에 관해서는 출전이 명확치 않은 자료들이 몇 가지 사료에서 간단히 인용되어 있다. 이들 자료들은 역사적 사실과는 많이 다른 모습을 하고 있어 검토가 요구된다. 시기적으로도 이들 자료들은 고려 말에서 조선 중엽에 이르는 기간 동안에 보인다.

天頙의 『禪門寶藏錄』에 인용된 관계 자료를 보면, 「海東無染國師無說吐論」, 「無染國師行狀」, 「海東七代錄」이 있고, 休靜(1520~1604)의 문집인 『淸虛堂集』에는 「海東七代錄」, 「七代錄」, 「無染國師別集」 등이 있고, 그밖에 李德懋(1741~1793)의 『雅亭遺稿』의 「大朗慧傳」, 『寒竹堂涉筆』上의 「朴邕序」와 무염의 創建說을 갖고 있는 사찰 등이 그것이다.[99] 이들 자료들은 대개 짧은 인

---

[98] 처음 심광에게 출가했던 법경대사 현휘의 경우는 중국에 건너가 九峯道乾에게 선법을 전수 받고 귀국해 자신의 계통을 성주산문으로 假託하였으리란 것과 왕건과 결합되면서 왕건이 성주산문을 포섭할 정치적 필요에서 현휘로 하여금 성주산문의 계승을 표방하도록 하였을 것으로 추정하기도 한다(蔡尙植, 「羅末麗初 忠州 지역의 豪族과 禪宗」 『藥城文化』 16·17, 1996, pp.4~5). 현휘로서는 924년 귀국 후에는 영각사나 구족계를 받은 해인사에는 돌아가지 못하였다. 아마도 후백제 지역이기 때문이었을 것이다. 현휘의 귀국 후에 바로 왕건과 결합되었고 왕건은 정략 결혼으로 결합한 충주유씨의 세력권내에 있는 정토사의 주지로 삼아 이 지역과의 유대를 더욱 공고히 하려는 의도로 추측하기도 한다(채상식, 앞의 글, pp.5~6). 한편, 고려시대에도 여전히 성주사나 영각사의 寺格이 유지될 수 있었던 것은 이같은 제자들의 활동에 힘입지 않았던가 생각된다.

[99] 이외에도 中國 登州牟平縣崑崙山의 無染院이 '雞林金靑押衙'의 존재로 해서 무염과의 관련성을 상정해 볼 수 있을 듯하나 무염과의 관련성은 찾아 볼 수 없었다

용 구절에서 언급되고 있어 그 전체적인 모습을 볼 수 없으나, 서로 중복되는 부분도 있어서 그 성격은 파악될 수 있다고 생각된다.

> E - ① 海東無染國師無說吐論 (『禪門寶藏錄』卷上)**100)**
> ② 無染國師, 問法性禪師, 敎禪何別? 答, 百僚阿衡, 各能其職, 帝王拱黙廟堂之上, 萬姓以安 無染國師行狀.(위의 책)
> ③ …… 故聖住和尙, 常扣楞伽經, 知非祖宗捨了, 却入唐傳心. 道允和尙, 披究華嚴經, 乃曰: 圓頓之旨, 豈如心印之法, 亦入唐傳心, 此乃非其根, 未能信之別旨耳 海東七代錄.(위의 책)
> ④ 聖住和尙常扣楞伽經, 知非, 便捨, 入唐, 傳禪法. 道允和尙常究華嚴經, 一日乃曰: 圓頓之旨, 豈如心印之法, 卽捨之, 亦入唐, 傳祖印 七代錄.(『淸虛堂集』4)
> ⑤ 新羅文聖大王問無染國師曰: 禪敎高下, 爲寡人辨釋. 答, 百僚阿衡各能其職, 帝王拱黙 廟堂之上, 萬姓以安, 王聞之大悅 無染國師別集.(위의 책)

위에서와 같이 E-①, ②, ③은 『선문보장록』에 실려있는 것이고, E-④, ⑤는 『청허당집』에 전하는 것이다. 여기서 E-③과 ④를 비교해보면 인용되어 있는 「해동칠대록」은 「칠대록」이라고도 불렸음을 알 수 있다. 내용상에 있어서도 일치를 보이고 있어 틀림없다고 생각된다.

(『牟平縣志』9,「唐无染院碑 在崑崙山无染院中」). 이 비문 중 缺落字가 있기는 하지만 내용을 살펴보는 데는 어려움이 없다.

100) 무염의 무설토론에 대해서는, 이것이 무염의 순수한 선사상으로 볼 수 없고, 羅末麗初 어떤 선종의 인물에 의해서 선종의 우위성을 강조하기 위해 재편한 것으로 보고 있다(鄭性本, 「新羅 禪宗의 禪思想」『韓國佛敎文化思想史』伽山 李智冠紀念論叢, 1992 ;『新羅 禪宗의 硏究』, 민족사, 1995, pp.159~181).「대낭혜화상탑비」에 의하면, 무염은 교선에 관한 구별을 하지 않았고 철저한 수행을 강조하였다. 이와 관련하여『조당집』無染傳의 無說土說에 대해서는 南東信이 정리한 바 있다(南東信, 앞의 글, pp.623~624).

그런데 여기서 무염이 '常扣楞伽經'이라고 하고 있지만 그는 華嚴學도 두루 섭렵하고 있었다. 그는 입당전과 후에도 여전히 敎禪에 어떤 구별을 두지 않았다. 여기서 「해동칠대록」은 어떤 선별기준에 의해 편찬되지 않았는가 추정해 볼 수 있다. 시기적으로도 고려대까지 떨어지는 기록이다. 또한 무염에게서 나타나는 교종에의 접근은 제외되고, 法性禪師에게 받은 능가경 수업조차 부정시되어 나타나고 있다. 이렇게 볼 때, 「해동칠대록」은 고려대에 禪宗 중심의 취지아래 신라하대에서 고려초에까지 일곱 선사들의 행장을 담고 있는 기록이라고 생각된다.

다음 E-②는 「無染國師行狀」에서 보인다는 기록이다. 무염이 雪嶽山 五色石寺에 출가하고 나서 법성선사에게 敎禪의 구별을 묻는 질문에 답한 것이다. 여기서도 선 우위의 입장이 나타나고 있다. 그런데 E-⑤의 기록에서는 법성선사가 무염에게 한 말을 무염이 그대로 문성왕에게 했다는 내용으로 나오고 있다. 문제는 무염이 문성왕과 대면했던 일이 없다는 사실이다. 또한 무염은 「대낭혜화상탑비」에 의하면 교선을 구별해 우위를 논하지 않았다. 그는 철저한 자기수행을 강조했을 따름이다. 이렇게 보면 E-⑤의 기록은 문성왕과 무염의 관계하에서 만들어진 기록으로 생각된다. 문성왕의 성주사 前身寺刹에 대한 易寺榜牌와 성주사에 대한 배려를 염두에 두고 쓰여진 것으로 여겨진다. 시기적으로도 E-⑤의 기록은 「無染國師別集」이라는 책에서 인용되고 있다. 이 책은 조선조에 들어와서 편찬된 것으로 생각되는데 그전부터 내려오던 E-①의 「海東無染國師無說吐論」이나 E-②에서 보이는 「無染國師行狀」등을 편집해서 만든 것이 아닌가 생각된다.

결국, 이같은 무염이나 다른 禪門 禪師들의 기록은 고려시대부터 편찬되어 왔다고 생각된다. 무염에 대한 '行狀'같은 것은 다른 기록에 비해 앞서 있었을 것으로 생각되는데 그것은 그 門人에 의한 저술일 가능성이 많기 때문이다.[101] 이외에도 개별 선사들의 종지는 따로 간행되었을 것인데 시대가 내려

---

101) 최치원이 「대낭혜화상탑비문」을 작성할 때에도 그 제자들이 지은 무염의 행장

올수록 본래의 모습에서 많이 윤색되었을 것이다. 무염의 '무설토론' 같은 경우도 그의 교선 입장을 생각해보면 일부분만 선택되었을 수도 있다. 이와 함께 시대가 내려오면서 무염에 관해 산견되는 여러 자료들을 모으는 작업도 진행되었을 것인데 E-⑤에서 보이는 무염국사별집류가 아니었던가 생각된다.

그밖에도 雅亭 李德懋(1741~1793)는 기왕에 無染, 智證, 慧昭의 전기를 지은 바 있는데,102) 그 자신의 말처럼 崔致遠 撰의 이들 비문을 정리한 것이다.103) 그런데 그 비문이란 주해본을 이용한 듯하다. 그것은 원비문과 異同이 있기 때문이다. 이것 또한 石顚(1870~1948)이 『四山碑銘』을 정리하면서 자료로 기록한 바 있다.104)

또한 雅亭이 기록한 「朴邕序」의 경우, 「桂苑遺香」에도 전하고 있는데,105) 이와 관련하여 다음과 같은 몇 가지 자료를 검토하고자 한다.

F- ① 新羅憲康王, 召大朗慧和尙, 將還山, 命群臣賦送歸之詩, 在家弟子王孫蘇判嶷榮首唱, 侍讀翰林郎兼崇文臺瑞書院直學士薩湌朴邕, 製贈行詩序曰: …(『靑莊館全書』 68, 寒竹堂涉筆 上, 「朴邕序」)

② 敎國中磋磨六義者, 賦送歸之什, 在家弟子王孫蘇判嶷榮首唱, 斂成軸, 侍讀翰林才子朴邕爲引, 而贈行, 七也.(「대낭혜화상탑비」)

③ …時, 從予(子)106)朝請大夫前守執事侍郞(賜)紫金魚袋 臣崔仁渷(渷)奉

이 참고되었다.
102) 李德懋, 「大朗慧傳」, 「智證傳」, 「慧昭傳」 『雅亭遺稿』 3 ; 『靑莊館全書』 68, 「寒竹堂涉筆上」, 「大朗慧」.
103) 「余取孤雲所撰碑, 刪節爲新羅三名僧傳」(李德懋, 「大朗慧傳」 『雅亭遺稿』 3).
104) 金知見, 「精註四山碑銘 發掘記」 『四山碑銘 集註를 위한 硏究』, 1994, p.20.
105) 최근에 이에 대해 몇 가지 자료를 통해 정리하여 소개되고 있다(崔英成, 앞의 책, pp.363~364).
106) 「대낭혜화상탑비」로 보면 '弟'의 誤記이겠으나(崔英成, 앞의 책, p.364), 글자 자체로 보아서 '子'의 誤記인 듯하다.

詔書(『桂苑遺香』)107)

　우선 저자인 박옹을 보면, F-①과 ②로 보면 그 관직명에 있어서 '崇文臺瑞書院直學士 薩湌'이 더 기록되어 있음을 볼 수 있다. 기왕에 石顚은 雅亭의 사산비명을 참고한 바 있으므로 석전의 박옹에 대한 註記는 이것을 참고한 듯하다. 다만 문제는 아정이 어디에서 이 기록을 취했는가 하는 점이다.108) 아정도 다른 자료에서 취한 듯 缺落字 註記를 하고 있으나 그 출전은 밝히고 있지 않다. 또한 기록에 따라서는 F-③과 같이 書者까지도 명시되어 있다. 그렇지만 書者인 崔仁滾(868~944)의 경우, 박옹이 이 글을 지었다는 시기(881)에는 14살의 나이에 불과하다. 이것은 「대낭혜화상탑비」의 기록을 附會한 것으로 볼 수 밖에 없다.

　한편, 내용상으로도 '聖上(旨)優詔', '奉 詔書'의 표현은 天子에 한하여 쓸 수 있는 표현들이다. 박옹같은 賓貢科 出身이 이런 용어를 사용했다고는 보기 어렵다. 이같은 문제점들로 보면, 아정의 기록(F-①)이 원문에 가깝다고 볼 수 있으나 여전히 용어상의 문제점은 가지고 있다. 덧붙여 내용을 소개하고 있는 F-①, ③은 글자간의 이동도 보이고 있다.

　이렇게 보면, 박옹의 引(序)은 사실 그대로 받아들이기에는 몇 가지 문제점이 있음을 알 수 있다. 우선은 이들 자료(F-①, ③)의 출전을 파악하는 것이 중요하지만 현재로서는 별다른 근거를 찾을 수 없을 듯하다.

　한편, 무염과 관련하여 전국에 10여 개의 사찰이 무염의 창건설을 가지

---

107) 崔英成, 앞의 책, p.364.
108) 이를 羅末麗初 文翰기구인 瑞書院의 최초 자료이고, 서서원의 學士·直學士制가 설치된 한 근거로 보고 있기도 하다(李基東, 앞의 글, p.251). 문제는 『桂苑遺香』의 주해자가 石顚일 경우 雅亭의 「사산비명」 관련 글을 보았을 것이므로(金知見, 앞의 글, p.20), 『계원유향』에 실린 박옹서에 대한 주해는 아정의 「박옹서」에서 인용했을 가능성이 크다. 그럴 경우 아정은 또 어떻게 「박옹서」를 기록할 수 있었는지에 대해서는 아직 알 수 없다.

고 있다. 성주사 근처의 白雲寺,[109] 忠南 錦山의 彌勒寺,[110] 忠南 禮山의 大蓮(連)寺,[111] 忠北 永同의 深妙寺,[112] 全北 益山의 深谷寺,[113] 全南 康津

---

[109] 보령시 성주면 성주리 성주산 중턱에 있는 백운사는 필자가 1991년 방문시 오래된 石槽와 極樂殿에 1800년대의 畵記가 있는 幀畵를 볼 수 있었다. 그러나 근래는 건물이 기울어 중창되고 있었다. 다른 기록들에 의하면, 백운사에는「大朗慧大師頌德文」이 조각되어 있는 石碑가 있었다고 하나(『忠南地域의 文化遺蹟』 11, 保寧市篇, 百濟文化開發硏究院, 1997, p.209), 현재로서는 소재를 알 수 없다. 어떤 연유로 이같은 기록이 있게 되었는지 알 수 없으나, 원래 백운사의 이름이 성주산문의 초기 이름이던 '崇嚴'寺였던 점(『輿地圖書』 藍浦縣 寺刹條) 등은 이 절에 전래의 성주사 관련 자료가 있었을 가능성이 있다고 하겠다. 한편, 현 성주사지 앞 山祭堂 맞은 편에는 '虎龍臺'란 巖刻도 있다.

[110] 대전시와 금산군의 경계를 이루는 天庇山 중턱에 있는 사찰로, 신라 선덕왕 때 무염선사가 창건했다고 하나 현재 오래된 건축물은 없고 새로 신축중인 대웅전과 요사채가 있다. 주변에는 礎石들이 흩어져 있고, 법당 앞에는 오래된 커다란 石槽가 있다. 『新增東國輿地勝覽』 33, 珍山郡 佛宇條에도 절 이름이 올라 있는 것과 주변에 魚骨文瓦片이나 粉靑沙器鐵畵魚文片이 발견되는 것으로 보아 절의 창건은 麗末이나 鮮初가 아닐까 생각된다. 여기에 어떤 까닭에선지 무염의 창건이 구전되고 있지만 선덕왕과 무염의 어긋난 시대 착오의 구전이나 절 주변의 유물로 보아 무염 창건은 믿기 어렵다.

[111] 大蓮寺는 百濟 復興軍의 거점이던 任存城이 있는 鳳首山 동쪽 산기슭에 위치하고 있다. 현존하는 것은 1849년에 중수된 極樂殿과 그 앞에 高麗時代로 추정되는 3층 石塔과 山神閣, 요사채가 있다. 절의 자세한 연혁은 알 수 없으나, 1975년 법당 중수시 발견된「道光二十九年(1849)己酉三月十六日大蓮寺法堂重修上樑時記文」이 있다(住持 慈明스님 影印本 제공). 이 기록 중에는 창건을 新羅·百濟(삼국시대?)로 보고 있을 뿐 그 후 통일신라에서 고려에 이르는 事蹟은 알 수 없고 無染 創建에 관한 기록도 찾아 볼 수 없다.

[112] 무염이 景文王의 청으로 同王 11년(871)경에 주석했다는 심묘사는 무염의 창건 보다는 그 이전에 이미 절이 있었다고 보아야 하겠다.

[113] 深谷寺는 益山 彌勒寺址 북쪽 龍華山 산기슭에 위치하고 있다. 新羅 文聖王代 無染國師가 창건했다는 설이 있지만 현존 금당 안의 幀畵나 그 앞의 石塔, 礎石과 주변에서 보이는 瓦片들로 볼 때 조선시대 창건된 사찰로 보인다. 1979년에 절 입구에 세워진 事蹟 功德碑에도 절에 寺誌도 없었을 뿐 더러 文聖王代 無染國師 創建說은 口傳으로 明記하고 있다.

의 白蓮寺,[114] 慶南 鎭海의 聖興寺,[115] 慶南 昌原 聖住寺[116] 등이 그것이

---

114) 白蓮寺가 어떻게 해서 무염 창건설이 있게 되었는지는 알 수 없으나, 康津 출신으로 조선 후기 학자였던 桐岡 李毅敬(1704~1778)은 1765년에 白蓮寺 大法堂 重修에 관한 기록을 남기고 있는데(成春慶・李啓杓, 「康津郡의 佛敎遺蹟」『康津郡의 文化遺蹟』, 木浦大學博物館, 1989, pp.206~207), 당시 照起大師의 말을 빌어, 「…(師)曰: 此利開山初祖卽新羅文成(聖)王師無染國師是也.」라고 기록하거나 혹은 역시 桐岡이 1760년에 지은 「康津萬德山白蓮寺重修記」(『桐岡先生遺稿』 2)에는 流言으로 신라 명필 金生이 '開山第一祖'라는 말도 채록하고 있음을 보면(成春慶・李啓杓, 앞의 글, pp.211~213), 무염의 창건설이 명확한 근거가 없음을 알 수 있다. 이와 관련하여 백련사와 무염의 관계에 대한 잘못된 점에 대해서는 이미 茶山 丁若鏞의 명확한 변증이 있다(韓國學文獻研究所 編, 『萬德寺志』, 1977, pp.71~73 ; 許興植, 「萬德寺志의 編纂과 그 價値」『萬德寺志』, 1977, p.457 ; 崔柄憲, 앞의 글, p.333, p.337 註22). 다산의 이같은 변별은 기왕에 그가 『大東禪敎考』를 지었던 경험에 의한 것이 아니었던가 한다. 한편, 『대동선교고』에서 인용하고 있는 「四山碑銘」의 註는 中觀 海眼의 것으로 보고 있다(崔柄憲, 앞의 글, pp.335~337).

115) 성흥사는 진해시 대장동에 위치하고 있다. 대웅전은 조선 후기 건물이고 나머지 건물들은 근래 건축된 것으로 보인다. 무염이 창건한 것으로 되어 있는데, 이에 관련된 유물은 찾아 볼 수 없고 다만 대웅전내 본존불 좌측에 무염의 眞影을 모시고 있다. 진영 우측 상단부부터 하단에 이르기까지 한 줄로 「新羅慰國退兵此寺創建大功德主惠名不絶無染國師之眞影」이라고 쓰여 있다. 이 眞影은 『禪門祖師禮懺儀文』에서 모사한 듯하다. 다만 이 진영에서는 무염이 주장자를 들고 있다는 차이가 있을 뿐 비슷하다. 한편, 절의 내력으로는 833년 무염이 熊東지방에 침입한 왜구를 물리친 것을 기념하여 九川洞에 지었던 것을 후에 현재의 위치에 옮겨왔던 것으로 되어 있다. 영정의 題名에 '慰國退兵 此寺創建'은 이를 두고 하는 말일 것이다. 창건연대나 왜구 격퇴 등 이런 정황으로 보아 무염 창건은 믿기 어려운 점이 있다. 무염의 법력으로 왜구를 물리쳤다는 것은 마치 「숭엄산성주사사적」의 기록에 藍浦群敵을 敎化시켰다는 것과 유사한 성격의 전승이지 않을까 한다.

116) 창원 성주동에 있는 성주사는 흥덕왕 10년(835) 무염국사가 남해안에 출몰한 왜구를 도력으로 물리친 것을 축하하기 위하여 나라에서 논 360결과 노비 100호를 주어 그가 왜구를 물리친 장소에 창건한 절이라고 한다. 여기 흥덕왕 10년 무염이 창건했다는 설은 믿기 어렵다. 이 때 무염은 중국에 있었기 때문이다. 문제는 어떻게 무염과 관련해서 창건설이 생겨났는가 하는 점이다. 오히려 가까

다.117) 어떻게 해서 이들 사찰들이 무염의 창건설이 있게 되었는지 지금으로서는 알 수 없으나 어떤 경우에 있어서는 기록이 남아 있었을 가능성을 생각해 볼 수 있다. 또한 이들 대부분이 구전에 의한 전승인 것을 보면, 절의 오랜 역사를 염두에 두고 관련 유물(影幀 등)이나 종파의 계보를 고려해 무염창건설로 전해 내려 왔던 것은 아닌가 생각된다. 이는 전국의 많은 사찰이 義相, 元曉의 창건설을 가진 것과 유사한 예가 아닐까 한다.

V. 맺음말

지금까지 聖住山門과 관련하여 전해지는 문헌자료와 전승을 중심으로 몇 가지 기록을 정리해 보았다. 이들 자료의 검토를 통하여 아래와 같은 점들을 지적할 수 있을 것이다.

우선 「崇巖山聖住寺事蹟」의 편찬자는 「四山碑銘」의 초기 註解者이기도

이 있는 鳳林寺 眞鏡大師 審希의 창건설이 설득력 있을 것임에도 불구하고 무염과 관련지어 있다. 근처에 있는 牛谷寺(창원시 동읍 단계리)도 마찬가지이다. 또한 이 지역과 가까이 있는 진해 성흥사도 왜구를 물리친 무염과 관련해 창건설이 있었고, 乾隆十一年(1746) 丙寅 五月 聖興寺冥府殿에 안치했던 佛幀 1폭이 우곡사에 보존되어 있다고 하므로(文化財研究所 編, 『文化遺蹟總覽』(中), 1977, p.555), 두 절은 관련성이 있다고 봐야 하겠다. 별다른 기록을 찾아볼 수 없는 시점에서 이들 전승은 무염의 도력에 의한 왜구의 격퇴라는 신앙과 결부되어 창건설이 전해졌던 것은 아닌가 한다. 또한 이 성주사의 원래 이름은 성주사가 아니고 '熊神寺'였다는 점은(『輿地圖書』, 金海鎭管昌原都護府, 寺刹조) 이와 관련하여 이해될 수 있는 것이 아닌가 한다. 이밖에도 全北 鎭安郡의 天皇寺(문화재연구소 편, 앞의 책, p.34), 長水郡의 神光寺(문화재연구소 편, 앞의 책(下), p.49), 慶南 山淸郡의 內院寺(문화재연구소 편, 앞의 책(中), pp.607~608)도 무염의 창건설을 갖고 있으나 역시 그대로 받아들이기 어렵다.

117) 이밖에도 直指寺에 影子大師堂名으로 '聖住山無染國師慧照'란 기록이 보이나 (韓國學文獻研究所 編, 『直指寺誌』, 1980, p.169), 雙磎寺 眞鑑禪師 慧昭(照)와 어떤 혼동이 생긴 것은 아닌지 모르겠다.

했던 中觀 海眼(鐵面老人)이 아닐까 추정해 보았다. 그리고 편찬 연대는 1518~1611년경이지 않았을까 한다.

다음으로 無染의 高弟인 詢乂의 행방을 一石 朴惟棟이 1684년에 편찬한 『黃溪誌』를 검토하여 순예가 尙州 白華山 深妙寺를 중심으로 활동하였고, 憲康王이 지은 「深妙寺碑」의 건립에 주동적인 역할을 한 인물이 아닐까 추정하였다. 한편 이와 관련하여 역시 무염의 제자였던 德裕山 靈覺寺의 心光을 살펴보면서 무염의 주요한 제자들의 활동 무대가 북쪽으로 상주 백화산 심묘사 일대와 남쪽으로 덕유산 영각사 일대로 비정해 볼 수 있었다.

끝으로 고려 말에서 조선 초에 이르는 시기에 편찬된 것으로 생각되는 무염에 관한 문헌자료들인 「無染國師行狀」, 「海東七代錄」, 「無染國師別集」류가 원래의 모습에서 많이 윤색되었고, 禪宗 중심으로 편찬되어 敎宗 관련 기록들이 누락되었음을 알 수 있었다. 또한 무염의 창건설을 갖는 사찰과 문헌들이 정확히 어떤 근거에 의한 것이었는지는 알 수 없으나 대부분 근거나 출전이 불분명하였다.

따라서 이같은 문헌자료나 전승의 검토는 성주산문의 보다 폭넓은 이해에 일정 부분 기여할 수는 있겠는데, 자료로서의 수용에는 보다 면밀한 주의와 앞으로의 현지 조사 연구를 통해 이루어져야 할 것으로 생각된다.

6

의좋은 형제 '李成万·李順'의 紀事碑攷

Ⅰ. 머리말

1940년대 이래 초등학교 국어 교과서에 실렸던 '의좋은 형제' 이야기는 잘 알려진 口傳이다.[1] 이 이야기의 무대는 옛 大興縣(현 충남 예산군 대흥면)으로,[2] 麗末鮮初 그곳에 살았던 戶長 李成万·李順 형제에 관한 이야기였다.

그런데 1978년, 전설의 주인공인 이성만 형제의 실존과 행실의 실제를 증

---

1) 1949년부터의 초등 국어교과서(3-1)에서 확인해 볼 수 있었다(문교부, 「의 좋은 형제」『초등 국어』 3-1, 1949, pp.30~34). 이와 관련하여 6·25전쟁 전후의 문교정책이 실업 교육과 道義 교육의 부흥을 주창했고 이에 따른 교과서 편찬이 있었다고 한다(李鍾國, 「전후의 교육 정책과 교과서 발행」『大韓敎科書史(1948~1998)』, 대한교과서주식회사, 1998, pp.241~246). 이 점은 도의 교육 측면에서 국어 교과서에서도 반영되어 '의좋은 형제' 이야기가 수록된 듯하다. 조선조 광해군대『東國新續三綱行實』의 편찬이 특히 임진란을 통하여 체득한 자아의식·도의정신의 토대에서 출발된 것은(李丙燾, 「解題」『東國新續三綱行實』, 1958, p.11) 같은 맥락에서 이해 될 수 있다.
2) 역시 1978년, 이 곳 東西里에서 발견된 돌덧널무덤(土壙石槨墓) 출토 靑銅器로 유명한 곳이기도 하다. 또한, 가까이에는 百濟 復興運動軍의 주요 거점 중 하나였던 任存城(대흥면 상중리)이 자리하고 있다.

거하는 碑가 발견되어,3) 그 이야기가 역사적 사실에 근거해 있음을 증명해 주었다.

그 碑文의 내용은, 전해 내려온 이야기와는 꼭 일치하지는 않으나, 형제의 부모에 대한 효도와 깊은 우애가 잘 표현되어 있어 전설의 개연성을 보장해주고 있다.

그럼에도 대강의 비문 내용에 대한 이해가 있었을 뿐4) 정확한 判讀이 미흡하여 비문의 내용이나 비의 건립 의의 등에 있어서 모호한 일면을 가지고 있었다. 그러므로 비문의 내용에 대한 좀더 명확한 판독과 이해가 요구되어진다고 하겠다.

이러한 판독과 이해는, 의좋은 이성만 형제에 대한 역사적 사실 접근 및 그 비의 건립과 의의를 살피는 데 도움이 될 것으로 기대된다.

II. 碑文의 判讀

이성만 형제 紀事碑는 1978년, 이성만 형제 이야기의 무대였던 충남 예산

---

3) 1983년 9월 29일, 충청남도 유형문화재 제102호로 지정되었고(『文化財大觀』, 忠淸南道, 1996, p.510), 碑閣으로 보호되고 있다. 한편, 2002년 8월 21일에는 비각(대흥면사무소 앞) 앞에서 이들 형제가 볏단을 가지고 서로 만나는 순간을 형상화한 동상이 제막되었다.

4) 그동안 이 비에 대한 소개가 있어 왔고(「우애비」『禮山의 얼』, 예산군, 1982, pp.275~276: 「이성만형제 효제비」『禮山郡誌』, 1987, pp.984~985: 「李成萬兄弟 孝悌碑」『文化遺蹟總覽(金石文篇下)』, 忠淸南道, 1993, pp.220~223: 「李成萬兄弟 孝子碑」『忠南地域의 文化遺蹟(9輯, 禮山郡篇)』, 百濟文化開發硏究院, 1995, pp.328~329: 이항복 編, 『예산(예산의 문화유적 탐방기)』, 내포문화연구원, 1999, pp.195~198: 「우애비」『예산의 설화』, 예산문화원, 1999, pp.78~79: 「이성만 형제 효제비」『禮山郡誌』 하권, 2001, p.1343), 이들은 모두 원문과 번역문을 싣고 있는데, 『문화유적총람』의 글은 拓影이 실려 있어 판독에 도움이 된다. 한편, 최근 예산군의 효행에 대한 종합적인 연구 성과가 있었고(『예산군의 효행과 우애』, 예산군·충남발전연구원, 2002), 이 중에는 이 비와 이들 형제에 대한 고찰이 있다(윤용혁, 「대흥 이성만 형제의 효행과 우애비」, 앞의 책, pp.41~70).

군 대흥면 상중리 '개뱅이다리(佳芳橋)' 근처에서 발견되었다.5) 그러나 예당저수지로 인한 수몰 위험이 있어, 현재의 위치(옛 대흥관아 앞)로 옮겨져 있다.6)

비가 발견된 이래, 의좋은 형제 전설을 증명하는 것으로 해서 주목되어 왔다. 이에 따라 비문의 拓本과 그 판독, 그리고 번역문 등이 있어 비문의 이해에 많은 도움이 되었다. 그렇지만, 현장 비문 조사와 탁본을 통해서 몇 가지 의문점을 갖게 되었다.

우선은 비문에 吏讀가 쓰여져 있음에도 그대로 해석되어, 비문의 명확한 분석에 난해처가 있었다는 점이다. 다음으로, 俗字,7) 古字 등에 대한 字體의 정확한 판독 부족으로 다른 글자로까지 인식되어 해독의 오류를 이끌고 있다. 이러한 결과, 비문의 올바른 이해에 문제점을 낳았고, 여러 역사적인 기록과의 연계성에 문제를 초래했다고 보여진다.

다음은 몇 번에 걸친 현장 조사8)와, 기왕의 탁본<표 1>을 토대로 작성

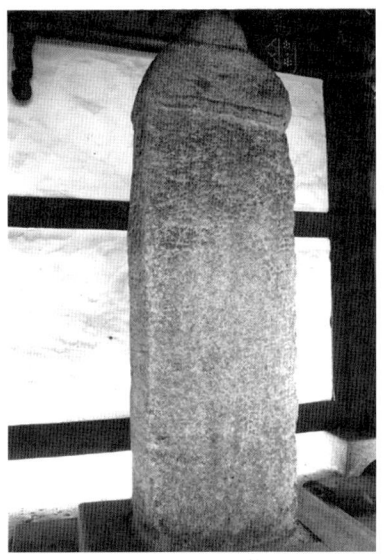

大興戶長 '李成万·李順' 兄弟 紀事碑

---

5) 李洙 선생(예산군 대흥면 동서리 거주, 79세)으로부터 옛 가방교 자리와 그곳에서 50m 정도 떨어진 곳에 비가 있었다는 것과, 선생이 10여 세 무렵에 그 비를 보았다는 증언을 들을 수 있었다. 이밖에 발견 장소에 대한 견해도(「이성만 이순형제」『禮山의 人物』, 예산문화원, 1997, p.21) 이와 일치한다.

6) 현재, 옛 대흥현 관아 일부가 현존하고, 그 옆에는 대흥면사무소가 위치하고 있다.

7) 이두식 표기가 있다는 지적과 함께 간자(약자)의 예(興, 万, 仝, 淂)가 지적되기도 하였으나(윤용혁, 앞의 글, p.62), 많은 이두 용례와 속자의 예로 볼 때 판독문과 번역문에는 정확히 반영되지 않은 것으로 보인다.

8) 비각 안에 있는 비에 대한 몇 차례에 걸친 조사에는, 대흥면사무소 金會煥 선생의 적극적인 협조가 있었다.

표 1. 大興戶長 '李成万·李順' 兄弟 紀事碑 拓影[9]

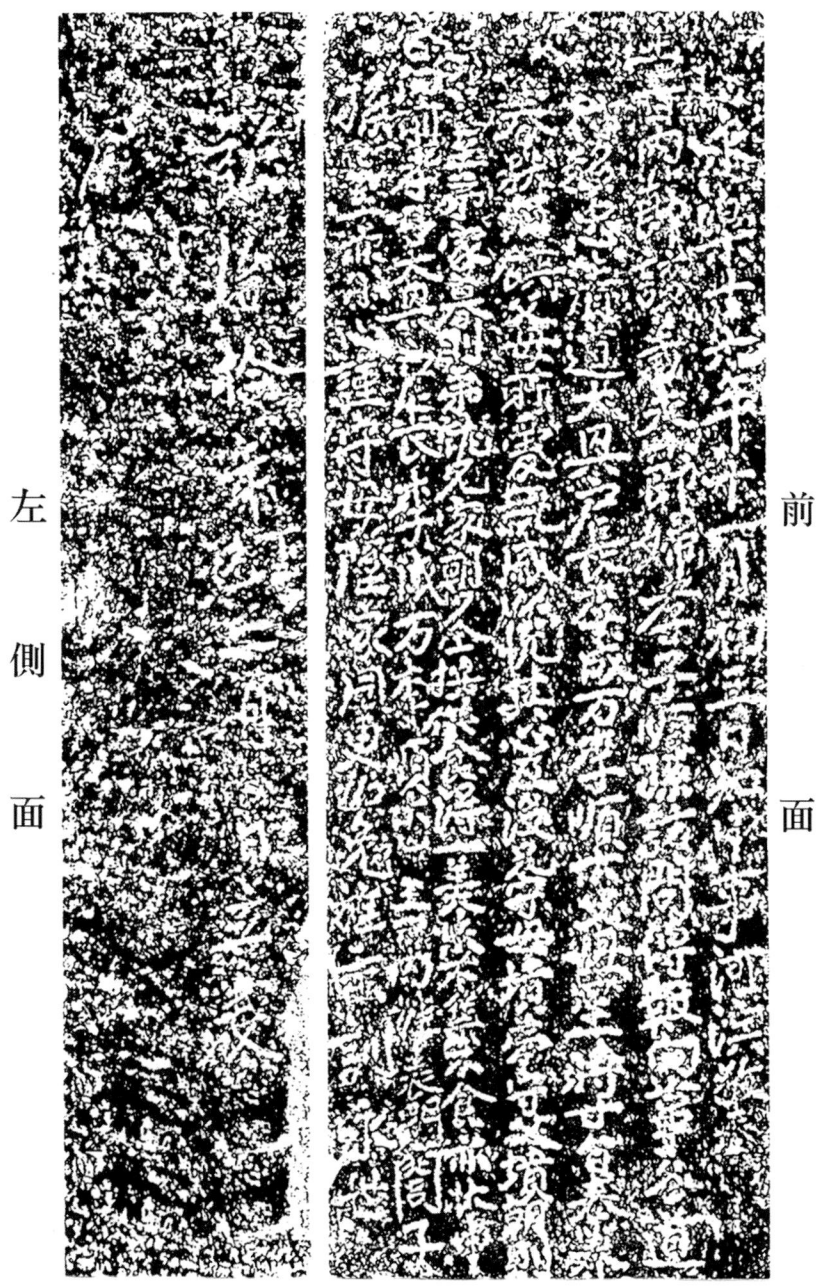

표 2. 大興戶長 '李成万·李順' 兄弟 紀事碑文 (○ - 추정자, □ - 추가·재확인자)

前面

永樂十六年十一月初三日知申事詞漢敬奉
王旨內節該義夫節婦孝子順孫訪問侍報向事各道
行移忠淸道大興戶長李成万李順木父母生時甘旨奉養
春秋酒饌父母斯愛親戚以悅其心及沒兄守母墳弟守父墳朝則
兄至弟家暮則弟就兄家朝夕全奠侍食得一美味不集不食亦狀申
啓向前孝子大興戶長李成万李順木乙 王召內旌表門閭子乙
孫之至亦小心謹守母墜家風更加勉勵垂訓永也

左側面

弘治拾年巳二月 日立表

한 비문<표 2>과 그에 따른 번역문이다. 판독된 비문은 추정자, 추가 확인 글자, 疊字 기호(ː) 등을 포함하면, 글자 수는 171자인데, 내용 분석상 아래와 같이 4부분으로 나누어볼 수 있다.

[李成万·李順 兄弟 紀事碑文][10]
[前面]
A - ① 永樂, 十六年, 十一月, 初三日, 知申事河演,[11] 敬奉王旨[12] **內**[13] **節該**,[14] 義夫·節婦·孝子·順孫, 訪問傳報[15] **向事**,[16] 各道 **行移**.[17]

---

9) 이 拓影은 『문화유적총람』의 것인데, 당시 탁본작업을 행했던 宋容縡 선생의 호의로 여기에 실을 수 있었음을 밝혀둔다.
10) 이하 굵은 글씨체는 吏讀임.
11) 비문에 '䜴'로 되어 있는데, 寅의 俗字 예로 보아(金榮華 編, 『韓國俗字譜』, 아세아문화사, p.54) 演자의 속자로 보겠다.
12) 비문에 旨의 속자인 '㫖'로 되어 있다. 한편, 다른 판독문에서 비문 중 '王', '啓'자의 높임 표시로 다른 글자들을 한 줄 아래에 쓴 공간처리를 판독 불능으로 처리한 예가 있으나 높임 표시에 불과하다. 왕지는 1425년(세종 7) 7월 敎旨로 바뀌었다(『世宗實錄』 권29, 7년 乙巳, 7월, 甲戌 ; 『한국고전용어사전』 1, 세종대왕기념사업회, 2001, pp.647~648). 또한, 이상의 비문 형식은 1434년(세종 16) 4월 26일, 三綱行實의 頒布敎旨를 수록해놓은 『三綱行實圖』의 예인 「宣德, 九年, 四月, 二十六日, 都承旨臣安崇善敬奉敎旨……」(『삼강행실도(효자편)』 반포 교지 영인부분, 세종대왕기념사업회, 1982, p.1)와 유사함을 알 수 있다.
13) 內 : 안(장세경, 『이두자료 읽기 사전』, 한양대학교 출판부, 2001, p.43 ; 배대온, 『歷代 이두사전』, 형설, 2003, p.87).
14) 節該(졀히/졋해/디위히) : 公文書의 해당 구절을 간추려 기재하는 것(『한국고전용어사전』 4, p.729 ; 장세경, 앞의 책, p.295 ; 배대온, 앞의 책, p.400).
15) 傳報 : 아랫 관청에서 윗 관청을 통하여 임금에게 보고하는 것(『한국고전용어사전』 4, p.662).
16) 向事(아안일/안일/아안/이안일) : 이두로 -할 일. -한 일의 뜻(장세경, 앞의 책, p.327 ; 배대온, 앞의 책, pp.444~445).
17) 行移(힝이) : 行文移牒의 준말로 官司간의 왕복하는 공문서 또는 공문서를 보내어 명령하는 것(장세경, 앞의 책, p.324 ; 『한국고전용어사전』 5, p.685 ; 배대온, 앞의

② 忠淸道大興[18]戶長李成万[19]·李順等,[20] 父母生時, 甘旨[21]奉養, 春秋,[22] 酒[23]饌,[24] 父母所[25]愛[26]親戚,[27] 以悅[28]其心. 及沒, 兄守母墳, 弟

책, p.442).

[18] 비문에는 興의 俗子인 '㒷'으로 되어 있는데, 고려시대 古文書에서도 확인해 볼 수 있다(李基白 編,『韓國上代古文書資料集成』, 一志社, 1987, p.222 2행). 또한, 중국의 예에서도 찾아 볼 수 있다(劉復·李家瑞 編,『宋元以來俗字譜』, 아세아문화사, 1976, p.67).

[19] 비문에서와 같이 '萬'의 속자로 되어 있는데, 고려시대 이래 금석문이나 고문서에서 많이 볼 수 있고(이기백 편, 앞의 책, p.43 4행 ; 金龍善 編,『高麗墓誌銘集成』, 한림대학교 출판부, 1993 ; 改訂版, 1997, p.32 23행 ; 黃壽永 編,『韓國金石遺文』, 일지사, 1976 ; 五版, 1994, p.319), 조선시대 필사본에서도 확인할 수 있다(김영화 편, 앞의 책, p.152). 또한, 중국의 예에서도 볼 수 있다(유복·이가서 편, 앞의 책, p.73).

[20] 비문에 속자인 '氺'으로 되어 있는데, 통일신라시대 금석문이나(황수영 편, 앞의 책, p.538), 고려시대 고문서(이기백 편, 앞의 책, p.45 9행) 등에서 찾아 볼 수 있다.

[21] 비문에 '甘'로 되어 있는데, 조선시대 필사본의 예에서 찾아 볼 수 있다(김영화 편, 앞의 책, p.96).

[22] 실록에 실린 이들 행적과 같이 '春秋' 앞에 '每'字가 있어야 할 것이나, 생략된 듯하다.

[23] '滋'로 판독하기도 하나, 현장 비문 조사 결과 '酒'자로 판독된다. 기왕에 '酒'로 판독한 예가 있다(「우애비」, 앞의 책, p.276).

[24] 비문에 '饌'로 되어 있는데, 조선시대 필사본 속자의 예에서 찾아볼 수 있다(김영화 편, 앞의 책, p.240). 또한 酒饌 앞에 '具'字가 있어야 할 것이나 생략된 듯하다.

[25] 비문에 '所'로 되어 있는데, 조선시대 필사본 속자의 예에서 확인해볼 수 있고(김영화 편, 앞의 책, p.82), 중국의 예에서도 보인다(유복·이가서 편, 앞의 책, p.119).

[26] 비문에 '愛'로 되어 있는데, 조선시대 필사본 속자나(김영화 편, 앞의 책, p.75), 중국의 속자에서(유복·이가서 편, 앞의 책, p.34) 유사한 예를 볼 수 있다.

[27] '父母' 앞에 '致'字가 있어야 할 것이나 생략된 듯하다.

[28] 비문에 '悅'로 되어 있는데, 조선시대 필사본 속자나(김영화 편, 앞의 책, p.74), 중국의 속자(유복·이가서 편, 앞의 책, p.33)에서 유사한 예를 볼 수 있다.

守父墳, 朝則兄至弟家, 暮則弟就兄家, 朝夕, 同²⁹⁾拱供食, 得³⁰⁾一美味, 不集不食亦,³¹⁾ 狀³²⁾申,³³⁾ 啓.

③ **向前,**³⁴⁾ 孝子大興³⁵⁾戶長李成万 · 李順**等乙,**³⁶⁾ 王召內, 旌表門閭,³⁷⁾ 子子³⁸⁾孫孫³⁹⁾至⁴⁰⁾**亦,**⁴¹⁾ 小心謹⁴²⁾守, 毋墜家風,⁴³⁾ 更加勉旌,⁴⁴⁾ 垂⁴⁵⁾訓永世.

---

29) 비문에는 古字인 '仝'으로 되어 있다. 중국 속자의 예에서도 볼 수 있다(유복 · 이가서 편, 앞의 책, p.9).

30) 비문에 '㝵'로 되어 있는데, 조선시대 필사본 속자나(김영화 편, 앞의 책, p.69), 중국의 속자에서(유복 · 이가서 편, 앞의 책, p.7) 유사한 예를 찾아볼 수 있다.

31) 亦(이여/여/이) : 이두로 여러 풀이가 있으나, 여기서는 '-고', '-라고'의 남이 한 말을 전하는 연결어미로(장세경, 앞의 책, p.171 ; 배대온, 앞의 책, p.247) 쓰였을 것이다.

32) 비문에 '狀'로 되어 있는데, 조선시대 필사본 속자의 예에서 확인해볼 수 있고(김영화 편, 앞의 책, p.134), 중국 속자에서(유복 · 이가서 편, 앞의 책, p.118) 유사한 예를 볼 수 있다.

33) '狀申'으로 판독된 예가 있다(「우애비」, 앞의 책, p.276). 장신은 官司에서 임금에게 서면으로 알리던 것으로, 1412년(태종 12) 12월 이후에는 '啓本'이라고 하였다(『太宗實錄』 권24, 12년 12월 己巳 ; 『한국고전용어사전』 4, p.564). 이렇게 보면, 1418년의 사실을 기록한 이 비문에서도 '계본'이 되었어야 하겠으나, 어떤 이유에선지 고쳐지지 않았다. 장신이라는 공문서 쓰임의 간접적인 실례라 하겠다. 한편, 앞의 '王旨'의 쓰임 예와 같이 해당 시기마다 쓰인 공문서식의 표현을 그대로 쓰고 있는 사실은, 이 비가 기사비로서의 역사적 사실을 충실히 전하고 있는 또 한 예로 이해된다.

34) 向前(아젼/안젼) : 이두로 '전에', '전번에', '앞서', '앞의'의 뜻(장세경, 앞의 책, p.330 ; 배대온, 앞의 책, pp.446~447).

35) 앞의 興자의 예와 같다.

36) 水(等)乙(둘 홀/들을) : 이두로 '-들을', '-등을'의 뜻(장세경, 앞의 책, p.50 ; 배대온, 앞의 책, pp.99~101). 또한 고려시대 고문서나(이기백, 앞의 책, p.100 3행) 금석문의 예에서도 확인된다(황수영 편, 앞의 책, p.522 ; 『感恩寺發掘調査報告書』, 국립경주문화재연구소, 1997, pp.198~202, 至正 11年(1351)銘 靑銅飯子).

37) 비문에는 속자인 '閒'로 되어 있다.

38) 현재 비문상 '子'자의 하단부가 파손되어 있어 정확한 판독이 어려운 상태이다. 『문화유적총람』의 탁본 작업시에도 이미 박락되어 있었고, 시멘트로 碑座에 고정

[左側面]

④ 弘治⁴⁶⁾拾年丁巳二月 日 立 表⁴⁷⁾

永樂 16년(1418, 세종 즉위년) 11월 3일, 知申事⁴⁸⁾ 河演⁴⁹⁾이 삼가 받은 王旨내 節該에, '의리가 있는 남자와 절개가 있는 여자, 효성스런 아들과 손자를 찾아보고 보고할 일'로 각 도에 공문서를 보낸 일이 있다.

충청도 大興戶長 李成万 · 李順⁵⁰⁾ 등은 부모가 살아 계실 적에 맛있는 음식을 장

시켜 있었다고 한다(宋容縡 先生 教示). 뒷 글자의 예나(孫ミ) 내용상으로 보아 子字의 하단부에 'ミ'가 있었을 것이다.

39) 비문에 '乙'로 되어 있는데, 疊字 기호로서 중국의 예에서도(유복 · 이가서 편, 앞의 책, p.137) 유사한 예를 볼 수 있다.

40) 현장 비문 조사 결과 '至'로 판독할 수 있었다. 뒤의 亦자와 같이 이두를 이루게 되고, 문맥상으로 보아도 자연스럽다.

41) 至亦(이르히/지이) : 이두로 '이르히', '이르러', '까지', 이르기까지의 뜻(장세경, 앞의 책, p.304 ; 배대온, 앞의 책, p.416).

42) 비문에 '謹'로 되어 있는데, 조선시대 필사본 속자나(김영화 편, 앞의 책, p.200) 중국의 속자에서(유복 · 이가서 편, 앞의 책, p.84) 그 예를 찾아볼 수 있다.

43) 비문에 風의 속자인 '凬'로 되어 있다.

44) '旃'자의 誤字가 아닐까 생각된다. 문맥상으로 보아도 '勉之'의 의미일 것이므로, '勉旃'이 옳을 것이다. 기왕에 '勉旃'으로 판독된 바 있다(『문화유적총람』, p.223).

45) '宗'로 판독하기도 하나, 현장 비문 조사 결과 '垂'자로 판독된다. 기왕에 '垂'로 판독된 바 있다(「우애비」, 앞의 책, p.276). 의미상으로도 '垂'자가 옳을 것이다.

46) 비문에 治의 속자인 '治'로 되어 있다.

47) 이 글자는 대부분의 판독문의 예에서 판독되지 않았으나, '表'로 읽은 예가 있다(「우애비」, 앞의 책, p.276). 현장조사로도 '表'字로 판독되었다.

48) 후의 都承旨이다.

49) 이 때 하연은 知申事兼尙瑞尹 · 修文殿直提學 · 春秋館修撰官 · 判典祀寺事 · 知吏曹內侍茶房事였다(『敬齋集』권4, 附錄 年譜, 「(永樂)十六年 戊戌 先生四十三歲」條).

50) 『世宗實錄』이나 비문에서는 '順'으로, 『新增東國輿地勝覽』이하의 제기록에서는 '淳'으로 되어 있는 바, 실록과 비의 건립에 후손의 참여 등을 고려하면 '順'이 옳

만하여 봉양하고, 봄과 가을로 부모가 사랑하는 (친구와) 친척들에게**51)** 술과 안주를 대접해서(酒饌) 부모의 마음을 기쁘게 하였다.

부모가 돌아가신 뒤에는, 형은 어머니의 무덤을 지키고 동생은 아버지의 무덤을 지키면서, 아침에는 형이 아우의 집에 이르고, 저녁에는 아우가 형의 집에 나아가되 아침과 저녁으로 서로 맞잡고 같이 밥을 먹었고, 한가지 맛난 것 얻으면 모이지 않고서는 먹지 않았다고 임금께 狀申을 올려 보고드렸다.

앞서 효자 대흥호장 이성만 · 이순 등을 임금께서 궐내로 불러 旌表門閭 하시고, 자자손손에 이르기까지 조심하고 삼가고 지켜서 家風**52)**을 떨어뜨리지 말고 더욱더 힘쓰라 하시고, 永世에 전하는 교훈이 되게 하셨다.

弘治 10년(1497, 연산 3) 丁巳 2월 일 세우고 表하다.**53)**

이렇게 보면, 비문 내용은 公文內容(A-①), 孝行 · 友愛事實과 그 狀申(A-②), 旌表門閭(A-③), 立碑年月日(A-④)로 크게 나누어볼 수 있다. 형식으로 보아도,

---

을 것이다. 이 점에서, 역시 실록 기록과 비문을 근거로 이순의 한자명은 '李順'이 적절하다고 한다(윤용혁, 앞의 글, pp.43~44). 이같은 차이는 『신증동국여지승람』에 수록된 효행자에 대한 기록이 세종대 증보 간행된 『孝行錄』이나 『三綱行實圖』의 효자편과 관련이 있다면(河宇鳳, 「世宗代의 儒敎倫理 普及에 대하여」 『全北史學』 7, 1983, p.31 註)36), 『효행록』에서 비롯되었을 것이다.

51) 비문에는 '親戚'으로 기록되어 있으나, 실록 등에서는 '親舊'로 기록되어 있다. 비문의 친척은, 친구와 친척을 의미하는 문자로 보아야 할 듯하다. 친척만으로는 그들의 행적을 칭송하기에 미흡한 점도 고려할 일이다.

52) '家風'은 고려시대 향리의 승진에서도 주요하게 참작되는 것으로서(『高麗史』 권75, 選擧 3, 鄕職 條), 가풍(家格)의 高下나(李樹健, 「土姓研究 序說」 『韓國中世社會史研究』, 1984, p.24, p.416), 가풍이 해당 가문의 신분적 지위(尹京鎭, 「高麗前期 鄕史制의 구조와 戶長의 직제」 『韓國文化』 20, 1997, p.112)나 본관지역에서의 명망을 바탕으로 한 지배층으로서의 家格(蔡雄錫, 「高麗前期 지방사회의 지배구조와 본관제의 질서」 『高麗時代의 國家와 地方社會』, 2000, p.149)의 의미와 관련이 있을 듯하다. 여기서 이성만 형제의 신분적 지위가 누대로부터 온 것임을 짐작할 수 있다.

53) '表'는 旌表의 의미일 것이다.

이 비문은 비의 제목이라고 할 前面大字가 없어 일반적인 비문의 형식이 아님을 알 수 있다. 몇 가지의 용례나 내용으로 보아, 공문서 투식으로 단지 관련 사적을 시대순으로 기록한 것임을 알 수 있다.

III. 碑文의 內容

위와 같이 판독된 비문에 따라 내용을 분석하면 다음과 같다. 우선 비문에서 제일 첫머리를 장식하는 공문 내용(A-①)은 어떠한 것이었을까. 비문에서는, 지신사 하연이 받든 王旨로서 節該 이하가 될 것이다. 문헌 기록으로서는, 아래와 같이 같은 날인 1418년(세종 즉위년) 11월 3일의 실록 기록에서 찾아볼 수 있다.

「(十一月, 己酉) 上, 諭中外臣寮曰: …… 義夫·節婦·孝子·順孫, 義所表異, 廣加訪問, 聞具實迹, 啓聞旌賞 …… 請分遣朝臣于諸道頒敎, 上以驛路 疲弊不從, 命以急傳行移.」[54]

위 하교 중 공문서를 통해 전국의 義夫·節婦·孝子·順孫을 찾아서 보고 받아 포상하려는 내용이 있었음을 알 수 있다. 세종이 즉위 후에 中外의 臣僚에게 내리는 卽位 敎書의 성격을 갖는 이 下敎에서[55] 이성만 형제와 관련되는 내용은 위 인용된 부분에 한정된다. 이에 따라 비문에서는 위 하교 전체를 모두 기록할 필요가 없고, 해당 구절을 간추려 기재하게 되었으므로 '節該'란 용어를 쓸 수밖에 없었을 것이다.

한편, 이 하교가 중외에 내린 것이므로 대흥현에도 전달됐을 것이고, 대흥

---

54) 『世宗實錄』 권2, 卽位年 11월 己酉.
55) 崔承熙, 「世宗朝 政治支配層의 對民意識과 對民政治」『震檀學報』 76, 1993 ; 『朝鮮初期 政治史研究』, 지식산업사, 2002, p.235.

호장으로서의 이성만 형제는 너무나 잘 알고 있었을 것이다. 후에 이 비문의 撰者인 형제의 후손이 비문을 지을 때 인용할 수 있었던 것도 이 때문일 것이다. 이 때 왕명을 받들어 전한 사람은 지신사인 하연으로, 이것은 비문에서만 찾아볼 수 있는 내용이다.

따라서 이 부분은, 세종 즉위 시 하교로 지신사 하연에 의해 각도로 전달된 공문서 중 의부·절부·효자·순손을 찾아 포상하는 내용을 요약해놓은 것임을 알 수 있다. 또한 이 점은 비문의 撰者가 관아와 밀접한 관련이 있는 인물임을 알 수 있게 한다.

다음 내용은 형제의 효행 사실(A-②)이다. 이와 대조해 볼 수 있는 문헌 기록은 역시 다음과 같은 1420년(세종 2) 정월 庚申日의 실록 기록이다.

> B-「(庚申)上初卽位, 下敎中外, 求孝子·節婦·義夫·順孫所在, 以實迹聞, 凡數百人. 上以爲宜簡特行, 命鄭招以禮曹所上記行實狀, 議於左右議政, 凡得四十一人以聞. <u>大興戶長李成萬與其弟順, 事父母盡心, 甘旨奉養, 每春秋, 具酒食致父母所愛親舊宴樂, 以悅其心, 及沒, 兄守母墳, 弟守父墳, 每朝夕, 兄弟相往, 食共一案, 雖得一味, 必與共食</u>……上命李成萬·李順……等, 並旌表門閭, 復其家.」**56)**

위 기록과 같이 2년여 만에 전국에서 선발된 해당자는 수백인에 달하였다. 그 중 비문에서와 같이 이성만 형제의 효행과 우애의 사실도 狀申으로 보고 되었음을 알 수 있다. 그러자 세종은 다시 '特行'으로 그 선발 기준을 제시하고 鄭招에게 명해서 예조에서 올린 '記行實狀'을 左·右議政에게 의논해 선발하라고 하였음을 알 수 있다.**57)** 위 기록과 비문(A-②)을 비교하면, 비문에서와 같이 이성만 형제의 행실을 올린 狀申은 거의 그대로 예조에서 올린 '記行

---

56) 『世宗實錄』 권7, 2년 正月 庚申.
57) 당시 左議政은 朴訔(1370~1422), 右議政은 李原(1368~1429)이었다.

實狀' 속에 반영된 것으로 보인다. 한편, 수백인 중 41인이 가려졌는 데, 대흥호장 이성만 형제가 제일 먼저 선발되었다. 그런데 어떻게 수백인 중 41인을 가려냈고, 그 중 이성만 형제가 제일 먼저 선발되었는지 의문이 된다. 이미 세종은 '特行'으로 그 선발 기준을 제시하고 있지만, 이것만으로는 그 기준을 알 수 없다. 그러나 역으로 이성만 형제가 제일 먼저 선발된 것은, 결국 이들 형제의 행실이 세종의 선발 기준 제시에 가장 알맞았기 때문으로 볼 수 있다. 이성만 형제의 행실은 특출한 효행과 우애였다. 그렇다면 어떻게 이들의 효행과 우애가 특출한 행실이 되었을까.

이들의 효행과 우애가 주목 받게 된 데에는, 당시의 性理學의 보급과 관련하여 이해할 수 있다. 이 중 倫理書와 관련하여 고려 후기(1346, 忠穆王 2)에 편찬·간행된 權溥의 『孝行錄』이 주목된다. 당시 이것이 세간에 보급되었다는 것인데, 후대에 편찬되는 『三綱行實圖』류와는 달리, 『효행록』에는 형제 윤리의 실천사례가 보인다는 점이 주목된다.[58] 중국에 있어서의 南宋 趙孟堅(子固)의 『二十四孝圖』 중의 대부분의 효행 유형이 신라 이래 고려시대에 걸쳐 보급되고, 그와 비슷한 형태의 효행이 실행되었다고 하니,[59] 많은 항목에서 이와 일치하는 내용을 가진 『효행록』[60]의 보급을 생각하면 이성만 형제도 이 책 중의 효행과 형제 우애 유형의 영향을 받지 않았는가 한다.

고려 후기에 편찬되었던 『효행록』은 조선 초기에 이르기까지 약간의 증보

---

[58] 『효행록』 전체 62항목 가운데 53항목이 효행 사례, 7항목은 형제 윤리의 실천 사례, 2항목은 부부 윤리의 실천 사례로서 유교적 가족 윤리 전체를 포괄하는 것으로 볼 수 있다고 한다(金勳埴, 「高麗後期의 ≪孝行錄≫ 보급」 『韓國史研究』 73, 1991, p.26 및 註) 17).

[59] 李熙德, 「儒敎의 實踐倫理」 『高麗儒敎政治思想의 硏究』, 一潮閣, 1984, pp.252~261.

[60] 李熙德, 앞의 책, p.252. 한편, 이와는 다르게 『孝行錄』本 「二十四孝」는 高麗에서 편찬된 것이 아니고, 宋金代에 주로 중국의 北方에서 유행되던 것이 고려로 수입된 것이고, 그 來源이 唐代에 있을 것이란 견해가 있다(金文京, 「高麗本 『孝行錄』과 「二十四孝」」 『中國學報』 34, 1994).

를 거치면서 여러 차례 重刊되었다.61) 특히나 세종은 大君 시절, 書筵官에서 『효행록』 중 일부를 병풍으로 만들어 양녕대군에게 올린 일이 있는데,62) 양녕대군이 충녕대군에게 그 뜻을 묻자 잘 설명했다고 하는 바와 같이, 『효행록』에 대해 깊은 이해를 갖고 있었다.63) 이런 때문이었는지 세종대에 『효행록』은 1432년(세종 14) 6월 『삼강행실도』의 편찬 전까지 기록상으로도 1428년(세종 10) 偰循이 改撰한 『효행록』까지 3번의 重刊 기록을 갖고 있다. 그 중 주목되는 하나는, 1425년(세종 7) 11월, 慶尙監司 하연이 왕명을 받들어 간행한 경우였다. 일찍이 하연은 世子官屬으로 있으면서 『효행록』을 올린 바 있거니와, 경상감사로 나가 왕명을 받들어 간행한 여러 서적 중 『효행록』이 들어 있었던 것은 그 자신과 세종의 이 책에 대한 기대를 반영하는 것이다.64)

또한, 조선 초기에 守令七事가 정착되고 '治民切要之書'로 유포되었던 『牧民心鑑』65)의 「旌善行」 항목에서 효행과 우애를 들고 있는 점도66) 이와 관련하여 주목된다.67)

그렇다면 1418년(세종 즉위년) 11월 3일, 지신사 하연이 세종으로부터 왕지를 받들어 전국의 의부·절부·효자·순손을 선발해 포상하려던 기준과 전

---

61) 李熙德, 앞의 책, pp.251~252, pp.316~319.
62) 이 때, 서연관 중 한 사람은 河演이었을 것이므로, 그의 주청이 아니었던가 한다.
63) 『太宗實錄』 권26, 13년 12월 己亥 ; 李熙德, 앞의 책, p.317.
64) 「慶尙道監司河演, 進入學圖說·易·詩·春秋·中庸·大學·論語·孝行錄·篆書千字文·大字千字文·分賜于成均·校書館·四部學堂.」(『世宗實錄』 권30, 7년 11월 丁酉) ; 「奉 敎, 以四書五經大全及性理大全等書鋟板, 一部輸校書館, 一部置本營.」(『敬齋集』 권4, 附錄 年譜, 洪熙 元年 乙巳, 先生五十歲 條).
65) 金成俊, 「朝鮮守令七事와 『牧民心鑑』」 『民族文化硏究』 21, 1988 ; 『牧民心鑑 硏究』, 高麗大學校 民族文化硏究所, 1990, p.18, pp.21~24.
66) 「今有人焉, 事親以至孝, 復有人焉, 事兄至愛, 實迹昭著, 異於常人, 則當擧聞於朝, 旌其門而復其役.」(金成俊, 「『牧民心鑑』 譯註」, 앞의 책, p.101, 影印 p.49).
67) 조선 초기의 새로 제수되는 수령을 取才함에 있어서 『牧民心鑑』도 試講하게 한 사실을 볼 수 있다(金成俊, 앞의 책, pp.21~24).

국에서 올린 대상자 수백인 중 세종이 제시한 '特行'의 조건으로 이성만 형제를 비롯한 41인을 선발한 기준 역시 『효행록』의 사례가 모범이 되었지 않은가 한다. 또한, 왕명을 받든 하연은 물론이거니와, 예조에서 올린 정표 대상자 중 최종 41인의 선발에 있어서 좌·우의정의 결정이 있었는데, 당시 좌의정은 朴訔, 우의정은 李原이었다. 그런데 이원 역시 『효행록』과 무관한 인물이 아니었다. 그도 역시 『효행록』에 대해서 잘 알고 있었다.[68] 이같은 몇 가지를 고려하면, 세종대 정표 대상자 선발에 있어 『효행록』이 그 기준이 되었음을 알 수 있다.

이성만 형제는 부모가 살아 있을 때 잘 봉양했을 뿐만 아니라, 부모가 죽어서는 3년상을 치르면서 형제가 廬墓한 것으로[69] 되어 있다.[70] 또한 형제간의 우애도 지극한 것으로 되어 있어, 『효행록』의 보급을 통해서 국가가 바라던 유교의 가르침을 실천하도록 敎化하는 데 모범이 되었다고 보겠다.

따라서 이성만 형제는 부모에 대한 효행, 형제간의 우애 측면에서 유교적 가족 윤리의 실천 사례를 통한 교화의 목적에 가장 부합되는 예가 되었고, 41인 중 제일 먼저 선발된 것으로 이해된다. 후에 세종 10년(1428) 10월, 『효행록』을 증보·간행하게 되는데, 삼국과 고려시대의 효행이 특이한 사람도 수

---

[68] 이원은 權溥(權近의 曾祖)의 『효행록』을 註解했던 陽村 權近의 妻男으로서 일찍이 고아가 되어 권근의 집에서 길러졌고, 그의 가르침을 받았으니(이원, 『容軒集』 권1, 年譜 五年 壬子 條), 일찍부터 『효행록』에 대해서 잘 알고 있었을 것이다. 이와 관련, 이원의 할아버지인 杏村 李嵒(1297~1364)에 대한 연구성과가 있는데(한영우·이익주·윤경진·염정섭, 『행촌 이암의 생애와 사상』, 일지사, 2002), 이암 후손, 특히 이원 가계 중심의 문화활동에서(윤경진, 「조선초기 李嵒 후손의 系譜와 문화 활동」, 앞의 책) 이들 固城李氏의 外孫인 權近 家系와 관련하여 『효행록』의 간행도 덧붙일 수 있을 것이다.

[69] 고려시대 효행자 가운데 廬墓의 행적이 가장 많은 수를 차지한다고 한다(李熙德, 앞의 책, p.218 ; 朴珠, 「고려시대 旌閭에 대한 일고찰」『朝鮮時代의 孝와 女性』, 國學資料院, 2000, p.390).

[70] 柳馨遠도 이들 형제의 효행을 '廬墓三年 哀毁過禮'로 이해하고 있다(柳馨遠, 『東國輿地志』 권3, 大興縣 人物).

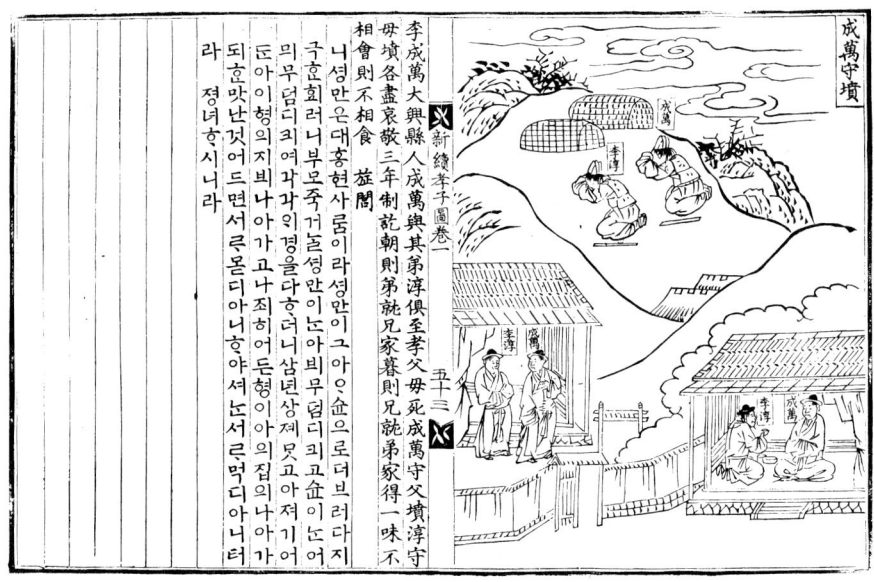

『東國新續三綱行實』「孝子圖」에 보이는 이성만·이순 형제

록되었다고 하니,[71] '特行'으로 41인 중 제일 먼저 선발된 이성만 형제의 경우도 고려의 효자로 수록되었을 것이다.

한편, 이 비가 발견되기 전에 구전으로만 전해오던 의좋은 형제 이야기[72]를 검토할 필요성을 느끼게 된다.

> 때는 고려 말엽 충청도 대흥 땅에 매우 의가 좋고 효성이 지극한 형제가 살고 있었는데, 형은 대흥호장 이성만이고 동생은 이순인데 형은 대흥 윗들거리(지금의 大興面 上中里)에 살고 동생은 오리골(지금의 光時面 月松里)에 살고 있었다.

---

71) 「宜因舊撰二十四孝, 又增二十餘孝, 前朝及三國時, 孝行特異者, 亦皆裒集, 撰成一書, 集賢殿其主之.」(『世宗實錄』 권42, 10년 10월 辛巳).

72) 이 이야기는 국어교과서만이 아니라, 동화책으로도 약간의 내용 차이가 있으나 최근까지 한국의 민화로 소개되고 있다(『의좋은 형제』, 국민서관, 2002).

어느 해 마침 농사가 대풍년이 들어 많은 수확을 거두었다. 형 성만은 아우가 오리골로 새살림을 났으니 소용되는 것이 많을 것이므로 벼를 많이 가지라고 하고 동생 순은 형보고 형은 조상의 제사를 받들고 있으니 더 많이 가져야 한다고 주장했다. 이 주장을 서로 굽히지 않았으므로 좀처럼 해결이 나지 않았다.

하루는 밤에 형이 볏가마를 지게에 지고 오리골 아우네 집 뜰에 갖다 놓았다. 아우는 아침에 일어나 보니 볏가마가 있어 별일 다 보겠다고 생각했다. 아우 생각에 공것이 생겼을 뿐 아니라 형의 소용을 생각해서 볏가마를 밤중에 남몰래 형의 집에 갖다 두었다. 이튿날 형이 나와 보니 이상한 일도 있다고 생각했다. 그래 도로 동생네 집으로 몰래 가져다 주었다. 이렇게 서로 볏가마를 밤마다 짊어다 주다가 어느 날 밤에 어두운 길을 가다가 개뱅이 다리에서 서로 부딪쳐 넘어졌고 그제서야 서로 밤마다 볏가마니가 느는 까닭을 알았다.[73]

위 내용을 관련 문헌 기록과 비교해보면, 기록의 효행 사실보다는 형제간의 우애를 중심으로 구성되어 있음을 알 수 있다. 전해오는 문헌 기록과 일치하지는 않으나, 몇 가지 점에서 그것이 일정한 근거를 갖고 있고, 그 개연성을 잃지 않았다고 볼 수 있다. 이성만을 '고려 말엽의 대흥호장'이라고 한 점, 문헌 기록에서도 형제애가 지극했던 점, 그리고 형제의 거주 지역 사이에 왕래했다고 보여지는 돌다리(개뱅이 다리, 佳芳(加方)橋)가 실재했으며[74] 그 부근에서

---

[73] 「우애비」, 앞의 책, p.276 ; 「이성만형제 효제비」, 앞의 책, p.985. 충남 당진군 송악면 기지시리에서도 이와 유사한 民譚이 채집되었다(韓相壽 編, 『忠南의 口碑傳承(上)』, 1987, p.485). 한편, 근래 채록된 이야기나(「의좋은 형제」『禮山郡誌』下, 2001, pp.1477~1478), 이수 선생의 증언으로도 초등학교 교과서에 실린 내용 정도의 구전이었다고 한다. 이렇게 보면, 이 구전이 1978년 비가 발견되기 전부터 내려오던 것인지, 아니면 비 발견 이후 약간의 윤색이 가해졌는지가 의문이 된다.

[74] 혹은 '가반교'라고도 하는데, 奈川 위에 놓은 돌다리이므로 '奈川石橋'라고도 한다(『한국 지명총람』4(충남편 하 - 예산군), 한글학회, 1974, p.253). 이 다리는 『新增東國輿地勝覽』권20, 大興縣, 橋梁 條이래 여러 邑誌의 기록에서 보이는 유명한 다리이다. '佳芳橋'로도 불린 데는(禮山郡敎育會, 「橋梁」『禮山郡誌』, 1937) 역시

비가 발견되었던 점 등이 그것이다.

다음으로, 이성만 형제의 행실에 대한 旌表門閭(A-③)이다. 비문과 실록(B)의 내용을 종합하면, 효자 대흥호장 이성만·이순 형제를 왕이 궐내로 불러보고 '旌表門閭, 復其家'했다는 것으로 이해된다.[75] 세종이 이들 형제를 궐내로 불러보았다는 내용은 비문에만 있는 내용이나, 이성만 형제가 戶長正朝로서 元朝에 大興縣監 대신 詣闕하여 元旦肅拜(問安禮)하던 때라면 가능한 일로 생각된다.[76] 그런데 유독 이들 형제를 세종이 불러보았다는 점은 이들 형제의 특출한 효행 사실[77]과 더불어, 형제간의 우애가 부각되었던 점을 주목해볼 수 있다. 이것은 41인 중에서도 그들의 '特行'도 있겠지만, 당시 세종 자신

앞의 책, 驛院 條의 '加方院'에서 얻어진 이름이 아닌가 생각되기도 한다. 또한 가방교 건설자와 重修者의 頌德碑가 존재하는 것으로 되어 있으나(예산군교육회, 「閭旋」, 앞의 책) 확인하지 못했다. 다만 이 책의 편집 분류상으로 보아, 혹시 이들 비와 이성만 형제와 어떤 관련이 있지 않을까 추정되나 단정할 수 없다. 또한 이수 선생은 가방교에서 좀 떨어져 이성만 형제 효제비가 있고, 그 맞은편에 '가방할머니비석'이 있었다고 증언해주었는데, 이와 관련이 있지 않을까 생각된다. 한편, 대흥면에 인접한 예당저수지로 수몰되기 전 1914년에 測圖된 지도로 보면, 大興面 上中里에서 光時面 月松里를 가자면 나천을 가로지르는 다리를 건너야 함을 알 수 있는데, 바로 이 다리와 관련이 있는 다리일 것이다(「大興」『朝鮮半島五万分の一地図集成』, 學生社, 1981).

75) 세종대 포상내용 중 '旌表門閭 復其家'의 경우가 가장 많은 비중을 차지한다고 한다(朴珠, 「中央集權體制의 强化와 旌表政策」『朝鮮時代의 旌表政策』, 1990, p.66).

76) 이 때란, 元朝에 각 읍 수령이 자기를 대신하여 戶長을 보내 詣闕하여 元旦肅拜(問安禮)하던 때가(李樹健, 「朝鮮朝 鄕吏의 一研究-戶長에 대하여-」, 『文理大學報』 3, 嶺南大學校, 1974, pp.70~72 ;「高麗時代「邑司」研究」『國史館論叢』 3, 1989, p.95) 아니었을까 한다. 이럴 경우, 이성만은 戶長正朝였을 것이다. 혹은 鮮初 慶州 戶長의 肅拜 사례와 같이 세종 즉위시 상경 숙배에서(李樹健, 앞의 책, pp.96~97) 였을 수도 있다.

77) 당대 이들 효행의 영향인지 역시 대흥의 學生 金順·前司正 金可畏 형제의 부모 상에 대한 행실은 이성만 형제와 유사한 점이 있고, 이로 인해 禮曹에서 京外의 孝子·順孫·節婦를 천거할 때 선발된 바 있다(『世宗實錄』 권42, 10년 10월 丙午). 세종대 旌表政策의 효과랄 수 있겠다.

의 입장은 형인 양녕대군과의 관계로 극히 염려되는 것이었고,78) 이같은 입장이 왕의 뜻을 잘 받든 신하들의 선발에 반영되었고, 세종은 이들 형제를 불러보았던 것으로 이해된다. 이와 함께 이들 형제의 우애가 더욱 부각되어 오늘날까지 口傳되어 오는 것은, 당시에 이들의 우애가 세인의 주목을 받았던 데서 연유한 것은 아닌가 한다.

끝으로, 立碑年月日(A-④)의 기록이다. 위 기록(B)과 같이 이들 형제에 대한 포상은 '旌表門閭 復其家'했던 것으로, 비의 위치나 내용으로 보아 이 비와 당시의 '旌表門閭'와 어떤 관계에 있었던 것인지 알 수 없다.79) 또한 비가 건립된 것은, 형제가 포상을 받은 후로부터 78년이 되는 연산 3년(1497)의 일이었다. 따라서 이 비가 세워진 연월일을 기록한 이 부분의 기록만으로는 그 원인을 알 수 없다.

---

78) 세종은 대군시절부터 형제 사이의 우애가 지극했다는 사실과(崔承熙,「太宗末 世子廢立事件의 政治史的 意義」『李載龒紀念論叢』, 1990 ; 앞의 책, 2002, p.126) 왕위에 오른 다음에도 양녕대군에게 지극한 우애로 대했던 것(최승희,『朝鮮初期 言官・言論研究』, 서울대 한국문화연구소, 1976, pp.130~132, p.189 ; 앞의 책, 2002, p.126)과 세종조의 諫諍言論 가운데 '讓寧大君問題'가 가장 큰 비중을 차지하였고, '양녕을 대신해서 왕위에 오른 세종으로서는 양녕대군에 대한 문제는 자신의 문제나 마찬가지로 중요한 것이었다'는 점에서(최승희, 앞의 책, 1976, p.189) 더욱 이 점도 유의하였을 법하다.

79) 가까이 公州의 新羅 孝子 向德의 父 潘(番)吉(『三國史記』 48, 向德傳)의 墓碑文을 지었던 熊川州 助敎 韓恕意는(『新增東國輿地勝覽』 17, 公州牧 名宦 新羅 韓恕意 條) 向德의 紀事碑文도 지었을 것인데 남아 있지 않고, 고려시대 공주의 鄕吏 출신 효자이던 李福의 경우도 이미 조선시대에는 그 사적을 잃어버리고(『東國新續三綱行實孝子圖』, 旌門無事迹人 條) '孝子李福之里'의 표석만 남아 있어, 이성만 형제의 비문 형식과 비교할 수 없다. 그런 면에서, 이 보다 약간 앞선 시기(1403, 태종 3)의 南得溫孝子碑(慶州市 황오동 소재)는 좋은 비교 예가 될 것이다. 이 비는 前面大字의 「孝子里」와 陰記의 「知靜州事南得溫守母墳碑 永樂元年癸未三月日立」으로 되어 있는데(趙東元 編,『韓國金石文大系』 권三 (慶尙北道 編), 원광대학교 출판국, 1983, p.101, p.423), 한쪽은 마을과 다른 한쪽은 그 집을 정표하게 되어, '旌表門閭'의 의미를 나타내고 있다. 이런 점을 고려하면, 당대 이성만 형제에게 포상한 '旌表門閭'에도 이같은 형태를 취한 비석이 있었을 가능성도 엿볼 수 있다.

이상에서 비문의 내용과 그 근거가 되는 기록을 살펴보았다. 결과적으로, 이 비문은 세종대 이성만 형제의 효행과 우애의 전형으로 표창된 사실 그 자체를 시대순으로 비문에 기록한 것으로, 별도의 비문 양식을 갖춘 비는 아니였음을 알 수 있다. 또한 비가 발견되기 전부터 구전되어왔던 '의좋은 형제' 이야기는 일정 부분 사실적 근거를 갖고 전해온 이야기였음을 알 수 있다. 이와 함께, 이 비의 건립 연대는 비문으로서는 이해하기 어려운 부분이 있음을 알 수 있었다. 그러므로 이 비의 건립에 관한 다른 각도의 이해가 요구된다고 하겠다.

Ⅳ. 大興戶長 李成万·李順 兄弟와 그 후손의 紀事碑 建立

　　이상과 같은 이성만 형제의 비나 구전의 내용은 당대만이 아니라 후대까지 유명한 이야기여서, 여러 기록에서 찾아볼 수 있다.[80]

　　그런데 이 비는 일반적인 비문의 형식도 따르고 있지 않을 뿐더러, 세종대 포상된 사실을 기록하였음에도 이미 언급한 바와 같이, 78년이 지난 燕山君代에 건립된 점이 의문점으로 남아 있다.[81] 그전의 成宗代에는 활발하게 삼

---

[80] 『新增東國輿地勝覽』 권20, 大興縣 孝子(高麗) 條를 비롯하여, 특히 『東國新續三綱行實』 권1, 53板, 「成萬守墳」에는 圖畵와 略傳이 실려 있어, 그들의 효행과 우애는 시대의 귀감이 될 수 있었음을 알 수 있다. 이에 대한 문헌자료의 정리가 있다(李樹鳳, 『百濟文化圈域의 孝烈說話 硏究-湖西地方을 中心으로』, 百濟文化開發硏究院, 1984, p.86, pp.215~216 ; 임선빈, 「忠南의 忠·孝·烈 文獻資料 分析」 『충남의 忠·孝·烈에 관한 기초문헌 연구』, 충남발전연구원, 1999, p.114~119 ; 「예산군 효행사례의 현황과 성격」 『예산군의 효행과 우애』). 이밖에도 『大東韻府群玉』 권15, 35板, 孝子 條, 『海東雜錄』 권14(『海東雜錄』下, 太學社, 1986, 601 ; 『국역 대동야승』 5, 민족문화추진회, 1971, p.556, 원문 p.111) 등에서 거의 비슷한 내용이 보인다.

[81] 이에 대해 대흥의 마을 사람들이 과거 이성만 형제의 효행을 기념하는 동시에, 효

강행실의 윤리를 보급하려 하였고, 그 중에는 旌表門閭도 虛門을 지어 편액을 쓰고, 그 아래에 비석을 세워 성명과 행실의 대략을 쓰게 하는 정문제도의 정비가 있었는데,82) 연산군대에는 그다지 활발하지 않았다고 한다.83) 이 경우, 이성만 형제의 예는 성종대의 정표정책의 연장선상에서 비롯된 것으로 보인다. 이렇게 보면, 이성만 형제가 포상을 받았을 당시 '정표문려'된 것은 虛門에 書額을 쓰고 간단한 내용을 기록한 비석이 있는 경우였을 가능성이 있다. 이것이 세월이 흘러 허물어지게 되었을 것이고, 이 때에 와서 후손들이 중심이 되어 '虛門書額'하고 그 아래에 紀事碑를 세웠던 것으로 이해된다.84) 그 후 다시 정문은 퇴락해도 중수되지 못하고, 그 비만 남게 되어 오늘날 전하게 된 것으로 추정된다.85)

그럼에도 이같은 의문점은 별다른 기록은 없지만, 이들 형제 가계에 대한 고찰에서도 일정 부분 이해의 단서를 마련할 수 있다고 본다.

가리로서의 자부심을 확인하고 후손들을 교훈하기 위해 건립한 것으로 이해하는 견해도 있다(윤용혁, 앞의 글, p.62).

82) 「禮曹啓, ……請依我國舊例, 作虛門書額, 其下立石, 寫其姓名, 略敘行實……從之.」(『成宗實錄』 권79, 8년, 4월 己未) ; 朴珠, 앞의 책, 1990, pp.28~29. 위에서 '我國舊例'는, 멀리는 統一新羅時代의 효자였던 尙德의 예에서 찾을 수 있다. 景德王이 尙德의 효행을 표창하면서, '命有司立石紀事, 以標之' 했다는 것이 그것이다.

83) 金恒洙, 「≪三綱行實圖≫ 편찬의 추이」 『震檀學報』 85, 1998, pp.237~238.

84) 이성만 형제가 살았던 대흥현 바로 옆 禮山縣의 中宗代 孝子인 戶長 方萌의 경우도 11世孫인 戶長 文鐸과 諸族이 1773년(英祖 49), 그의 旌閭를 개건한 기록이 있다(「효자 방맹(方萌) 정려」『예산군의 효행과 우애』, pp.336~337). 한편, 『掾曺龜鑑』에서는 『신증동국여지승람』의 기록 중 鄕吏 관련 기록을 초록하면서 <觀感錄>편에서 효자를 수록하고 있다. 그런데 公州의 효자로 李福을 수록하고 있으면서도(『掾曺龜鑑(附掾曺龜鑑續編)』, 西江大學校 人文科學研究所, 1982, p.106, p.338) 이성만 형제는 누락된 것은, 『신증동국여지승람』 권20, 대흥현, 효자(고려)조에서 이들 형제에 대해 '吏'나 '戶長'으로 기록하지 않았기 때문일 것이다.

85) 물론 이것은 이성만 가계의 성쇠와 관련이 있을 것이다. 그의 가계가 오늘날까지 확인되지 않는 것은 이런 연유에서 비롯된 것이 아닌가 한다.

우선 이성만은 '大興戶長'이었다는 점이다. 그는 麗末鮮初의 인물이므로,[86] 그의 집안은 고려시대 이래 대흥에 세거해 오면서 이 지역의 유력한 土姓吏族으로서 향리직을 세습해온 家系로 볼 수 있다.[87] 고려시대 대흥과 향리 관련 별다른 기록은 없으나 다음 기록을 보면,[88]

> 按察使全懿, 獲(金)壽延 · (朴)文梓, 又移文尙州, 捕(柳)松節等, 皆殺之, (崔)瑀聞而嘉之, 使懿窮捕餘黨, 一切處分. 懿希瑀意, 誣以禮山 · 結城 · 麗陽 · 大興等七縣監務 始與珦通謀, 及事敗, 反捕傳檄者, 規免己罪, 乃拘其縣上長 · 都領 · 詔文等鞫之, 皆誣服, 七縣官皆死.[89]

대흥에도 1230년(高宗 17)에는 그 향리 직임에 있어, 上長 - 都領 - 詔文(記官) 등이 있었음을 알 수 있다. 여기서 上長은 上戶長이므로,[90] 麗末鮮初에 있어서도 이성만 일족이 대흥의 대표적인 호장 중의 하나라고 할 때, 얼마 멀지않은 이 시기에 있어서도 이들 일족으로 볼 수 있겠다.[91] 이같은 사실을 놓고 보면, 조선 초기의 다음 기록 중,

---

86) 호장을 고려조의 직책으로 보고, 다른 남성 포상자와는 달리 관직 제수에서 제외된 점 등을 고려해 이성만 형제가 다른 이보다 훨씬 연로한 상태로 보고, 그 생존 연대를 14세기 후반(공민왕대)~15세기 초(세종조)로 추정하고 있다(윤용혁, 앞의 글, pp.45~47). 여하튼 이성만 형제는 麗末鮮初의 인물임에 틀림없다.
87) 앞의 비문에서 세종의 이성만 형제의 '家風'에 대한 언급은 이를 내포한 것으로 이해된다.
88) 詔文記官의 최초 기록으로서도 주목된 바 있다(李勛相, 「高麗中期 鄕史制度의 變化에 대한 一考察」 『東亞硏究』 6, 1985, pp.324~325).
89) 『高麗史節要』 권16 , 高宗 17년 秋 7월 ; 『高麗史』 권129, 崔怡傳.
90) 李勛相, 앞의 글, p.319 주)16.
91) 앞의 비문의 내용 중 '家風'이 이성만 형제 가계의 선대로부터 대흥의 유력한 가문의 가격이라는 내포된 의미로 볼 때 이들 일족으로 볼 수 있겠다.

土姓三, 李·韓·白. 亡姓二, 張·吳. 居邊續姓二, 洪·李有子孫爲鄕役.[92]

토성 중 제일 먼저 이씨가 보이는데, 이 이씨는 이성만 일족일 것이고, 그곳의 대표적인 토성이었음을 알게 한다.[93] 위 기록에서 居邊 續姓으로도 이씨가 있어 吏族임을 알 수 있고, 이들일 가능성도 있으나, 거변은 예전에 所 지역이었고[94] 續姓이었던 점으로 보아 이들은 향리의 하층을 이루는 色吏層이였을 것이다.[95] 또한 이성만은 거주 지역에 있어서도 비의 위치로 보나 구전에서도 邑司(大興縣 官衙 일부 現存)가 있던 지역 가까이에 거주하고 있던 것으로 나타나고 있다.[96] 이 점, 그의 호장으로서의 위치를 대변하는 것으로 이해된다. 덧붙여 그의 동생의 分家는 같은 토성인 백씨 등과의 혼인 속에서 이루어졌다고 보겠다.[97]

---

92) 『世宗實錄』「地理志」권149, 大興縣 條.
93) 이 점은, 『세종실록』「지리지」의 성씨가 고려시대 각 읍의 邑司를 구성했던 향리들의 성씨라는 점(李樹健, 「조선조 향리의 일연구-호장에 대하여-」, 앞의 책, p.55. 주)10 ; 「고려시대 「읍사」 연구」, 앞의 책, p.95)을 뒷받침 한다. 한편, 이성만의 경우도 朝鮮初期 實錄에 나타나는 鄕吏의 거주지와 지리지의 土姓의 대비과정에서 검토된 바 있다(金東洙, 「世宗實錄地理志 姓氏條의 檢討」『東亞硏究』 6, 1985, p.455).
94) 「居邊所 古稱居叱勿所 在縣東二十一里」(『新增東國輿地勝覽』 권20, 大興縣, 古跡 條). 한편, 黃海道 文化縣의 續姓 중 李氏는 大興에서 왔다고 한다(『世宗實錄』「地理志」권152, 文化縣). 이 점 더욱 이성만 일족이 토성임을 알게 한다.
95) 續姓은 지방에 따라 다소 차이는 있으나, 鄕吏의 하층을 이루는 色吏層이었을 것이라고 한다(李樹健, 「조선조 향리의 일연구-호장에 대하여-」, 앞의 책, p.56 주)12).
96) 이성만이 살던 마을은 원래 비석이 있었던 마을(대흥면 상중리)로, 동생 순의 집은 가방교 건너편의 광시면 장전리 혹은 월송리 일대로 추정하고 있다(윤용혁, 앞의 글, pp.63~65).
97) 고려 후기의 慶州·安東·善山 등의 예와 같이 다른 군현의 邑司조직에 있어서도 土姓吏族의 가계가 호장세계를 거의 배타적으로 독점하고 있었고, 兄弟戚姪도 향리세계에 들어 있었으며, 그들의 자녀혼취도 호장직을 세습하는 名門吏族끼리

한편, 이성만이 가지고 있던 호장이란 직책은 수령의 부재시에는 업무 대행의 권한이 있고 실제적인 실무행정의 대표격이 되는 존재였다. 그러니까 이성만 형제의 경우도 향촌에서 재지세력으로의 사회적 지위는 확고했음을 알 수 있다. 더구나 이들 형제는 3년 服制, 廬墓살이를 하고 있는 점과, 전해오는 구전의 내용이나 그의 호장으로서의 위치로 보아 富農으로서의 비교적 넉넉한 경제적 기반을 가지고 있었음을 짐작해볼 수 있다. 이같은 여러 가지의 정황으로 미루어 볼 때, 이성만 형제는 고려시대 이래 대흥의 유력한 土姓吏族 가문이었음을 짐작케 한다.[98] 세종대 旌表에 선정되었던 데에는 이같은 점도 일정 부분 고려된 것이 아닌가 한다.

이렇게 보면, 이 비는 비문의 내용과 종합해 볼 때, 연산군대에도 건재했던 형제 가계의 주도로 건립된 것으로 볼 수 있겠다. 그것은 비문 내용 중에 그 자손에 대한 언급이 있기 때문이다.[99] 재지 유력한 호장 가계내에서 그 직은 세습되었고, 경제적인 기반이 있었으므로 가능한 일이었을 것이다. 더구나 비의 治石 상태나 비문의 내용 중 공문서를 이용한 점이나, 이두를 섞어가며 공문서 투식으로 작성한 것이나, 글씨가 치졸한 점으로 보아 그 가계내 주도의 산물이었을 가능성을 엿볼 수 있다. 또한 비의 위치도 두 형제간의 이야기에 얽힌 곳 부근에 존재한다는 점도[100] 더욱 이를 믿게 한다. 이는 이 비가 대흥현의 대표적인 이족이라 할 이성만 형제 가계에서 주도적으로 건립한 것이고, 왕으로부터의 포상 내용을 그대로 기재하고 있으므로, 그 가계의 현창의

하였을 것이라 한다(李樹健, 앞의 글, p.91).

98) 이성만 형제는 대흥지방에서 유력한 집안이었을 뿐만 아니라, 그 선대의 경우도 유력한 재지세력이었을 것이라고 한다(윤용혁, 앞의 글, pp.48~49).

99) 이성만 형제의 후손에 대한 족보나 기타 다른 기록은 찾아볼 수 없었다. 다만, 다른 성씨와 함께 '大興李氏'와 '居邊李氏'도 본래 貫鄕은 있으나, 派系閥閱을 알 수 없는 성씨란 기록은 있다(『增補文獻備考』 47, 帝系考8 附氏族2 27 및 30板).

100) 비의 원래 위치에 대해서는 얼른 단정지을 수 없으나, 현재의 위치로 옮기기 전의 가방교 근처나 그 부근이었을 것이다.

일환으로도 건립되었다고 생각된다. 이같은 사실은, 이 비가 일반적인 비문의 형식과는 다르게 관련 사실을 기록한 성격을 갖는 紀事碑인 것과 무관하지 않을 것이다.

V. 맺음말

이제까지 의좋은 형제 '李成万 · 李順'의 紀事碑文을 살펴 보았다. 麗末鮮初 大興縣의 戶長이었던 이성만 형제는 1420년(세종 2), 효자로서 포상되었다. 이에 대한 각종의 문헌 기록과 그 형제가 살았던 충남 예산군 대흥면에 전해 오는 이야기는, 1978년에 형제의 사적이 기록된 碑가 발견됨으로써 구전이 일정한 근거를 가지고 있었음을 증명해 주었다.

그러나 碑文이 일반적인 비문의 형식이 아니고 公文書式의 吏讀가 섞여있어 정확한 이해에는 일정한 한계가 있었다. 이 점은, 비문의 판독을 통해서 이 비가 당시 이성만 형제의 효행과 우애에 대해 旌表門閭한 사실을 그대로 기록한 것임을 알 수 있었다. 이를 통해 다음과 같은 몇 가지의 사실을 말할 수 있을 것이다.

우선 이 비는 외형상 비갓과 碑身이 하나로 되어 있고 前面과 左側面에 刻字되어 있는데, 글자 크기가 고르지 않고 글자 배열에 있어서도 행마다 달라 18~27자의 차이를 보이고 있다. 또한 비문에는 俗字, 古字, 吏讀 등의 字體와 公文書式의 金石文 쓰임의 좋은 예를 제공하고 있다.

다음으로, 판독된 비문의 글자수는 171자로, 주내용은 1418년(세종 즉위년) 11월 3일의 公文內容, 형제의 효행 · 우애 사실과 그 狀申, 1420년(세종 2) 정월 21일의 旌表門閭, 1497년(연산 3) 2월 일의 立表로, 공문서 내용과 이성만 형제의 효행과 우애의 포상 사실을 그대로 기록한 紀事碑의 성격을 가지고 있다.

다음으로 이 비의 건립은 고려시대 이래 大興戶長을 세습해왔던 이성만 · 이순 형제 家系를 중심으로 추진되었음을 가늠해 볼 수 있었다. 또한 그동안 구전되어 왔던 이야기는 효행 사실보다 형제간의 우애가 더욱 부각되었던 것으로 이것은 당시 왕이었던 세종과 관련이 있었음을 알 수 있었다.

끝으로 이 비는 예산지역 현존 최고의 금석문 자료이면서, 조선 초기에 이두로 작성된 금석문 자료로서도 그 중요성은 크다고 생각된다.

결론적으로 이 비는 이성만·이순 형제의 효행과 우애의 사실을 충실히 기록한 紀事碑로, 土姓吏族으로서의 사회적·경제적 지위를 기반으로 한 이성만 형제 가계에 의해 주도되어 가계 현창도 고려되면서 건립된 것으로 이해된다. 또한 구전되어온 의좋은 형제 이야기는 일정한 사실에 근거한 것이었음을 알 수 있겠다.[101]

---

[101] '의좋은 형제' 이야기가 오랜 세월을 두고 전해져왔고, 초등학교 교과서에 실린 후부터 대부분의 사람들이 기억하는 것은, 이 이야기가 우리 정서에 보편적으로 부합되고 바람직하다고 느꼈기 때문일 것이다.

7

淸白吏 錦江漁叟 李世璋의 怪石과 怪石碑

I. 머리말

　朝鮮中期 明宗代에는 淸白吏[1]가 많이 배출되었는데, 그중 대표적인 청백리의 한 사람으로 李世璋(1497~1562)이 있다. 그의 본관은 全州, 자는 道盛, 호는 錦江漁叟로 아버지는 戊午史禍에 화를 당한 名賢의 한사람이던 寒齋[諡號는 貞簡] 李穆(1471~1498)이다.

　이세장은 당시 勳舊勢力과 士林勢力의 대립, 功臣과 外戚 중심의 국정 운영, 士禍 등의 소용돌이 속에서도 비교적 순탄한 관직 생활을 하였다. 그는 일생 대부분을 관료로서 보냈음에도 내적 수양과 청렴으로 일관된 생활을 하여 명종대에 사림 세력과 왕의 정치이념에 적합한 인물이었다.

---

1) 조선시대 청백리는 살아 있을 때는 廉謹吏, 죽었을 때는 淸白吏라 했다 한다(金成俊, 「高麗時代의 良吏」『湖西史學』 3, 1974, p.1). 이에 반하는 것이 贓吏인데 貪官汚吏를 말한다. 이에 대해서는 金成俊, 「朝鮮初期 贓吏子孫禁錮法의 成立」『韓國中世政治法制史研究』, 일조각, 1985가 참고 된다. 그런데 生死에 따라서 꼭 명칭을 구분한 것 만은 아니어서 "第其抄選之規 多有不可曉者 淸白之錄廉謹之選 或有同時竝擧 則似不無差殊"라고(『典故大方』 권2, 「淸白吏錄」) 할 만 했다.

특히 이세장은 강원도관찰사 재임 시의 청렴한 善政으로 몇 가지 일화를 남겼는데, 그 중 하나는 강원도민이 그의 선정에 대한 보답으로 그가 사는 公州까지 그가 사랑하던 怪石을 운반해 주었다는 것이다.[2] 이것은 단순한 일개 돌에 얽힌 일에 불과하나 조선 중기 한 청백리의 모습을 잘 보여 주는 상징적인 일로 그 중요성은 크다고 하겠다.

그러므로 우선 이세장의 생애를 살펴보고, 다음으로 청백리로서의 그의 관료 생활과 가정 생활이 어떠하였는지 찾아보고자 한다. 끝으로 그가 강원도관찰사를 역임한 후 그 지역 사람들이 운반해 주었다는 괴석의 전래 과정과 그 후손들의 괴석 보존 및 그 비석 건립 등을 추구해 보고자 한다.[3]

이러한 고찰은 조선 중기 한 청백리의 모습[4]을 잘 살펴 볼 수 있는 좋은 예

---

[2] 괴석의 개략적인 유래와 그 존재의 제보를 비롯하여 이목의 『寒齋文集』(한재종중 관리위원회, 1981)과 족보 자료(『全州李氏侍中公派黃崗公世譜』) 제공에는 후손 李春圭 선생(대전광역시 중구 옥계동)의 호의가 있었음을 밝혀 둔다. 현재 괴석은 공주시 우성면 내산리 부전동 그의 묘소 아래에 위치하고 있다. 이와 관련하여 全州李氏와 禮安金氏의 浮田洞 入鄕에 대해서는 다음 글이 참고 된다.
任先彬,「公州 浮田大同契의 成立背景과 運營主體」『百濟文化』24, 1990 ; 任先彬,「朝鮮後期 洞契組織과 村落社會의 變化-公州 浮田大洞契를 中心으로-」『東方學志』80, 1992.

[3] 괴석은 李穆·李世璋遺蹟에 포함되어 현재 공주시 향토문화유적 기념물 제21호이다. 그동안 이 괴석에 대해서는 이세장의 대략의 일생과 일화 및 괴석의 위치를 밝힌 글(「청백리의 숨결을 찾아서/李世璋편」『監査』봄호, 1987)이 있다. 이 밖에도 1964년에 괴석 옆에 세워진 怪石碑(怪石銘幷小敍)의 내용을 간략히 소개한 예가 있고(「李世璋 怪石」『公州郡誌』, 1988, p.758 ; 「李穆·李世璋遺蹟」『公州文化遺蹟』, 공주대박물관, 1995, pp.1040~1041), 공주시 장기면 당암리 선돌 마을 지명유래와 관련해서 소개되기도 하였다(『공주의 전통마을 3』, 공주문화원, 2004, pp.47~49).

[4] 고려시대부터 조선시대의 청백리에 대한 그간의 주요한 연구 성과는 다음과 같다.
金成俊,「高麗時代의 良吏」『湖西史學』3, 1974 ; 李鉉淙,『淸白吏精神과 列傳』, 아세아문화사, 1977 ; 金成俊,「朝鮮守令七事와『牧民心鑑』」『民族文化研究』21, 1988 ; 金成俊,『牧民心鑑 研究』, 1990 ; 李章熙,「淸白吏制度의 史的 考察」『朴永錫紀念 韓國史學論叢(上)』, 1992 ; 오수창,「조선시대의 淸白吏 선발과 贓吏 처벌」

가 되고, 그가 남긴 괴석은 壽石史(傳來 庭石)로도 가치가 있을 것이다. 또한 한 시대 청백리의 모습에 대한 이해는 공직자에게는 시대를 초월해 청렴성이 요구되는 상황을 고려하면 그 의미는 매우 크다고 하겠다.

II. 이세장의 생애

이세장은 1497년(연산 3), 아버지 목과 어머니 禮安金氏 사이에서 태어났다.[5] 이세장의 선대는 金浦(祖江 일대)에 世居한 것으로 보인다. 그 윗대의 묘

『한국사시민강좌』 22, 일조각, 1998 ; 이영춘 외, 『조선의 청백리』, 가람기획, 2003 ; 金文澤, 「조선초기 한 인물을 통한 청백리(淸白吏) 고찰」 『忠北史學』 16, 2006.
5) 이세장의 가계표는 다음과 같다.

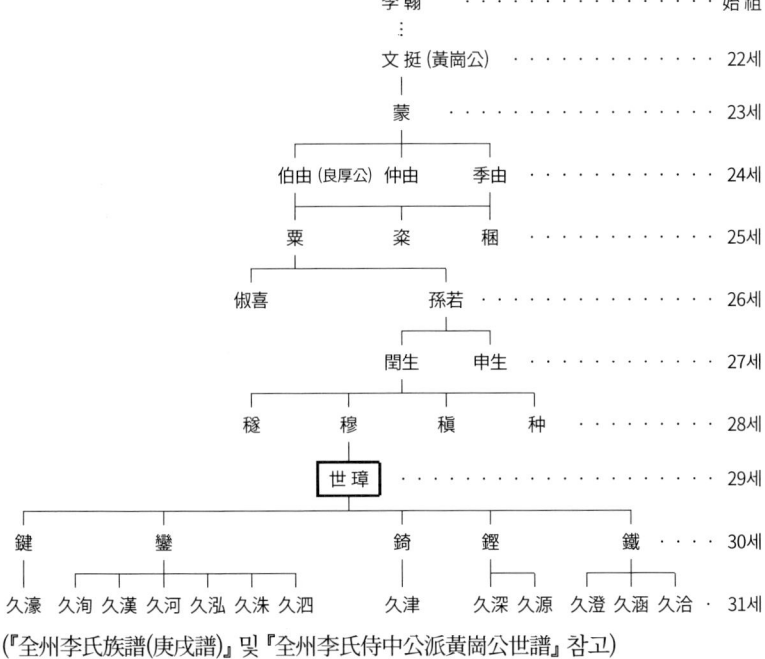

(『全州李氏族譜(庚戌譜)』 및 『全州李氏侍中公派黃崗公世譜』 참고)

소도 있음을 보면⁶⁾ 더욱 그렇게 생각된다.

아버지 목은 약관에 장원급제하여 佔畢齋 金宗直의 문하에서 수학하였고, 장래가 촉망되었으나 1498년(燕山 4) 무오사화 때 화를 당했다. 이때 아들 세장은 겨우 돌을 지났을 무렵이었다. 어머니 예안김씨는 아들 세장과 같이 화를 피해 급히 친정인 공주로 왔다고 한다. 이세장의 外家인 예안김씨는 外祖 金首孫 이전부터 공주에 정착했는데,⁷⁾ 김수손은 成均館 大司成, 參判을 지낸 인물로⁸⁾ 역시 공주에 선대 墓所와 田莊이 있었다. 四佳 徐居正이 지은 공주 聚遠樓記에도 1473년(成宗 4) 公州牧使 洪錫이 당시 禮賓寺正이던 김수손을 통해 서거정에게 기문을 지어줄 것을 부탁했는데,⁹⁾ 김수손과 공주와의 관련성이 없이는 이해하기 힘든 일이다. 그러기에 어머니 예안김씨가 공주로 史禍를 피해 올 수 있었을 것이다.

이세장의 어린 시절에 관해서는 그다지 알려진 것이 없다. 그는 문집을 남기지 않았다. 다만, 그의 사후에 白軒 李景奭(1595~1671)이 지은 墓碣銘,¹⁰⁾ 손자

---

6) 『全州李氏族譜(庚戌譜)』권1. 족보 자료 외에도 『조선왕조실록』에서 抄出한 이세장 관련 기사와 그 밖의 자료는 후손 李日圭 선생(대전광역시 유성구 노은동)의 제공으로 얻어 볼 수 있었다.

7) 김수손의 祖 新 때부터인데, 신이 榮州 斗西에서 살다가 公山李氏와 혼인하고 공산이씨와 家庄을 서로 바꾸었기 때문이라고 한다(『追遠錄』, 禮安金氏參判公派公州宗會, 1991, p.106).

8) 김수손은 士林의 薦擧制와 관련 保擧의 문제점을 제기하고 留鄕所의 復位를 제안하기도 했던 인물이다(崔異敦, 『朝鮮中期 士林政治構造研究』, 일조각, 1994, p.71). 김수손의 동생 尾孫의 壻 중에는 濯纓 金馹孫이 있다(『宣城金氏族譜』卷1, 第14板). 佔畢齋 金宗直 門下에서 이목과 김일손과의 교유는(『한재문집』, p.164) 이같은 인척관계의 선상에서도 고려된다.

9) 『新增東國輿地勝覽』권17, 公州牧 樓亭 聚遠樓記 ; 徐居正, 『四佳集』권1, 「公州聚遠樓記」. 이밖에 김수손에 대해서는 『追遠錄』, 예안김씨참판공파공주종회, 1991이 참고 되는데, 여기에 취원루기와 관련해서 그의 활동도 보충할 수 있다.

10) 그의 묘소에 있는 墓碣은 1666년(顯宗 7) 8월에 세운 것이다. 碑文은 白軒 李景奭이 짓고(『白軒集』권46, 「江原道觀察使李公墓碣銘」), 李正英이 篆하고 4代孫인 成

인 月潭 久源(1579~1675)이 지은 墓誌銘[11]과 족보 기록 등이 있으나, 현재 전하는 것은 묘갈명과 족보 기록 등이다. 이들 자료에 의하면, 그는 무오사화에 아버지를 잃고 모부인 예안김씨를 따라와서 공주 外家에서 길러졌는데,[12] 예안김씨는 義方으로써 가르치고,[13] 外叔은 자식처럼 키웠다고 하였다.[14] 외숙 金泗昌은 玉果縣監을 지낸 인물인데,[15] 아버지 목의 妻兄이 된다. 아버지 목과 詩로 和答할[16] 정도로 가까웠던 사이로 보이며, 이세장이 외가에서 길러졌고 외숙의 보살핌이 있었던 점을 고려하면 같은 또래의 外從兄 金半千 (1495~1556)[17]과 같이 수학했을 가능성이 높다. 또한 외숙의 보살핌과 더불어

均生員 陽煥이 썼다.『國朝人物考』권22, 名流에서도 역시 이 글을 실었다.

11) 『全州李氏族譜(庚戌譜)』권1, 第7板(洪). 이 묘지명은 전하지 않으나 족보에 실린 대강의 그의 이력은 묘지명의 내용에서 유래하지 않을까 한다.

12) 이세장이 외향인 浮田洞(공주시 우성면)에서 양육되면서 전주이씨의 부전동 입향이 시작되었다고 한다(임선빈,「鍼灸醫 許任의 공주 정착과 공주문화」,『충청학과 충청문화』5-1, 2006, p.65).

13) 金尙憲,『李評事集』附錄,「贈嘉善大夫吏曹參判兼弘文館提學藝文館提學同知春秋館成均館事行進勇校尉永安南道兵馬評事李公墓表陰記(이하 '이공묘표음기')」. "生一男 曰世璋 公被禍時 年甫一(二)歲 夫人雖甚愛之 必敎以義方" 이 글은 『청음집』에는 없으나, 張維,『谿谷集』권10,「進勇校尉永安南道兵馬評事贈嘉善大夫吏曹參判兼弘文館提學藝文館提學同知春秋館成均館事李公墓誌銘」. "金公尙憲記其表"에서와 같이 김상헌의 墓表가 있음을 밝히고 있으므로『청음집』에서 누락되었음을 알 수 있다.

14) 李景奭,『白軒集』권46,「江原道觀察使李公墓碣銘」. "公生甫晬 遭酷禍失怙 隨大夫人鞠于舅氏縣監金泗昌家 金公愛誨同己出";「선성김씨족보」권1, 제11판. "公沒後 夫人歸親庭……子世璋育於外家" 예안김씨족보 자료는 후손 金輝澤 선생(공주시 봉정동)의 호의로 볼 수 있었음을 밝혀둔다.

15) 김사창의 壻 중에는 忠武公 李舜臣의 형인 堯臣이 있다(『宣城金氏世譜』권1).

16) 李穆,『李評事集』권1,「次文度兄喜雨韻四首走筆 文度公妻兄金縣監泗昌也」. 金泗昌의 詩는 알 수 없으나 押韻은 '竿', '灘', '殘', '冠', '歡'이다. 김사창은 이목의 師友錄에도 이름이 올라 있다(『한재문집』, 1981, p.302).

17) 金半千은 본관은 禮安, 字는 榮期이다(『宣城金氏族譜』卷1, 第8板). 이밖에 進士와 文科하고 간단한 관직의 기록이 족보에 보인다. 그의 생몰년은 전하지 않다가,

伯父인 參贊公 穟(1458~1516)의 부양과 가르침이 있어 先志를 잘 잇게 했다고 한다.[18] 백부 수는 문과하고 벼슬은 修撰과 忠州牧使를 지낸 인물로 동생 목의 慘禍 이후 벼슬을 버리고 낙향해 있었다. 백부의 가르침은 1516년 10월, 백부가 죽기까지 계속되었을 것인데, 이 해에 이세장은 진사시에 합격하였다. 이런 외숙과 백부의 보살핌과 가르침을 받은 그는 6, 7세 무렵에 이미 학업을 잘 성취했고 일찍부터 '爲己之學'에 뜻을 두었는데 드러내지 않아서 사람들이 잘 알지 못했다고 하였다.[19] 어려서부터 그가 지향하던 바가 무엇이었던 가를 잘 표현한 말이라고 하겠다.

한편 그는 南原梁氏와 혼인했는데, 그의 혼인은 장인인 梁淑(1471~1528)[20]

1984년 그의 墓誌石이 발견되어 알 수 있게 되었다. 족보자료와 함께 역시 이 자료(『禮安金氏參判公長派十四代祖諱半千通政大夫行永興大都護府使墓誌』)도 후손 김휘택 선생에게서 얻어 볼 수 있었다. 자료집 중 墓誌文(『通政大夫行永興大都護府使金公墓誌』)을 옮겨 실었는데, 순서가 약간 뒤바뀌어 있으나 글자의 누락은 없다. 묘지문은 1556년(明宗 11) 10월 17일, 公州牧使 辛士衡(1506~1573)이 지은 것이다. 신사형은 1551년(명종 6) 이세장과 같이 廉謹人으로 뽑혔다. 이 해에 柒原縣監으로 그가 받은 內賜本인 『異端辯正』이 일본 成簣堂文庫에 전한다(千惠鳳, 『日本 蓬左文庫 韓國典籍』, 지식산업사, 2003, p.145). 신사형은 김반천과 가까웠다고 하므로 역시 이세장과 교류가 있었을 것이다.

18) 『寒齋文集』,「年譜」, p.200. "伯父參贊公穟 友愛尤篤 一自先生被禍後 慨慨無意於世 棄官歸鄉 扶養孤姪而教誨之 克紹先志" 연보는 1960년 후손 炳璇이 諸文集과 『조선왕조실록』 등을 참고하여 편찬한 것이다(위의 책, p.232 ; 李炳璇, 『做德(自敍錄 上)』, 隆熙五十三年 庚子條).

19) 李景奭, 『白軒集』 권46,「江原道觀察使李公墓碣銘」. "年六七 已克受書 夙志於爲己 而內而不露 人莫之知也"

20) 양숙은 자는 子澄, 호는 松隱이다. 아버지는 同副承旨 讚이다. 禮賓寺主簿, 司憲府監察, 漢城府判官을 지내고, 외직으로 咸鏡道都事, 楊根郡守, 利川府使, 定州牧使 등을 역임하였다. 그는 慕齋 金安國을 從遊했고 利川府使 때 鄕校를 重修했는데, 김안국은 그 記文을 지은 바 있고(『慕齋集』 권11,「利川重修鄕校記」), 死後에는 그를 위해 墓碣銘(『慕齋集』 권12)도 지었다(『南原梁氏文襄公派世譜』 卷1, 1999, pp.30~31). 양숙은 中宗代 大司憲 雪翁 梁淵(1485~1542)과는 從兄弟間이 된다. 명종의 친인척으로서의 두 사람에 대해서는 지두환, 『명종대왕과 친인척』,

이 訥齋 梁誠之의 曾孫으로 己卯名賢인 慕齋 金安國을 從遊한 것 말고도 그의 집안이 曾祖 孫若 이래 金浦(월곶면 조강리)에 先塋이 있고, 이곳과 가까운 김포 양촌면 대포리에는 역시 양성지의 別墅가 있어 눌재 이래의 두 집안의 교류가 있었던 데서 가능했을 것이다. 더구나 양성지는 이목의 同壻인 崔光演의 父 逍遙齋 崔淑精(1433~1480)과 교류가 있었고 소요재는 이밖에도 姜希孟, 徐居正, 金宗直 등과 교류가 있었다.[21] 그런데 김종직과 이목과의 관계는 말할 것도 없거니와 서거정은 그의 傍祖가 되는 楸灘 李瓊仝(1438~1494)의 同壻가 되고[22] 외조 김수손은 서거정과 교류가 있었으므로 더욱 그렇게 생각된다.

이후 이세장은 20세이던 1516년(중종 11) 進士試에 합격하였고, 외종형 김반천도 역시 이 해에 합격하였다. 同榜이었을 것이다. 이후의 그의 행적에 대해서는 역시 별다른 기록을 찾아볼 수 없다. 다만 1519년(중종 14) 4월에 아버지 穆의 追贈을 청하는 疏를 올렸다.[23] 이는 아버지의 復官과 家産 還給에 이은 진정한 伸冤 復權의 의미로 비록 추증 받지는 못했으나, 그가 아버지의 신원 복권을 위해 고심했음을 알 수 있다. 그러나 이 해의 己卯士禍는 그의 이 같은 활동도 어렵게 되었고, 아버지와 뜻을 같이 하던 신진사류들이 큰 화를 당하게 됨에 따라 과거를 포기하려 했을 가능성이 높다.

다음으로 매우 조심스러운 일이기는 하지만 아버지 遺稿의 수집과 정리가 이 시기에 집중적으로 있었음을 알 수 있다.

> 曾祖 詩文은 화를 당할 때 흩어지고 잃은 것이 자못 많았는데, 할아버지께서 여러 해를 두고 수습하고 직접 쓰고 책을 만드셨다.[24]

역사문화, 2002, p.305, p.358이 참고 된다.
21) 崔淑精,『逍遙齋集』, 附錄下.
22)『전주이씨족보(경술보)』권1, 第21板(秋).
23)『중종실록』권77, 중종 14년, 4월 壬申, 甲戌
24) 李穆,『李評事集』,「附錄」, 曾孫 久澄 跋文. "曾祖詩文 被禍時 散失頗多 王父積年

윗글은 이목의 증손인 久澄(1568~1648)이 靑松府使로 있던 1631년(仁祖 9) 3월 상순에 증조 이목의 문집인 『李評事集』을 간행하면서[25] 발문에 적은 글 중 일부이다. 이 글에 의하면 이목의 詩文은 무오사화 때 많이 흩어져 잃어 버렸는데, 할아버지 즉 이목의 아들인 세장이 여러 해 동안 수습하고 손수 써서 책을 만들었다고 하였다. 이세장으로서는 아버지가 사화로 화를 당한지 20여 년이 되었으므로 더욱 그 遺文의 수습에 심혈을 기울였을 것이다. 이세장의 늦은 과거 급제를 고려하면, 진사시에 합격한 이후에 과거 공부를 하지만 바로 2년 뒤 기묘사화가 일어났고 과거보다는 아버지의 유문을 수습하고 정리하는 데에 힘을 쏟았던 것으로 이해된다. 이후의 그의 분망한 宦路를 생각하면 이 기간이 가장 적합하다고 보겠다. 이후에도 그는 사화의 직접적인 참혹한 화를 당한 아버지와 뒤이은 甲子士禍로 아버지가 剖棺斬屍까지 당한 것을 염두에 두면, 선뜻 仕宦의 길을 택할 수 없었을 것이다. 그러나 中宗反正 이후 정국의 변화로 出仕는 하면서도 아버지의 신원복권에 대한 기대감도 있었지 않았을까 한다. 그것은 그가 수년에 걸쳐 아버지의 유고를 수집하고 정리하는데 진력하고 아버지의 追贈을 청하는 疏를 올린 사실에서도 알 수 있다.

1534년(중종 29), 이세장은 비교적 늦은 나이인 38세에 文科 丙科 第4人에 급제하였다.[26] 이 무렵 그가 과거에 응시한 것은 중종대 후반기에 들어서 점차 정계에 재등장한 사림세력의 추이와도 관계가 있을 것이다. 이때 同榜은 退溪 李滉을 비롯하여 東皐 李浚慶의 형인 李潤慶, 秋坡 宋麒壽 등으로 훗날 학문과 덕망으로 크게 이름을 떨친 인물들이 있었다. 이 과거에서는 33인에 못 미치는 26인이 뽑혔는데, 講經에서 그 수에 미치지 못했다고 하였다.[27]

收拾 手書成帙"

25) 『靑松府邑誌』, 碑板條에는 "冊板北渚集李評事集板 古有 今無"라고 하여(『邑誌』 一, 慶尙道①, 아세아문화사, 1982, p.229) 간행 사실을 전하고 있으나, 읍지가 작성된 1832년경에는 책판도 이미 없다고 하였다.
26) 『國朝榜目』, 中宗 甲午式年榜.
27) 『중종실록』 권77, 중종 29년 3월 乙亥. "取文科幼學金希聖等二十六人 講經數止此

이 때 실력 있고 유능한 인물들이 선발되었음을 알 수 있다. 그런데 급제 후 얼마 안 되어 그는 이윤경, 尹沈 등과 같이 出身 처음에 祿職을 부탁했다고 推考를 당했었다.28) 그러나 중종은 이것이 추고까지 할 만한 사안이 아니라고 판단되었던지 윤허하지 않았다. 후일 그의 淸簡한 행실과 誠孝가 독실했다는 것29)으로 보아도 이것은 홀로된 어머니 봉양을 위한 것 이상은 아니었을 것이다.

한편 이 무렵의 이세장에 관한 기록은 실록에서의 관직 임명 기록이 대부분이다. 그런데 다음의 詩는 저간의 그의 행적을 이해하는데 많은 시사를 준다. 그와 進士 同榜으로 石川 林億齡(1496~1568)이 보낸 시가 그것이다.30)

司書 道盛(李世璋의 字) 연시(年侍:同榜)에게 줌 - 李世璋은 공(林億齡)과 같이 丙子(1516, 中宗 11) 司馬이다(贈司書31) 道盛年侍 李世璋 與公同丙子司焉32)) -

어릴 적 同年(同榜)에 교분이 제일 깊었는데,	童稚同年分最深
중간에 남쪽과 북쪽에 있어 둘 다 소식 없었네.	中間南北兩無音
어찌 흰머리가 검은 머리(玄圃)에 옴을 알리요,	那知白首來玄圃
등불 아래 마주 대해 옛 순박한 마음(古心)을 이야기 하네.	共對靑燈話古心
잘 자셔 그대 얼굴 되려 윤나는 것이 부러운데,	能飯羨君顔尙澤

故不滿三十三人"
28) 『중종실록』 권77, 중종 29년 3월 甲午. "憲府又啓 新及第李潤慶李世璋尹沈等推考 自上命棄 近來士習不美 出身之初 請囑付祿 至爲鄙陋 請畢推定罪 以正士習 皆不允"
29) 『전주이씨족보(경술보)』 권1. 제6판(宙). "誠孝尤篤"
30) 林億齡, 『石川詩集』 권6. 1572년 濟州牧使 蘇潗 등이 濟州에서 刊行한 『石川詩集』 初刊 木版本임.
31) 이 기록으로 이세장이 世子侍講院 司書도 역임했음을 알 수 있다.
32) '馬'의 誤字일 것이다. 初刊本에는 이 註가 없고 후에 간행한 『石川集』 卷4에 있다.

천한 일(負薪)에 내 병까지 서로 침노함을 한탄하네.	負薪嗟我病交侵
뜰 앞 봉숭아 살구 꽃 지려 하는데,	階前桃杏行衰謝
그대와 술잔(春盃) 주고받으려 하네.	欲把春盃與子斟

이 시는 1536년경, 임억령이 진사시에 동방이었던 이세장에게 준 시이다. 이 시의 첫 연의 내용으로 보아 어릴 적부터 거의 비슷한 연령에 동방이었던 임억령과 교분이 제일 깊었음을 알 수 있다. 이같은 임억령과의 친교는 이세장이 장인 양숙이나 외종형 김반천을 통해 訥齋 朴祥(1474~1530)이나 慕齋 金安國(1478~1543)과 접촉이 있었을 법하고, 김반천은 박상이나 김안국을 알았던 흔적이 있고,[33] 임억령은 바로 박상의 門人이기에 가능했을 것이다. 이 시기는 대개 그가 진사시에 합격하던 무렵이 아니었을까 생각된다.

둘째 연에서 중간에 남쪽과 북쪽에 있어 서로 소식을 전하지 못했던 저간의 사정을 알 수 있다. 사실 임억령은 이세장보다 일찍 과거에 급제했고(1525, 중종 20), 이세장은 진사 이후 18년 만에 급제했는데, 그 기간 동안 이세장은 모부인 예안김씨를 모시고 공주 당동(현 공주시 장기면 당암리)에 있었던 듯하다. 그러므로 이같이 언급한 것으로 보인다. 진사시 이후 이 같은 사정으로 소식이 없었다면 20여 년 정도 이후의 일이니 이 같은 詩想을 떠올리게 했을 것이다. 이는 이세장이 진사 이후 어머니와 함께 공주에서 기묘사화로 과거를 단념하고 학문에 전념하거나 무오사화로 돌아간 아버지의 유고를 정리하는 시간을 고려하면 양자의 무소식을 감지할 수 있다. 다시 둘 사이의 연결은 이세장의 과거 급제가 주요한 원인일 것이다. 이 같은 贈詩에 그 정의로 보아 이세장도 역시 答書나 和答하는 次韻詩가 있었을 것이나 현재 전하지 않는다.

이후 이세장은 司諫院正言을 거쳐 司憲府持平, 弘文館校理, 司憲府掌令 등을 교대로 역임하였다. 1539년(中宗 34) 2월에는 大司憲 黃憲 등과 같이

---

[33] 辛士衡, 「通政大夫行永興大都護府使金公墓誌」. "文章之富 德業之美 多爲朴訥齋之所誘掖金慕齋所獎進焉"

訟事와 왕실 친척의 궁궐 출입에 대한 箚子를 올렸다.[34] 이 중 왕족이나 그 친척의 궁궐 출입에 관한 문제는 이세장의 의견이었던 것으로 보인다. 그것은 이어서 바로 궁궐의 출입인이 椒掖의 친척과 먼 일가와 장사치까지 난잡하게 출입한다고 啓를 올렸기 때문이다. 이와 같이 차자에 대해 다시 상세한 설명을 해서 다시 啓를 올리는 모습에서 임무에 충실하려는 그의 태도를 엿볼 수 있다.

1541년(중종 36)에는 10여 년간 계속되는 흉년이 매우 심해[35] 구황하는 상황에 대해 살펴보려고 각도로 御史를 보낸 일이 있었는데, 외종형인 김반천[36] 등과 같이 어사로 뽑혔다.[37] 그의 묘갈명에서도 어사로 3번 나갔다는 기록이 있는데[38] 이중 하나일 것이다. 그런데 구체적으로 어디에 나갔는지에 대해서나 어떤 일을 했는지 알 수 없다. 그러나 이때 이세장은 경기도지역에 어사로 파견되었을 것이다. 그것은 그로부터 며칠 후 그가 長湍과 利川의 수령들이 救荒을 잘못했다는 「救荒摘奸單子」를 올렸고, 중종은 이를 政院에 내려서 두 고을 수령을 推考하라는 명을 내리기 때문이다.[39] 이 사실로 미루어 그는 경기도에 어사로 나갔고 어사로 나간 지 나흘 만에 적간단자를 올렸음을 알 수

---

34) 『중종실록』 권89, 중종 34년 2월 壬寅.

35) 이 해 10월 安瑋는 忠州에서 『忠州救荒切要』(국립중앙도서관, 古9119-10(複寫本), 원본 日本內閣文庫 · 淺葺文庫295-65)를 간행한 바 있다. 내용과 안위가 지은 跋文에도 이 해의 가뭄과 흉년이 표현되어 있다.

36) 김반천은 이후에도 1544년(中宗 39), 御史의 임무를 띠고 大同察訪이 되었다(신사형, 「통정대부행영흥대도호부사김공묘지」). 湖陰 鄭士龍의 『湖陰詩稿』 권5 중 「送榮期(金半千 字: 필자 주)赴大同察訪」은 바로 이 때의 사실을 읊은 시일 것이다. 退溪 李滉도 이해 3월 19일, 송별하는 시를 지은 바 있다(權五鳳 編, 『退溪先生 日記會成』, 創知社, 1994, p.86, p.87 註)47 및 p.215).

37) 『중종실록』 권96, 중종 36년 11월 庚子.

38) 이경석, 앞의 책. "前後銜命凡五 敬差再 御史三 皆以能稱"

39) 『중종실록』 권96, 중종 36년 11월 甲辰. "甲辰 下御史李世璋救荒摘奸單子于政院 曰 此兩邑長湍利川守令 不能救荒 推考可也"

있는데 비록 경기도라는 가까운 지역이기는 하지만 그가 얼마나 자신의 직분에 충실했는지를 보여 주는 주요한 예라 할 것이다.

1541년(중종 36) 12월 25일에는 易經을 잘 아는 사람 중에 뽑혀서 世子侍講院弼善의 擬望에 올랐으나 마침 외종형인 김반천이 吏曹正郞으로 있었던 관계로 相避된 일이 있었다.[40] 이 같은 사실에서 그는 역경에도 조예가 깊었음을 알 수 있다. 다음 해에는 중종이 思政殿에서 庭試入格文臣에게 親講했는데 이때 略의 점수를 받아 말을 지급 받았다.[41] 이 또한 그가 평소 학문을 게을리 하지 않았음을 보여 주는 예가 될 것이다. 1543년(중종 38)에도 중종이 堂下官 文臣을 인정전 뜰에 모아 놓고 시를 짓게 한 일이 있었다. '박연에서 놀다(遊朴淵)'라는 시제로 十韻排律, '중국 사신을 전별하다(餞華使)'라는 시제로 七言律詩, '적벽에서 배를 띄우다(赤壁泛舟)'라는 시제로 五言律詩를 짓게 하는 시험을 보였다. 이 때도 역시 2등을 해서 熟馬 1필을 상으로 받았다. 이로 보아 그는 시에도 출중한 기량이 있었음을 알 수 있다. 이런 詩文에 능한 재질로 인해서 그는 문한직을 오랫동안 역임할 수 있었던 것으로 보인다. 그런 까닭인지 이 해에 다시 弘文館副應敎가 되었다. 이 무렵 그는 중종이 夕講에 나온 자리에서 宦官의 禍에 대해서 역사적 사례를 들어 그 폐단을 진언하였다.[42] 당시 환관의 폐단이 있었던 사실을 중종에게 경계시키는 諫言이었음을 알 수 있다.[43]

1544년(중종 39) 11월 15일, 중종이 죽자 國葬都監이 설치되었는데, 弘文館

---

40) 『중종실록』 권97, 중종 36년 12월 丙子.
41) 『중종실록』 권97, 중종 37년 3월 辛丑.
42) 『중종실록』 권100, 중종 38년 3월 癸丑.
43) 이같은 환관의 폐단은 이세장의 염려와 같이 명종대 內需司 提調였던 宦官 朴漢宗의 예처럼 드러났다(張熙興, 「조선 명종(明宗)대 외척정치(外戚政治)와 환관(宦官) 박한종(朴漢宗)」 『東國史學』 37, 2002 ; 韓春順, 『明宗代 動戚政治 硏究』, 혜안, 2006, pp.182~183).

典翰으로 있던 그는 그 郎官이 되었다.[44] 그런데 얼마 안 있어 그를 비롯한 몇 사람이 대행대왕 未寧時에 婚嫁에만 급급하여 신하의 의리가 없었다면서 모두 파직시키라는 사헌부의 계가 올라 왔다. 뒤에 추고하되 혼인 날짜를 추열하는 등 문제가 계속되다가 仁宗은 사헌부의 계에 따르게 되었다.[45] 결국 그는 파직된 것인데 이후 정국은 많은 변화가 있었다. 1545년 6월 趙光祖가 복관되고 賢良科가 다시 설치되는가 싶더니 7월 1일 인종이 죽고 명종이 즉위해서는 왕대비 文定王后 尹氏가 섭정을 하고, 8월에는 현량과가 다시 혁파되고 乙巳士禍가 일어났다. 그가 복직된 것은 이 이후의 일로 추정된다.

1545년(명종 즉위년) 10월 이후 1546년까지 議政府舍人을 역임하였다가 1548년 다시 홍문관전한에 임명되었다. 이해 2월 12일에는 黃海道에 파견되어 구황이 잘 되고 있는지 여부를 살피고 돌아왔다.[46] 4월 19일에는 홍문관 부제학 李蓂 등과 같이 李芑의 처벌을 청하는 차를 올렸다. 이는 무산되었으나 그의 입장을 잘 대변하는 일이었다. 그의 이러한 정치적 입장이나 능력은 그를 特旨로 홍문관직제학에 발탁하게 하였을 것이고 얼마 안 있어 또 특지로 통정대부 홍문관부제학이 되는 계기가 되었을 것이다.

1549년에는 修撰官에 春秋館堂上의 한사람으로 史臣 安名世가 기록한 時政記의 改正에 乙巳年 죄인의 推案을 참고할 것에 대한 啓를 올렸다. 이후에는 주로 承政院에 있게 되었는데 1550년까지 동부승지, 승지, 좌승지 등을 역임하면서 왕을 가까이에서 보필하였다. 그해 9월에는 중종과 인종의 실록 편찬에 통훈대부 홍문관직제학 지제교겸 경연시강관으로 編修官으로 참여하였다.

---

44) 『중종실록』 권105, 중종 39년 11월 庚戌.

45) 『중종실록』 권105, 중종 39년 12월 癸酉, 甲戌, 乙亥, 丙子.

46) 이는 홍문관원의 御史 활동(최이돈, 앞의 책, pp.29~30)과 관련하여 '救荒摘奸'의 어사 활동으로 볼 수 있지 않을까 한다. 이와 관련하여 1542년 퇴계 이황도 홍문관부교리로서 '救荒擲(摘: 필자 주)奸御史'로 충청도에 파견된 바 있다(권오봉 편, 앞의 책, p.53, p.269).

1551년(명종 6)에는 禮曹參議, 承政院都承旨, 藥房提調를 역임하였고, 이해 11월 4일 三公이 淸簡한 사람을 抄啓하는데, 周世鵬, 李浚慶, 李滉 등과 같이 뽑혔다. 며칠 후 다시 청간한 사람은 널리 뽑기 어렵다고 廉謹으로 이름을 고쳐서 초계할 때도 33인 중 한사람으로 뽑혔다.

1552년(명종 7) 3월 4일, 戶曹參議가 되었다. 호조참의로서 大平樓에서 太常祀供을 의논하는 자리에 참석하였고,[47] 그 후 한 달 남짓 된 4월 9일에 江原道觀察使에 제수되었으나 그 후 갈려서 僉知가 되었다. 다음 해에 다시 조정에 돌아와서 호조와 병조참의를 역임하였다.

1554년(명종 9)에 고령인 모부인 예안김씨 봉양을 위해서 외직을 청하여 黃州牧使가 되었을 때 그가 拜辭를 하니, 명종은 그에게 특히 다음과 같이 일렀다.

> 그대는 오랫동안 侍從으로 있었으니 어찌 나의 뜻을 모르겠는가? 民生이 곤궁하니 각별히 마음을 다하라.[48]

그가 명종을 배사하는 자리에서 특히 명종을 보좌하는데 충실했던 사실을 언급한 것이다. 또한 10여 년의 흉년으로 민생이 매우 피폐했던 사실에서 민생의 곤궁함에 각별히 마음을 써서 구황에 주력할 것을 주문한 것임을 추정할 수 있다. 사실 이해 11월, 『救荒撮要』를 國譯하여 간행·배포한 사실로서도 이때의 사정을 잘 알 수 있다.[49] 또한 황주목사로의 제수는 이미 1548년 그가 黃海道에 구황을 살피기 위해 파견된 바 있으므로 이 곳 사정에 밝은 그

---

47) 鄭士龍, 『湖陰詩稿』 권4, 「暮春旣望後四日 同戶判鄭子仁參判南伯順參議李道盛……議太常祀供于大平樓」

48) 『明宗實錄』 권16, 明宗 9년 2월 己亥. "爾久爲侍從 豈不知予意乎 民生困窮 別加盡心"

49) 『구황촬요』의 보급을 위해 당시 정부는 서울은 물론 지방에까지 보내고 지방 수령들은 이를 숙지하고 지방에 시행하게 하는 등 적극적인 지침을 마련하였다고 한다(정형지, 「조선시대 기근과 정부의 대책」 『梨花史學硏究』 30, 2003, p.247).

를 황주목사에 임명했을 것이다. 이러한 그가 그 직무에 충실했을 것임은 짐작하기 어렵지 않다.

다음해 1555년(명종 10) 5월, 그는 乙卯倭變으로 갈려 돌아왔다고 하였다. 이에 대해 별다른 기록이 없으나 을묘왜변이 그가 조정에 돌아온 주요 원인이었다면, 을묘왜변을 계기로 상설화되었던 備邊司의 官員(都提調, 提調, 郎官)이 되었기 때문일 것이다. 이 같은 사실을 보면, 그가 조정에 돌아온 것은 명종과 조정의 신임 때문이었을 것이다.[50]

을묘왜변이 끝난 후 다음해 다시 80에 가까운 모친 봉양을 위해 다시 楊州牧使가 되었으니, 그의 효성을 가늠해 볼 수 있는 대목이다. 그러나 이것도 다음해 벼슬을 내놓고 돌아왔다고 하였는데, 그해 5월 부인 남원양씨의 상을 당했기 때문일 것이다.

그는 부인의 죽음 이후에는 관직에 나가지 않았던 것으로 보인다. 墓碑文에도 이 해에 벼슬을 내놓고 돌아왔다고 하였다. 이해 12월, 虎賁衛 大護軍이 되었고, 다음해 11월에는 모부인 예안김씨 상을 당했는데, 공주 무성산 기슭 경사동에 장사 지냈다. 이 무렵 경기도 김포에 모셨던 부친의 묘소도 공주로 옮겨 모시고자 하였다고 한다.[51] 그의 효성스러운 마음의 일단을 볼 수 있다. 이러한 정황으로 볼 때, 그는 이후 1562년(명종 17) 죽기까지 주로 公州에서 여생을 보낸 것으로 추정된다.[52] 그의 호가 錦江漁叟[53]인 것

---

50) 명종은 비변사에 친국왕 성향 인물을 知邊事 재상으로 진출시켜 국방문제를 담당시키려는 구상을 하였다고 한다(한춘순, 앞의 책, pp.127~128).

51) 김상헌, 앞의 글. "觀察(이세장: 필자 주)嘗欲遷公墓 合葬焉 在草土遘疾 志意未遂焉"

52) 『輿地圖書』, 公州牧, 人物條에서 淸白으로 이름이 오른 이래 이후의 공주 관련 邑誌는 그대로 따르고 있다.

53) 『人物考』를 인용한 『朝鮮人名辭書』나 安鍾和, 『國朝人物志』에서와 같이 그의 호를 '錦江'으로 기록하거나(『國朝人物志』, 明文堂, 1983, (권1)p.192, (권2)p.5), '錦江', '漁叟'의 두개의 호로도 기록하는 예가 있으나 착오이다.

은[54] 만년 그의 거주와 유유자적하던 삶의 자취를 잘 드러낸 호라 하겠다.

李世璋 年譜

연대	나이	내용	비고(典據)[55]
1497 (燕山 3)	1	아버지 穆, 어머니 禮安金氏 사이에서 태어남.	
1498 (〃 4)	2	戊午史禍로 아버지 穆, 처형됨. 이후 外家에서 성장함(外叔 玉果縣監 金泗昌) 伯父 參贊公 稷의 가르침을 받음.	김상헌, 이공묘표음기
1504 (〃 10)	8	甲子士禍 아버지 穆, 剖棺斬屍됨.	『寒齋文集』 권2, 「年譜」
1506(中宗元年)	10	9월, 아버지 穆, 復官됨.	〃
1507 (〃 2)	11	5월, 아버지 穆의 家産을 돌려받음.	〃
1516 (〃 11)	20	進士試에 합격함. 10월, 백부 참찬공 喪(10.12).	『전주이씨족보(경술보)』 권1
1519 (〃 14)	23	4월, 아버지 穆의 追贈을 청하는 疏를 올림. 11월, 己卯士禍	『中宗實錄』 권77, 중종 14년, 4월 壬申, 甲戌
1534 (〃 29)	38	3월, 文科에 합격함(丙科 第四人).[56] 李潤慶·尹沈 등과 같이 出身 처음에 祿職을 부탁하였다고 推考를 당함.	『중종실록』 권77, 중종 29년, 3월 乙亥, 甲午 『중종실록』 권77, 중종 29년, 4월 丁酉
1535 (〃 30)	39	史官(藝文館 檢閱, 待敎, 奉敎)	

---

54) 공교롭게도 1495년(연산 1) 봄, 아버지 穆이 公州에 유배 와서 지은 詩(『이평사집』 권1, 「次韻五首 乙卯春 謫公州時」)도 낚시와 그 풍광에 빗대어 자신과 인생을 읊고 있다. 그는 아버지의 遺稿를 수습·정리하고 직접 써서 成冊했으므로 그의 호의 연원도 혹시 여기서 비롯된다고 볼 수 있지 않을까 한다.

55) 墓碣銘(이경석, 『백헌집』 권46, 「강원도관찰사이공묘갈명」) 외의 典據를 수록 하였다.

56) 이 보다 2년 전의 일로 同名의 '咸平縣監 李世璋'이 기록에 보인다(『중종실록』 권72, 중종 27년 2월 己酉). 그런데 그의 묘갈명이나 그 밖의 기록에 보이지 않고, 또한 2년 뒤 그가 文科하고도 『國朝榜目』에는 그의 이름 위에 前職에 관한 사항 즉 '縣監'의 기록이 없는 점 등으로 보아 同名異人으로 생각한다.

연대	나이	내용	비고(典據)
1536 (〃 31)경	40	世子侍講院司書 石川 林億齡, 詩(贈司書道盛年侍)를 보냄.	임억령,『石川詩集』권6
1537 (〃 32)	41	5월, 正言	『중종실록』권85, 중종 32년 5월 己丑
1539 (〃 34)	43	2월, 司憲府持平으로 大司憲 등과 같이 訟事와 궁궐에 왕실 척속의 출입에 관한 箚子를 올림. 다시 啓를 올림. 10월, 弘文館校理 11월, 弘文館校理	『중종실록』권89, 중종 34년 2월 壬寅 『중종실록』권92, 중종 34년 10월 丙戌 『중종실록』권92, 중종 34년 11월 戊戌, 戊午
1540 (〃 35)	44	5월, 司憲府持平 6월, 司憲府掌令 8월, 弘文館校理	『중종실록』권93, 중종 35년 5월 壬子 『중종실록』권93, 중종 35년 6월 乙酉 『중종실록』권93, 중종 35년 8월 丙戌
1541 (〃 36)	45	3월, 司憲府掌令 11월, 京畿道御史로 나갔다가 救荒摘奸單子를 올림. 12월, 弘文館校理로 易經을 잘해 世子侍講院弼善의 擬望에 올랐으나 外從兄 金半千이 吏曹正郞이어서 相避됨.	『중종실록』권94, 중종 36년 3월 壬寅 『중종실록』권96, 중종 36년 11월 庚子 『중종실록』권97, 중종 36년 12월 丙子
1542 (〃 37)	46	3월, 弘文館校理 왕이 思政殿에서 庭試入格文臣에게 親講시 略의 성적으로 말을 지급 받음. 4월, 司憲府掌令 閏5월, 司憲府執義	『중종실록』권97, 중종 37년 3월 癸巳, 辛丑 『중종실록』권98, 중종 37년 4월 癸酉 『중종실록』권98, 중종 37년 閏5월 丙寅
1543 (〃 38)	47	3월, 弘文館副應敎 侍講官으로 宦官의 禍를 논함. 8월, 堂下官 文臣의 製述시험에서 버금을 차지해 熟馬 1필을 받음. 弘文館應敎	『중종실록』권100, 중종 38년 3월 戊申 『중종실록』권101, 중종 38년 8월 庚辰, 癸未
1544 (〃 39)	48	3월, 弘文館應敎 10월, 侍講官으로 왕에게 士習氣絶을 논함. 11월, 弘文館典翰 國葬都監 郞官 12월, 왕 未寧時 婚嫁일로 推考 당함	『중종실록』권102, 중종 39년 3월 乙巳 『중종실록』권105, 중종 39년 10월 己卯 『중종실록』권105, 중종 39년 11월 庚戌 『중종실록』권105, 중종 39년 12월 癸酉 ~ 丙子
1545 (明宗卽位)	49	8월, 乙巳士禍 10월, 議政府舍人(檢詳)	『明宗實錄』권2, 明宗 卽位 年 10월 丙午, 丁巳(『전주이씨족보(경술보)』권1)

연대	나이	내용	비고(典據)
1546 (〃 元年)	50	(4월), 朴守良, 金洵 등과 淸白吏에 抄選됨.57) 8월, 議政府舍人 9월, 議政府舍人으로 六曹郎廳 李龜琛 등과 李岾의 일에 대해 상소함.	『東國文獻備考』58) 『명종실록』권4, 명종 1년 8월 丁未 『명종실록』권4, 명종 1년 9월 丁卯
1548 (〃 3)	52	1월, 弘文館典翰 2월, 黃海道에 救荒을 살피기 위해 파견됨. 4월, 弘文館典翰으로 副提學 등과 左議政 李芑를 처벌하라는 箚을 올림. 11월, 特旨로 弘文館直提學이 됨. 12월, 特旨로 (通政大夫)弘文館副提學이 됨.	『명종실록』권7, 명종 3년 1월 庚子 『명종실록』권7, 명종 3년 2월 己未 『명종실록』권7, 명종 3년 4월 甲子 『명종실록』권8, 명종 3년 11월 丁亥 『명종실록』권8, 명종 3년 12월 癸卯
1549 (〃 4)	53	1월, 春秋館修撰官 承政院同副承旨 3월, 承旨로 經筵에서의 책무 소홀이라는 司憲府의 啓로 推考됨.	『명종실록』권9, 명종 4년 1월 庚辰, 丁酉 『명종실록』권9, 명종 4년 3월 乙未
1550 (〃 5)	54	4월, 左承旨 9월, 編修官(通訓大夫弘文館直提學知製教兼經筵侍講官) 僉知 工曹參議 承政院都承旨 僉知	『명종실록』권10, 명종 5년 4월 癸亥
1551 (〃 6)	55	2월, 禮曹參議 4월, 承政院都承旨 5월, 藥房提調 11월, 李滉 등과 함께 淸簡人, 廉謹人 등에 선발됨.	『명종실록』권11, 명종 6년 2월 己巳 『명종실록』권11, 명종 6년 4월 丁亥 『명종실록』권11, 명종 6년 5월 丁巳 『명종실록』권12, 명종 6년 11월 戊子, 甲午

---

57) 왕대별로 청백리의 초선된 시기와 명단을 기록했다는 『東國文獻備考』(김문택, 앞의 글, p.98)에는 明宗 元年에 朴守良, 金洵, 尹釜, 鄭宗榮, 李世璋, 安玹, 金從舜 등 7명을 기록하고 있는데(위의 글, p.99, p.108), 정작 『조선왕조실록』에서는 朴守良, 趙士秀, 金洵만 등장하고 있어(『명종실록』권3, 元年 4월 壬辰 ; 『莪谷實記』, 「立朝事蹟」) 조사수는 누락 되었고 『增補文獻備考』에서 추가 되고 있다(위의 글, p.108 부록 참조). 『동국문헌비고』가 다른 계통의 자료를 참고하여 작성한 것은 아닌지 모르겠다.

58) 김문택, 앞의 글, p.99, p.108.

연대	나이	내용	비고(典據)
1552 (〃 7)	56	3월, 戶曹參議 　大平樓에서 太常祀供을 議論하는 자리에 참석함. 4월, 江原道觀察使(江原道民이 善政에 대한 보답으로 公州 塘洞 집에 怪石을 보내줌) 7월, 아버지 穆, 贈職 받음.	『명종실록』권13, 명종 7년 3월 丙戌 鄭士龍,『湖陰詩稿』권4 『명종실록』권13, 명종 7년 4월 辛酉 崔秉心,「墓庭怪石記」 成九鏞,『毅齋集』권3,「副提學李公墓庭恀石銘碑」 『한재문집』권2,「연보」
1553 (〃 8)	57	閏3월, 戶曹參議 10월, 兵曹參議	『명종실록』권14, 8년 閏3월 甲寅 『명종실록』권15, 8년 10월 庚辰
1554 (〃 9)	58	2월, 黃州牧使	『명종실록』권16, 9년 2월 己亥
1555 (〃 10)	59	5월, 乙卯倭變으로 돌아옴.	
1556 (〃 11)	60	楊州牧使	
1557 (〃 12)	61	5월, 夫人 梁氏 喪(5.14). 楊州牧使에서 돌아옴. 12월, 虎賁衛大護軍	『명종실록』권23, 12년 12월 庚子
1558 (〃 13)	62	11월, 母夫人 禮安金氏 喪(11. 16).	
1559 (〃 14)	63	아버지 穆, 公州 忠賢書院에 配享됨.	『한재문집』권2,「연보」
1562 (〃 17)	66	2월 29일, 卒 4월 7일, 明宗 致祭文.	『전주이씨족보(경술보)』
1666 (顯宗 7)		8월, 墓碣 건립(白軒 李景奭 撰).	『白軒集』권46 및 墓碣 陰記
		墓誌銘 이루어짐(孫子인 月潭 久源 撰).	『전주이씨족보(경술보)』
1939		3월, 墓碑 건립(丹雲 閔丙承 撰).	『丹雲集』권15 및 墓碑 陰記
1950		5월, 墓庭怪石記(欽齋 崔秉心 撰).	『全州李氏府尹公派譜』
1953		4월, 公州 塘洞 遺墟의 怪石이 있던 자리에 세우려던 副提學李公墓庭恀石銘碑(成九鏞 撰, 李世燦 書)를 묘소 아래에 건립.	성구용,『의재집』권3,「부제학이공묘정괴석명비」
1964		恀石碑(成九鏞 撰) 건립.	〃

III. 청백리 이세장

　청백리는 청렴결백한 관리를 말한다. 고려시대이래 조선시대에도 청백리를 錄選하였다. 조선 太祖代부터 시작해서 純祖代에 이르기까지 2백여 명의 청백리가 뽑혔다는데, 成宗代에서 宣祖代 특히 중종대에서 명종대까지 전체 청백리의 ⅓ 이상이 배출되었고 이 시기는 사림의 정치적 활동도 재개되던 시기로 士風의 진작과 기대가 반영된 결과라 하겠다.

　청백리의 선발은 조선 전기에는 대개 禮曹에서 그 후보자를 抄啓하고, 이를 議政府大臣들이 심의해 왕에게 보고하는 것이었다. 당시 명칭은 '淸簡' 또는 '廉謹' 등으로 불렸는데 선발과정에서 녹선 되고도 그 선발에 대한 시비가 곧잘 있었고 다시 선발하기도 하는 등 문제점도 있었다. 물론 청백리에 선발되면 그 자신 뿐만 아니라 그 집안의 영광은 물론이고 그 자손은 녹용하는 혜택이 주어졌다.[59] 그러나 이러한 것을 실제 당사자는 굳이 내세우고 자랑할 만한 일로 여기지 않았다. 또한 자손의 등용도 제대로 시행되지 않았다.[60] 명종대 '廉謹吏' 33인을 선발하고서 그들에 대한 연회를 베풀 적에 이황[61]이나 이준경[62]을 비롯한 10여 인은 병을 핑계하고 참여하지 않았다. 그것이 국가적으로는 관리의 기강을 바로잡고 그러한 청렴함이 외직에 나가서는 백성에게 봉사하는 牧民官이란 바람직한 관리상으로 내세울 수 있었을 것이다.[63]

---

59) 柳壽垣(1694~1755)은 청백리의 초선에 부정적이었고(이장희, 앞의 글, p.574), 청백리 자손에 대한 蔭敍의 혁파를 주장했다고 한다(한영우, 『꿈과 반역의 실학자 유수원』, 지식산업사, 2007, p.130).

60) 이장희, 앞의 글, pp.572~573 ; 오수창, 앞의 글, p.47, p.53.

61) 『退溪全書』 27, 2000, p.191(影印 p.51). 후대 퇴계 연보를 補遺하면서 이 기록을 두고 이황이 병으로 사양한 것은 '廉謹'이라는 명예를 피하려 해서 였다고 추정하였다(위의 책).

62) 『國譯 東皐遺稿』, 水原大學 東皐研究所, 1986, p.445, pp.495~496.

63) 엄근리(청백리)는 청렴과 더불어 근면한 업무수행으로 국민들에게 실제 혜택을 주는 관료라고 한다(이영춘 외, 앞의 책, p.40).

국가가 청백리를 선발하는 목적이 世道를 격려하고 청백한 지조를 진작시키기 위한 것이라도[64] 出仕한 선비에게 있어서는 내적 수양으로서의 유학의 가치관과 그것이 외적으로 표현되는 관직 생활에서의 청렴은 당연한 귀결일 뿐[65] 도무지 표창할 대상으로 인식하지 않았기 때문일 것이다.[66]

중종과 명종대에 많은 청백리가 등장한 것도 士林의 도덕적 이상의 바람에 대한 결과이기도 하지만 그렇게 되기를 바라는 시대적 요구상이기도 하였을 것이다. 그 시대적 요구상이란 중종과 명종대의 오랜 흉년과 기근으로 인한[67] 백성들의 고통과 참상은[68] 관료에게 더욱 더 청렴성을 요구하였을 것이다. 여기에 백성에게 실질적인 혜택을 주는 근면한 업무 수행도 뒤따라야 했을 것이다.

1544년(중종 39) 夕講에서 이세장은 중종이 士習의 氣節에 대해 유의하고 그중에 '청백한 덕(淸德)'을 높이 사는 처사에 대해 말한 일이 있다. 이에 대해 중종은 "나라를 유지하는 데에는 오직 節義廉恥가 있어야 된다. 진실로 절의

---

64) 『전고대방』 권2, 「청백리록」. "廉吏之選 所以勵世道而振淸操也"
65) 조선 초기에는 벼슬하는 선비에게 있어서 廉潔을 숭상하는 풍토가 특히 강하였고, 仕宦 선비로 가장 바람직한 것은 營産하지 않고 국가로부터 받은 토지나 녹봉으로 살아가는 것이었다고 한다(李章熙, 『朝鮮時代 선비 硏究』, 박영사, 1989, p.89, p.93).
66) 이와 관련하여 청백리제도의 허실에 관해서는 이장희, 앞의 글, pp.573~575 및 오수창, 앞의 글, pp.51~53이 참고 된다.
67) 기후로도 이 시기는 '小氷期'에 해당되어 天變地異가 가장 많았다(李泰鎭, 「小氷期(1500~1750년)의 天體 現象의 원인-『朝鮮王朝實錄』의 관련 기록 분석-」『國史館論叢』 72, 1996, p.97 표 참조).
68) 단편적인 예이기는 하지만 1562년, 불교계에서 無主孤魂의 넋을 위로하기 위한 행사인 水陸齋의 절차를 기록한『天地冥陽水陸齋儀纂要』의 간행이 있었는데(임종욱, 「『천지명양수륙재의찬요(天地冥陽水陸齋儀纂要)』의 내용과 의의」『천지명양수륙재의찬요』, 동해시, 2007, p.15), 이러한 시대적 고통의 결과로 볼 수 있지 않을까 한다. 수륙재 담당 사찰중의 하나로 유명한 三和寺가 소장한 판본은 公州 雞龍山 甲寺에서 刊行한 것인데, 1547년에 판각한 것이라고 하나(위의 글, p.16), 그 刊記로 보면(위의 책, p.164, p.169) 1607년이다.

를 숭상하고 염치를 북돋우면 士習은 자연히 아름답게 될 것이다"69)라고 말하였다. 여기서 중종과의 대화에서 나타난 청덕, 절의염치에 대한 언급은 경연에서의 대화 뿐만 아니라 그의 평소 신념과도 일치되는 말일 것이다. 절의염치는 조선시대 선비의 수칙이자 士大夫 立身의 大節로서 인식했다는 '四維(禮·義·廉·恥)'와70) 다를 바 없다.

조선시대 '治民切要之書'로서 명종대에 再刊되었던71) 『牧民心鑑』에서도 누누이 자기 몸을 바르게 하는 '正己'와 '淸廉'을 강조했고, 이의 실천에서 循吏(청백리)가 얻어지는 것이라고 하였다.72) 자기 몸을 바르게 하는 덕목으로서의 절의와 염·치나 청렴함에서 얻어지는 청덕은 불가분의 관계에 있다.

이세장은 실록에는 보이지 않으나 이미 1546년(명종 원년) 4월, 朴守良, 金洶 등과 淸白吏에 抄選되었다는 기록이 있고,73) 1551년(명종 6) 11월 '淸簡人'과 '廉謹人'으로 두 번에 걸쳐 선발되었다.74) 즉 이해 11월 4일, 청간인 16인 중 한사람으로 뽑혔다.

---

69) 『중종실록』 권105, 중종 39년 10월 己卯 ; 이장희, 앞의 책, p.142.
70) 이장희, 앞의 글, pp.567~568.
71) 1555년(명종 10) 4월, 濟州牧使 金秀文(1506~1568)의 책임하에 제주에서 重刊되었는데(김성준, 『목민심감 연구』, pp.30~31), 김수문도 일찍이 이세장과 같이 1551년 청간인과 염근인으로 선발된 바 있다. 그가 애써 『목민심감』을 다시 간행한 것은 牧民官으로서의 체험과 지침서로서 절실한 필요성을 느꼈기 때문일 것이다. 1560년(명종 15) 가을, 김수문은 平安道兵馬水軍節度使 겸 寧邊大都護府使로서 『易學啓蒙要解』를 翻刻하기도 하였다(千惠鳳, 『日本 蓬左文庫 韓國典籍』, 지식산업사, 2003, pp.57~58). 그의 卒記에서 '好書'했다는 평(『宣祖實錄』 권2, 원년 7월 乙亥. "秀文公敏而好書")은 보다 깊은 뜻이 있다고 하겠다.
72) 김성준, 앞의 책, pp.20~21, pp.33~35.
73) 年譜 참조.
74) 이세장이 청백리라는 관점에서의 고찰은 대개 『人物考』나 이경석이 지은 그의 묘갈명의 내용을 대략적으로 소개하는 정도나(金元泰, 『歷代淸白吏像』, 學友書籍公社, 1980, pp.238~239, pp.682~683) 이력의 개략적인 기록(이현종, 앞의 책, p.230)에 그치고 있다.

舍人이 三公의 뜻으로 아뢰기를, "淸簡한 사람을 抄啓하였습니다. 그러나 정2품 이상은 상께서 아실 것이므로 초계하지 않았습니다. 뽑힌 사람은 趙士秀·周世鵬·李浚慶·金秀文·李世璋·洪曇·成世章·李榮·金珣·尹春年·尹釜·尹鉉·金鎧·李滉·宋益璟·卞勳男입니다"하니, 알았다고 답하였다.[75]

그런데 며칠 뒤인 11월 10일, 염근인으로 이름을 고쳐 뽑을 때도 33인 중 한사람으로 뽑혔었다.

사인이 삼공의 뜻으로 아뢰기를, "청간한 사람은 널리 뽑기가 어려우므로 廉謹으로 이름을 고쳐서 초계하였습니다. …… 뽑힌 자는 安玹[76]·洪暹·朴守良·李浚慶·趙士秀·李蓂·任虎臣·周世鵬·金秀文·李夢弼·李世璋·李榮·金珣·全彭齡·洪曇·成世章·尹釜·尹鉉·尹春年·鄭宗榮·朴永俊·吳祥·李重慶·金鎧·任輔臣·李滉·安從㙴·宋益壽·金雨·卞勳男·辛士衡·姜允權·禹世謙 등 모두 33인이었다.[77]

처음에는 청간한 사람으로 선발했는데 16인에 불과하였다. 원래 33인을 선발하려 했던 듯하다. 또한 중앙관료로 있던 사람들 위주로 선발되었고 선발에 있어서도 공정하지 않다는 잡음이 있었다.[78] 덧붙여 청간인으로는 널리

---

75) 『명종실록』 권12, 명종 6년 11월 戊子.
76) 1541년(중종 36) 10월, 安玹(1501~1560)의 형인 安瑋(1491~1563) 등은 『忠州救荒切要』를 펴냈는데(金榮鎭, 『農林水産 古文獻 備要』, 한국농촌경제연구원, 1982, p.261), 안위에게는 이 밖에도 『漢書傳抄』의 저작이 있는데(천혜봉, 앞의 책, pp.88~89), 청백리 가계의 이러한 활동도 주목할 만하다. 이와 관련해서 해외에서도 그의 所藏書와 內賜本이 다수 확인된다(위의 책, p.88, p.145, p.204, p.282). 한편, 이 같은 구황서의 간행은 국가적인 진휼이나 자치조직인 社倉을 통해서도 부족한 것을 구황서로 보충하려 한 것이라고 한다(金榮鎭·李殷雄, 『조선시대 농업과학기술사』, 서울대출판부, 2000, p.65).
77) 『명종실록』 권12, 명종 6년 11월 甲午.
78) 『명종실록』 권12, 명종 6년 11월 戊子. "史臣曰 是時抄啓淸簡廉謹之人 多不厭衆心

뽑기가 어렵다고 하였고 '염근인'으로 이름을 고쳐 초계한 것이 33인이다. 이 역시 그는 선발되었다. 청간으로도 염근으로도 적합한 인물이었던 것이다.

그런데 염근인으로 선발되었을 때 당사자에 대해 어떠한 보상이 주어졌는지에 대한 것은 자세히 전하지 않는다. 다만, 다음해 같은 날인 11월 4일, 闕庭에서 '廉謹人' 33인과 '勤謹人' 2인에게 一等藥을 내리고 각기 丹木·胡椒 등의 물건을 차등있게 주고 저녁에는 白蠟燭을 한 쌍씩 내려줬다고 하였다. 근근인 2인을 제외하고 이들 33인은 전해에 뽑힌 염근인 33인과 대략 일치하는데, 그중 그와 金秀文,[79] 宋益壽 3인만 빠져있다. 이는 그가 이 무렵 강원도관찰사였다가 사퇴해 있었던 데에 있지 않을까 한다. 이해의 선발에 대한 史官들의 논란이 많았던 사실은 저간의 사정을 잘 반영한다고 하겠다.

한편 이세장이 청간이나 염근한 관리로서 뽑히기 전의 다음 일화는 그의 청렴함을 잘 대변한다.

> 觀察公(이세장: 필자 주)이 都承旨가 되어서 왕의 어가 행차가 나갈 때, 侍臣은 꼭 잘 차려 입었으나 공은 평소 검소해서 겨우 빛바랜 낡은 깁(명주실로 짠 비단의 하나)으로 만든 옷(관복)만이 있어 춥거나 덥거나 간에 바뀜이 없었는데 동료들이 감히 달리 보지 못했다.[80]

이것은 淸陰 金尙憲(1570~1652)의 증언인데,[81] 김상헌은 어려서 外祖 林塘

如金鎧飾詐釣名之輩, 亦在選中, 多有不稱之譏"

79) 김수문은 慶興府使로서 이해 罷黜된(『명종실록』 권13, 명종 7년 7월 丁未) 때문일 것이다.

80) 金尙憲, 『淸陰集』 권36, 「承旨李公墓表陰記」. "觀察公爲都承旨 故事上備法駕出 侍臣必盛服 公素儉 僅有褪色故紗衣 寒暑無易 同僚不敢異" 족보에도 이 기록이 실려있는데(김상헌, 『전주이씨족보(경술보)』 권1, 「贈資憲大夫友菊軒公墓表陰記」), 약간의 文字異同이 있으나 내용은 다르지 않다.

81) 김상헌의 아버지(克孝)와 이세장의 아들 鐵과 정의가 있었고, 이세장의 아들 鏗과

鄭惟吉(1515~1588)에게서 정유길의 승정원 동료로서의 이세장에 대해서 들었다고 하였으므로[82] 정유길이 직접 목격했던 사실일 것이다.[83]

그는 관직 생활 뿐만 아니라 가정생활면에서도 어떤 삶을 살았는지 자세한 기록은 전하지 않는다. 다만 묘갈명이나 『조선왕조실록』, 족보 기록, 자손의 묘표 등에 단편적인 기록이 전할 뿐이다. 『조선왕조실록』에는 1557년(명종 12) 12월, 그가 호분위대호군이 되었을 때, 그의 평생을 잘 표현한 주를 붙여 놓았다.

> 이목의 아들이다. 절의를 지켜 처세하였고, 사람들과 거슬리지 않았다. 집이 몹시 가난하여 아침저녁거리를 대기 곤란하였으나 재산에 뜻을 두지 않았다.[84]

간단한 기록이지만 그의 생애를 잘 표현한 말이다. 첫머리에 이목의 아들로서 사화를 입은 가문임을 나타내어 그의 출신이나 가계에 대해 언급했다. 이어서 남을 속이거나 명리를 구하지 않는 삶을 살았다는 것으로 관직생활에서의 그의 처신을 잘 지적한 말이다. 다음으로 집이 몹시 궁색해서 아침저녁 끼니 잇기도 힘들면서도 재산에 뜻이 없었다는 것인데 그의 생활 모습을 잘 드러낸 말이다.[85] 사실상 그는 성품은 온화하고 두터웠고 사물을 접해서는

김상헌의 仲父(元孝)와 친했고, 철의 딸은 김상헌 조카의 처가 되었다(김상헌, 『청음집』 권36, 「승지이공묘표음기」). 이 같은 두 집안의 친교와 인척의 인연으로 김상헌이 이목의 묘표와 이세장의 아들인 철의 묘표를 지었음을 알 수 있다.

82) 김상헌, 『청음집』 권36, 「승지이공묘표음기」. "尙憲外王父林塘相公 與公考觀察公 爲僚銀臺 尙憲少時 聞觀察公以名父子 淸名冠世"

83) 대개 1551년(명종 6)경이 아닐까 한다. 이때 이세장은 都承旨, 정유길은 右承旨였다(『명종실록』 권11, 명종 6년 4월 丁亥).

84) 『명종실록』 권23, 명종 12년 12월 庚子. "李世璋爲虎賁衛大護軍 穆之子也 守拙處世 不與物忤 家至窮 朝夕難資 而無意於生産"

85) 조선시대 청백리정신은 재물에 욕심이 없고 녹봉으로 생계를 유지할 뿐 致富나 탐욕이 전혀 없는 것이라고 한다(이현종, 앞의 책, p.43).

경계를 두지 않았고, 집에 있어서는 엄하나 법도가 있었다고 한다. 의로움은 보고 주저 않고 나아가는데 흔들림이 없었다거나 도리에 따르고 올바름을 지켰다는[86] 그의 처신은 아버지의 처신과 같이 집안의 家風이었을 것이다. 또한 생활하는 일은 하지 않고 책 보는 것만 일삼았다거나 집에는 네 벽만 있고 바닥은 짚으로 깔고 무명옷과 갖옷 한 벌로 10년을 입었고, 거친 음식을 먹고 음식에 담박했으며 그 고난에 아랑곳하지 않았다는[87] 사정은 이 같은 사실을 잘 나타내는 말이다. 또 한 가지 일화 중에는 왕이 그가 청백하다는 소식을 듣고 사람을 보내 살펴보니, 바깥채에는 무명이불 한 채와 깨진 벼루갑이 있고, 안채에는 텅 비어 물건 하나 없고 부인의 무명치마는 오래되어 다 헤졌다는 것이 있다. 이에 왕은 '淸白' 두 글자를 써주어 기렸다고 한다.[88] 그의 극히 절제된 생활의 한 단면을 보여주는 일화라 하겠다.

한편, 1562년(明宗 17), 그가 세상을 떠났을 때의 사실도 역시 그의 청렴함을 잘 드러내준다.

> 그가 세상을 떠났을 때, 집에는 장례도구 여러 가지에 한 물건도 없었는데, 온 조정 관료가 온통 부의해서 비로소 장례를 잘 모셨으니, 온 조정의 관료가 하는 부의(同朝之賻)는 觀察公(이세장 : 필자주)에게서 비롯되었다.[89]

---

86) 이경석, 『백헌집』 권46, 「강원도관찰사이공묘갈명」. " 性和厚 接物去畦町 居家嚴 而法 見義直前不撓 順理守正"
87) 이경석, 위의 책. "不事生事 惟事看書 佔畢之餘 飮輒陶然 四壁藁薦 木綿裘 一著十 年 咬菜食淡 不知其苦履"; 『전주이씨족보(경술보)』. "一生廉潔 四壁蒿(藁)薦 以 觀書自娛 觀書之餘 輒飮酒數瓶 坐臥惟藉蒲席 所著木布儒木 十年不易 淡飯喫菜 晏如也"
88) 崔秉心, 『全州李氏府尹公派譜』, 「墓庭怪石記」. "上聞公淸 夜遣宮女宦者 搜見外舍 只有一布衾破硯匣 內室虛無一物 夫人布裳 年久盡裂 上親書淸白二字 褒之"
89) 김상헌, 『청음집』 권36, 「승지이공묘표음기」. "旣歿 喪具凡百 家無一物 同朝通賻 始乃克葬 同朝之賻 自觀察公始"

그가 죽고 나서 집에는 제대로 갖춘 것이 없어 온 조정의 관료들이 부조해서 장례를 치뤘다는 것인데, '同朝之賻'의 유래가 그에게서 비롯되었다고 한다.[90] 이것은 그가 살아있을 때나 죽어서도 변함없는 일생을 살았음을 증명한다. 그러기에 명종이 내린 치제문에서도 '처음부터 끝까지 삼가 청백함을 지켰다'는 평은[91] 그의 일생을 정확히 지적한 말이다.

그는 관료 생활에서나 가정생활에서도 변함이 없는 안팎의 청렴함이 표리를 이루는 청백한 선비의 삶을 살았다고 하겠다.

IV. 강원도관찰사 이세장의 괴석과 그 후손의 괴석비 건립

1551년(명종 6) 11월, 퇴계 이황과 동고 이준경, 신재 주세붕 등과 같이 청간인과 염근인으로 선발되었던 이세장은 다음해 4월, 강원도관찰사에 제수되었다.[92]

그가 강원도관찰사로 부임한 이후 행적은 자세히 전하지 않고 다만 얼마 안 있어 사퇴하고 갈려 僉知가 되었다고 한다.[93] 그는 관찰사를 지낼 때 선정

---

90) 1607년 5월 13일, 西厓 柳成龍(1542~1607)의 訃告(『하늘이 내린 재상, 류성룡』, 국립중앙박물관, 2007, p.270)는 五峯 李好閔(1553~1634)이 '有司'가 되어 알린 내용인데, 이 같은 '同朝之賻'의 遺風이 아닐까 한다. 류성룡도 일찍이 廉謹人으로 뽑힌 바 있다(『선조실록』 권142, 宣祖 34년 10월 庚辰).

91) 『전주이씨족보(경술보)』, 「明宗朝致祭文」. "于始于終 祗守淸白"

92) 『명종실록』 권13, 明宗7년 4월 辛酉. 그런데 『關東誌』 권1, 「方伯題名錄」에서는 "守觀察使 李世璋 嘉靖辛亥"라고 하여(『邑誌』 十八 江原道①, 아세아문화사, 1986, p.5) 한 해 차이를 보이고 있다. 『原州市史(역사편)』, 2000, p.836도 마찬가지인데, 『조선왕조실록』에 임명 기록이 있으므로(연보 참조), 『관동지』나 『原州邑誌』의 착오일 것이다.

93) 최근까지도 그의 강원도관찰사 재임 시 행적은 자세하지 않아 대략의 이력이 소

을 베풀어서 그곳 강원도민들은 그가 관찰사를 그만 두었을 때, 그가 평소 부임하고부터 아끼던 감영 정원의 괴석 하나를 공주에 있는 그의 집까지 목도 운반해 보내주었다고 한다.[94] 이 괴석은 오늘날까지 전해져 현재 그의 묘소 아래에 위치하고 있다.[95] 이 같은 괴석에 대해서는 몇 가지 기록이 전하고 있다. 괴석의 유래를 설명한 비석과 이와 관련된 기록, 족보기록 등이 그것이다. 그런데 이중 괴석에 관한 비석이 최근에 새로 발굴되었다. 이 비석은 후손의 전래 증언을 잘 기록하고 있고, 시기도 다른 금석문보다 앞설 뿐만 아니라 원래 괴석이 있었던 그의 遺墟에 세우려 했다는 비석이므로 그 중요성은 크다고 생각된다. 현재 이 비석은 그의 묘소 가까운 재실(京士齋) 아래에 위치하고 있다. 비문은 毅齋 成九鏞(1906~1976)이 짓고 李世燦(1895~1961)[96]이 썼는데, 비문에 약간의 손상은 있으나 判讀하는데 어려움은 없다. 비문을 탁본하여 판독한 것은 다음과 같다.[97]

개되는 정도(吳永敎, 「강원감영 역대 감사의 인물과 치적」, 『江原監營研究』, 원주시, 2007, pp.398~399)에 그치고 있다.

94) 『전주이씨시중공파황강공세보』 권1, p.382. 또한, 후손의 증언으로는, 강원도민이 괴석을 공주에 있는 그의 집에까지 운반해 놓고 '이는 어찌 하시렵니까?'하니, 그는 '너희 맘대로 하거라.'하며 역시 담담하게 받아들였다고 한다.

95) 괴석은 방형의 화강석 위에 올려 놓아져 있는데, 후손의 증언으로는 원래 괴석과 같이 있던 것은 아니고 후대에 옮겨 놓으면서 설치한 것이라고 한다. 괴석의 높이는 93cm이다(『公州郡誌』, p.758).

96) 이세찬은 本貫은 韓山, 字는 又明이다(『韓山李氏麟齋公派世譜』 권3, 1994, pp.132~133). 그는 그의 11代祖로 尤庵 宋時烈과 同壻가 되는 訥齋 李泰淵이하 先代 詩文을 수집·정리해 1936년, 『韓山世稿』 49卷 26冊을 편집·간행한 바 있다. 그는 全齋 任憲晦의 아들인 艮宰의 壻이고, 그의 外孫 중에는 丹雲 閔丙承이 있다. 후일(1939년) 이세장의 墓碑文을 민병승이 짓고(『丹雲集』 권15, 「淸白吏監司李公墓表」), 임간재가 쓰게 된 데에는 이 같은 두 집안의 世交가 있었기 때문일 것이다. 『한산세고』에 대해서는 그 解題가 있다(李春眞, 『韓山世稿』, 『鄕土研究』 30, 충남향토연구회, 2006, pp.249~254).

97) 비의 규격은 碑身 높이는 63cm, 비신 폭은 27.5cm, 비신 두께는 10.7cm이고 墓碣 형태이다.

怪石

怪石碑

副提學李公墓庭恠石銘幷序[98]

昔在明宗朝 副提學李公世璋 按關東節 淸簡爲政 上親書[99]淸白二字以褒之 遞歸 吏民遮道 皆値暑月 有獻一扇者 公投之于江 因稱投扇江 夫人以繅綿機隨之 公曰 一扇尙投 況此乎 亦使棄之路傍 關民無以報公淸德 乃以公所愛之恠石 運致公第 公沒 再運墓庭云根培炳璇謂余爲公外裔 使銘之 銘曰 惟此恠石 勿毀勿穢 匪石之美 明府所愛 民自運之于公墓側 聞風百世 永昭淸德 石可泐也 公名不沫 凡厥有位 是程是式

外裔 昌山 成九鏞 撰 韓山 李世燦 書

癸巳 四月 日 立

---

98) 成九鏞의 문집에도 실려 있으나(『毅齋集』 권3, 「副提學李公世璋墓庭怪石銘幷序」), 문자 이동이 있다.
99) 비문에서는 파손되어 판독할 수 없으나, 윗 글과 1964년 건립된 怪石碑文으로 보아 '書'일 것이다.

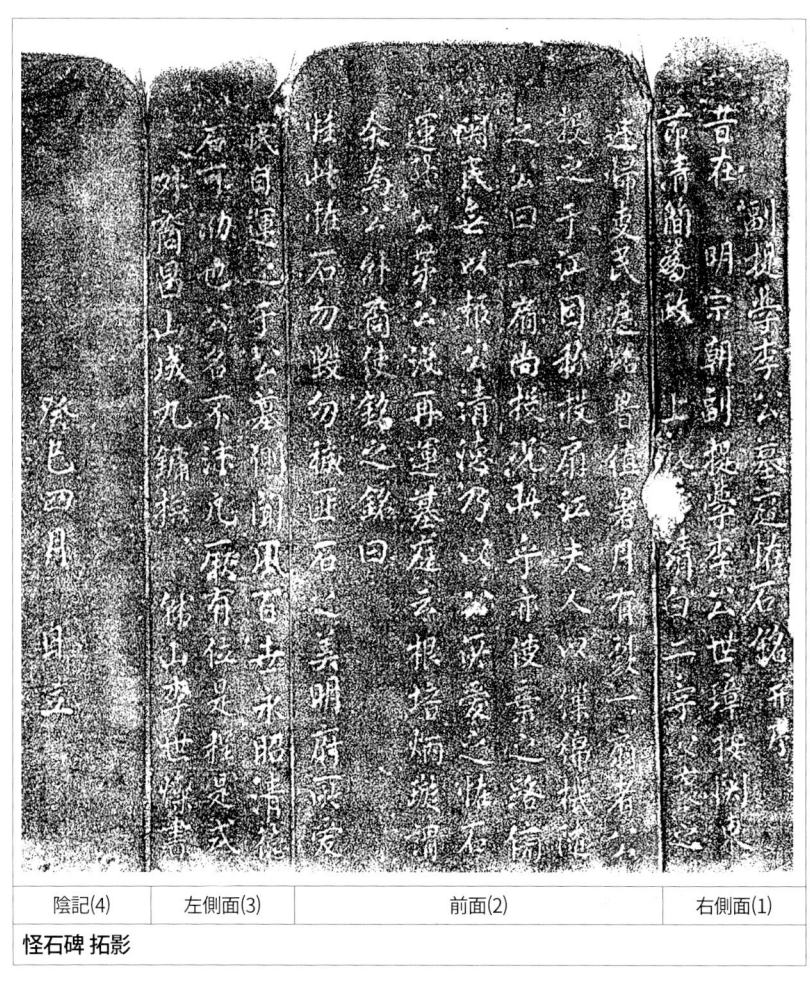

| 陰記(4) | 左側面(3) | 前面(2) | 右側面(1) |

怪石碑 拓影

옛날 明宗朝에 副提學 李世璋公이 關東(강원도) 관찰사가 되어 淸簡하게 다스리니, 임금께서 친히 '淸白' 두 글자를 써서 표창하였다.[100] 갈려 오는데 吏民이 길을 막았다. 때는 여름날로 부채 하나를 바치는 사람이 있었는데,[101] 공은 강에 던져버렸

---

100) 白閣 姜鋧(1650~1733)이 지은 이목의 諡狀에도 명종이 직접 '청백' 두 글자를 써서 표창하였다고 하였다(『한재문집』, p.244).

101) 최병심, 『전주이씨부윤공파보』, 「묘정괴석기」에서는 '首吏'라고 하였다.

고, 그런 까닭에 '投扇江'이라고 하였다. 부인이 물레(繰線機)를 가지고 따랐는데, 공이 이르기를, "부채 하나도 오히려 던져 버렸는데 하물며 이것은!" 하고는 또한 길가에 버리게 했다. 關民이 공의 淸德을 갚을 길이 없어 공이 사랑하던 怪石을 공의 집에 운반해 놓고, 공이 돌아가신 후 墓庭에 옮겨 놓았다고 한다.[102]

根培·炳璇은 내가 공의 外裔가 된다고[103] 하며 銘을 하라고 하니 銘하기를,

오직 이 괴석을 훼손하지도 더럽히지도 말라.

돌이 아름다워서가 아니라 공(明府)이 사랑해서 이니라.

백성이 스스로 공 묘소 곁에 운반했노라.

풍도는 百世에 들릴 것이요, 淸德은 영원히 빛나리라.

돌이야 부서질 수 있으나 공의 이름은 다함이 없으리라.

무릇 관직에 있는 사람이여! 이를 본받고 이를 법으로 본받으라.

이 비석은 1953년 후손들이 괴석이 있던 塘洞에 세우려던 비석의 내용이다. 내용은 그가 강원도관찰사가 되어 잘 다스려 명종이 직접 '淸白' 두 글자를 써서 칭찬하고 하사하였다고 하였다. 이 같은 사실은 1562년(명종 17) 某(4)월[104] 7일, 그가 죽은 후 내린 치제문에서도 잘 표현되어 있다.

강원도관찰사가 되어 한 지방을 잘 다스렸네. 이곳저곳을 찾아 그 소문을 듣고 자문을 구하고 善政을 남겼네.[105]

---

102) 윗글도 대략 비슷한 내용을 싣고 있다.
103) 성구용 祖父의 配位 전주이씨가 寒齋의 후손(『昌寧成氏文肅公派世譜』 권1, 1981, p.662)이기에 이렇게 이른 것이다.
104) 『전주이씨족보(경술보)』, 「명종조치제문」에는 □月甲寅朔七日庚申으로 몇월인지 기록되어 있지 않으나, 이세장이 죽은 1562년(明宗 17) 2월 29일 이후 朔七日庚申이 되는 것은 4월이다. 또한 명종이 보낸 禮曹佐郞 黃廷彧(1532~1607)은 1561년 12월 丁丑에 예조좌랑이 되었다(『명종실록』 권27, 명종 16년 12월 丁丑).
105) 『전주이씨족보(경술보)』, 「명종조치제문」. "按節關東 宣化一方 咨詢原隰 遺愛甘棠"

그가 강원도관찰사로 부임하여 덕화를 펴서 백성들이 그 덕을 앙모했다고 하면서 그의 선정을 기리고 있다. 이 같은 사실을 보면 그의 선정이 매우 뛰어 났음을 알 수 있다. 그의 선정이란 것이 구체적으로 어떤 것인지는 알 수 없으나 당시 수년간 계속된 흉년과 기근으로 인한 백성의 고충을 慰撫하는 한편 救荒 사업에 크게 치적이 있었던 것이 아닌가 한다.106) 그것은 바로 전해인 1551년(명종 6)에 기근으로 인한 피해가 근년에 비해 더욱 컸다는 사실과107) 강원도에 어사의 파견,108) 강원도가 그 전해에도 失農이 더욱 심했다는 사정으로109) 보면, 다음 해에 그가 부임해서도 형편이 크게 다르지 않았을 것이기 때문이다.

이때 그는 公務의 여가에 다른 데는 관심 없이 監營(원주목) 庭園에 있던 괴석을 매우 아꼈던 듯하다. 조선시대 정원 괴석은 궁실에서 관청이나 민가에 이르기까지 造景의 매우 중요한 구성 요소로서 가까이에서 쉽게 접할 수 있었다.110) 그가 재물이나 그 밖의 것에 관심을 두지 않고 오직 괴석 하나에 마음을 둔 것은 개인적인 취미일수도 있으나,111) 그의 청백한 생활태도와 다른

---

106) 어릴적 이세장의 친구인 林億齡은 다음해인 1553년(명종 8), 강원도관찰사로 부임했었다. 그의 시에서도 당시 백성들의 고충과 남쪽지방의 기근으로 백성들이 서로 잡아먹는다는 소식을 전하고 있는데(朴銀淑,「石川 林億齡의 生涯와 作品世界」『漢文學論集』 10, 1992, p.91, p.97), 이무렵 흉년과 기근이 매우 심했음을 알 수 있다.

107) 『명종실록』 권11, 명종 6년 3월 壬辰.

108) 위의 책.

109) 『명종실록』 권11, 명종 6년 4월 庚申.

110) 조선 전기 전문적인 園藝書라 할 姜希顔(1417~1464)의 『養花小錄』에서도 괴석을 다루고 있다. 비슷한 시기인 1563년(명종 18), 명종의 師傅이던 愼希復(1493~1565)은 開城留守로 있으면서 어느 선비집에서 소장하던 花園(고려 말엽 後苑)의 괴석을 탐하던 일이 있었는데(『명종실록』 권31, 명종 20년 7월 己未), 당시 괴석에 대한 사대부의 관심을 살펴볼 수 있는 한 예라 하겠다.

111) 조선조에서 이미 괴석이 독립석으로 玩賞되어 왔다고 하는데(박경자,『한국전

욕심 없이 독서만을 즐기고 담담했던 그의 고결한 인품이 빚어낸 결과라고 본다.[112]

그가 갈려 돌아올 때엔 吏民들이 길을 막았고, 부채를 받았는데 그것을 강에 던져버려 '투선강'이란 이름이 붙었고,[113] 부인이 가지고 있던 물레도 그곳 물건이라고 하며 버리게 해서 '물레고개'라고 불렀다고 한다.[114] 현재 관찰사의 집무처인 監營이 있던 원주 일대에 '투선강'이나 '물레고개'란 지명은 찾을 길 없으나,[115] 그것이 후손들에게는 소상히 전해 내려 왔음을 알 수 있다. 또한 도민들은 그의 선정에 갚을 길이 없어 그가 감영 정원에 두고 사랑하던 괴석을 그의 공주 집까지 운반해 놓고 그가 죽고 나서는 그의 묘정에 옮겨 놓기까지 했다는 것이다.

통조경 구조물」, 조경, 1997, p.75), 조선 후기의 실물 사례로 瓶窩 李衡祥(1653~1733)의 傳來石(괴석)도 있지만 작은 壽石이고(張俊根,『옛 선비들의 愛石風流』, 石悟, 1985, pp.88~94), 이세장의 괴석의 경우는 傳來庭石으로서 조선 중기의 사례로 볼 수 있을 것이다. 또한 사대부의 造園의 구성에서(이선,『우리와 함께 살아 온 나무와 꽃 - 韓國 傳統 造景 植栽』, 수류산방.중심, 2006, pp.306~307) 그 실증적인 사례라고 하겠다.

112) 中國 北宋代 書畵家 米芾의 拜石 일화를 연상케 하기도 하는데, 조선시대 회화 작품에서 拜石圖나 怪石圖를 애호하던 기풍이 어떠한 것이었던가를 이를 통해서도 짐작할 수 있다.

113) 「청백리의 숨결을 찾아서/李世璋편」『監査』봄호, p.102. 원주에서 여주로 가는 文幕나루에서 강을 건널 때의 일이라고 한다(『全州李氏黃崗公派世譜』권1, pp.381~382).

114) 위의 글. 이 경우는 兩界地方 觀察使의 예와 같이 挈家赴任하는 것(張炳仁,「朝鮮初期의 觀察使」『韓國史論』4, 1978, pp.180~181)으로 보이는데, 특수한 경우가 아닐까 한다. 강원도도 타도와 마찬가지로 영조 36년부터 감영 소재읍의 목사를 겸하면서 2년 임기로 率眷赴任 하였다고 한다(李樹健,『朝鮮時代 地方行政史』, 민음사, 1989, p.191). 명종대에도 영·호남관찰사의 挈家에 대한 논의가 있었다(『명종실록』권21, 명종 11년 10월 己亥).

115) 2007년 1월에도 대전·충남지역 후손들이 원주와 문막 일대를 현지조사 하였으나, 관련 지명과 기록은 찾을 수 없었다고 한다.

이세장 유허(공주시 장기면 당암리)와 괴석이 있던 자리(원안)116)

 그런데 그가 관찰사에서 갈려 돌아올 때가 언제인지는 확실치 않으나, 묘갈명에서 얼마 안 있어 갈렸다고 하고117) 괴석을 설명하는 비문에서도 그 시기를 여름날로 기록하고 있음을 보면, 7~8월경이 아닐까 한다. 그렇다면 강원도관찰사는 지역과 기후를 고려해 하절기에는 강릉과 삼척 등 영동지방에 체류하는 시간이 많았다고 하므로,118) 그의 활동도 주로 이 지역을 중심으로 한 것이 아니었던가 한다.

 한편 강원도민들은 그가 감영(原州牧)119)에 두고 아끼던 괴석을 그의 공주

---

116) 「청백리의 숨결을 찾아서/李世璋편」『監査』 봄호, p.103 사진 전재.
117) 이경석, 앞의 책. "壬子 以戶曹參議 觀察關東 未幾 辭遞爲僉知"
118) 이수건, 앞의 책, p.191.
119) 조선 전기에는 강원감영의 관아가 별도로 있었던 것이 아니고, 원주목의 관아

집까지 운반해주었다고 하는데,[120] 현재 괴석은 그의 묘소 아래에 위치하고 있다. 처음에 괴석이 있었다던 공주의 집에 대해서는 후손들 증언과 그 집터에 그 후손이 살고 있어 확인할 수 있었다. 현재 공주시 장기면 당암리 13대 후손이 살고 있는 집이 바로 그곳이다.[121] 괴석은 원래 바깥마당에 세워져 있었고 그 주위에는 고목이 되어 그루터기만 남았던 향나무와 은행나무가 있었다고 한다.[122] 이 지역은 조선시대에는 公州牧 三岐面 堂(唐, 塘)洞里 지역이었다. 이 밖에도 당동과 이세장과 관련된 유적으로 그의 유허에서 멀지 않은 금강변에 그가 낚시했다는 낚시터가 후손들 사이에서 전해오고 있다.[123]

와 같이 썼다(元永煥, 「朝鮮時代 江原道行政體制 變遷에 관한 硏究」 『江原史學』 10, 1994, p.70). 관찰사가 원주목사를 겸하는 兼牧法이 이유라지만(위의 글), 빠지는 경우도 있지만 목사도 꾸준히 임명되고 있다(金成讚·林英根, 「관안」 『原州市史(역사편)』, 2000). 또한, 世宗 30년과 中宗 14년에 한 때 강원도 감사가 원주목사를 겸하게 했다고는 하나(이수건, 앞의 책, p.191 ; 都賢喆, 「조선전기의 원주」 『原州市史』, 2000, p.299), 명종 11년(1556)의 논의(『명종실록』 권21, 명종 11년 10월 己亥)와 같이 다른 지역과 마찬가지로 강원도도 겸목법이 거의 시행되지 않았다고 보겠다.

120) 이 시기를 1554년(명종 9)으로 보기도 한다(『공주문화유적』, p.1041).
121) 현재 공주시 장기면 당암리(선돌) 329로, 후손 李根茂氏의 증언으로는 7대째 이곳에서 살고 있다고 한다. 그의 가옥 구조(『행정중심복합도시 건설 예정지역 인류·민속분야 문화유산 지표조사 종합보고서(제7권 마을별 심층조사)』, 국립민속박물관, 2006, p.723)에서 원래는 부엌과 사랑채 서쪽으로 부속 건물이 있었고 사랑채 앞으로 행랑채가 있었다고 한다(이근무씨 증언). 이 후손도 이세장을 모셨던 이란의 넷째 아들인 久泓(1571~1625)의 후손이므로(『전주이씨시중공파황강공세보』 권2) 그 집터임을 방증하는 자료로 볼 수 있다. 「청백리의 숨결을 찾아서/李世璋편」 『監査』 봄호, p.104에서도 괴석이 있던 곳 주위로 추정하고 있다.
122) 은행나무나 향나무(萬年松)는 전통 조경 식물로서(이선, 앞의 책, p.308, p.382) 이해되고 있다.
123) 후손들의 증언 및 「청백리의 숨결을 찾아서/李世璋편」 『監査』 봄호, p.105에서와 같이 그가 낚시했다는 터(연기군 남면 송원리 돌쇠부리)가 남아 있는데, 현재도 낚시터로 이용되고 있다.

그런데 그와 당동에 관련된 직접적인 기록은 남아 있지 않으나, 그를 모시고 살았다는 그의 둘째 자제인 鑾(1523~1607)과 란의 아들로 손자인 久洵(1548~1624)에 관련된 기록이 있음이 주목된다. 寒岡 鄭逑의 문인으로 1602~1607년까지 공주에서 유배생활을 했던 可畦 趙翊(1556~1613)의 「公山日記」가 그것이다.[124] 이 기록에는 조익이 유배생활 중의 왕래가 있었던 인물들에 대한 상세한 기록으로 공주를 중심으로 한 회덕, 진잠, 연산 등의 在地士族의 동정을 살피는데도 매우 중요한 정보를 제공해 주고 있다. 이중 塘(唐)洞에 사는 李鑾과 시를 주고받거나[125] 찾아보거나[126] 당시 金山郡守였던 그 아들 구순의 왕래[127] 등 교류가 있었던 사실을 볼 수 있다. 특히, 당동에 사는 이란을 찾아보았을 때의 기록은 당동에 그 후손이 살았다는 중요한 근거 자료가 된다.

> 29일, 돌아오는 길에 唐(塘)洞을 지나며 李丈(鑾:필자 주) - 올해 84세인데 기력이 젊은 사람이나 다름없다 -께 인사드리고, 久洵 - 前金山郡守 -을 조문했는데, 李丈의 아들로 이 때 母親喪中[128]이었다.[129]

1606년(宣祖 39) 4월 29일, 조익은 당동을 지나며 이란을 찾아보고 그의 강건함을 살피고 그 아들 구순의 喪事에 대한 弔問을 했음을 알 수 있다. 이세

---

124) 이에 대해서는 기왕에 대강의 소개와 번역이 이루어진 바 있다(조동길, 『可畦 趙翊 先生의 "公山日記" 연구』, 국학자료원, 2000).
125) 趙翊, 『可畦集』 권3, 「塘洞李丈鑾次送余前日觀魚臺韻 奉答四韻絶句各一首」
126) 위의 책, 권10, 「公山日記」, 乙巳 3월 (30일). "李鑾 金山郡守久洵大人 今年八十三而氣力尙康健 起居如少年"
127) 위의 책, 권10, 「공산일기」, 癸卯 正月條.
128) 이란의 세 부인 중 完山李氏가 아닐까 한다.
129) 앞의 책, 권10, 「공산일기」, 丙午 4월 29일조. "二十九日 歸路 歷拜唐洞李丈 今年八十四歲 而氣力無異少壯人 弔久洵 前金山 李丈之子 時持母服"

장이 살던 당동에 그의 후손들이 그대로 살고 있었음을 증명하는 중요한 자료라 하겠다.130) 또한 이후에도 후손들이 선조에 이어서 공주를 중심으로 鄕官으로서 향촌사회에서의 활동을 보면131) 이러한 사실들이 온전히 전해졌을 것임은 자명하다.

또한, 회덕(현 대전광역시 대덕구 송촌동 일원)에 살던 松潭 宋枏壽(1537~1626)가 남긴 시(過堂洞李仙丈舊居有感)에서도 당동과 그 후손들에 대한 소식을 알 수 있다.132)

| 되려 생각나는 것은 옛날 床下에서 뵙던 일인데, | 却憶昔年床下拜 |
| 맑은 못과 푸른 버들 꿈에도 여전하네. | 淸塘碧柳夢依然 |

송남수는 堂洞의 李仙丈이라는 인물을 직접 찾아가 뵌 적이 있다고 하였다. 그 집에는 연못133)과 푸른 버들이 있었음을 말해준다. 그는 그 근처에 있

---

130) 이구순의 손자로 효행과 '悲歌十首'로 유명한 李廷煥(1604~1671)도 당동 집에서 죽은 것을 보면(南九萬, 『藥泉集』 권21, 「生員李公墓表」. "卒于本州堂洞之第"), 후손들이 계속 살고 있었음을 알 수 있다. 이정환의 손자인 景高·景益 兄弟도 '雙孝'로 널리 알려졌는데 이들의 정려도 바로 옆 마을(연기군 남면 송원리 만자동)에 있다. 이 정려 앞에는 1621년(光海 13)에 세워진 '萬子洞'이란 前面大字의 비석이 있는데, 혹시 이들과 관련 있지 않을까 추정되나 더 이상의 유래는 알려져 있지 않다.
131) 현재 공주시 금성동 공산성내에 있는 이른바 '明國三將碑'도 이세장의 후손들이 주도해 세운 것으로(『文化遺蹟總覽』(金石文篇 上), 충청남도, 1991, pp.18~40, p.27, p.31 「明 林濟碑」. "在昔刱始役也 我高祖考贊成公諱久洵從兄諱久濠 與同志諸人 倡義竪之") 당시 향촌사회에서 재지사족으로서의 이들의 활동도 주목해야 할 것이다.
132) 宋枏壽, 『松潭集』 권1, 「過堂洞李仙丈舊居有感」. '騎鯨人去歲頻遷 丹竈烟寒月獨懸 却憶昔年床下拜 淸塘碧柳夢依然' 『송담집』에 관해서는 기왕에 影印과 그 번역본(補遺本)이 간행된 바 있다(『송담집』, 향지문화사, 1997).
133) 塘洞은 이 같은 연못과 관련된 지명일 가능성도 있다.

었을 괴석도 보았을 것이다. 송남수는 이세장의 생존 시기와 동시대에 살았고 가까운 지역에 거주하고 있었던 사실을 생각하면, 그가 詩題에서 언급한 '堂洞李仙丈'은 이세장이나 그 아들을 지칭한다고 보겠다. 여기서 시제 중 '仙丈'이나 시어 중 '丹竈'의 표현은 아무래도 神仙과 관련된 용어로 長壽와 밀접한 어휘로 보겠다. 이렇게 보면, 李仙丈은 앞서 언급한 조익과 교류가 있고 장수했고 당동에 살던 李鸞일 가능성이 높다고 하겠다. 이와 함께 후손의 증언으로도 이란이 아버지 이세장을 모시고 살았다고 하므로 이러한 사실들을 바탕으로 볼 때, 이세장이 살던 곳은 원래 괴석이 있던 곳 주변이 그가 살던 遺墟라고 생각된다.

이 같은 사실들은 이세장의 사후에서 멀지 않은 시기이고 그를 모셨다는 자제가 살고 있었고 그 집터에서 괴석이 현재의 위치로 옮겨졌다는 후손들의 증언으로 보아 당동이 이세장의 유허였고 더 좁혀서 그 유허지는 원래 괴석이 있었던 지역일 것으로 생각된다.

이렇게 보면, 원래 공주 삼기면 당동 지역의 괴석이 있었던 지역이 이세장의 유허라 볼 수 있고, 집 주위에 정원으로서 연못과 은행나무, 향나무, 괴석 등이 있었던 것으로 추정된다.

그러므로 괴석은 이세장이 강원도관찰사 재임 시 청렴결백한 생활과 선정으로 인해 강원도민이 보내 주었다는 유물로, 조선 명종대 대표적인 청백리의 한사람이던 인물의 생애와 그의 관직생활의 청렴을 보여 주는 상징성에서 그 가치는 매우 크다고 생각한다.[134]

---

134) 1551년 11월, 그와 같이 염근인으로 뽑혔던 莪谷 朴守良(1491~1554)에게는 명종이 내려 주었다는 白碑(장성 박수량 백비, 전라남도 도 기념물 제193호)가 있는데(장성군 황룡면 금호리), 강원도민이 갖다 주었다는 이세장의 괴석과 양자 간에 대비가 된다. 명종이 박수량에게 보냈다는 간찰 내용은(『아곡실기』, 御札) 당시 청백리의 실상을 잘 전한다. 박수량에 대한 전반적인 내용은 김희태, 「박수량의 생애와 관련 유적 소고」,『전남문화재』11, 2005가 참고된다.

Ⅴ. 맺음말

朝鮮中期 明宗代에는 淸白吏가 많이 배출되었는데, 그중 대표적인 청백리 중 한 사람이 錦江漁叟 李世璋(1497~1562)이다. 그의 아버지는 戊午史禍에 화를 당한 名賢의 한사람이던 寒齋 李穆(1471~1498)이다.

그는 어려서부터 '爲己之學'에 뜻을 두었고, 시와 문장에 뛰어났고, 학문에서는 특히 易學에 능하였다. 그가 進士와 文科하고 관료로서 지냈던 중종과 명종대에는 勳舊勢力과 士林勢力의 대립, 功臣과 外戚 중심의 국정 운영, 士禍 등의 정치적 혼란이 있었다. 그는 일생 대부분을 관료로서 보냈음에도 내적 수양과 청렴으로 일관된 생활을 하여 명종대에 사림 세력과 왕의 정치이념에 적합한 인물이었다.

그의 생애는 관료생활로서 대부분을 보냈으나, 아버지 한재 이목의 伸寃復權을 위해 노력하였고 유고(『李評事集』)를 정리하였다. 또한 정치 일선에서는 弘文館員을 오래 역임하면서도 한쪽의 정치세력에 기울지 않는 균형 감각을 가진 인물이기도 하였다. 그는 외직으로 황주·양주목사를 지내고 강원도관찰사를 지냈는데, 그의 청렴함에 있어 가장 주목되는 시기는 강원도관찰사 시절이었다.

특히나 그는 강원도관찰사 재임 시 구황사업에 힘을 기울이고 청렴한 善政이 있어 명종은 '淸白'이란 글을 써 보내주었고, 사후에는 致祭文을 내렸다. 강원도민은 그의 선정에 대한 보답으로 그의 公州 집까지 그가 감영(原州牧)에 두고 사랑하던 怪石을 운반해 주었고 그 괴석은 오늘날까지 전하고 있다.[135] 또한 후손들이 괴석의 내력을 기록한 怪石碑는 그 같은 사실을 잘 전

---

[135] 괴석에서 멀지 않은 곳에 있었던 청산 초등학교의 교사와 어린이들이 해마다 그의 묘갈과 괴석이 세워진 언덕을 청소하면서 그를 흠모하기에 이세장의 후손 宗中에서는 감사의 표시로 쌀 한가마니씩 학교에 보내주었다고 한다(「청백리의 숨결을 찾아서/李世璋편」, 『監査』 봄호, p.105).

해 주고 있다. 그는 죽었을 때도 집에 제대로 갖춘 것이 없어 온 조정의 관료들이 부조해서 장례를 치르는 '同朝之賻'의 유래를 남긴 인물이었다.[136] 이것은 그가 살아있을 때나 죽기까지 변함없이 일관된 생애를 살았음을 증명한다. 그러기에 명종이 내린 치제문에서도 '처음부터 끝까지 삼가 청백함을 지켰다'는 평은 그의 일생을 정확히 지적한 말이다.

이세장의 괴석은 단순히 정원 傳來石으로서도 그 가치가 있으나, 조선 중기 명종대 대표적인 청백리의 한사람이던 인물의 생애와 그의 관직생활의 청렴함을 잘 보여주는 상징적인 유물로 그 중요성은 매우 크다고 생각된다. 또한 공직자에게는 시대를 초월해 청렴성이 요구되는 상황을 고려하면 그 의미는 더욱 크다고 하겠다.

---

136) 이 유래를 기록에 남긴 청음 김상헌은 이를 그의 외왕부인 임당 정유길에게서 들은 것이다. 한 청백리의 일생이 시대를 초월해서 후대에 감화를 주고 이를 기억하고 또 후세에 전했다는 사실은 조선시대 유학의 실천 정신의 맥락에서도 그 의미가 매우 크다고 생각한다.

8

舟村 申晸의 『保幼新編』 編纂과 『舟村新方』

Ⅰ. 머리말

    조선사회는 兩亂을 거치고 국가적으로나 사회적으로 많은 혼란과 변화를 경험하였다. 중앙에서 거주하던 士族들 중에는 경제적 기반이 있던 지방으로 낙향하거나 대의명분상의 처신으로 自靖하는 경우가 많았다. 향촌에서 대부분은 일생을 修己로서의 유학자로 보낸 경우도 있으나 일부는 민생의 桎梏을 돌아보고 현실을 직시해 그 대안을 제시한 이른바 '實學'의 새로운 학풍을 조성하기도 하였다. 한편으로는 향촌사회를 중심으로 의료 활동에 적극적으로 나서는 유학자가 있었다.[1] 이중 대표적인 인물이 舟村 申晸(1620~1669)이다. 그는 명문가의 촉망받는 젊은이였으나 丙子胡亂에 어머니와 처를 잃고 사족으로서의 벼슬길을 단념하고 충청도 懷德과 鎭岑(현 대전광역시)으로 낙향하여 일생을 마친 인물이다.

---

1) 이 시기에는 경험 의학적 전통이 확립되고 민간 구급 의학이 발전하였다고 한다 (김기욱 외, 『韓醫學通史』, 대성의학사, 2006, pp.300~301. 이와 관련하여 "유교적 사상을 바탕으로 의학의 이치를 연구한 사람들"이란 의미로 '儒醫'라고도 한다 (김남일, 『한의학에 미친 조선의 지식인들 유의열전』, 들녘, 2011, p.7).

그는 유학자로서 일생을 斥和로 일관하고 入仕를 포기한 것은 여느 유학자와 다름없으나, 일반 백성을 위한 의학 보급을 위하여 『舟村新方』이라는 매우 실용적인 醫書를 집필하였다고 한다. 이는 전통의학에서 매우 중요한 위치를 차지하는 것으로 그동안 남아 있는 필사본과 활자본의 번역[2]과 대개의 소개[3] 및 해제[4]나 논고[5]가 있었다.

그러나 신만에게는 그동안 알려지지 않았던 그의 유고인 『舟村集』[6]이 존재하고 있어 새로운 측면에서 그의 醫藥書 저술 동기나 내용을 살펴볼 수 있고, 그동안 明 成無근의 편찬으로 알려진 『保幼新編』[7]은 바로 신만의 저술로 인정되는 자료 발굴을 통해 『舟村新方』과 『保幼新編』 관계의 검토가 필요하

---

2) 신만, 『국역 주촌신방』, 한국한의학연구원, 2007.
3) 안상우 외, 「『舟村新方』의 醫案」 『전통의학 지식정보 기반구축』, 한국한의학연구원, 2006 ; 金度勳, 「申曼의 생애와 『舟村新方』에 관한 연구」 『醫史學』 16-2(통권 제31호), 大韓醫史學會, 2007, p.137 註)18.
4) 金信根, 『韓醫藥書攷』, 서울대학교 출판부, 1987, pp.329~335 ; 김도훈, 「해제」, 앞의 책, 2007, pp.466~477.
5) 김도훈, 2007, 앞의 논문.
6) 『주촌집』은 신만의 11대 종손(鉉國)이 소장하고 있는 것으로 筆寫하여 線裝한 상태로 되어 있고 표제에 '舟村集'으로 표기되어 있다. 내지 제목은 '舟村先生遺稿'이다. 내용은 遺稿 2권과 續錄 2권의 4권 분량이다. 내용에 신만 사후의 사실도 포함되어 있어 후대에 후손이 편집한 것임을 알 수 있다. 편집 연대는 알 수 없으나 속록 말미에 1796년(正祖 20) 諡號望과 諡號를 孝義로 낙점한 사실과 尹行恁(1762~1801)이 지은 諡狀이 실려 있어 그 상한은 1796년임은 알 수 있다. 규격은 33×22cm이다. 족보에서 遺稿가 있다고 한 기록은(『平山申氏正言公派譜』 卷2 上編, 1996, p.43) 이 문집을 말할 것이다. 필자는 종손댁을 방문해 『주촌신방』에 대해 문의했으나 『주촌집』만 확인할 수 있었다. 종손의 후의로 이 자료를 볼 수 있었음을 밝혀둔다.
7) 연대를 1905년으로 보고 있으나(金斗鍾, 『韓國醫學史』, 탐구당, 1993, p.521 ; 김기욱 외, 앞의 책, 2006, p.450), 초간본은 1843년경 星州 安國寺에서 간행되었고 그 뒤 1845년 盧光履의 서문이 실려 함양에서 계속 인출되었을 것이라고 한다(정각, 「보유신편, 1843년경 정훈(正訓), 안국사 간행(성주개판)」, 대한불교조계종 원각사 홈페이지).

게 되었다.

신만은 당대의 대표적인 유학자이던 同春堂 宋浚吉, 尤庵 宋時烈, 復泉 姜鶴年 등과 교류하면서 이들의 의료 활동과 그 궤를 같이하고 영향을 미쳤으며 그가 지향하고자 했던 의약서를 집필하였다. 그러나 원본이 전하지 않고 여러 異本이 있어 문제가 있다.

따라서 이 글에서는 우선 『주촌집』을 중심으로 그의 생애를 살펴보고 그가 낙향한 在地士族으로서 의료 활동에 주목한 원인을 밝혀보고자 한다. 또한 『주촌집』이나 교류 인물들의 자료 등을 바탕으로 그가 『보유신편』을 저술하게 된 동기와 그 지향점이 어디에 있었던가를 살펴보고자 한다. 이 같은 고찰은 신만의 『보유신편』과 『주촌신방』의 관계와 『보유신편』을 저술한 과정과 의료활동, 『주촌신방』의 성격과 서문의 연대 문제, 筆寫本, 鉛活字本[8] 등 異本의 비교 검토를 통한 原本의 復原 문제 등에 기여하리라 생각한다.

II. 신만의 생애

申曼(1620~1669)의 字는 曼倩,[9] 號는 舟村이다. 父는 翊衛司侍直 翊隆(1602~1657), 祖는 刑曹參判 鑑이다.[10]

---

8) 규장각 소장 필사본, 국립중앙도서관 소장 필사본, 연활자본에 대해서는 체재와 구성을 살핀 기왕의 연구 성과가 있다(김도훈, 앞의 논문, 2007).

9) 신만의 字는 滑稽와 諫爭으로 이름 높던 漢 東方朔의 字와 같다. 신만의 성품이 '卓詭好詼諧'했다는 것을 보면(宋近洙, 『宋子大全隨箚』 권13, 「申曼倩」), 자가 같은 것이 우연은 아닐 것이다. 그의 해학은 당시 송준길, 송시열과 함께 '三宋'으로 불리던 霽月堂 宋奎濂(1630~1709)의 다음 시에서도 확인된다(『霽月堂集』 卷1, 「聞申曼倩曼黃周卿世楨相遇連枕戱吟」. "天敎邂逅兩名人……曼倩戱謂周卿曰 君與我皆是名人云 故首句及之")

10) 『平山申氏正言公派譜』 제2권 上編, 1996, pp.41~44. 이하 내용은 신만의 일생에 대해 가장 자세히 기술한 『舟村集』 중 「舟村先生遺稿續錄」 卷1에 실려 있는

신만은 어려서부터 신동 소리를 들었는데 이미 7, 8세에 書史에 널리 통하였다고 한다. 당대 문장가였던 從祖父 象村 申欽[11]이 칭탄을 아끼지 않았던 것으로 보아 학문적 성취가 남달랐던 것으로 보인다. 이 같은 학업에 대한 진도를 바탕으로 역시 문장가이던 谿谷 張維의 門下에서 학문을 익혔는데 그 진도는 괄목할만한 것이었고 五經과 諸子書 등을 두루 읽었다고 한다.

　1632년(仁祖 10) 13세부터는 학업의 성취도를 반영하기라도 하듯 黌堂試에 뽑힌 것을 보면 여러 시험에 응시하기도 하였던 듯하다. 그가 17세이던 1636년(인조 14)은 그의 생애의 전환점이 된 해였다. 初試에 합격하는 등 전도양양하던 그는 병자호란으로 어머니 淸州韓氏와 부인 洪氏[12]가 殉節하고[13] 姑夫 洪命耇도 역시 죽는 비극을 당하였다. 이 때 그도 따라 죽으려다 아버지 때문에 죽지 못했다고 한다. 이 사건은 그의 일생에 있어 가장 큰 사건으로 이후의 그의 일생을 이해하는데 매우 중요하다. 그는 일생을 통하여 나라뿐만 아니라 가족사에서도 겪은 이 치욕을 복수하고자 하였고 살아있는 아버지를 위해서는 효도를 다하였다.

　그는 이후부터 自廢했다는 것인데 아버지 申翊隆은 떠돌아다니다가 林

「家狀」을 중심으로 살펴본 것이다. 이 「가장」은 신만의 손자인 晦谷 申愈(1673~1706)가 1697년(肅宗 23) 12월 지은 것이다. 신유는 『주촌집』을 편집했고 遂菴 權尙夏에게 跋文을 받았다(『寒水齋集』 卷22, 「舟村集跋」). 발문을 지은 것이 1705년(肅宗 31)이므로 『주촌집』도 이무렵 편집이 완성된 것으로 보인다.

11) 회덕 출신으로 조선 중기 문신이던 秋坡 宋麒壽(1507~1581)가 그의 外祖이다.
12) 홍씨부인의 父는 履一, 祖는 思斅이다. 洪思斅의 집은 崇禮門 밖 南池 근처에 있었는데, 1629년(仁祖 7) 6월 5일, 그의 집에서 耆老會가 열렸고 이를 기념해 그린 稧會圖가 전한다(李起龍筆南池耆老會圖, 보물 제866호). 이 때 계원은 李貴를 비롯해 12명이었다. 후일 이귀의 손자인 李慣과 신만이 同壻인 점은 이런 사실들과 무관하지 않을 것이다.
13) 李縡, 『陶菴集』 卷44, 「孺人南陽洪氏墓誌」. 이와 관련하여 許穆, 『記言別集』 卷24, 「贈戶曹參判洪公墓碣銘」. "其壻申曼……惟申曼無子義絶"이라는 기록은 어떤 착오에 기인한 것으로 보인다.

川[14]을 거쳐 忠州 木溪에서 일생을 마치고자 하였다.[15] 그러나 아버지는 회덕의 恩津宋氏와 世交가 있었을 뿐만 아니라 이미 1638년(인조 16) 5월 18일 同春堂 宋浚吉(1606~1672)을 방문한 것을 보면 송준길과 尤庵 宋時烈(1607~1689) 등이 있던 懷德[16]을 선택했던 것으로 보인다.[17] 거기에다가 그의 從祖 申欽의 外家 역시 회덕이었고 妹弟이던 李憎은 延安李氏로 仁祖反正의 功臣이던 李時昉 아들인데[18] 회덕 가까운 公州일대에 그의 祖인 李貴의 묘소와 庄土가 있었다.[19] 이러한 점도 신만 부자가 다른 곳보다 회덕을 선호하게 했을 것이다.[20]

다음 해 신만은 滄江 趙涑(1595~1668)의 따님을 다시 부인으로 맞아들였고[21] 다른 일은 잊고 날마다 복수할 계책만 강구했다고 한다. 이 무렵은 회덕 宋

---

14) 현 충남 부여군 임천면 일대이다.
15) 이 사실은 兪棨(1607~1664)가 1639년(仁祖 17) 지은 「送申君弼之木溪序 己卯」(『市南集』 卷18)에 자세하다.
16) 현 대전광역시 대덕구·동구 일원이다.
17) 成道行의 『江上記聞』을 인용한 『大東奇聞』에서도 송준길에 의탁한 사실을 전하고 있다. 姜斅錫 編, 『大東奇聞』 卷3, 「申曼聞其聲音知其必死」. "曼之父 洗馬益(翊)隆也 其母死於江都之亂 洗馬自是 棄官往依同春 分田割宅而居……"
18) 『平山申氏正言公派譜』 제2권 上編, 1996, p.44 ; 『延安李氏小府監判事公派大譜』 제5권, 2002, p.131.
19) 李海濬, 「湖西 士族家門의 分財記 5例」 『古文書研究』 9·10, 1996 ; 拙稿, 「延安李氏 李時昉家 寄託 遺物」 『연안이씨 이시방가 기탁유물 특별전』, 대전광역시향토사료관, 2009, p.124, 註)9.
20) 1642년 신익륭의 사촌이던 東陽尉 申翊聖·申翊全 형제가 청나라 瀋陽 東館에 구금되는 등의 사정도(金容欽, 『朝鮮後期 政治史 研究 Ⅰ 仁祖代 政治論의 分化와 變通論』, 혜안, 2006, pp.363~364) 이와 관련 있을 듯 하다.
21) 그의 문집인 『주촌집』에는 여러 그림에 대한 題辭가 있는 점을 보면 그도 그림에 일정한 조예가 있었던 듯하며, 그의 장인이던 창강 조속의 그림과 이해에 대한 談論도 있었을 것이다. 조속에 대한 송시열의 주요한 기억도 신만과의 관계를 빼놓을 수는 없었다(宋時烈, 『宋子大全』 卷191, 「滄江趙公墓表」. "記昔壬寅之秋 公嘗略訪申曼於鎭岑之舟村……又誦金濯纓弔孫送李仲雍朝天賦……").

村²²⁾에 父子가 거주한 것으로 보이는데,²³⁾ 그것은 1644년(인조 22)부터 송준길의 일기인 『同春堂日記』에 來住이나 君弼(신익륭 字)宅이라는 기사가 집중적으로 나타나기 때문이다.²⁴⁾

이후 신익륭 · 신만 부자는 『동춘당일기』에 이사한 기록이 있으나²⁵⁾ 송촌을 크게 벗어나지는 않았을 것이다. 그것은 1648년(인조 26)에도 여전히 송촌에 거주한 기록이 있기 때문이다.²⁶⁾ 이후에도 부자는 빈번히 송촌을 왕래하며 교류한 기록이 보이고 그후 언젠가 진잠으로 거주지를 옮긴 것으로 보인다. 그것은 그의 아버지가 1657년(효종 8) 鎭岑 九峯山 寓舍에서 죽었다는 기록이 있기 때문이다. 또한 「家狀」에서 1659년(효종 10)경 진잠 舟村에 卜居한 것으로 되어 있어 이 무렵부터는 주촌에 거주한 것이 틀림없다고 하겠다. 주촌의 그의 집에는 주위에 꽃과 대나무를 심고 연못이 있었다.²⁷⁾ 후에 송시열이 약초 모종을 요청한 사실로 보아 주위 밭에는 약초도 심었을 것이다.

---

22) 현 대전광역시 대덕구 송촌동 일대를 말한다.
23) 權尙夏, 『寒水齋集』 卷29, 「舟村處士申公曼墓誌銘幷序」. "又嘗居懷德之宋村 受業 於尤菴老先生 間嘗出入於愼齋 金文敬之門"
24) 市南 兪棨도 宋村에서 신익륭과 시를 주고 받을 때가(『市南集』 卷1, 「次申君弼翊 隆見贈 時在宋村」)
   1641~1646년 사이였으므로 이 무렵에는 송촌에 거주하고 있었음을 알 수 있다.
25) 宋浚吉, 『同春堂日記』, 丙戌(1646) 4월 1일조. "聞君弼移去江外"(宋浚吉, 『同春堂 日記』, 鄕志文化社, 1995, p.86). 이는 송규렴의 詩(『霽月堂集』 卷1, 「申丈翊隆新榭 乙酉」)와 관련 있을 것이다.
26) 1648년 송준길의 別業인 宋村 飛來菴(현 대전광역시 대덕구 비래동)에서 모임할 때 신익륭 부자가 마을사람으로 참석한 기록이 있다(『宋子大全』 卷143, 「飛來菴 故事記」).
27) 『舟村集』, 「家狀」. "遂卜居于鎭岑舟村 蒔花種竹 方塘淸澈 左右圖書 書讀而夜誦 之" 후에 이 집은 신익륭과 신만 부자의 祠堂이 되었다(權尙夏, 『寒水齋集』 卷22, 「舟村祠堂記」. "嗚呼 此舟村先生申公故宅也 公自少棄世流離 晩愛此地林壑之邃 美 構數架屋子 以爲端居讀書之所 今其胤子曰華氏 仍以爲祠堂 幷奉公之考侍直公 祠版 實遵朱夫子家禮之訓也").

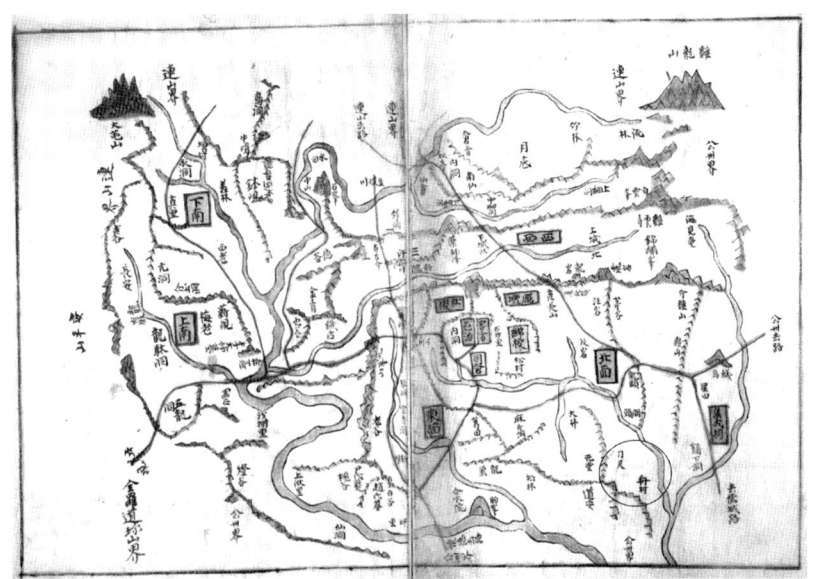

1805년 『鎭岑邑誌』에 보이는 舟村(원안)

舟村은 오늘날 대전광역시 유성구 용계동 일대인데 조선시대 행정구역명으로는 刀尺里로 이에 속해 있던 자연마을로 보인다.[28] 1805년(純祖 5)에 작성된 『鎭岑邑誌』 인물 조에 신만이 올라있거니와[29] 古蹟條에는 北面 刀尺里의 '舟村舊址'를 특기하고 있음을 보면[30] 그의 사후에 그의 고택은 祠堂이 되었다가 그 후 언젠가 그 遺墟가 전해지고 있었음을 알 수 있다.

---

28) 『忠淸道邑誌』 제27책, 「鎭岑縣地圖」. 주촌의 정확한 위치는 신만의 曾孫 大規의 配位인 恩津宋氏 묘소가 "鎭岑舟村公舊基後乙坐"라고 하고(『平山申氏正言公派譜』 제2권 中編, 1996, pp.440~441) 다른 기록에서 "鎭岑龍鷄里玉山舊基後乙坐(『平山申氏侍直公子孫錄』, 1990, p.12)라고 하고 있는데, 玉山은 옥살미로(『大田地名誌』, 대전광역시사편찬위원회, 1994, p.1021) 지금도 대전광역시 유성구 용계동에 있는 마을이름이다.

29) 拙譯, 『大田地理志』, 대전광역시사편찬위원회, 1996, p.140.

30) 拙譯, 위의 책, 1996, p.138.

신만이 아버지의 상을 당한 이후 1658년(孝宗 9), 우암 송시열의 入朝시에는 송시열의 諮問에 응해 청나라에 복수할 계책으로 10개의 方略을 제시했다는 것인데 다 나라 근본을 굳건히 하고 軍政을 닦는 뜻이었다고 한다.[31] 또한 武才가 있는 자를 추천하거나[32] 射藝를 익히는 등 복수하겠다는 일념을 굳건히 하고 준비하였다.[33] 그러나 다음해 孝宗이 죽고 송시열이 정계에서 물러나게 되자 이 무렵부터는 진잠 주촌에 살면서 朱子書를 읽거나 송시열의 문하에서 배우고 그 사이 의서 집필에 몰두한 것으로 보인다. 그의 생애는 스승이던 송시열의 浮沈과 같이하고 효종이 죽은 이후에는 주변 인물과 교유하거나 유람하거나 의약에 대한 자문에 응하거나 저술하면서 일생을 마친 것으로 추정된다.

　　신만은 평소 저술을 좋아하지 않았고, 있다고 해도 버리거나 불태워 남은 것이 없고 후손이 일찍이 士友간에게서 얻은 약간으로 문집을 만들었다는 것인데 송시열의 서문을 받아 간행하려다가 己巳換局으로 하지 못했다고 한다.[34] 다만 1705년(肅宗 31) 遂庵 權尙夏의 跋文이 있는 것과 족보나

---

[31] 『舟村集』, 「家狀」 및 宋時烈, 『宋子大全』 卷192, 「處士申君墓表」. "孝廟時 以十策投余 皆固邦本修軍政之意也"

[32] 1659년 정월 16일, 송시열이 신만에게 보낸 편지에서 "所示三人 其二人已薦用 尹則終不起來 洪則昨陞堂上 爲營將矣 李則未曾聞 今當歷試矣"(『宋子大全』卷80, 「答申曼倩曼」).

[33] 『舟村集』, 「家狀」. "又時習射藝 而以雪字書于箭 人有說復讎之者 則雖下賤輒與之忘形焉" 현재 화양동에 있는 "大明天地崇禎日月" 애각은 『華陽洞志』卷2, 「厓刻事實」 기록과 같이 송시열이 신만에게 써준 것이나(權尙夏, 『寒水齋集』卷22, 「舟村祠堂記」; 同書 卷29 「舟村處士申公曼墓誌銘幷序」; 李縡, 『陶菴集』卷44, 「孺人南陽洪氏墓誌」), 실제는 1689년(肅宗 15) 송시열이 유배가면서 죽은 신만을 생각하며 그 유족에게 써준 글로(『한수재집』권33, 「舟村申公曼墓表追記」) 애각 중 "此八字……謹摹以勒"은 권상하의 글이다(『한수재집』권22, 「書華陽崖刻後」; 『화양지』권2, 「애각사실」).

[34] 『舟村集』, 「家狀」. "公嘗不喜著述……嘗裒聚若干於士友間 老先生將爲文弁其卷 俾行于世 未果而有己巳之禍"

기타 기록에서도 遺稿의 존재를 확인할 수 있다. 그의 문집인 『주촌집』의 존재는 그의 생애와 함께 그가 저술한 것으로 전하는 『주촌신방』이나 『보유신편』에 대한 저술 동기나 저술 시기 등을 이해하는데 매우 중요한 자료를 제공해준다.

III. 신만의 의료 활동

신만의 일생을 논하는데 있어 '神於岐黃術',35) '精於醫理'36)했다는 말이 있다. 신만이 의술에 관심을 갖게 된 것은 어느 때이고 왜 갖게 되었을까 하는 의문은 다른 어떤 기록보다도 역시 그의 문집인 『舟村集』 중에 실려 있는 「家狀」이 가장 자세하다. 이 「가장」은 그의 손자인 晦谷 申愈(1673~1706)가 1697년(肅宗 23) 12월 지은 것으로 어느 기록보다 신빙성이 있다고 하겠다. 더구나 신유는 1705년 권상하로부터 발문을 받고 미처 『舟村遺稿』를 교정하지 못한 것을 한으로 여겼다는 기록으로 보면 오늘날 후손가에 전해진 『주촌집』은 신유의 수집과 정리의 결과로 보겠다.37)

이 「가장」 중에는 신만의 의료 활동에 대한 소식을 전하고 있어 주목된다. 신만의 아버지 신익륭은 어려서부터 병을 잘 앓았고 떠돌아다니면서는 더욱 심해졌다고 한다. 이 시기는 병자호란 이후로 대개는 회덕 송촌에 寓居하기까지의 때에 해당한다. 이 무렵 신만은 20대로 그가 할 수 있는 일이란 밤낮으로 하늘에 기도한 일 뿐이었다. 이 때 회덕에는 復泉 姜鶴年(1585~1647)이 있

---

35) 李奎象, 『一夢稿(幷世才彦錄)』, 「譯官錄」(『韓山世稿』 卷31). 번역본으로 민족문학사연구소 한문분과 옮김, 『18세기 조선 인물지(幷世才彦錄)』, 창작과비평사, 1997이 있다.
36) 宋近洙, 『宋子大全隨箚』 卷13, 「申曼倩」.
37) 『주촌집』에는 신만의 저술 뿐만 아니라 신만 사후의 사실도 수록한 추가분이 포함되어 있다.

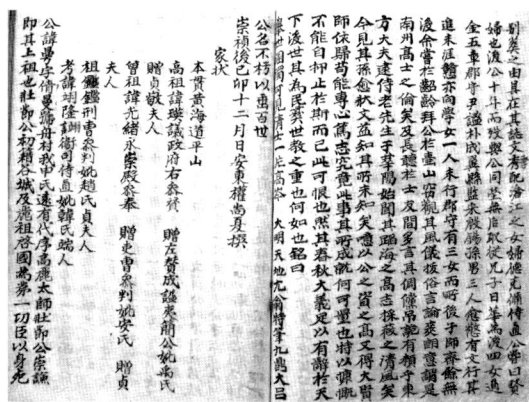

신만의 손자인 신유가 편집한 『舟村集』 표지와 家狀 부분

있었는데[38] 그는 의술에 밝았다고 하였다. 송준길이나 白湖 尹鑴(1617~1680)도 그에게 '問藥'하고 있는 것으로 보아[39] 강학년은 의약에도 조예가 매우 깊었던 것으로 보인다.[40] 신만의 경우도 병약한 아버지를 위해 가까이 있던 강학년에게 나아가 약을 문의했으나 받아주지 않자 물러나지 않았고 끝내는 강학년이 그 효성에 감동해 처방과 약을 주었다고 하였다.[41] 이에 신만은 親患을 위해서 問藥하는 데 그치지 않고 스스로 의서를 섭렵했다고 한다. 또한 더 나아가 증상에 따라 투약해[隨症投藥] 神效한 효험이 있었다는 등[42] 의서를 읽고

---

38) 진주강씨의 세거지는 현 대전광역시 대덕구 석봉동 잔골 일대였다. 강학년은 1636년부터 1647년 죽기까지 회덕에 있었다(김경호, 「復泉 姜鶴年의 생애와 학문」 『회덕 진주 강문의 인물과 선비정신』, 충남대학교 유학연구소, 2009, p.110 참조).

39) 『白湖全書』 卷33, 「庚辰日錄」 4월 1일조. "訪姜掌令鶴年問藥 來時歷入懷德問病" (白湖文集刊行會(尹容鎭) 編, 『白湖全書』, 경북대출판부, 1974, p.1345).

40) 강학년의 의료 활동 흔적(박건주 역주, 『국역복천유고(상)』, 아산시, 2011, p.178, p.180)은 이를 잘 말해준다.

41) 『舟村集』, 「家狀」. "聞姜掌令鶴年善醫 就而問藥 不肯迎見 公號泣門外 累日不去 姜氏乃感其孝 撿方遺藥 克殫其術"

42) 『舟村集』, 「家狀」. "公亦自涉獵醫書 隨症投藥 輒效如神". 『보유신편』 치료법의 말미를 장식하는 "神效" 표현은 이와 관련이 있을 듯하다.

臨床에 있어 매우 열심이었음을 알 수 있다.[43] 이것은 효성스런 그에게 있어 친환을 위주로 한 것이었으나 아버지가 어려서부터 병약했던 것을 보면 1657년(효종 8) 그의 아버지가 죽기 전까지 계속되었던 일이었을 것이다. 『大東奇聞』에서도 의술에 밝았던 신만을 소개하고 있고[44] 아버지 병환을 치료하기 위한 일화도 있어 그의 의술이 어지간히 도저한 것이었음을 알 수 있다.

신만에게 있어 의술의 시작이 친환 치료를 위한 것에서 비롯되었다고 하면, 그가 아버지를 따라 회덕 송촌에 살면서부터는 송촌에 설치되었던 醫局(舍)에서 더욱 의술을 닦을 수 있었을 것이다. 그런데 회덕에는 고려 말이래 懷德黃氏가 지나가는 여행객들에게 숙식을 제공하던 彌勒院을 운영하고 있었고, 鮮初 의약에 밝았던 黃自厚(1363~1440)는 이 미륵원을 중수한 인물이었다. 황자후는 1427년(세종 9) 『鄕藥救急方』의 보급을 주장하고 『鄕藥集成方』 간행에 대해서는 내용이 너무 복잡하고 藥毒의 不區分, 大人·小兒·老虛·病人 服藥의 多少의 不區分 등의 문제점을 지적하였다. 그 대안으로 일반 백성을 위한 방문을 간단히 한 『簡易方』, 『撮要』 등을 예로 들고, 方門 아래에 약의 우리말 이름[鄕名], 藥毒의 有無, 老少의 복용법을 脚注할 것을 제시하였다.[45] 이 같은 대안은 바로 『주촌신방』에서 구현되었다고 보겠는데, 회덕 송촌에 의국이 설치되었던 점은 회덕황씨와 연혼관계에 있던 은진송씨와의 관계나 연고 지역의 관련상 송촌의 의국도 이를 실천하려는 기구였을 것이다.

한편, 송촌에 설치되었던 의국은 송준길의 『同春堂日記』에서 등장하는데[46] 이곳에서는 설치 목적이 정확히 나타나지 않는다. 한편 송준길의 丈人

---

43) 신만이 의술에 정통한 원인이 墓誌銘의 표현(權尙夏, 『寒水齋集』 卷29, 「舟村處士申公曼墓誌銘幷序」. "若黃岐之術 不甚用工 而已透三昧") 그 이상이었음을 알 수 있다.
44) 姜斅錫 編, 『大東奇聞』 卷3, 「申曼聞其聲音知其必死」. 이는 『보유신편』 중 聽聲法을 비유적으로 표현한 것은 아닐까 한다.
45) 이민호, 하정용, 박상영, 안상영, 안상우, 「黃子厚의 『鄕藥集成方』 批判과 그 含意-鮮初의 鄕藥 開發 및 對民醫療政策과 관련하여」 『韓國韓醫學硏究院論文集』 14-2, 한국한의학연구원, 2008, pp.16~17.
46) 懷德에는 懷德鄕約과 장기 지속된 醫藥契會 형태로 醫局이라는 향촌자율기구가

愚伏 鄭經世(1563~1633)도 일찍이 1602년(宣祖 35)경 향촌의 康濟를 위해 同志와 자금을 모아 의국인 '存愛院'을 설치하였다.[47) 송준길은 정경세의 사위이고 정경세의 行狀도 지었으므로 이 같은 사실을 너무나 잘 알고 있었을 것이다. 이러한 사실을 고려하면 송준길이 중심이 되어 의국을 설치했을 것이고 그 목적은 정경세의 존애원과 크게 다르지 않았을 것이다.[48) 그런데 송촌의 의국은 1644년(仁祖 22) 이후부터 『동춘당일기』에 등장하는데 이 시기는 대개 신만이 아버지와 송촌에 살던 시기이다. 송촌에 있었을 의국이 향촌민의 위급한 질병을 치료하던 존애원과 같은 뜻으로 설치되었음을 생각하면, 신만이 송촌 의국을 통해서도 향촌민의 질병과 고통을 잘 체험했을 것이고[49) 보다 실용적인 의약서의 필요성을 절감했음은 어렵지 않게 감지할 수 있다. 그런데 신만이 본격적인 의료 활동과 의약서를 집필했던 시기는 진잠 주촌에 거주하고부터이지 않을까 한다. 그것은 이 무렵부터 의료 활동 사실이 본격적으로 나타나기 때문이다.

우선 신만이 1660년(顯宗 元年)부터 1667년(현종 8) 사이 스승이던 송시열과 교류한 흔적에서[50) 의약과 관련한 여러 가지 사실을 알 수 있다.[51) 송시열이

유지되었을 것이라 한다(안상우, 「同春堂日記의 의약기록과 의료인식」, 『동춘당 송준길 연구』, 한남대 충청학연구소, 2007, pp.507~508).

47) 『同春堂集』 卷19 ; 『愚伏別集』 권10, 「愚伏鄭先生行狀」. "乃與同志謀曰 維摩詰非有位者也 而能視人之病猶己之病 吾徒皆有志澤物 獨不念康濟同胞邪 遂各出錢 設醫局以需鄕閭之急 取先儒(明道)存心愛物語 名曰存愛院" 이 같은 존애원에 대해서는 權泰乙 외, 『조선최초 사설의료원 存愛院』, 문창사, 2005가 참고 된다.

48) 현재 醫局의 이름은 알 수 없다.

49) 신만의 생존 시기는 전세계적으로 小氷河期로 기근, 흉년, 질병이 만연하던 시대였다.

50) 1660년(顯宗 元年) 3월 4일, 宋基泰는 아버지 송시열에게 올린 편지에서(宋百憲 編, 『恩津宋氏 尤庵 文正公派 世蹟錄』, 尤庵 文正公派 宗中, 종려나무, 2011, pp.386~387) 의원의 처방에 대해 신만 형제에게 자문해서 정할 것을 청하였다.

51) 송시열도 의약에 조예가 깊어 『三方(撮要)』이란 의서를 지었다고 하는데(안상우, 앞의 논문, 2007, p.508 ; 김남일, 앞의 책, 2011, pp.35~37), 그렇다면 이 의서와

신만에게 답한 편지에서

> 어제 편지와 약이 鎭쏙 관아에서 왔습니다. 朝鳩는 없으나 이제 저울로 달아 약을 조제하렵니다.

라고 한데서 알 수 있듯이[52] 신만은 鎭衙(鎭쏙 官衙)를 통해 송시열에게 처방전과 함께 약을 보냈음을 알 수 있다. 여기서 주목되는 것은 송시열은 신만에게 藥種까지 부탁하고 있는 사실이다.

> 비가 와서 후원을 경작했으나 약 모종의 얻지 못한 地黃·茴香·香附 등 모종낼 만한 것을 일일이 보내주시면 매우 좋겠습니다.

약초의 모종도 역시 신만에게 보내주기를 요청하고 있음을 보면,[53] 신만은 그가 살던 舟村精舍와 주변 밭에 약초 재배도 했을 가능성은 충분하다. 이 밖에도 그의 의료 활동은 남아 있는 간찰에서도 확인되는데,

> 이 곳 친구가 그대의 편지를 전했습니다. 병을 설명하는데 자세하니 걱정으로 말할 바를 알지 못하겠습니다. 두 첩약을 정성껏 조제해서 보내거니와 써 보심이 어떠하겠습니까? 보내주신 물품은 매우 감사합니다. 다 말씀드리지 못합니다.

趙生員[54] 앞으로 보낸 것으로[55] 조생원에게 편지를 받자마자 바로 두 첩

신만과는 무관할 수 없을 것이다.

52) 『宋子大全』 권80, 「答申曼倩」. "昨日書與藥 自鎭衙來到 朝鳩所無 今方稱量裁劑矣" 이 편지의 시기는 1661~1667년간에 해당한다.
53) 『宋子大全』 권80, 「答申曼倩」. "因雨耕得後園 而藥種不得 如地黃茴香香附等凡可蒔者 一一惠送 至佳"
54) 조생원은 懷德縣監이던 趙爾翻의 자제가 아니었을까 추정한다.
55) 성균관대학교 박물관 편, 槿墨(上卷), 青文社, 1981, p.575 ; 『근묵 槿墨(義)』, 성균관대학교 박물관, 2009, p.478. "此友傳書 說病且詳 伏悶不知所言 二貼藥 精劑送

의 약을 조제해 보냈음을 알 수 있다. 이 무렵은 그의 의술이 원숙했던 때로 진잠에서 활동하던 시절로 생각한다.

이와 같은 향촌에서의 의료 활동은 1667년(현종 8) 4월 20일 역시 송시열이 신만에게 보낸 편지에서도 보듯이 계속되었고 죽기 전까지 지속성을 갖는 일이었다. 이것은 송시열과 조생원에게 한정되기는 하지만 그가 진잠에 거주하고부터는 주위 향촌민에게 적절한 의약서가 무엇일까에 대한 진지한 고심과 의술을 펼쳤을 것임은 짐작하기 어렵지 않다.

한편, 신만의 증손자인 大規(1697~1770)도[56] 의술로 당대에 유명했었고[57] 근래까지 후손 중에는 의술로 이름난 인물들이 있었다.[58] 이것은 신만의 의술과 의서의 전수와 깊은 관련이 있다고 하겠다. 이 같은 사실을 생각하면 다음에 살펴볼 그의 의서 저술은 충분한 설득력을 갖는다.

IV. 신만의 『保幼新編』 편찬과 『舟村新方』

신만이 지었다는 『주촌신방』은 현재 初稿本이나 원본은 전하지 않고 필사본과 연활자본,[59] 『의휘』, 『(증보)단방신편』으로 전하고 있다.

去 試用如何 餽物極感 不宣 卽 罗"

56) 신대규는 字는 嚴甫로 벼슬이 報恩縣監에 이르렀다. 그의 배위는 송시열의 曾孫 淳錫의 따님이다. 이 같은 혼인은 송시열과 신만의 관계에서 가능했을 것이다.
57) 李奎象, 앞의 책. 이규상(1727~1799)이 신만이 살던 진잠과 이웃한 公州 淨溪에 서 살았던 점은(林熒澤, 「이규상과 『병세재언록』」, 『18세기 조선 인물지(幷世才彦 錄)』, pp.370~371) 이 기록의 신빙성을 더한다.
58) 충남 예산 거주 후손 申鍾均의 조부와 부도 의술로 內浦 지역에서 저명했다고 한 다(신종균 증언).
59) 기왕에 1930년에 발간한 연활자본과 필사본을 대조한 성과가 있다(김도훈, 앞의 논문, 2007). 필사본 중 국립중앙도서관 소장 "舟村神方"이 원본에 가까울 것이라 고 한다(김도훈, 앞의 논문 및 「해제」, 2007, p.473).

이 같은 여러 異本 중 필사본과 연활자본만이 '舟村新方'으로 책의 제목이 전하고 있고, 『의휘』처럼 인용되거나 나머지는 茶山 丁若鏞의 저술과 합편한 『單方新編』으로 되어 있다. 여기에 『주촌신방』으로 전하는 책에서도 연활자본만이 신만의 서문을 싣고 있어 원본의 모습을 파악하는 데 어려움을 주고 있다. 그런데 필자는 최근 연활자본과 내용이 유사한 『보유신편』을 검토하던 중 연활자본의 서문과 『보유신편』의[60] 범례에 해당하는 부분이 유사함에 의문을 갖게 되었다.[61]

필사본과 연활자본에 대해서는 비교 고찰한 기왕의 연구 성과가 있고,[62] 연활자본의 서문은 말미에서 "上之十三年肅廟朝[63]三月下澣 舟村 申曼 序"라고 하고 있어 신만의 생몰년(1620~1669)과 숙종 13년(1687)이라는 연대 차이나 착오가 있어 문제가 되었다. 이 같은 연대는 『주촌신방』이 간행되지 않고 필사본으로 전해지다가 일제강점기 연활자본으로 간행되면서 실려 있어 착오가 있을 가능성도 있어 보인다. 다음은 연활자본 서문과 『보유신편』의 범례의 비교이다.

---

60) 1845년(憲宗 11) 盧光履의 서문이 있는 목판본이 있다. 이 판본을 근래 중국에서 간행하면서 明代 醫家 無忌가 대략 1644년에 지은 것으로 보고 있(明・無忌, 王亞芬 點校, 『保幼新編』, 「前言」, 북경: 中醫古籍出版社, 1988), 최근 다시 影印本으로 발간하였다(明・無忌先生, 『保幼新編』, 북경: 中醫古籍出版社, 2009). 저본은 盧光履 서문이 달린 것으로 보아 1845년에 발간한 목판본으로 보이는데, 앞서 발간한 판본과는 다르게 序文의 乙巳를 1605년으로 보고 序者 盧光履나 저자 無忌先生의 사적을 알 수 없다고 하였다(明・無忌先生, 『保幼新編』, 「內容提要(孟慶雲)」, 북경: 中醫古籍出版社, 2009).

61) 小兒諸病에 대한 것이 『保幼新編』과 비슷한 곳이 많다는 지적에서도(三木榮, 『朝鮮醫書誌』, 大阪: 學術圖書刊行會, 1973, p.119) 양자의 관련성을 검토할 필요가 있었다.

62) 김도훈, 앞의 논문, 2007.

63) '肅廟朝'는 후대나 이 책의 간행 시에 추가한 것이 틀림없다. 앞에 이미 '上'이라는 표기가 있어 쓸 필요가 없기 때문이다.

표 1. 연활자본 서문과 『보유신편』의 범례 비교

연활자본 서문 번역문	옛 사람들이 병을 치료하는 데는 의도[用意]가 같지 않아서 방문을 세움에 매우 번잡하니, 이제 여러 病症에 과연 그에 맞는 처방을 정확하게 선택하기 어렵고, 여러 방문을 잡스럽게 시험하나 標本이 순서를 잃고 虛와 實의 구별이 섞이게 되어 많이 인명을 구하지 못할 지경에 이르니 어찌 두렵지 않겠는가! 또한 급한 병에 닥치면 임시로 방문을 살피나 맡은 사람이 혼미함이 있으면 항상 많이들 병환을 구하지 못하게 되니 그 병이 발생하지 않았을 때 마땅히 옛 처방[古方]을 익숙하게 보아서 마음과 눈이 여러 병의 증상에 훤히 알고 긴요하게 들일 약재[材]를 미리 갖춘 연후에야 거의 그 증세[症情]가 위태롭지 않아 치료할 수 있다. 그러나 시골[鄕鄙] 가난한 집에서 갑작스럽게 널리 여러 처방을 살피고 귀중한 약재[重材]를 찾아 쓰기 어려워 끝내 어찌할 바를 모르고 꼼짝없이 죽음만 기다림[束手待盡]을 면하기 어려우니 일찍 죽음을 건지는 뜻은 아니로다. 이제 옛 약방문[古方]의 湯·散·丸 중에 그 緊妙한 처방을 고르되 그 얻기 어려운 약재는 덜고 따로 시골에서 나는 약성이 서로 비슷한 것을 더하여 다시 방문을 만드니, 비록 분수 밖의 일에 관계되나 거의 생명을 살리는 데는 한 도움이 되지 않을까 하노라. 上 13년 肅廟朝 3월 하순에 舟村 申昪은 序 하노라.**64)**
연활자본 원문	㉠古人治病 用意不同 立方甚煩 今於諸症 果難揀擇其當劑 而雜試諸方 使標本失次 虛實雜辨 多致不救之境 寧不懼哉 ㉡且當急病 臨時考方 有若當局之迷 恒多不及之患 治其病未發之時 宜熟覽古方 使心目瞭然於諸症 而豫備緊入之材然後 庶可趁其症情之未危而治之也 ㉢然鄕鄙貧家 猝難博考諸方 覓用重材 終未免束手待盡 非所以濟夭之意也 今者 古方湯散丸中 擇其緊妙之劑 減其難得之材 而另加鄕産之性相近者 更爲製方 雖涉僭越 庶可爲活命之一助焉 上之十三年 肅廟朝 三月 下澣 舟村申昪序
보유신편 범례	一 小兒ⓐ急病 臨時考方 有若當局者迷 常有不及治之患 治其病未發 宜熟覽此一通 使心目瞭然於諸證 而豫備緊入之材然後 庶可趁其證情之未危而治之也 一 小兒急病 皆以重材 ⓑ鄕鄙貧家 卒難覓用 終未免束手待盡 非所以濟夭之意也 今者 諸方湯散丸中 擇其妙緊之劑 減其難得之材 而另加鄕産之性相近者 更爲製方 雖涉僭越 而庶可爲活命之一助焉 一 ⓒ古人治病 用意不同 立方甚煩 猝當危急之證 未反精擇其當劑 而雜施諸方 使標本失次 經緯錯亂 或救 或不救 寧不懼哉……

표 1과 같이 연활자본 서문과 『보유신편』의 범례는 순서가 다르고(㉠-ⓒ, ㉡-ⓐ, ㉢-ⓑ) 문자의 이동이 약간 있을 뿐 같음을 알 수 있다. 내용에 있어서도 순서의 이동과 내용의 다소가 있을 뿐이다. 더 나아가 필자는 또 다른 『보유신

---

64) 『舟村新方』, 「序」.

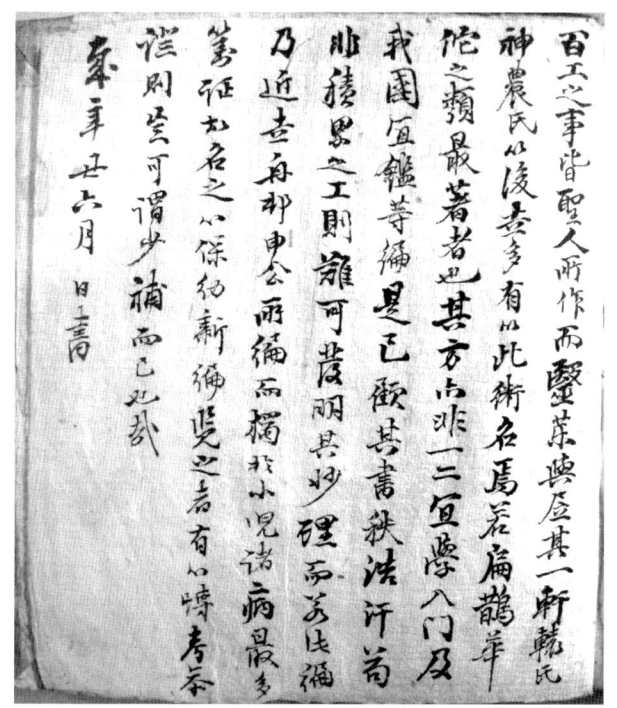

『보유신편』 발문

편』을 발견하고[65] 그것이 신만의 저술임을 증언하는 발문에 해당하는 글이 있음을 알게 되었다.

> 百工의 일은 다 聖人이 만든 바인데 의약은 그 하나를 차지한다. 軒轅氏 · 神農氏 이후에 세상에 이 의술로 이름 있는 이가 많으니 扁鵲 · 華佗 같은 무리가 제일 저명한 이들이다.

---

[65] 국립중앙도서관 소장본(승계古7671-35)이다. 筆寫本으로 규격은 23×23cm이다. 題簽에 "保幼新編", 하단면에는 "申舟村保幼新編"이라고 墨書되어 있는데 편자는 申氏로 되어 있다. 내지에 "石帶"라는 所藏印이 있는데 跋文의 저자와 관련 있을 듯하나 단정할 수 없다.

그 方門 또한 하나 둘이 아니니 宜(醫)學入門 및 우리나라 宜(醫)鑑 등의 책이 이런 것이다. 그 책들을 보건대 浩汗하여 진실로 오래 쌓아온 공부가 아니고서는 그 妙理를 發明하기가 어렵다.

<u>이 책은 곧 近世에 舟邨 申公(曼)이 엮은 바로 유독 小兒의 諸病에 제일 많이 對症한 까닭에 이름하여 '保幼新編'이라고 했다.</u>

이 책을 보는 사람이 널리 살피고 증세를 참고함이 있은즉 어찌 조그만 보탬이 될 뿐이라고 하겠는가!

辛丑(1721, 景宗 元年) 6월 일 쓰노라.[66]

근세에 신만이 엮은 바로 소아의 諸病에 대해 제일 많이 對症한 까닭으로 『보유신편』이라 했다는 것이다. 근세라면 신만의 졸년(1669)에서 가까운 시기일 것이고 이 글을 쓴 신축년은 1721년(景宗 元年)임을 알 수 있다.[67] 따라서 이 필사본은 제일 이른 시기에 펴낸 1843년경과 1845년의 『보유신편』 목판본보다 1백여 년 이상 앞선 기록임을 알 수 있다. 이를 통해 그동안 明 成無忌 편찬으로 알려진 『보유신편』은 매우 불확실한 기록이고 오히려 신만의 『보유신편』을 후대 필사 전래과정에서 와전되었고 이것을 1843년경과 1845년의 『보유신편』 목판본으로 간행되었을 것이란 추정이 가능하다.

한편, 내용 중에도 편자가 신만임을 증명하는 단서가 「稀痘法」 항목에 있다.

---

66) 百工之事 皆聖人所作 而醫藥與居其一 軒轅氏神農氏以後 世多有以此術名焉 若扁鵲華佗之類 最著者也 其方亦非一二 宜學入門及我國宜鑑等編是已 顧其書秩浩汗 苟非積累之工 則難可發明其妙理 <u>而若此編乃近世舟邨申公所編 而獨於小兒諸病最多對症 故名之以保幼新編</u> 覽之者 有以博考叅證 則豈可謂少補而已也哉 歲辛丑 六月 日 書

67) 다만, 내용 중 인용한 "朴同知尊壽新方"에서 박존수가 『承政院日記』, 英祖 30년(1754) 7월 丁酉. "朴尊壽同知單付"라 하더라도 1781년(正祖 5)은 넘어가지 않을 것이다.

내가 일찍 이 이치에 밝지 못해서 한이 되니 외아들이 이 질병에 夭折해서 마침내 끝없는 아픔을 품고 있도다.**68)**

편자가 천연두로 외아들을 잃었다고 하고 있는데, 이는 바로 신만을 지칭한다. 그것은 그의 외아들이 천연두로 목숨을 잃었다는 기록이 있기 때문이다.**69)** 결국 발문의 내용대로 유독 소아 諸病에 對症이 많아 『보유신편』이라고 했다는 것에는 그 자신의 뼈아픈 경험이 주요한 원인은 아니었을까?

한편, 『보유신편』 내용 중 '水雲'이란 인물의 처방을 많이 싣고 있는데, 수운은 물론 東學의 창시자인 崔濟愚(1824~1864)를 말하는 것은 아니다. 수운이 누구인지는 내용 중에도 밝히고 있지 않으나 復泉 姜鶴年이지 않을까 한다.**70)** 신만이 회덕에 거주하면서 아버지 병환을 위하여나 자식의 천연두 치료를 위하여 자주 왕래했던 인물이기 때문이다. 강학년의 또 다른 호에 '紫雲'이 있는 것은 수운과 어떤 관계가 있다고 믿는다. 더구나 신만이 회덕에서 이미 강학년에게 의약을 문의했거니와 『보유신편』같은 의약서를 집필할 때 강학년 만큼 자문을 받을 사람은 없었다고 보기 때문이다. 강학년은 소아의 질병에도 조예가 있었던 인물이었다.**71)** 이 점 더욱 『보유신편』 속의 '水雲'이란 인물이 강학년일 가능성을 높여준다.

---

68) 『保幼新編』, 「稀痘法」. "恨全(余)不得早瑩此理 而獨子夭折於此疾 竟抱無限之痛矣". 『保幼新編』 목판본에는 "恨余不曾早學此理 而獨子夭折於此疾 竟抱無涯之慽矣"로 되어 있어 문자 이동이 있다. 중국에서 간행된 책에는 이 부분이 누락되었는데, 이 부분에 해당하는 목판본의 제65판이 잘못 製冊되었기 때문이다.

69) 宋浚吉, 『同春堂日記』, 乙酉(1645) 6월 9일조. "君彌孫兒以痘夭". 신만이 滄江 趙涑의 따님을 부인으로 맞은 것이 1640년경이므로 이 아이는 5~6세 남짓 되었을 것이다.

70) 이 점은 강학년(남인)과 당색을 달리하는 점에서 비롯되는 것이 아닐까나 단정할 수 없다.

71) 이 점은 具致用(1590~1656)에게 그의 자제 병환에 약을 지어 보내면서 보낸 편지를 보아도 알 수 있다(박건주 역주, 『국역복천유고(상)』, p.82).

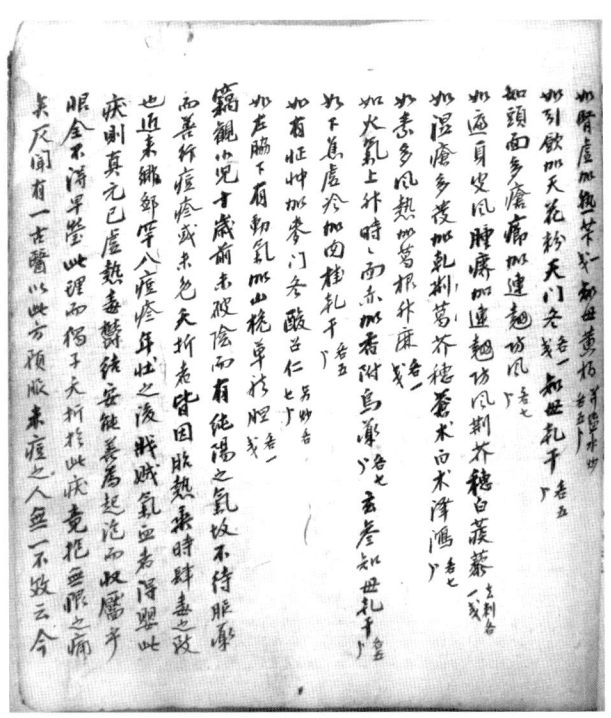

『보유신편』 중 稀痘法 부분

그러면 『보유신편』의 범례와 같은 『주촌신방』 서문을 분석하면서 신만의 의서 저술의도를 밝혀보고자 한다.

『주촌신방』 서문은 크게 병을 치료하는데 있어 古方 선택과 처방이라는 전반적인 문제점, 향촌에서의 처방과 처방에 적합한 약재 입수의 곤란함 그리고 古方(湯·散·丸) 중의 선택과 鄕産 위주의 鄕藥으로의 대체 처방 세 단락으로 되어 있는데 간략하지만 저술 의도를 잘 드러낸 글이다.

우선 첫 단락에서 신만이 보기에 傳來의 方門이라는 것이 古人 각각의 의도가 달라서 여러 방문에서 가장 좋은 약방문은 선택하기 어렵다는 것이고 더하여 처방을 맡은 사람[當局者]이 이를 제대로 판단하여 처방하지 못하게 되니 古方門에 익숙하고 약재를 잘 갖춘 후에야 병을 치료할 수 있다는 것이다.

신만에게 있어 이 문제는 그의 아버지가 어려서부터 병약한 관계로 시봉하면서 체험했던 사실일 것이다. 그가 병자호란 이후 아버지와 함께 회덕 송촌에 낙향한 뒤부터 아버지의 병 치료를 위해 매우 고심했던 흔적이 있기 때문이다. 그것은 이미 살펴보았듯이 회덕에 있던 복천 강학년을 찾아 의약을 묻고 자신은 의약서를 섭렵하고 병증에 따라 투약하는 임상의 단계에 이르러서는 신효한 효험을 보기까지 하였기 때문이다. 이 같은 성과는 그가 親患에 있어서 뿐만 아니라 향촌사회에까지 그 의술의 저변을 넓힌 결과로 보지 않을 수 없다. 송촌에서 송준길이 중심이 되어 설립한 의국이 정경세의 존애원과 같이 향촌민의 위급함을 구하기 위해 설립했던 점, 신만이 서문에서 말했듯이 향촌 빈민[鄕鄙貧家]를 위한 분명한 저술 의도 등은 양자 사이에 불가분의 관계가 있음을 암시한다. 향촌사회에서 의국과 같은 병자 치료소를 설립하고 그에 따른 처방 의약서의 구비라는 필수불가결한 관계의 성립이라는 측면에서 보면, 전래 의약과 처방의 문제점 제시는 그가 의서의 섭렵과 병증에 따른 투약의 과정에서 얻은 결과가 반영된 것으로 본다.

　다음으로 두 번째 단락에서의 처방과 향촌의 약재 입수의 문제점은 직접 친환과 향촌민의 치료에서 절감했던 문제였을 것이다. 그가 살았던 송촌에 비록 의국이 있기는 하나 諸病症에 맞는 모든 약재를 구하기란 불가능하였을 것이고 없는 약재를 구입한다는 문제도 역시 매우 어려운 문제였을 것이다. 역시 송촌에 살던 四友堂 宋國澤(1597~1659) 역시 1651년(孝宗 2) 정월 15일 아들에게 보낸 편지에서 의국 약재료를 생각하지 않은 것은 아니라고 하고 있어[72] 의국에 약재가 구비되어 있었으나 부족한 점을 내비치는 표현을 하고 있다. 사실 송준길도 자신이나 아들의 치료를 위해서 의국이 있음에도 불구하고 주변에 의술에 밝은 인물이나 의원 등에게 계속적으로 문의를 하고 있는 실정이었다.[73] 역시 송시열 같은 경우도 자신도 의술에 밝았다고는 하나

---

72) 宋國澤, 『四友堂集』卷2, 「答子奎光奎輝」. "醫局材料 非不思之"
73) 송준길의 1641년(仁祖 19) 9월 22일 日記에서 "送興弟於全義 問藥" 했다고 한다

제자인 신만에게 처방을 부탁하고 병증을 문의하고 있음을 보면 향촌에서는 공통적으로 느끼는 문제였을 것이다. 더구나 신만은 친환은 말할 것도 없고 자신의 아이도 痘瘡으로 잃은 뼈아픈 경험이[74] 더욱 향촌에서의 의료문제에 매진하게 된 원인이 아니었을까 한다.

그러면 신만이 향촌에서의 병 치료에 있어 근본문제 해결을 어떻게 찾았을까. 신만은 의원을 기다리는 것이 아니라 누구나 처방을 알고 약재를 쉽게 얻는 길에서 그 해결 방법을 찾았던 것으로 보인다.

그가 제시한 방법은 전래의 처방[湯散丸] 중 가장 좋은 것을 택하고 그 택한 처방전에서 쓰일 약재는 구하기 어려운 것 대신에 향촌에서 쉽게 구할 수 있는 성질이 비슷한 약재를 쓴다는 것이었다. 실제로 신만은 처방 뿐만 아니라 이 같은 약재 재배에도 직접 한 것임을 이미 살펴본 송시열의 편지에서 알 수 있다. 신만은 회덕과 진잠에 거주하면서 처방과 약재의 생산과 약재의 선택, 임상 실험을 통한 향촌민에 적합한 의약서 마련에 온 힘을 기울였다고 보겠다.

따라서 『주촌신방』 서문이나 『보유신편』 범례는 신만이 일생을 두고 추구하던 대중화되고 실용적인 의약서의 저술 성과를 잘 집약해 표현한 글로 보아 손색이 없다고 하겠다. 다만 연활자본의 서문 연대의 오류는 후대의 착오로 볼 수밖에 없다. 책 제목에서와 같이 '舟村新方'이라는 題下의 저술이라면 적어도 신만이 鎭岑 舟村에 卜居한 1659년(孝宗 10) 이후라는 점과 함께 이 이후라야 '주촌'이라는 이름이 가능하다. 현재 전래하는 필사본 중 가장 오랜 것으로 추정되는 전래본도 제목은 '舟村神方'이라고 하여 '新方'이 아닌 '神方'이라 하고 있어 제목이 후인의 所作임을 암시하고 있다. 다만 이미 지적하였

(宋浚吉, 『同春堂日記』, 鄕志文化社, 1995, p.54). 全義는 이 때 全義縣監으로 있던 鍼醫 柳後聖을 말한다(『全城誌』, 「莅任」: 燕岐: 全城誌, 연기군, 1991, p.417).

74) 『주촌신방』에는 특히 학질과 두창 치료에 좋은 처방들이 많은 점은(김호, 「조선 의학사를 빛낸 명의들」 『문화재사랑』 47, 문화재청, 2008, p.12) 이 점과도 관련이 있었을 법하다.

다시피 그것이 처방 본문에 협주처럼 계속 추가적인 처방을 싣고 있는 점에서 원본에 가까운 필사본으로 추정된다. 그렇지만 이것 역시 『보유신편』의 뒷부분에 해당하고 있어 후에 『보유신편』의 소아 관련 부분을 제외하고 따로 분리하여 보충한 부분으로 생각한다.

다음으로 활자본은 신만의 서문과 『濟衆新編』 藥性歌가 붙어있으나,[75] 약성가에서는 글자 순서의 異同과, 추가분(鰍魚, 鴉片, 金桂, 石汕)이 있다. 또한 이미 살펴보았듯이 필사본과 연활자본의 비교 연구가 있으나 정작 연활자본의 著作겸 發行者에 대한 검토는 없었다.

연활자본은 그 판권지에 의하면 1930년 충북 옥천군 이원면 226에서 발행 인쇄된 것으로 되어 있다.[76] 저작겸 발행자인 徐雨錫은 그 아버지 대에도 지역의 유림으로 활동한 인물이고, 外家는 延安李氏로 沃川의 대표적인 가문 중의 하나일 뿐만 아니라 外祖 李謇愚는 『竹下稿』 5권의 문집을 남긴 인물이다.[77] 서우석에게 있어 이 같은 안팎의 가정환경이나 학문적 배경은 그의 몇 가지 서적 발행에서도 살펴 볼 수 있다. 그중 주촌신방 보다 한해 먼저 발행한 『百禮祝輯』 서문에는 서우석의 학문적 취향에 대한 짤막한 소식을 전하고 있다. 이 글에서 서우석이 '輯古'하는 것을 좋아했다는 것이다.[78] 이 같은 사정은 그가 발행한 주촌신방에서도 다르지 않았을 것이다. 그 체제가 필사본에 없던 序文과 藥性歌 등이 첨가된 것이 그것이다. 그러나 이것이 없던 것을 편

---

75) 김도훈, 앞의 논문, 2007, p.140.
76) 이 본을 토대로 『주촌신방』은 小兒, 婦人, 大人의 세가지 구분법을 사용한 최초의 의서일 것이고, 질병 중심이 아닌 인간 중심의 醫學觀의 일면을 볼 수 있다고 한다(金南一, 儒醫列傳14(申曼), 「한의신문」 1004호, 한의신문사, 2006년 5월 1일 ; 앞의 책, p.236).
77) 『延安李氏 小府監判事公派大譜』 제9권, 2002, p.872 ; 李溥承 編, 『延李文庫』 제9책, 여강출판사, 1987, p.460, p.463.
78) 『百禮祝輯』, 序. "徐雨錫潤甫 故人子也 性喜輯古 乃取諸禮告祝 合成一冊 附以 書式及儀制諸要於編末" ; 이보승 편, 앞의 책, 제10책, p.526.

집한 것이 아니고 그것이 집고에 그친다고 보면 주촌신방의 편집도 이 범주에서 벗어나지 않았을 것이다. 문제는 집고의 대상이 어떤 것이었던가 하는 것이나 현재로서는 알 수 없지만 『보유신편』과 같은 류의 필사본일 가능성이 높다.

다음으로 『單方新編』[79])과 『增補單方新編』에서 茶山 丁若鏞과 舟村 申曼의 『舟村新方』이 같이 편집되어 발행되었다. 『단방신편』은 錦石 李義絅이 1909년 編譯겸 발행했고, 『증보단방신편』은 1913년 池松旭이 編譯兼 發行한 것으로 되어 있다.[80]) 양자 사이의 차이란 것이 전자의 것에 후자가 각 해당 방문에 한두 항목씩 추가한 것이 대부분이고 달라진 내용이 없다. 중요한 것은 전자의 序文에서 신만과 정약용의 저술을 수집해 편찬한 것으로 되어 있다.[81]) 그러나 여기서도 역시 신만의 의서가 어떤 것인지는 알 수 없다. 또한 단방신편에는 가축의 질병(牛病, 馬病, 羊病, 猪病, 狗病, 鷄病)에 대해 「六畜病」이란 항목을 두고 치료법을 소개하고 있다.[82]) 이들 중 어떤 것이 신만의 저술인지는 알 수 없고 『주촌신방』 필사본 「잡방」조에 牛疫이 보이나[83]) 『단방신편』과는 그 치료법이 다르다. 다만 「飼病鷹說」[84])에서와 같이 일반 백성을 위한 그의 치료관은 미물 짐승의 세계에까지 번져갔음을 감지할 수 있고 이는 가축의 질병에도 관심을 갖고 그 치료법에 고심하였을 법하다.

---

79) 이 책은 전문가용이기보다는 일반인들을 위한 가정의학서라 한다(안상우, 「민족의학신문」 710호, 고의서산책 417, 2009).

80) 주촌신방이 구한말, 일제강점기 및 1978년 재발간(명문당)한 사실은 주촌신방이 갖는 가치를 증명하고도 남음이 있다.

81) 1908년 12월 晦觀居士 李應翼이 지은 서문이다. 『單方新編』, 序. "吾友李義絅氏酒慨然出力 蒐輯二公之書 繡諸輯而廣其傳 名之曰 單方新編" 이밖에도 惠舫 高永周가 지은 서문도 있다.

82) 가축의 질병 치료서가 있기는 하지만 狗病, 鷄病까지 다룬 경우는 흔치 않다고 한다(안상우, 앞의 논문).

83) 신만, 앞의 책, pp.455~456.

84) 『주촌집』 권2, 「飼病鷹說」.

이 같은 『주촌신방』의 여러 가지 문제점에서 필사본 두 종류, 연활자본의 대본, (증보)단방신편 인용분 등이 있어 적어도 이 같은 세 가지 판본 검토가 필요하고,[85] 더 나아가 그 모본이라 할 수 있는 『보유신편』[86]과의 비교 검토를 통한 복원이 요구된다.

V. 맺음말

지금까지 조선 후기의 유학자 舟村 申曼(1620~1669)의 생애와 의료 활동 및 그가 편찬한 『保幼新編』과 『舟村新方』에 대해 살펴보았다.

그동안 신만의 생애에 대해서는 단편적인 기록만 전하고 있어 그의 의료 활동과 의서 저술과 그 동기를 명확히 알 수 없었다. 또한 그가 지은 것으로 전하는 『주촌신방』에 대해서는 원본이 없이 筆寫本, 鉛活字本, 『宜彙』, 『(增補)單方新編』 등에 전하고 있어 그 원본의 복원에 어려움이 있었다. 필자는 새로 발굴한 신만의 저서인 『舟村集』과 『保幼新編』 필사본 등의 자료를 통해서 신만의 생애와 의료 활동과 그의 저서로 전하는 『주촌신방』의 원본에 보다 가까이 다가갈 수 있었다.

신만은 그 생애에 있어 아버지 申翊隆의 병환 치료 목적으로 復泉 姜鶴年에게서 의술을 배우고 처음으로 의료에 대한 관심을 갖고 의서를 섭렵했다. 1636년 병자호란 이후 1639년경에는 아버지와 함께 懷德 宋村(현 대전광역시 대

---

85) 안상우, 앞의 논문, 2007. 이밖에도 錦里散人의 『宜彙』에서도 『주촌신방』에서 채록한 것이 많다고 한다(김남일, 앞의 책, 2011, p.236 ; 『국역 의휘Ⅰ』, 한국한의학연구원, 2009, p.362 ; 오준호, 박상영, 차웅석, 「19세기 의방서 宜彙의 구성과 내용」 『韓國韓醫學硏究院論文集』 16-1(통권 28), 한국한의학연구원, 2010, pp.12~13).

86) 『보유신편』 자체도 목록과는 달리 내용에서 누락된 부분이 있어(百十一 菜果毒 이하) 그 복원이 절실하다. 또한 내용 중 손자 언급 내용은 가계 기록과 부합하지 않아 후인의 추가 여부 등 검토가 필요하다.

덕구 송촌동 일대)에 이주하였다. 송촌에서는 同春堂 宋浚吉이 중심이 되어 설립한 醫局(숨)에 깊이 관여했다. 더 나아가 의국과 관련하여 의료 활동을 하였고 이를 토대로 의서 편찬을 결심한 것으로 보인다. 또한 자신의 아이를 천연두로 잃은 뼈아픈 경험은 『보유신편』을 편찬하는 중요한 계기가 되었다.

신만은 1659년경 鎭岑 舟村(현 대전광역시 유성구 용계동 일대)에 거주하면서부터는 직접 약초 재배와 臨床을 거치면서 1669년 죽을 때까지 새로운 의서의 완성에 심혈을 기울인 것으로 추정된다. 『주촌신방』 서문을 포함하고 있는 『보유신편』 범례는 그의 저술 의도와 향촌민을 위한 실용적인 경험 처방의 생성 과정을 간결하고 정확하게 표현한 것이다.

또한 『보유신편』 필사본은 그동안 그의 저서로 알려진 『주촌신방』의 원본일 것이며, 明 成無忌가 편찬한 것으로 전하는 『보유신편』 판본은 신만이 편찬한 것이 잘못 전해진 것으로 판명되었다.

결국 그동안 신만의 저서로 알려진 『주촌신방』은 이를 포함하는 『보유신편』일 것이고, 『보유신편』은 신만이 그의 아버지와 자식의 치료과정에서 얻은 처방과 일반 백성을 치료하면서 지은 의서로 전래 古方과 민간 처방과 임상실험을 통한 方門을 얻은 것의 집대성이라 볼 수 있다. 또한, 『보유신편』의 원본 복원은 현존 『보유신편』 필사본과 『주촌신방』의 필사본, 연활자본, 『의휘』, 『(증보)단방신편』 등에 대한 정밀한 비교 검토로 가능할 것이다.

9

한우물 마을의 林孝生 墓碑攷

Ⅰ. 머리말

　대전광역시 유성구 대정동 한우물 마을에는 약 200여 년 전 이 마을에서 살다가 자손이 없어 자신의 전 재산을 마을에 희사했다는 林孝生이란 인물의 이야기가 전해온다. 이 마을에서는 洞契가 주축이 되어 그를 위해 제사를 지내고 그의 재산은 마을 공동 재산으로 하여 지금까지 전해왔다.
　1990년, 지역 개발로 인하여 임효생의 묘소를 그의 비석, 석물 등과 함께 충남 논산군 광석면 항월리로 이장하였다.
　그런데 그의 墓碑에는 간단한 내용의 陰記가 있고 임효생의 생애를 단적으로 잘 표현하고 있어 주목된다. 碑文의 기록은 마을에 전해오는 그에 대한 이야기와 유사하나, 전해오는 이야기에는 없는 그의 생전 활동도 있어 그의 생애를 대략이나마 가늠해 볼 수 있기 때문이다.
　그러므로 우선 비문을 판독하여 그의 생애를 구성해보고 나아가 그의 재산 희사로 만들어진 공동 재산의 의미와 이것이 마을 지역 공동체와 어떤 관련성을 갖는지 살펴보고자 한다.
　이 같은 고찰을 통해서 조선 후기의 한 마을의 良民의 생애가 드러나고, 마을 공동 재산이 지역사회 주민에게 미치는 영향을 살펴볼 수 있어 조선 후기 사회의 한 단면을 파악할 수 있는 의미가 있을 것으로 기대된다.

II. 임효생 墓碑文의 判讀

한우물 복산리에서 충남 논산군 광석면 항월리로 이전한 임효생의 묘소는 당시 같이 이전했던 6기의 묘소와 나란히 있다.[1] 그 중 임효생의 묘소에는 그의 묘비와 童子石 등의 석물 4점이 있다.

임효생 묘비는 그의 묘소 앞에 서 있는데 墓碣의 형태로 碑座를 갖추고 있다.[2] 다음은 현지 답사와 拓本 작업을 통한 묘비의 탁본과 그 판독문 사진이다.

임효생 묘소 원위치(한우물 복산리)

임효생 묘소 전경

---

1) 임효생의 묘소 원위치는 마을 주민인 蔡重甲(85세)님의 고증이 있었다. 대강의 사실에 대한 것은 한우물의 윤병화, 임영국님의 교시가 있었고, 이 분들과 대전시 윤병옥, 김경중님은 현장 답사와 탁본 작업에 협조가 있었다.

2) 이 비를 곁에서 보면, 형식적으로 '圓首方趺'형으로 대개 4품 이하 관직을 지낸 사람에 해당하는 비의 형식을 사용하고 있다. 임효생의 품계로 보아 嘉善大夫는 종2품으로 龜趺는 물론 麟鳳盖를 쓸 수 있었다. 그럼에도 4품 이하에서나 쓰는 비를 쓰고 있다. 石人도 童子石을 갖춘 정도에 지나지 않는다. 또한 前面大字에서

임효생 묘소

임효생 묘소의 동자석(왼쪽)

임효생 묘비(뒷면)

임효생 묘비(앞면)

贈職의 표현도 없고 亡者의 이름을 '諱'字를 쓰지도 않고 直書하고 있다. 또한 부인의 外命婦 품계에도 어긋나 있다. 이렇게 보면, 이 비석은 망자의 품계에 맞춰 있는 것이 아니고 망자의 신분이나 그밖의 원인으로 다른 것에 기준한 것임을 알 수 있다. 碑身의 규격은 높이 125cm, 폭 42.7cm, 두께 17cm이다.

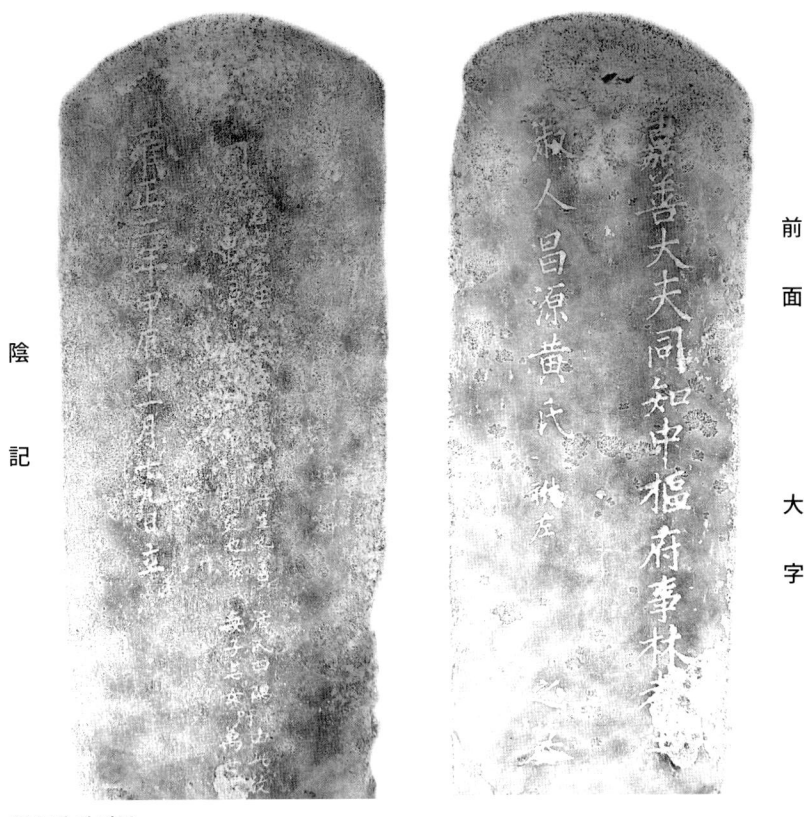

임효생 비 탁본

〔임효생 묘비문〕

〈前面大字〉

　　　　嘉善大夫 同知中樞府事 林孝生
　　A〈
　　　　淑人 昌源(原)黃氏 祔左　　　　之墓

前面　大字

嘉善大夫同知中樞府事林孝生

淑人昌源黃氏 祔左

之墓

陰記

名曰孝生　□□子順　其生也善　活人四隅　由此敬之

同知

字曰孝源　□□□　其死也哀　無子無女　吁　萬世□年

雍正二年甲辰十一月十九日立

〈陰記〉

	名曰孝生	□□子順	其生也善	活人四隅		由此敬之
B 同知					吁	
	字曰孝源	□□□□	其死也哀	無子無女		萬世□年
	①	②	③			④

⑤ 雍正二年甲辰 十一月 十九日 立

〈전면대자〉
가선대부(嘉善大夫) 동지중추부사(同知中樞府事) 임효생(林孝生)
숙인(淑人) 창원황씨(昌源黃氏) 부좌(祔左)의 묘

〈음기〉
동지(同知)의 이름은 효생(孝生)이요, 자(字)는 효원(孝源)이라. 어버이에게 효도하고(子順)…….
살아서는 선행을 하여 사방의 사람들을 살렸고, 죽어서는 슬프나니 자녀가 없도다.
아! 이 (碑)로 말미암아 공경할지니 만세(萬世)토록 …….
옹정(雍正) 2년(1724, 英祖 卽位年) 갑진(甲辰) 11월 19일 세우다.

판독된 비문에 따라 그 내용을 분석하면 다음과 같다.
우선 묘소의 주인공을 가리키는 전면대자(A)에서는 가선대부 동지중추부사인 임효생과 그의 부인인 숙인 창원3) 황씨가 합장된 묘임을 알려준다. 그런데 임효생의 品階인 嘉善大夫는 從二品으로 그에 상응하는 外命婦의 품계는 '貞夫人'이다. 그럼에도 正三品 堂下와 從三品에 해당하는 '淑人'으로 되

---

3) 비문에는 부인의 본관이 '昌源'으로 되어 있는데, '昌原'을 이렇게 쓴 것으로 생각된다.

어 있어 의문이 된다. 또한 대개의 경우 '(本貫)林公 (諱 孝生)'이라고 하는 것이 일반적인데도 단순히 '林孝生'이라고 直書하고 있다. 이러한 임효생이나 창원 황씨 가계기록은 아직까지 찾을 수 없었다.

다음으로 陰記 중 주인공의 名字에는 부인을 제외하고 임효생만을 기록했고, 그의 관직의 약칭으로 '同知(同知中樞府事)'를 다른 글자보다 크게 쓰고 음기 2줄 가운데에 써서 전체 음기 내용의 주체임을 밝혔다. 임효생의 代稱인 同知의 좌우로 이름은 孝生, 자는 孝源이라고 기록하여(B-①) 임효생의 자가 효원임을 알 수 있다.

다음 좌우 4자씩 총 8자가 기록되어 있을 것이나(B-②) 아직까지 판독하지 못하고 있다. 대개 그의 性品 등이 묘사되어 있지 않았을까 한다.

그 아래로 좌우 8자씩 16자가 기록되어 있다. 오른쪽의 글귀는 그의 살아 생전의 행실을 기록했고, 왼쪽 글귀는 그의 죽음을 표현했다(B-③). 이로 보아 이 부분은 임효생의 생애 전반을 그렸음을 알 수 있다.

임효생은 생전에 선행을 많이 하여 사방의 사람들을 살렸다고 하였다. 비의 건립시기가 대개 망자의 죽은 시기와 가까운 것이 일반적이므로 비의 건립시기인 1724년(英祖 卽位年) 11월 19일에서 가까운 시기를 그의 죽은 때로 본다면, 그의 생존 시기는 대개 顯宗(1659~1674)~景宗代(1720~1724)이지 않을까 한다. 그런데 이 시기는 연속되는 흉년, 기근, 전염병이 만연하던 때였다. 이 같은 사실과 관련지어보면, 그는 이 같은 어려움을 겪는 주변 사람들에게 선행을 한 것이 되겠다. 그 선행이란 사람을 살린 '活人'으로 흉년이나 기근 등으로 미루어 볼 때, 자발적인 救恤이나 관의 賑恤 사업 참여와 관련되었을 것으로 추정된다.

이같은 그의 생전의 선행에도 그의 死後는 쓸쓸했음인지 비문에서는 그의 죽음을 슬퍼하면서 자녀가 없었다고 하였다[無子無女]. 그동안 전해오는 이야기로는, 그는 전염병에 걸려 갑작스레 사망해서 후손을 두지 못한 것처럼 되어 있다. 그러나 비문 내용으로 보면, 전염병으로 인한 갑작스런 죽음이 후손이 없었던 주원인은 아닌 듯하다. 그의 벼슬이나 생전의 선행 등을 고려하면 전염병으로 인한 요절로 보기에는 문제가 있기 때문이다. 설령 그의 죽음이 전염병에 기인한 것이라는 정도는 무리가 없으나 이것이 後嗣를 두지 못한 주요 원인이라고 볼 수는 없다고 하겠다.

다음으로 비문에서 제일 끝 글귀로 앞의 '同知'의 예와 같이, 4자씩 두 줄의 글귀 가운데에 '旴'자를 넣어 앞 글귀와 구분 짓고 두 글귀를 시작하는 의미로 표현하였다(B-④). 첫 글귀에서 '이[碑]로 말미암아 공경할지니'라고 하였다. 이 표현은 단순히 망자에 대한 의례적인 표현이기보다는 그의 살아생전 선행한 행실에 대한 공경의 의미를 내포한 것으로 보인다. 그것은 다음 글귀에서 (아직 글자를 판독하지 못한 부분이 있으나) 만세토록……(오래가기를) 하기를 기원하는 글귀가 있기 때문이다. 아무래도 그의 선행 공적에 대한 칭송과 그 공적이 잊혀지지 않고 오래가기를 바라는 바람이 깃들여 있는 글귀로 보인다. 일반적인 비문 형식으로 보면 銘쯤에 해당된다고 하겠다.

끝으로 비의 건립연대 기록이다(B-⑤). 기록으로 보아 이 비는 1724년(英祖 卽位年) 11월 19일에 건립되었다. 일반적인 비문에서 비의 건립 시기 문구 앞이나 뒤에 글을 지은 사람[撰者]나 글을 쓴 사람[書者]이 기록되게 마련인데 이 비에는 기록되어 있지 않다. 또한 비의 건립 주체가 누구인지도 밝혀지지 않다.

한편, 대개의 묘비가 묘비 주인공의 卒年과 멀지 않은 시기에 세워지는 것이 보통이므로 임효생이 죽은 해도 이 비의 건립연대에서 가까운 시기일 것으로 추정된다.

이렇게 보면, 비문 내용은 크게 6부분으로 나누어져 있음을 알 수 있다. 전면대자로 묘소의 주인공 임효생과 창원 황씨(A-①), 음기로 임효생의 명자(名字)(B-①), 판독이 아직 안되나 그의 성품 추정 부분(B-②), 생애(B-③), 銘(B-④), 비 건립연대(B-⑤)가 그것이다. 전면대자 23자, 음기 56자에 지나지 않는 아주 소략한 내용이나 글을 지은 사람[撰者], 글을 쓴 사람[書者]이 없을 뿐 그 대강은 일반적인 비문의 형식과 크게 다르지 않음을 알 수 있다.

Ⅲ. 임효생의 생애

1724년에 세워진 임효생의 묘비와 한우물 마을에 전해 내려온 그에 관한 이야기를 토대로 임효생의 생애를 살펴 볼 수 있을 것이다.

임효생의 본관은 아직 알 수 없고, 字는 孝源이다. 그는 昌源(原) 黃氏와 결혼했는데 슬하에 자녀가 없었다. 그는 진잠현 대정리 한우물 마을(현 대전광역시 유성구 대정동)에 거주했는데, 1780년 무렵의 대정리의 호수가 14호에 74명 정도가 사는 마을이었음을 볼 때,[4] 임효생이 살던 그 당시에도 그리 크지 않은 아담한 마을이었음을 알 수 있다. 대정리는 뒤에는 복산, 옥녀봉, 소태봉이 마을을 두르고 앞에는 논밭이 펼쳐져 있고 그 사이 개천이 흐르는 전형적인 전통마을의 모습을 하고 있었을 것이다. 그래서인지 선사시대 이래 대정리 주변에는 고인돌이 산재해 있음은 결코 우연이 아닐 것이다.[5] 이 지역은 오래 전부터 사람이 살기 좋은 환경이었던 것이다. 임효생이 살았던 시기에도 대정리는 주로 농업을 전업으로 하는 주민들로 구성되었던 마을로 여겨진다.

그런데 임효생이 살았던 생존시기는 앞에서 살펴보았듯이 顯宗~景宗代로 추정되었다. 이무렵 대정리의 사정을 알 수 없으나 특별한 성씨가 모여 산 별다른 기록이 없는 것으로 보아 同姓 부락보다는 자연부락의 형태를 띠고 있었던 것으로 보인다. 한우물에 살던 임효생에게는 주변에 별다른 친족이 없었던 것으로 추정된다. 자녀는 없고 재산도 있던 그에게 後嗣를 세우지 않았기 때문이다. 역시 처가 쪽에도 마찬가지 경우였을 것이다.

한편, 임효생의 품계와 관직에도 불구하고 『司馬榜目』이나 『國朝榜目』 등에 그에 관한 기록이 전연 보이지 않고 있다. 그가 고령에 따른 품계라고 하더라고 관직은 없었을 것이고 전해오는 이야기대로는 그는 장수하지도 않았다.

---

[4] 拙稿, 「朝鮮時代 鎭岑縣과 陶磁生産」 『大田地方의 陶窯址』, 대전광역시향토사료관, 1999, p.261.

[5] 원내동, 칠성당이, 대정동 고인돌 등이 그 예이다.

그렇다면 그의 품계와 관직은 어떻게 된 것일까? 의문이 아닐 수 없다.

그가 살았던 때에는 연이은 흉년과 기근 그리고 질병이 만연해 국가적으로 진휼에 온 힘을 기울이고 있던 시기였다.6) 국가적인 진휼 사업에는 한계가 있어 곡식을 바치는 자에게 벼슬을 주는 納粟 제도를 운영하고 있었다. 자진 납속을 하거나 富農에게 勸分을 통해 곡식을 내게 하고 그 댓가로 관직을 주었던 것이다. 이 예로 미루어 임효생도 혹시 납속을 하지 않았을까 한다. 그것은 그의 비문 중에 '其生也善 活人四隅' 했다는 기록이 있기 때문이다(B-③). 그가 생전에 선행을 하였는데 사방의 사람들을 살렸다는 것이다. 시기적으로 볼 때, 그가 사람들을 살린 것이란 자발적인 구휼, 또는 납속을 통한 진휼이었을 가능성이 높다고 하겠다. 개인적으로 私財를 털어 주변의 어려운 사람들을 살리기도 했겠고, 보다 적극적으로 관청에 곡식을 바쳐 국가적인 진휼 사업에 동참했을 것으로 추정된다. 그것은 그의 品職에서 납속으로 받음직한 '嘉善大夫'가 있기 때문이다(A). 그러면 이 시기는 언제쯤 이었을까. 다행히 국가의 納粟 空名帖의 각도 배정과 그 지급 기록이 얼마간 남아 있으므로 추정이 가능할 것이다.

임효생의 납속 관직을 받은 시기 추정에 앞서 그의 부인의 외명부 품계도 그와 관련되므로 검토가 필요하다. 그의 부인 창원 황씨는 임효생의 품계인 가선대부에 상응하는 '貞夫人'이 아닌 '淑人'인 의문점을 이미 제기했었다. 이것은 비문의 잘못이라기보다는 임효생의 신분과 관련이 있지 않을까 한다. 임효생이 士族이었다면 당연히 이런 일은 없었을 것이다. 임효생이 사족으로 品職이 실제 관직이었다면 당연히 부인인 창원 황씨에게 夫職에 따라 '貞夫人'으로 봉하는 교지를 내리거나 먼저 죽었다면 追贈하는 교지가 내려졌을 것이고, 비문 전면대자에 '淑人' 대신 '貞夫人' 혹은 '贈貞夫人'이라고 썼을 것

---

6) 顯宗·肅宗 때에는 주로 賑資穀 마련을 위해 納粟 제도가 시행되고 賑恤廳이 납속제도를 주도하였다고 한다(徐漢敎, 「朝鮮 顯宗·肅宗代의 納粟制度와 그 기능」 『大丘史學』 45, 1993, p.16).

이다. 이것은 그가 실제 관직에 나아가 얻은 벼슬이 아님을 말해준다. 또한 전면대자에 대개 붙기 마련인 '본관(本貫), ○公, 諱字'를 쓰지 않고 있는 점, 주변 사람을 도울 수 있는 여유가 있는 집안임에도 養子를 立後하지 않은 점 등은 그가 良人 신분이었음을 말해준다. 그렇다면 임효생도 농업에 종사하며 절약해서 얼마간 여유가 있어 자원해서 납속하던 사람 중의[7] 한 사람은 아닐까.

이렇게 보면, 양인 신분인 임효생 부인의 외명부 품계는, 부인이 임효생의 가선대부의 품계를 받기 이전에 임효생보다 먼저 죽었고, 임효생은 그의 부인이 숙인에 해당되는 품계에 있었던 적이 있다는 사실을 말해 준다. 이 시기의 품계도 임효생의 생애로 보아 납속을 통해 받은 품계일 것이다.

임효생 부인의 외명부 淑人에 맞는 夫의 품계는 正三品 堂下~從三品이다. 여기에 해당하는 納粟帖으로는 加設實職帖이 있고 그중에서도 通禮나 正(正三品 堂下), 副正(從三品)의 예가 있는데,[8] 이것이 임효생 부인의 외명부 품계와 맞는 품계가 된다. 그런데 가설직은 賤人 및 良人으로 軍役에 있는 자는 허락되지 않았던 것이므로[9] 임효생의 신분으로 보아 해당되지 않으나 肅宗 16년(1690)의 〈募粟別單〉에서는 40세 이상 된 자에게 허용했다고 하고,[10] 이 해 11월 10일 진휼청에서 납속첩 2만장을 전국[八路]에 成給한 사실이 있다.[11] 임효생의 신분적 제약과 沒年으로 보아 이 무렵에 납속한 것으로 추정된다. 이에 따라 임효생은 가선대부 이전에 납속으로 인해 通禮나 正 또는 副正에 해당하는 납속첩을 받았고 그의 부인 황씨는 이 품계에 해당하는 외명부 품계인 '淑人'을 받은 것이 된다. 이후 부인은 임효생이 가선대부가 되기 이전에

---

7) 첩문을 구득한 사람들은 대부분 농사를 열심히 짓고 절약해서 家食에 조금 여유가 있는 사람들이었다고 한다(서한교, 앞의 글, p.18).
8) 서한교, 위의 글, p.7.
9) 서한교, 위의 글, p.34.
10) 위의 글.
11) 위의 글, p.65.

죽음에 따라서 비문에 '淑人'으로만 기록하게 되었던 것이다. 이렇게 보면, 그의 부인의 죽은 시기는 대개 임효생이 납속첩을 받았던 1690년에서 그 후 다시 납속첩을 받았을 1705년 사이 어느 때인가로 추정해 볼 수 있다. 더 나아가 納粟品官의 연령 제한을 고려하면, 임효생 부부는 1690년경 40대 이상으로 둘 다 생존해 있으면서 납속을 하였던 것이 아닌가 한다.

그러면 임효생은 언제 가선대부가 되었을까. 그의 생존시기로 추정되는 顯宗~景宗代의 각도별 납속첩의 成給 상황은 대개는 알 수 있어 그 시기 추정은 가능하다고 생각된다. 임효생 부부가 납속한 시기인 1690년 이후에는 1705년(숙종 31) 12월 13일 忠淸監司 朴泰恒이 通政・贈通政・折衝・折衝護軍・折衝司直・嘉善同知・贈嘉善 등의 帖文을 요청한 것으로 되어 있다.12) 이중 '嘉善同知'가 있어 임효생이 이 때도 납속을 하고 이 첩문을 받았던 것으로 보인다.

이후 임효생은 이러한 선행을 쌓아가다가 1724년(英祖 卽位年) 무렵에 죽었을 것이다. 그런데 그의 이러한 진휼을 위한 납속이 자신의 명예나 신분 상승에만 염두에 둔 선행이라고 볼 수는 없을 것이다.13) 그는 자녀가 없을뿐더러 입후하지도 않았고, 죽으면서 전 재산을 마을에 희사했기 때문이다. 이 같은 그의 시종여일한 행실은 임효생이 납속을 통해서만이 아니라 자발적이고 적

---

12) 이무렵 鎭岑縣監은 鄭世模(1640~1708)였다. 회덕에 桂潭臺를 지었던 桂潭 鄭復始(1522~1595)의 高孫으로(『桂潭鄭先生文集』, 1986, p.192), 1704~1708년까지 진잠현감을 지냈었다(『大田地理志』, 대전시사편찬위원회, 1996, p.148). 1708년 2월 암행어사의 貶論으로 파직되었다. 그가 죽은 후 祭文과 많은 인사들의 輓詞가 있었는데(앞의 책, pp.192~253), 그중에는 禮曹參判 李東都의 만사 중에 '殘邑屢荒年 力屈賙民飢'라는 글귀가 있다(앞의 책, p.228). 이를 증명하듯이 그에게는 「縣監鄭公世模蠲徭賑民善政碑」가 남아 있다. 비문 중 '賑民'은 이같은 사실과 관련이 있을 것이다. 정세모는 임효생 같은 사람의 자발적인 진휼 사업 참여 등도 이끌어 냄으로서 진휼 사업에 성과를 거두었을 것이다.

13) 당시 납속첩으로 인한 관직 남발은 笑話로도 전개되어 '春呼同知'(張漢宗, 1768~1815), 『禦睡錄』 ; 民俗學硏究所 編, 『古今笑叢』, 1953, 民俗苑 影印, 1996, p.450) 와 같은 세태를 풍자하는 데까지 이른 경우도 있다.

극적으로 주변 사람들의 어려움을 도왔으리라는 것은 충분히 생각해 볼 수 있다. 그의 비문에서 그의 생애를 '活人四隅'했다고 단정적으로 못 박아 기록한 것은 이와 같은 그의 행실 때문이었을 것이다.

마을 사람들은 그의 죽음 슬퍼하고 그를 위해 비를 세우고 이 비석으로 말미암아 그를 공경하고 그의 착한 행실이 오래 전해지기를 염원하는 마음(B-④)을 비문에 담았던 것으로 보인다.

그러므로 이 비석은 임효생의 묘비이기도 하지만 선행으로 주변의 어려운 사람들의 생명을 살린 그의 생애를 단적으로 대변하는 증거가 되고, 마을 사람들은 그를 추모하여 세운 '追慕碑[永世不忘碑]'의 성격도 가지고 있다고 생각된다.

그의 묘소와 함께 비석은 1724년(영조 즉위년) 11월 19일, 한우물 복산 산기슭에 마을이 내려다 보이는 곳에 세웠다.[14]

결국 임효생은 평범한 良民으로 부지런히 농업에 종사하여 여유가 있던 재산을 바탕으로 자발적으로 형편이 어려운 사람들을 구휼하거나 관청에 곡식을 내는 등의 납속을 통하여 주변의 어려운 이웃을 위해 선행을 한 인물이었음을 알 수 있다. 또한 그의 부인과 같이 한 선행은 부인이 먼저 죽은 후에도 이어졌음을 알 수 있다. 그의 이러한 생애는 처음부터 끝까지 한결같아 죽을 때 자기 전 재산을 마을에 희사하는 데까지 이르렀음을 알 수 있다. 지금부터 280여 년 전의 인물이었던 임효생은 선행의 본보기가 무엇인지를 잘 보여준 인물이라고 하겠다.

Ⅳ. 한우물 洞契와 임효생

한우물 마을에서는 洞契[15]가 주축이 되어 옛날 이 동네에 살았던 할아버

---

14) 동네 주민들의 증언으로는 근처에 동네 할아버지 중 누가 살던 곳인 줄은 알지 못하나 집터도 있다고 한다.
15) 계에 관해서는 다음 글이 참고 된다(金弼東, 『韓國社會組織史研究』, 일조각, 1992).

지들의 제사를 지내고 있다. 그 대상은 생몰년대가 정확하지 않으나 마을에 거주했던 분들로 자식을 두지 못하고 죽으면서 전 재산을 마을에 희사해서 그 혼령을 위로하고 있다.[16)]

약 200여 년 전의 인물인 임효생, 약 100년 전 인물인 신상하, 그리고 대장간을 운영하던 이름을 알 수 없는 조대장이 그 대상이라는 것이다.

임효생은 가선대부 동지중추부사를 지낸 인물로 전염병에 걸려 갑자기 사망해서 후손이 없었다고 한다. 신상하는 재산에 대한 등기부등본이 남아 있어 토지 등기 이후에 생존했던 인물로 역시 자손을 두지 못했다고 한다. 조대장이란 인물은 대장간을 운영했다고만 알려져 있고 이름이 전하지 않는 인물이라고 한다. 이들 세 사람과 그 부인들에게 제사를 지내 왔다는 것이다.

이들을 동계가 주축이 되어 제사를 지내는데, 본래 음력 10월 30일에만 지내다가 1990년대 중반부터 설 차례를 추가했다. 또한 임효생, 신상하, 조대장 등이 寄進한 토지는 마을의 공동재산으로 동제답이라고 해서 동계장이 관리하고 주민들이 돌아가면서 경작하고 도지를 냈다고 한다. 또 이 도지로 제사비용을 충당해 왔다고 한다.

이렇게 보면 한우물 동계가 주축이 되어 임효생 등의 제사를 모시고 그들이 기증한 재산을 마을 공동재산으로 해서 관리해 왔음을 알 수 있다. 시기적으로 보아 이만한 내력이면 그에 관련된 문헌자료가 남아 있었을 것이나 6·25 전쟁 등으로 다 없어지고 말았다고 한다.[17)]

이밖에 동계와 이들과의 관계를 추구할만한 자료는 없으나 근래 다시 찾게 된 임효생의 비석과 동계가 주축이 되어 임효생 등이 마을에 기증한 재산을 온전히 보존해 내려온 사실 등을 토대로 보면 그 대강의 추이는 살펴볼 수 있다.

---

16) 『大田綜合流通團地 開發事業地域內 考古·民俗調査報告』, 忠南大學校 博物館, 1999, p.76.
17) 위의 글, pp.76~77, p.95 및 주민 증언.

전해오기로는 임효생을 약 200여 년 전의 인물로 보았으나 비문 판독 결과 그가 죽기는 280여 년 전이니 그는 17세기 후반에서 18세기 초에 생존했던 약 300여 년 전의 인물임을 알 수 있다. 그의 생존시의 선행은 당시 흉년, 기근, 전염병 등으로 어려운 처지에 있던 사방의 여러 사람들을 살렸던 것인데 그의 평소 이같은 행실은 죽음에 이르러서 자기 전재산을 마을을 위해 내어 놓았던 것이다. 이같은 그의 생존시나 사후의 일을 추모해서 마을 사람들 특히 동계가 주축이 되어 그의 비석을 건립한 것으로 이해된다. 그러니 동계가 주축이 된 그를 위한 제사와 재산은 마을 공동재산으로 해서 동제답으로 관리해 내려오기는 280여 년 이상 되는 것으로 보아야 겠다.[18] 아마도 동계의 規約 중에는 이러한 부분들도 명기되어 있었을 것이다.[19]

이같은 모범 때문인지 그 후에 신상하나 조대장 같은 인물들이 임효생과 같은 전철을 밟았던 것이 아닌가 한다. 신상하나 조대장 같은 사람들도 역시 동계의 일원으로 임효생의 事蹟을 너무나 잘 알고 있던 사람들이니 자신의 처지와 유사했을 임효생의 뒤를 따른 것으로 이해된다. 이들 이후에 마을에 전쟁의 여파와 생업 곤란 등으로 한동안 제사가 중단되기도 하고 이들의 묘소의 관리가 어렵게 되기도 하는 등 동계도 어려운 지경에 처한 적도 있었다.[20] 그러나 다시 이들의 묘소를 찾아내어 7位의 묘를 1990년에 충남 논산

---

[18] 임효생 등을 致祭하기 위해 약 200여 년 전에 동계를 조직했다고 하나(위의 글, p.95), 임효생의 사망 후 동계에서 그의 기증 재산을 관리하고부터라고 보더라도 280여 년 이상되었음을 알 수 있다. 한우물의 동계의 基金을 이것만으로는 볼 수 없을 것이다. 이것은 임효생 등의 치제를 위한 것이었으므로 별도의 기금(田畓)으로 운영되었을 것이다.

[19] 동계 문헌 자료가 소실되고나서 1960년도에 기억을 더듬어 작성한 원본에서 그 이후 개정을 통한 동계(앞의 글, p.95)의 규약에도 동계의 목적을 "본 계는 고 신상하씨, 임효생씨, 조모씨 등 8분의 분묘관리와 시제봉사를 통하여 이분들을 추모하고 계원 상호간 친목을 돈독히 하는데 있다"고 하였다(위의 글, p.101).

[20] 일제강점기 인근 대정리에 거주했던 『朝鮮寰輿勝覽』의 저자 겸 발행자였던 李秉延(대전군 진잠면 대정리)이 大田郡 篇에서 임효생 등의 사적을 싣지 못한 것은

군 광석면 항월리로 이장하였다.[21] 이 때 세운 「七墳遺墟碑」의 비문은 다음과 같다.

> 이 분묘는 임효생씨 외 六기는 무자무녀로서 대전시 유성구 대정壹동 동계에서 수백년간 수호하던 중 대전시 개발로 인하여 현 논산군 광석면 항월리 산 후록으로 이장하였음
>
> 서기 一九九0年 陰二月二十四日
> 대정1동 동계장 오의근 외 70인 立

역시 이 비문에서도 동계가 주축이 되어 묘소도 수호되어 왔었음을 확인할 수 있다.

결국 동계가 주축이 되어 이들을 위하고 있음을 보면, 한우물 동계는 임효생 생존 시에도 있었을 것이고, 그도 이 마을 주민이었으므로 동계 일원이었을 것이다. 그는 생존 시에 마을과 주변 사람들을 구휼하는데 힘썼고 죽기 전에는 남은 자기 재산마저 마을을 위해 희사했다. 이는 그가 마을 사람들과 평상시에도 잘 융화되어 살았기 때문일 것이다. 그의 이러한 모범적인 행실은 마을의 귀감이 되어 그의 사후에 그의 묘비이자 추모비[영세불망비]를 건립하게 했고, 그를 위한 제사를 모시고 그의 재산은 마을 공동 재산인 동제답으로 운영되어 지금까지 내려온 것이다. 그러니 그동안 내려온 동계의 규약에서 이러한 부분이 추가되어 대정동 동계의 중요한 부분으로 자리 잡게 된 것으로 이해된다.

그 이후 역시 동계원이었을 신상하, 조대장의 경우도 자기 재산을 마을을

이같은 원인에서였을 것이다.
21) 이들 중 임효생의 묘 이장시에 나온 비석, 석물 등을 임효생의 묘소 앞에 놓았다. 원래는 망주석도 있었다고 한다(채중갑 님 교시). 답사 결과 비석을 제외한 4기의 석물 중 3기는 童子石으로 추정되고 하나는 다른 동자석과 다른 형태였는데 확인 결과 동자석의 뒷면임을 알 수 있었다.

위해 공동 재산으로 하고 있으니 이것은 분명 마을과 임효생에게서 비롯된 나눔의 정신적 전통의 영향이 아닐 수 없다.

결국 대정동 동계는 300여 년 이상의 오랜 역사적 전통을 가진 동계였음을 알 수 있다. 또한, 마을과 동계의 患難相恤의 전통 속에서 임효생을 비롯한 신상하, 조대장 같은 이들이 선행을 하고, 또 마을을 위해 재산을 희사해 마을 공유 재산을 마련함으로써 사후에도 마을의 복리 증진을 위하는 등 동계의 훌륭한 전통을 낳았던 것이다. 이같은 전통은 현재의 마을 동계를 통해서도 면면히 전해지고 있다.[22]

V. 맺음말

이제까지 대전광역시 유성구 대정동 한우물 마을에서 발견된 林孝生의 墓碑를 검토해 보았다.

임효생의 비는 1724년(英祖 卽位年) 11월 19일, 한우물 洞契가 주축이 되어 세운 비로 碑文에는 임효생과 그의 처 昌源(原) 黃氏, 그의 이름과 字, 性品?, 生涯, 銘, 建立年代 등의 내용이 일부는 매우 함축적으로 표현되어 있었다.

이 같은 임효생의 묘비문과 한우물 마을에 이제껏 전해오는 동계의 사실 등을 통해 임효생의 생애를 구성해 보았다.

임효생의 字는 孝源으로 주로 顯宗~景宗代에 생존했던 良人 신분의 인물로 이 마을에 거주했고 창원 황씨와 결혼했다. 그 후 그는 부지런히 농업에 종사하여 여유가 있던 재산으로 당시 흉년, 기아(근), 전염병으로 처지가 어려운 주변의 많은 사람들을 살려내었다. 그의 이러한 선행은 나라의 賑恤 정책에

---

22) 대정리 동계에서 효자와 효부를 선발 표창하고, 계원 자녀를 위한 장학생 선발(『대전종합유통단지 개발사업지역내 고고·민속조사보고』, pp.102~105) 등은 이러한 맥락으로 이해된다. 또한 한우물 동계에서는 「한우물 마을과 동네할아버지 유래비」 제막식(2014.11.8)을 하고 그 뜻을 기렸다.

도 이바지하여 納粟하는 과정에서 그의 부인과 그는 納粟品官의 관직을 받은 것으로 이해된다. 그 시기는 대개 1690년경과 1705년경으로 추정하였다. 1690년경에는 부부가 생존해서 창원 황씨는 '淑人'에 봉해졌고 임효생은 '通禮'나 '正·副正' 등에 해당하는 관직을 받았을 것으로 추정된다. 그 뒤 부인은 죽고 1705년경 임효생은 납속을 통해 '嘉善大夫 同知中樞府事'의 관직을 다시 받은 것으로 이해된다. 그는 생시의 행실과 같이 죽을 때도 자신의 재산을 마을에 희사했다.

이 같은 그의 행실을 추모해 동계에서 중심이 되어 그의 비를 세우고 280여 년 이상 제사를 받들고 그의 재산을 동제답으로 관리해왔던 것이다. 그의 이 같은 행실은 한우물 마을의 모범적 선례가 되어 그 후 신상하나 조대장 같은 인물들이 뒤따르는 결과를 낳았던 것으로 생각된다.

임효생의 비석은 한우물 마을 동계의 역사와 같이하며, 마을의 한 구성원의 일생의 착한 행실과 그의 사후 재산인 마을 공동재산이 동계를 중심으로 해서 마을 공동체에 어떠한 영향을 끼쳤는가를 극명하게 보여주는 좋은 예가 된다. 또한, 조선 후기 한 마을의 모습과 동계를 중심으로 한 공유 재산이 오랜 세월을 두고 오늘날까지 이어져 온 마을 역사의 일부분을 들여다볼 수 있게 해주는 의미 있는 비석이기도 하다.

10

御史 洪遠謨의 永世不忘碑 고찰

Ⅰ. 머리말

 현 대전광역시 대덕구 회덕동 주민자치센터 앞에는 역대 懷德縣監의 善政碑群이 있고, 그 남쪽으로 1830~40년대 건립된 洪遠謨 御史의 선정을 기리는 영세불망비와 비각[문화재자료 제27호]이 있다.
 그동안 이 불망비와 비각에 대해서는 홍원모 어사의 선정을 기려 세운 비와 비각이고 비각에 대한 건축학적인 측면에서의 개략적인 내용과[1] 비의 원문과 번역을 소개한 것이[2] 대부분이었다.
 그런데 이 어사비각은 여타의 어사 불망비와는 다르게 陰記가 있고[3] 구체적인 선정의 내용이 있을 뿐만 아니라 비각도 매우 화려하게 건축되어 있어 비각의 造營도 단순한 불망비 보호 이상의 것임을 알 수 있다.

---

1) 『文化遺蹟總覽』, 대전직할시, 1992, p.377 ; 『한밭人物誌』, 대전시사편찬위원회, 1993, pp.891~892.
2) 『大田金石文』, 대전시사편찬위원회, 1995, pp.1054~1058.
3) 보령시 오천면 소성리에도 "御史洪公遠謨永世不忘碑"가 있으나(『保寧의 金石文』, 大川文化院, 2010, p.303), 前面大字 좌우로 함축적인 내용의 銘만 있을 뿐이다.

따라서 비와 비각에 대한 재검토가 필요하고 비문에 대한 분석과 함께 비각 조영도 함께 고찰할 필요가 있다. 또한 비각 검토에 앞서 어사 홍원모의 생애와 활동을 찾아보고 그 비문 분석을 통해 대전지방에서 선정의 구체적인 내용을 살펴보고자 한다. 이 같은 시도는 1800년대 어사의 역할과 활동의 실상에 대한 접근과 당시 지방 행정과 재정 상황을 이해하는데 일정 부분 기여하리라고 본다. 나아가 1862년 壬戌民亂시 충청도에서 공주·은진과 더불어 최초로 발생한 회덕지방 농민 봉기의 한 원인을 살펴볼 수 있을 것으로 기대된다.

II. 洪遠謨의 생애와 활동

홍원모(1784~1835)는 본관은 豊山, 자는 聖先이다. 족보 상의 그의 이력은 매우 소략하다.4) 아버지는 義綏, 어머니는 星州李氏이다. 榜目上 그의 거주는 서울로 되어 있다. 그의 형인 彦謨의 1816년 準戶口에도 서울 西部 皇華坊 鶴橋契로 되어 있어5) 서울이 주 거주지였을 것이다. 다음은 홍원모의 주요 家系이다.6)

홍원모 가계는 8대조인 慕堂 洪履祥(1549~1615)대부터 가문이 현창하기 시작해서 많은 인물들이 배출되었는데, 조선 후기 풍산홍씨 중 노론세도가의 대표격으로 正祖의 외조부인 洪鳳漢(1713~1778)은 그의 가계내 從祖 항렬이므로 그의 가계에 대해서는 재언을 요하지 않는다.

홍원모는 1809년(純祖 9) 進士試에 입격하고 1811년(純祖 11) 문과에도 합격하였다. 이 때 홍원모는 과거시험에서 洪龜遐로 改名하고 문과 응시하여 당

---

4) 生沒年과 通政, 文科, 官承旨의 기록에 불과하다(『豊山洪氏大同譜』 卷3, 1985, pp.67~68).
5) 奎章閣 官府文書(奎 25156).
6) 『豊山洪氏大同譜』, 1985 참조.

시 知經筵으로 族祖이던 洪義浩의 비난을 받았고[7] 그 이후에는 說書·文學·正言 등을 역임하였으며, 兵曹 郎官으로 있으면서 軍木을 훔쳤다는 죄명과 함께 대간의 탄핵을 받기도 하였다. 후에 이것은 규칙을 지키지 않고 융통성을 부린 것으로 판명되기도 하였다.[8] 이같이 홍원모는 과거시험에서 벼슬길에 나간 초기까지 순탄하지 않은 관직생활을 하였음을 알 수 있다. 이후 홍원모는 그 문장 실력을 인정받았음인지 1827년(純祖 27) 10월 冬至使 書狀官으로[9] 청나라에 다녀온 것으로 보인다. 1829년(純祖 29) 2월에는 備邊司에서 御史가 될 만한 사람을 추천할 때 李是遠 등과 함께 선발된 바 있고,[10] 10월에 公淸道 暗行御史로 활약하였다.

이때의 書啓와 別單이 남아 있다.[11] 11월에는 世孫 翊禮가 되었다.[12] 이후 弘文館 副應敎, 應敎, 承政院 承旨 등을 역임하였다.

이와 같이 홍원모는 주로 외직보다는 내직에서 근무하였으므로 외직에 대한 그의 경험은 암행어사 시절이 전부였다고 해도 과언이 아닐 것이다. 여기에 병조 낭관으로 오랫동안 근무한 경험도 그의 실무 행정에 도움이 되었을 것으로 보인다. 따라서 그의 암행어사로서의 보고서인 서계와 별단에는 軍政의 실태나 당시 지방의 실정을 파악하는데 매우 중요한 자료라 할 것이다.

---

7) 『純祖實錄』 卷14, 純祖 11년 3월 22일 庚午.
8) 『純祖實錄』 卷21, 純祖 18년 4월 11일 戊寅.
9) 『純祖實錄』 卷29, 純祖 27년 10월 28일 庚子. 홍원모는 귀국 후 聞見別單을 올렸는데(『日省錄』, 純祖 28년 3월 24일 戊子), 皇室의 사정, 재난을 입은 諸省의 賑恤 상황, 大臣의 전횡, 叛亂의 경과, 외국 사신(暹羅國, 태국) 모습 등을 보고하고 있다. 섬라국 사신과는 말이 안 통해 詳探하지 못했다는 보고로 보면 청과 주변국 사정에까지 최대한 探問하려했던 그의 모습을 엿볼 수 있다.
10) 『純祖實錄』 卷30, 純祖 29년 2월 19일 癸未. 오랫동안 兵曹 郎官으로 있던 경험을 고려한 추천으로 보인다.
11) 『純祖實錄』 卷30, 純祖 29년 11월 30일 庚申, 『備邊司謄錄』 218冊, 純祖 30년 2월 1일조 ; 『承政院日記』 2250冊, 純祖 30년 2월 2일 辛酉.
12) 『純祖實錄』 卷30, 純祖 29년 11월 27일 丁巳.

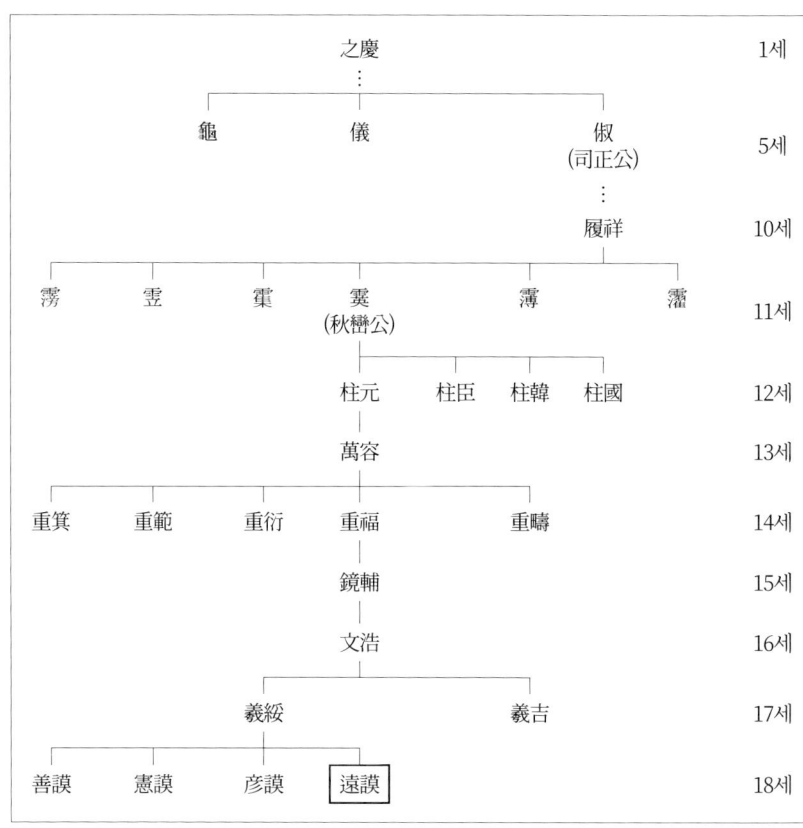

홍원모의 주요 家系

그의 서계에 따르면 회덕현감인 趙雲龜의 경우 不法의 죄로 논하였고,[13] 별단에서는 軍政·田賦·糶糴의 三政의 폐단, 戰備의 소홀, 驛站의 凋殘, 吏額의 漸增, 松禁이 오랫동안 해이된 것, 漕倉의 濫捧, 官結의 偏重 등을 陳啓하였다고 하였다.[14] 그런데 실제 별단의 전체 내용은 30여 항목에 달하고

---

13) 이 무렵 조운구는 회덕현감직에서 파직되었을 것이라 한다(『懷德의 縣監』, 대덕문화원, 2007, pp.146~147).

14) 『純祖實錄』卷30, 純祖 29년 11월 30일 庚申. "公淸道暗御史洪遠謨書啓論 … 懷德縣監趙雲龜 … 不法之罪 … 幷令從輕重勘處 別單 陳軍田糴三弊及戰備之虛疎

있다.15) 이 중 회덕현을 특별한 예로 지칭하지는 않았으나 어느 현과 마찬가지로 삼정의 폐단은 회덕현도 예외가 아니었을 것이다. 그중 이보다 뒤의 일이지만 회덕현도 군정에서 폐단이 생겨 結斂하였고 이에 폐단이 생기자 吏況(서리의 사사로운 수입)에서 보충하고 이 때문에 서리들이 還穀을 훔쳐서 還政의 폐단이 생겼다는 것이다. 결국 모든 폐단의 근원은 군정에서 비롯되었다는 것이16) 당시 회덕현감의 현황 파악이었다.17) 또한 『懷德縣三政說捄弊條目成冊』에는 1829년에 軍額이 태반 부족하여 도리 은결(都吏 隱結)을 조사하여 군액의 부족분을 충당하였다는 사실을 기록하고 있는데, 이는 같은 해 10월 암행어사로 왔던 홍원모와 관련된 사실로 보지 않을 수 없다. 그렇다면 회덕현에서의 홍원모 어사의 활동과 그 구체적인 내용은 무엇이었을까. 이에 관해서는 다음 장에서 언급할 그의 불망비에서 그 단초를 찾을 수 있지 않을까 한다.

III. 永世不忘碑文의 判讀과 그 내용

홍원모 어사비는 碑身과 碑座로 구성된 일반적인 불망비와는 달리 碑座

驛站之凋殘 吏額之漸增 松禁之久弛 漕倉濫捧官結偏重等事 令廟堂 從長採施"

15) 『備邊司謄錄』218, 純祖 30년 2월 1일조 ; 『承政院日記』2250, 純祖 30년 2월 2일조. 30여 항목 중에는 善政碑를 엄금하는 항목도 있는 것을 보면, 홍원모 영세불망비가 2년 뒤에 세워진 것도 이와 관련이 있을 듯하다.

16) 『懷德縣三政說捄弊條目成冊』. "夫三政也者 雖是三件事 而其實一也 一政有弊 則三政俱生弊 一政無弊 則三政俱無弊 卽以本縣弊瘼言之 軍弊旣如彼故 以之結斂而田政生弊 以之削入吏況而吏無聊賴 偸弄國穀 還政又生弊 其本豈不由於軍政之初不疪定乎"(『各司謄錄』48, 忠淸道補遺篇, 1991, p.530 ; 『1862년 농민항쟁』, 동녘, 1988, p.347).

17) 당시 회덕현감은 金樂均이었다(『大德의 題詠記』, 대덕문화원, 2007, pp.33~37 ; 『懷德의 縣監』, 대덕문화원, 2007, pp.282~284).

와 碑身에 加檐石까지 갖추고 있다. 비문은 前面大字와 음기 및 비와 비각 營建有司까지 상세히 기록하고 있다.

전면대자는 "御史洪公遠謨永世不忘碑"라고 되어 있어 어사 홍원모의 불

홍원모 어사 비각

홍원모 어사비

비 전면 탁본   비 전면 내용

망비임을 알 수 있다.

음기는 첫줄에 "暗行御史洪公遠謨民惠實蹟"으로 시작되고 있다. 암행어사 홍원모가 백성에게 베푼 은혜에 대한 실적을 기록한 것으로 풀이된다. 그런데 음기 부분의 비면이 박락이 심해 정확한 판독을 위해서는 탁본과 원비의 대조 교정이 필요하다. 다음은 비에 대한 탁본과 원문 및 풀이이다.[18]

　　　　　　　　　　　　暗
　　　　　　　　　凡　行
　　　　　　　　有　御
　　　　　　後　事　史
　　　　　己　官　則　洪
　　　　七　丑　家　記　公
　　永　面　兩　十　非　不　遠
　　世　之　五　月　不　忘　謨
　　不　溰　分　行　留　則　民
丁　忘　恩　以　到　念　銘　惠
未　懷　深　每　此　而　卽　實
五　川　矣　年　縣　鳩　識　蹟
月　民　完　十　細　財　之
　　知　文　三　察　沒　心
日　今　雖　殖　邑　策　而
改　年　如　利　瘼　尙　示
立　之　彼　永　深　未　諸
　　記　不　刻　採　革　遠
辛　是　如　弊　民　祛　也
卯　碑　傳　之　隱　是　惟
四　而　之　石　查　非　我
月　常　無　規　成　不　懷
　　垂　窮　于　出　正　鄕
日　之　　　目　完　各　民
立　永　　　鷄　文　色　瘼
　　久　　　山　一　條　不
碑　營　　　永　邑　一　一
閣　建　　　峴　之　千　其
營　有　　　甲　蒙　三　端
建　司　　　川　惠　百　前
有　幼　　　祛　均　五　御
司　學　　　瘼　則　十　史
延　姜　　　洪　渴　七　洪
在　德　　　則　矣　　　公
浩　煥　　　後　　　　　前

비 후면(陰記) 탁본　　　　　　　　비 후면·측면 내용

---

18) 『大田金石文』, pp.1054~1058을 참고하면서 탁본과 원비를 대조 교정하였다.

[前面大字]

어사 홍공원모 영세불망비

[陰記]

암행어사 홍원모공이 백성에게 은혜를 베푼 실적

무릇 일이 있으면 기록하고 잊지 않으려 새기는 것은 즉 마음에 알게 하고 후대에게 보이려는 것이다. 생각건대 우리 懷德 고을 백성들에게 폐단이 그 단서가 한 가지가 아니어서 전후 官家에서 유념하지 않은 것이 아니나 재물을 모을 계책이 없어 오히려 폐단을 없애버리지 못했으니 이것이 한 고을의 걱정거리가 되었다. 얼마나 다행인지 어사 홍공이 己丑(1829) 10월에 이 고을에 도착하여 자세히 고을의 폐단을 살피고 깊이 백성의 숨은 아픔을 캐내고 그릇되고 바르지 못한 것을 조사하고 各色條 1,357냥 5푼으로서 매년 十三殖利를 내어 길이 폐단을 막는 법규를 만들어 完文 이루어 내니 한 고을의 혜택을 입음이 고르고 일곱 면에 두루 은택이 미친 것이 깊도다. 완문이 비록 저와 같더라도 돌에 새겨 늘 눈으로 보는 것만 같지 못하다. 계족산이 우뚝 솟고 갑천이 마르지 않을 것인즉 뒤에 보는 자는 올해에 이 비에 기록한 것을 앎이 있을 것이고 무궁히 전하고 영구히 드리우게 할 따름이다. 폐단을 막고 제거한 洪御史요, 영원토록 잊지 않을 회덕의 백성[懷川民]이로다.

辛卯(1831) 4월 세우다.

營建有司 幼學 姜德煥

[側面]

丁未(1847) 5월 고쳐 세우다

碑閣營建有司 延在浩

비문의 주요 내용은 1829년(순조 29) 10월에 홍원모 어사가 회덕현에 와서 고을의 폐단을 살피고 백성의 폐해를 조사해서 各色條 1,357냥 5푼으로서 매년 "十三殖利"로 이자를 내어 영구히 폐단을 막는 법을 만들고 完文을 이루니 그 혜택이 한 고을과 일곱 面에 미쳤고 이를 비로 남긴다는 것이 주 내용이다. 이를 기념하여 1831년(純祖 31) 4월 영건유사 강덕환이 중심이 되어 세운 것으로 되어 있다. 그런데 이 비에는 비와 비각이 있으므로 무엇을 의미하는지 알 수 없으나 측면에 비각 영건유사가 따로 기록되어 있으므로 이 기록은 비 자체에 대한 기록임을 알 수 있다. 또한 음기 마지막 부분에 기록되어 있는 것으로 보아도 비석을 세운 기록임을 알 수 있다. 그렇다면 이 비석은 1829년(純祖 29) 10월 홍원모 어사가 떠난지 2년이 지난 후에 세운 것이 된다.

그런데 이와 같은 시기에 그것도 같은 달에 세운 선정비가 있다는 사실이 주목된다. 이 선정비는 1762년(英祖 38) 도임한 회덕현감을 지낸 李得永의 遺愛碑가 그것이다. 이 비석은 이득영 현감의 비석을 1831년 4월 당시 회덕현감

이득영 현감 유애비

이득영 현감 유애비 탁본

이던 呂東奎(1774~1837)[19])가 기록하고 세운 비이다.[20]) 비석도 독특하게 음기를 전면대자인 "行縣監李公得永遺愛碑" 좌우에 기록하고 있다. 비문 뒷면이 있음에도 비문 뒷면을 이용한 음기보다는 바로 전면에서 쉽게 볼 수 있는 방법을 고안한 것으로 보인다.

비문 내용은 이득영 현감이 회덕현감으로 부임한 해에 큰 흉년을 만나 창고를 열어 진휼하여 백성을 살리니 이를 비를 세워 기록하려 했으나 이득영 현감이 빼앗아 관아 뒤 정원에 감추었고 洴澼(섬유를 물로 바래서 희게 함)의 돌이 되었다. 이에 여동규 현감이 이득영 현감의 실적에 대해 알아보고 고을 耆耈들과 상의해 이득영 현감이 감춘 비를 찾아 그 내용을 기록하고 뒷사람에게 권한다는 것이 그 내용이다. 그렇다면 어사 홍원모 영세불망비도 이와 같은 선상에서 세운 것은 아닐까. 홍원모 어사가 간지 2년이나 지난 시점에서 불망비를 굳이 세울 필요는 없었을 것이기 때문이다. 이는 홍원모 어사의 縣民에 대한 실질적인 혜택에 대한 현민의 칭송의 실제를 찾아보고 이를 기념해 세운 기념비일 것으로 생각된다. 이 때도 역시 이득영 현감 유애비를 세울 때와 같이 고을 耆耈와 협의해 세웠을 것인데 그 耆耈 중 대표자가 영건유사로 활약했던 유학 강덕환일 것이다. 더구나 두 비석이 같은 해 같은 달에 세워졌다는 사실은 이를 더욱 방증한다. 또한 고을 耆耈란 『儒鄕公事員宋公啓洙本縣防弊事實記』에서도 보다시피 불망비 대신에 현판을 향교와 鄕廳에 걸었던 사실로 보면 역시 향청의 향원(鄕員)이었을 것이다.

한편 회덕현감 여동규는 1832년(純祖 32) 6월 永平縣監이 되었는데[21]) 그 다음해 京畿暗行御史 李是遠의 書啓別單에서도 그 치적이 보이다시피[22]) 지방

---

19) 『咸陽呂氏庚辰大同譜』卷3, 2003, pp.68~69.
20) 『大田金石文』, pp.1082~1084.
21) 『日省錄』, 純祖 32년 6월 25일조.
22) 위의 책, 純祖 33년 10월 2일조. "京畿暗行御史李是遠進書啓別單 … 永平縣令

관으로서 매우 뛰어난 능력을 보였었다. 이 같은 그의 행적으로 볼 때 이득영 현감과 홍원모 어사의 실적은 그가 지향하는 진실로 백성에게 혜택을 주고자 노력하는 지방관의 이상형에 충족된 인물이었을 것이다. 이에 고을 대표들과 함께 두 인물의 비를 세웠던 것은 아닐까.

더구나 홍원모 어사비의 경우에는 비가 세워진지 16년 뒤인 1847년(憲宗 13) 5월에는 비를 보호하는 비각이 세워지게 된다. 당시 碑閣營建有司는 延在浩(1787~1851)[23]였다. 이 같은 내용은 홍원모 어사비 측면에 음기 기록의 서체와는 다르게 기록되어 있음을 보면 비각 세울 당시에 새긴 기록임을 알 수 있다. 또한 비각은 正面 한 칸, 側面 한 칸으로 볼 수 있으나 정면과 후면에는 기둥 사이에 2개, 양측면 기둥 사이에는 1개씩 八角의 사이기둥을 세워 마치 정면 3칸, 측면 2칸으로 보이고 있다. 구조는 팔각의 柱形長礎石 위에 짧은 원형기둥을 세우고 無出目 二翼工系의 栱包를 구성하고, 공포에는 화려한 연꽃과 봉황들이 조각되어 있고[24] 내부 보에는 각각 梅·蘭·菊·竹의 四君子가 그려져 있다. 지붕은 겹처마 八作지붕이다. 이 같이 비각 자체도 매우 화려하고 정교하게 구성되어 있음을 알 수 있다. 이는 단순히 비를 보호하는 비각 본래의 기능을 넘어서는 것이고 그것은 홍원모 어사의 혜택을 입은 縣民의 정성이 표현된 것은 아닐까. 이와 관련하여 최근 비각 보수 중 비각 상량문이 발견된 바 있다. 그 상량문은 다음과 같다.

呂東奎 文士拙規 邑小政簡 灾無冤徵 賑有實效 勘簿精詳 奸敵吏手 捐廩益下 惠在民口".

23) 『谷山延氏世譜(五重刊)』 卷12, 1922, 제1판. 延在浩는 『鄕員錄』에도 그 이름이 있는 것으로 보아(『懷德鄕校誌 附邑誌』, 1989, p.320) 비를 건립할 때와 같이 역시 鄕廳이 주관하여 비각을 세웠을 가능성이 높다고 하겠다. 이와 관련하여 선정비의 건립은 향청이 중심이 되는 경우가 많다고 한다(임용한, 「조선 후기 수령 선정비의 분석-안성·죽산·과천의 사례를 중심으로-」 『韓國史學報』 26, 2007, p.166).

24) 『文化遺蹟總覽』, p.377.

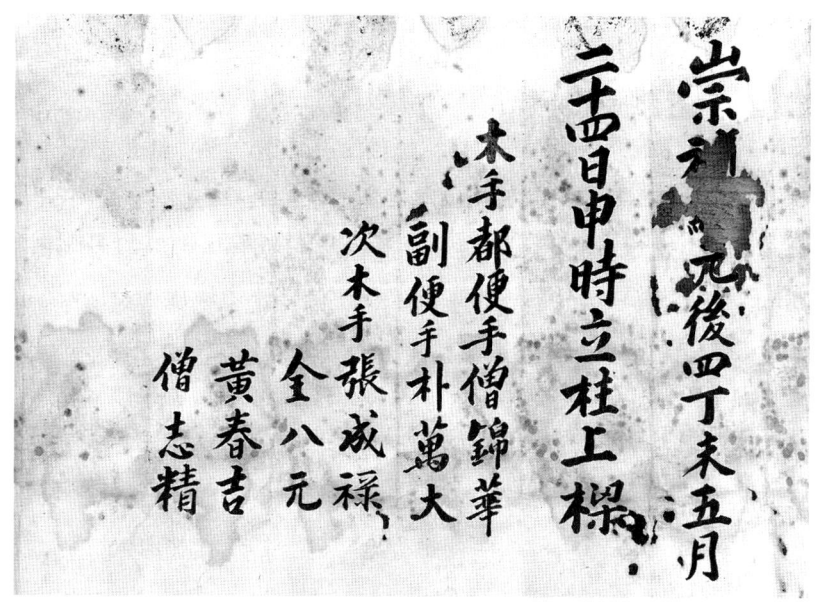

비각 상량문

판독문은 다음과 같다.

崇 禎 紀 元[25] 後 四 丁 未 五 月
二 十 四 日 申 時 立 柱 上 樑
木 手　都 便 手　僧 錦 華
　　　副 便 手　朴 萬 大
次 木 手　張 成 祿
　　　　　全 八 元
　　　　　黃 春 吉
　　　　　僧 志 精

---

[25] 이상 3글자는 虫蝕은 있으나 비 세운 시기와 年號와 남은 글자획으로 볼 때 "禎紀元" 세 자일 것이다.

이 상량문으로 보아 비각은 "崇禎紀元後四丁未五月二十四日" 즉 1847년(憲宗 13) 5월 24일 상량한 것으로 되어 있는데, 이는 비 측면에서 "丁未五月 日 改立 碑閣營建有司 延在浩"라는 기록과 정확히 일치함을 알 수 있다.
　또한 상량문에는 6명이나 되는 목수가 기록되어 있는데, 목수 명단에는 특이하게도 도편수와 목수로 僧 錦華와 志精이 포함되어 있다. 이는 비각의 화려한 단청과 그 구조와 관련이 있지 않을까 한다. 구체적으로 단청에 있어서도 금모로단청으로 화려하게 장식했고 사찰 단청의 특징적인 요소인 別枝畵로 四君子가 있는 점 등은 목수 명단에 승려가 있는 점과 함께 건물의 품격을 높이고자 하였음을 알 수 있다. 그렇다면 이 비각은 畵僧의 주도로 이루어진 단청(別枝畵)과 함께 사원 건축 양식을 적용한 건축물로 볼 수 있겠다.[26]
　이렇게 보면, 홍원모 어사비와 관련해서는 그 비와 더불어 비각의 건립시기, 영건유사, 목수에 이르기까지 완전한 기록이 남아 있음을 알 수 있다. 그렇다면 일반적인 영세불망비와는 다르게 비와 비각을 조성한 사연은 홍원모 어사의 선정과 관련이 있을 것인데 홍원모 어사가 대전지방에서 선정을 폈다는 내용은 구체적으로 무엇이었을까. 다음 장에서 살펴보고자 한다.

---

26) 지금까지 알려지지 않았던 畵僧인 錦華와 志精에 대해서는 알려진 바 없으나 이들은 예로부터 화승을 양성했던 사찰 중 공주 계룡산(石鼎, 『韓國의 佛畵草本』, 통도사성보박물관, 1992, p.9)에 해당할 것이고, 17세기 충청지역을 주 무대로 활동한 信謙, 應悅 등 8개 계파(金昶均, 「화승 信謙派 불화의 연구」『강좌미술사』 26, 2006, p.545) 이후 19세기 후반~20세기 초 활약한 錦湖堂 若效(1846~1928)와(金廷禧, 「錦湖堂 若效와 南方畵所 鷄龍山派」『강좌미술사』 26, 2006 ; 장희정, 「조선 후반기 지역 불화(佛畵)의 활성과 계룡산의 화승(畵僧)들」『마곡사(麻谷寺) 근대불화를 만나다』, 국립공주박물관, 2012, pp.214~217) 관련 그 전 세대에 해당하는 화승으로 볼 수 있지 않을까. 한편 1831년의 「泰華山麻谷寺二層大雄寶殿重修記」 현판 기록 중 山中宗師秩에 "錦花幻如"가 보이는데(문명대 외, 『朝鮮時代 記錄文化財 資料集(Ⅰ)』, 한국미술사연구소, 2011, p.345), 錦華와 동일 인물 여부는 알 수 없다.

Ⅳ. 홍원모 어사의 대전지방 善政

조선 후기 어사의 역할은 外官 감찰의 확대와 강화 및 민생질고 즉 民隱 파악이 강화되는 시기였다. 어사는 복명시에 書啓와 別單을 국왕에게 보고하는데, 별단은 어사가 염탐한 지역의 邑弊·民瘼을 시무책 형식으로 보고하는 것이다. 이런 별단의 중요성이 현저히 증가하던 시기가 正祖代이고, 이 시기에 어사도 복명시 서계와 별단 두 가지 문서를 작성 보고하였던 것이다.[27]

홍원모 어사가 작성 보고한 별단을 보면,[28] 비문과 같이 어사가 회덕현에서 구체적으로 어떤 활동을 했는지를 파악해 볼 수 있는 내용은 실려있지 않다.

홍원모 어사가 회덕현에 온 것은 비문에 의하면 1829년(純祖 29) 10월로 되어 있다. 홍원모 어사의 회덕현에서의 활동에 대해서는 비문에서 회덕현에 와서 고을과 백성의 폐단을 조사해서 各色條 1,357냥 5푼으로서 매년 "十三殖利"로 이자를 내어 영구히 폐단을 막는 법과 이를 完文으로 만들어 그 혜택이 한 고을 7개 面에 미쳤다는 것이다.

그렇다면 고을과 백성의 폐단과 각색조 그리고 완문은 어떠한 내용을 담고 있었을까. 현재로서는 그 완전한 사실은 알 수 없으나 다음 기록은 이에 대한 매우 중요한 정보를 제공해 준다.

홍원모 어사비각에서 멀지 않은 곳에는 회덕향교가 있고 그 대성전에는 회덕향교 관련 현판이 10여 개 있다. 그 중 「儒鄕公事員宋公啓洙本縣防弊事實記」는 홍원모 어사와의 관련 사실을 전하는 중요한 현판이다. 다음은 그 내용이다.[29]

---

27) 한상권, 「어사 파견과 지방지배 강화」 『조선은 지방을 어떻게 지배했는가』, 아카넷, 2000, pp.211~218.
28) 홍원모 어사의 別單에는 없으나, 어사의 임무와 역할이 명기되어 있는 齎去事目 중 인재나 효열을 搜訪하는 風化가 있는데, 홍원모도 金敎澤의 효행을 褒錄한 바 있다(『光山金氏文元公派世譜』 卷2). 宋寅協 先生 敎示.
29) 『大德의 題詠記』, 2006, pp.22~26 ; 『大田의 鄕校·書院』 1, 대전시사편찬위원회,

儒鄕公事員宋公啓洙本縣防弊事實記 Ⅰ

儒鄕公事員宋公啓洙本縣防弊事實記 Ⅱ

儒鄕公事員宋公啓洙本縣防弊事實記

在昔我文正兩先生 道德學問爲世宗師 宗廟百官旣富且美 一言一行 皆可爲天下後世之法 而近而行乎州里 則一篇鄕約是已 竊惟先生念桑梓之重地 遵藍田之舊制 著爲鄕約 嚴立科條 而必以公員之任 建議於首者 蓋欲儒鄕之職 必

2008, pp.226~227 참조.

得其人 而一邑賴以安堵也 自是以來 典此域者 文獻有徵 治具畢張 前召後杜 口碑相連洋洋焉 頌聲作居是邑者柯則不遠 才德斐成 鴻儒碩士項背相望彬彬 焉 文物興以至於一鄕一吏 匹夫匹婦 莫不盡其職事 樂其生業 蔚然有鄒魯之 稱 猗歟 何其盛哉 嗚呼 時運汙隆 平陂不同 邑弊潛滋 民瘼層生 謬例之因循者 轉益沈痼 古今之異 宜者亦乖 時措哀此 煢獨 無異中澤之嗷嗷 蠢彼末俗 殆同 洙泗之斷斷 爲有識所傷歎久矣 苟非痼瘝 若已綜理事務 深知窮則變 變則通 之妙者 其孰能與於此 歲壬辰宗丈宋晉州公以一鄕物議人望 帶公員之任 公曰 矯救弊瘼 是余之責事 無大小 苟利於民 直前擔夯 與繡衣洪公遠謨 前後明府 反覆商確 上自田賦 下至結價書租復戶橋梁與夫擔軍謫客刷錢工役等 凡有疾 苦 幷爲之蠲除 前所未遑 又從以修葺 定爲節目 載冊子 几藏于公廳 盖十件事 也 始之以民事 而卒乃歸重於明倫之堂 規約之所富敎之序 暗合於司徒 敬敷 之意 追慕之誠 寔闡於思傳善述之訓 公之規模建立 斯可以槪見矣 人心不如 我心 做時不如說時 雖不能一一釐正 悉如始料大綱 旣擧餘可略也 況公之此 擧 旣爲之兆後之繼我公而任事者 觸類以推之隨宜 裨補益大以彰 則吾知懷之 弊瘼一疵不存百度 皆貞矣 今此公員之功 不其偉歟 盖公以孝友敦睦之行 雖 不得大施於賢路 歷剸州郡 屢試盤錯 練達公務 熟察民隱 盡心拊摩 到底有聲 績 觀乎此事功 益信前日之治政也 嗚呼 休哉 諸弊旣革 輿情洽然稱頌 先是 邑 人至有勒石之願 公謙挹不有責以止之 公議久而未已 一鄕相謀曰 公之德 終 不可泯沒無傳 將靠實條列板 揭于校宮曁鄕射堂 爲久遠圖 屬余以識之 余於 是深有感焉 公以先正之孫 居斯鄕 守先德 存心愛物 祛弊救民 可謂有光於先 正之鄕約矣 余爲吾祖後承 而忝在宗黨之末 是役也 詳聞其顚末 欽嘆之心 有 加於人 不可以文拙而辭之 故爲之說 而諗于後 嗟 懷之人 念哉勿忘 岂戊戌三 月下澣 前參奉 宋欽俊記

防弊諸條
一 大同錢木參半中木邊 依古常定例 釐正事
一 戶籍書租紙米 以刷廳錢區劃 不爲民斂事

一 新舊官刷馬錢 自本廳備納 不爲民斂事
一 沿路官喪擔軍以刷錢 爲四洞民防弊事
一 崇院前橋梁以刷錢區劃 爲田民防弊事
一 定配罪人料以刷錢 考其數爻上下事
一 田畓結價評定中 除去田畓區別事
一 路粮廳等諸般復戶革罷事
一 鄕校明倫堂主管重修事
一 鄕約所奉鄕射堂經紀修葺事

[번역문]

옛날에 우리 문정(文正) 양 선생[동춘당 송준길, 우암 송시열]께서 도덕 학문에 세상의 종사(宗師)가 되고 종묘(宗廟) 백관(百官)이 성하고 아름다워 한 말씀 한 행실이 다 천하 후세의 법이 될만했는데 근래에 주리(州里)에 행하는 것은 한 편의 향약(鄕約) 뿐이다. 가만히 생각건대, 선생께서 상자(桑梓 : 고향)의 중한 땅임을 생각하시고 남전(藍田)의 옛 법제를 따라 향약을 지으시고 엄격하게 과조(科條)를 세워서 반드시 공원(公員)의 임무로 먼저 건의한 것은 대개 유향(儒鄕)의 직분이 반드시 그 사람을 얻어서 한 읍이 의지해 안도하기 때문이었다. 이로부터 이 지역을 맡은 자는 문헌에 징험함이 있고 다스림에 다 펼쳐 앞에 소신신(召信臣) 뒤에 두시(杜詩) 같은 사람이 구비(口碑)가 서로 이어져 넘쳐났다. 공덕을 칭송하는 소리가 일어나고 이 읍에 사는 자 표준이 눈앞에 있으니[柯則不遠 : 伐柯伐柯 其則不遠] 재덕(才德)이 화려하게 이루어지고 훌륭한 인물이 서로 이어 빛났다. 문물이 흥해서 한 고을의 한 벼슬아치, 평범한 사람들에 이르기까지 그 맡은 일을 다하지 않음이 없고 그 생업을 즐거워해서 성하게 추로(鄒魯)의 칭송이 있으니 아! 어찌 성하지 않으랴! 오호라! 시운(時運)이 쇠퇴하고 융성하는[汚隆] 평파가 같지 않고 읍의 폐단이 많고 백성의 병폐가 거듭 생겨 잘못된 예를 이어받음이 돌려서 더욱 고질이 되어 예나 지금의 다르고 마땅한 것은 또한 어그러지고 외로워[煢獨] 중택(中澤)에서의 시끄러움과 다름

없고 저 말속(末俗)이 꿈틀대는 것이 거의 수사(洙泗 : 儒學)를 끊는 것이나[斷斷] 같으니 아는 사람의 상심과 탄식이 오래었다. 진실로 고질병이 아니어서 일을 모아 정리해 궁구할 것을 깊이 알면 변화하고 변화하면 통하는 묘(竗)를 그 누가 능히 이에서 같이 하랴. 임진년에 종장(宗丈) 송진주공(宋晉州公 : 宋啓洙)이 한 고을의 여러 사람의 바람으로 누대로 공원(公員)의 임무를 맡고 있었다. 공이 말하기를, '폐단을 바로잡고 병폐를 구하는 이것은 내 책임이다. 큰 일 작은 일 관계없이 진실로 백성에 이익이 된다면 바로 맡아서 해야 한다'하고는 어사 홍공원모(洪公遠謨)와 전후 현감과 함께 반복해서 헤아려 확정하고 위로 전부(田賦)로부터 아래로 결가(結價)·서조(書租)·복호(復戶)·교량(橋梁)과 부담군(夫擔軍)·적객(謫客)·쇄전(刷錢)·공역(工役) 등에 이르기까지 무릇 모든 병폐를 아울러 제거하는데 전에 미처 겨를 내지 못한 것도 또 따라서 보수하고 정식으로 절목(節目)을 만들어 책자에 실어서 공청(公廳)에 저장하기 대개 10건의 일이다. 처음에는 백성의 일로 했으나 끝내는 명륜(明倫)의 당(堂)에 비중있게 돌아갔으니 규약의 풍부한 가르침의 차례가 암암리에 사도(司徒)에 합치되고 공경히 펴는 뜻과 추모의 정성이 진실 자사(子思)가 그 전함을 잘 이은 가르침을 밝힌 것이니, 공의 규모 있게 건립한 것을 여기에서 대개 볼 수 있다. 인심이 내 마음 같지 않고 때를 만듦이 그 때를 말하는 것만 같지 않으니 비록 일일이 바르게 고칠 수는 없으나 다 처음에 대강을 헤아린 것과 같으니 이미 거의 나머지는 경영할 수 있었다. 하물며 공의 이 거사가 이미 조짐이 되어 뒤에 우리 공을 이어 일을 맡을 자가 미루어 형편에 따라서 도와서 모자람을 채워 더욱 크게 드러내면, 나는 회덕의 폐단이 한 허물에 온갖 방도가 없다고 하여도 다 바로잡히리라고 본다. 이제 이 공사원의 공이 크지 않은가! 대개 공이 효우돈목한 행실로서 비록 어진 사람을 등용하는 데에서는 크게 베풀지 못했으나 주군(州郡)을 맡아서 여러 번 잘못된 것을 바로 잡고 공무에 익숙해서 익히 백성의 괴로움을 살피고 진심으로 어루만져 이르는 곳마다 성적(成績)이 있었으니 이 일로 보더라도 더욱 전일의 다스린 일을 믿을수 있다. 아! 아름답도다! 여러 폐단이 이미 고쳐졌고 여론[輿情]은 칭송하기에 넉넉하다. 앞서 읍 사람들이 돌에 공(功)을 새기려는 바램이 있었으나 공은 겸손히 물리치고 공이 있지 않은 듯이 당연히 할 것이 아니라고 하여 그치게 했었다. 공의(公議)가 오래도록 그치지 않더니 한 고을이 서로 상의해 가로되, '공의 덕이 끝내 없어져 전하지 않게 할 수 없으니 장차 사실대로 조목 조목 나열한 편판에 의지해 교궁(校宮)과 향사당(鄕射堂)에 걸어 오래오래 가기를 도모하려 한다'고 하고 내게 부탁해 기록하게 하니 내 여기에 깊이 느낀 바가 있었다. 공은 선정(先正 : 동춘당 송준길)의 후손이 되고 이 고을에 살면서 선덕(先德)을 지키고 마음에 두고 사물을 사랑하고[存心愛物] 폐단을 제거하고 백성을 구하니 선정(先正)의 향약을 빛냄이 있다고 하겠다. 나는 우리 할아버지[吾祖 : 우암 송시열]의 후손이 되고 욕되게 종당(宗黨)의 아랫 사람으로 있으면서 이 역사에 그 전말을 자세히 들어서 공경하고 찬탄하는 마음이 다른 사람보다 더함이 있어 글이 졸렬함에도 사양할 수 없는 까닭에 말하고 후대에 고하노라, 아! 회덕 사람들이여! 염두에 두어 잊지 말라. 때는 무술(戊戌 : 1838) 3월 하순에 전 참봉 송흠준(宋欽俊)은 기록한다.

폐단을 방지하는 여러 조목

— 대동전목(大同錢木)은 어림쳐서 반쯤[參半] 중 목변(木邊, 大同木 부분)은 옛 상정례(常定例)에 의해 바르게 고칠 일.
— 호적서조지미(戶籍書租紙米)는 쇄청전(刷廳錢)으로 구획할 일이지 백성에게서 거두지 말 일.[30]
— 신구관(新舊官)의 쇄마전(刷馬錢)은 본청에서 갖추어서 납부할 일이지 백성에게서 거두지 말 일.
— 연로(沿路)에 관의 상담군(喪擔軍)은 쇄전(刷錢)으로 할 일이지 사방 동민(洞民)에게 부담하는 폐단을 막을 일.
— 숭원(崇院 : 崇賢書院)의 앞 교량은 쇄전으로 구분해서 획정할 일이지 전민(田民)에게 부담케하는 폐단을 없앨 일.

---

[30] 이와 관련하여 3년마다 하는 戶籍改修에 소요되는 戶籍紙價와 書寫價를 충당하기 위해 公州牧에서는 民庫인 鎖役廳이 설치되었는데(송양섭, 「18~19세기 公州牧의 재정구조와 民役廳의 운영 -『民役廳節目』·『鎖役廳(追)節目』을 중심으로-」 『東方學志』 154, 2011, pp.129~130), 戶籍書租紙米는 이를 말할 것이다.

- 정배죄인료(定配罪人料)는 쇄전으로 할 일이고 그 수효를 살펴 치를 일.
- 전답결가상정(田畓結價詳定) 중 전답을 구별하는 것을 제거할 일.
- 노량청(路粮廳) 등 제반에 예외의 호[復戶]를 혁파할 일.31)
- 향교 명륜당을 주관해서 중수할 일.
- 향약(鄕約)에 받든 바 향사당(鄕射堂) 계획[經紀]을 닦을 일.

이 같은 현판 내용으로 보면 전 진주목사 宋啓洙(1772~1847)32)는 홍원모 어사와 전후 현감과 함께 刷廳과 路粮廳 등의 民庫를 설치하고33) 고을의 폐단과 백성의 폐해를 고친 것은 田賦, 結價, 書租, 復戶, 橋梁, 夫擔軍, 謫客, 刷錢, 工役 등에 관한 것이고 그것을 節目으로 만들어 책자에 실어서 公廳에 저장한 것이 10건이라는 것이다.34) 절목으로 만들어 책자에 실어서 공청에 저

---

31) 당시 路粮廳은 民庫의 일종이었다(『懷德縣三政說捄弊條目成冊』. "都吏隱結一百六十結是乎加尼 去己丑年沒數徵出 九十七結 軍錢不足條 磨鍊充納 六十結 付之民庫 而謂之路粮廳"). 路粮廳에 復戶를 혁파함은 民에 대한 부담을 덜기위한 조치였음은 분명하다.
32) 『恩津宋氏族譜(丁亥大譜)』 卷11(文正公派 : 宋浚吉). 송계수는 은진송씨 문정공(송준길) 후손이고, 홍원모의 사돈은 平山申氏 申在植인데(『豊山洪氏大同譜』 卷3, 1985, p.548), 신재식의 父는 申光蘊으로 역시 송준길의 후손인 宋益欽의 壻로서 두 사람은 은진송씨 문정공파 가계내로 보면 내외로 인척관계가 된다.
33) 이 같은 懷德縣의 民庫 설치는 公州牧에 있어서 雜役常定으로서의 民役廳 창설, 戶籍紙價와 書寫價를 충당하는 기능을 갖는 蠲役廳, 新舊府使 교체시 그 應下와 營門의 大小進排·亞使支供을 支當할 목적으로 설치된 補役廳과(송양섭, 앞의 글) 그 궤를 같이하는 것으로 볼 수 있다. 이에 대해서는 추후 별도의 검토가 필요하다고 본다.
34) 1860년대 역시 유향공사원 송계수의 예와 같이 폐단을 고치고자 했던 송일성 관련 현판(「儒鄕公事員宋公一成本縣釐弊摭實記」)에도 "故晉州牧使宋公啓洙 察其任 刱立刷廳 殫心矯捄 牽補繕完者 爲十事 皆利害之切於民者"라고 하고 있다(『大德의 題詠記』, p.40). 한편, 宋啓洙와 宋一成(1797~1869)은 각각 懷德의 대표적인 가문인 恩津宋氏 同春堂 宋浚吉(1606~1672)과 霽月堂 宋奎濂(1630~1709)의 후손이자 전직 지방관 출신이다. 이들은 三政의 문란에 대한 타개책으로 刷廳을 설

장한 것은 바로 홍원모 어사 비문에서 말한 完文이 아닐까. 그리고 완문의 주 내용이란 田賦에서 工役에 이르는 주요 내용임을 알 수 있다. 또한 그 구체적인 내용은 현판의 마지막에서 나열한 防弊諸條일 것이다. 이들 조목과 함께 홍원모 어사 비문에서 보이는 各色條 1,357냥 5푼은 그 부담이었을 것이다. 아울러 『懷德縣三政說捄弊條目成冊』에는 1829년에 軍額이 태반 부족하여 매결당 1냥씩 加斂하여 補軍錢 1,200여 냥과 都吏隱結을 조사하여 補弊結 97결에서 매결 15냥씩의 結價 1,455냥을 거두어 군액의 부족분을 충당하였다는 사실을 기록하고 있다.[35] 그렇다면 홍원모 어사는 군정의 폐단을 이렇게 해결하고 田賦 이하 10개의 폐단에 대한 조치는 完文에 명기했고 그 주요한 것이 현재 현판으로 남아 있는 防弊諸條일 것으로 생각된다.

따라서 이때 제조(諸條)에서 조사된 各色條 1,357냥 5푼을 거두어 기본 자금으로 삼아서 매년 "十三殖利"로 이자를 내고 각 조목의 영구히 폐단을 막는 법과 이를 完文으로 만들어 그 혜택이 한 고을 7개 면(縣內面·東面·內南面·外南面·西面·北面·一道面)에 미쳤다는 기록은 서로 밀접히 관련되는 사실일 것이다.

한편 필자는 일찍이 이 현판이 똑같은 내용으로 두 개가 있음에 의문을 품던 중 홍원모 어사와 이를 추진한 송계수의 불망비를 세우는 대신에 현판으로 두 개를 만들어 하나는 校宮(향교)과 회덕현 관아의 鄕射堂 즉 鄕廳에 걸어 두었던 것인데,[36] 뒤에 회덕현 관아가 없어지게 됨에 따라서 향청에 있던 현

치하고 어사나 현감과 같이 그 폐단을 고치려했다는 점은 임술민란의 다양한 문제점(배항섭, 「조선후기 민중운동 연구의 몇 가지 문제임술민란을 중심으로」, 『역사문제연구』 19, 2008)과 관련해서 회덕 지방의 임술민란에 대한 실제 사례 파악 등 보다 다양한 관점에서의 검토가 필요하다.

35) 『1862년 농민항쟁』, p.346. 『懷德縣三政說捄弊條目成冊』에서 자주 언급된 "己丑年"은 이때의 사실을 말할 것이다.

36) 「儒鄕公事員宋公一成本縣矯弊據實記」. "故晉州牧使宋公啓洙 察其任 刱立刷廳 殫心矯捄 牽補繕完者 爲十事 皆利害之切於民者 邑人旣爲之記其實惠鋟木 而藏于校

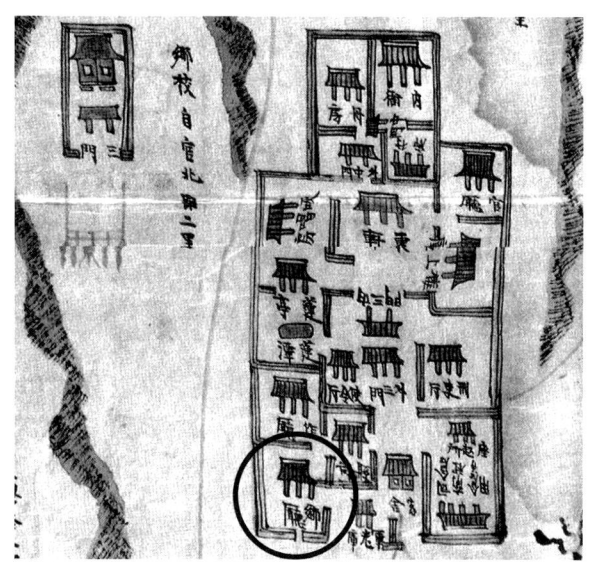

조선 후기 지방지도 중 회덕현지도에 보이는 鄕廳(원안)

판도 향교에서 같이 보관하여 오늘날까지 전하게 되었음을 알 수 있었다.[37]

결국 홍원모 어사비문의 내용은 이 같은 송계수의 공적을 기록한 두 개의 현판과 그 궤를 같이하는 것이고, 양자를 합한 것이 홍원모 어사가 회덕현에서 이룬 치적이자 완문의 대개의 내용이었을 것이다.

V. 맺음말

이상과 같이 현 대전광역시 대덕구 회덕동 주민자치센터 남쪽에 위치한 홍

宮及鄕射堂"(『大德의 題詠記』, p.40).
37) 「儒鄕公事員宋公一成本縣釐弊摭實記」 현판도 역시 두 개인데(『大德의 題詠記』, p.39), 송계수 관련 현판과 같이 鄕廳에 있다가 향교에서 보관하여 오늘날까지 전하게 되었을 것이다.

원모 어사의 선정을 기리는 영세불망비와 비각에 대해 홍원모 어사의 생애와 활동 및 불망비문의 내용, 비각의 조영 그리고 그의 대전지방에서의 善政과 관련하여 살펴보았다.

비문과 비각의 造營과 관련하여 회덕향교에 현존하는 『儒鄕公事員宋公啓洙本縣防弊事實記』 현판은 홍원모 어사가 전 진주목사 송계수와 함께 회덕현의 田賦 · 結價 · 書租 · 復戶 · 橋梁 · 夫擔軍 · 謫客 · 刷錢 · 工役 등에 관한 폐단을 고친 기록이고, 軍政의 폐단은 『懷德縣三政說捄弊條目成冊』에 기록된 補軍錢 1,200여 냥과 都吏隱結을 조사하여 補弊結 97결에서 매결 15냥씩의 結價 1,455냥을 거두어 군액의 부족분을 충당하여 해결한 사실을 밝혀낼 수 있었다. 또한, 비문에서 언급한 各色條는 이때의 諸條에서 조사된 사항일 것이고 各色條 1,357냥 5푼을 거두어 기본 자금으로 삼아서 매년 "十三殖利"로 이자를 내고 각 조목의 영구히 폐단을 막는 법을 기록한 것이 節目이고 이를 公廳에 저장했다는 것이 비문에서 말하는 完文임을 알 수 있었다.

또한, 이 같은 홍원모 어사의 치적을 기려 1831년 4월에 그의 불망비가 세워졌는데 같은 해 같은 달에 세워진 「行縣監李公得永遺愛碑」를 통해 당시 회덕현감이던 呂東奎와 鄕廳의 鄕員이 중심이 되어 건립했음을 알 수 있었다. 더 나아가 16년 후인 1847년에 다시 화려하고 비중 있는 비각이 조영된 까닭은 이때까지도 홍원모 어사가 마련한 完文이 실효를 거두고 있었기 때문으로 생각된다. 이 같은 폐단 방지대책이 그 효력을 상실한 상태에서[38] 1862년 임술민란 당시 충청도에서는 회덕이 공주 · 은진과 더불어 최초로 농민봉기가 발생한 것으로 보인다.

또한 비각과 관련하여 최근 발견된 비각 상량문은 비문의 내용과 일치할

---

[38] 「儒鄕公事員宋公一成本縣釐弊捄實記」. "故晉州牧使宋公啓洙 察其任 辦立刷廳 殫心矯捄 牽補繕完者 爲十事 皆利害之切於民者 邑人旣爲之記其實惠錄木 而藏于校宮及鄕射堂 公沒十數年 本廳所庤錢穀 就銷耗蕩然 無有存者 害又中於民"(『大德의 題詠記』, p.40).

뿐만 아니라 당대 비각 조영시의 인적 구성과 비각의 절대연대를 증명하는 매우 귀중한 자료이다.

한편, 『儒鄕公事員宋公啓洙本縣防弊事實記』 현판은 현재 회덕향교에 두 개가 현전하고 있는데, 현판 내용을 토대로 각각 향교와 회덕현 官衙의 鄕射堂 즉 鄕廳에 걸어두었던 것으로 뒤에 회덕현 관아가 없어지게 됨에 따라서 향사당에 있던 현판도 향교에서 같이 보관하여 오늘날까지 전하게 되었음을 알 수 있었다.

결국 홍원모 어사와 관련하여는 그의 불망비·비각, 비각 상량문, 현판 등이 현존하고, 이들의 내용을 종합한 것이 비문에 기록한 완문일 것이고 이것이 홍원모 어사가 회덕현에서 이룬 치적이었을 것이다.

11

1894년 錦山地域 義會軍의 組織과 活動

Ⅰ. 머리말

　1894년 동학농민전쟁은 농민들이 輔國安民과 반외세의 기치를 내걸고 일으켰던 민족운동이었다. 다른 지역에서와 마찬가지로 충청지역에서도 예외는 아니어서 각 지역에서 활발한 농민운동이 전개 되었다. 충청도와 접경지대였던 금산지역에서도 고부민란 이후 동학농민군의 활동이 두드러졌고,[1] 10월에는 전라도 농민군인 김개남 부대를 비롯해 진산·고산의 농민군, 영동·옥천·무주의 농민군, 그리고 연산·공주·강경의 농민군이 합세하여 금산지역을 공격하기까지 하였다.

---

1) 충청도지역에서의 동학농민전쟁 전개양상을 '금산·진산·회덕·진잠', '서산·홍성·태안·당진·신례원', '한산·서천·임천·내포', '충주·청주·단양·제천' 등 4개 지역으로 나누고, 그 중 '금산·진산·회덕·진잠'을 한 지역으로 나눌수 있는데, 금산과 진산은 전라도 지역이지만 지리적 여건으로 볼 때 충청지역 동학농민군이 주도적으로 합세했을 가능성이 높아 같은 권역으로 볼 수 있다(김은정·문경민·김원용, 『동학농민혁명 100년』, 1995, p.412). 역시 행정지역적인 구분보다는 실제 농민군 활동과의 연대관계에서 파악하는 것이 필요하고 금산과 진산지역 농민군은 충청지역 농민군과의 관련속에서도 이해되어야 하지 않을까 한다.

이러한 금산지역에서의 동학농민군의 활발한 활동에 재지유림세력의 대응도 신속하게 나타났다.[2] 재지유림세력들은 향토 방위를 위한 민보군(의회군)을 조직해 동학농민군에 대응하기에 이른 것이다.

그러나 금산지역 재지유림세력의 활동이 활발했음에도 불구하고 이에 대한 연구는 부족한 형편이었다.[3] 그것은 동학농민전쟁에 대한 연구가 주로 농민군을 중심으로 진행되어 왔고, 재지세력이라 할 유림세력들의 동향에 대해서는 구체적인 사실을 알 수 없었기 때문이다. 더욱이 금산지역은 지역이 갖는 전략적인 중요성과 '義會軍'[4] 세력의 대응이 현저했음에도 불구하고 몇가지 자료에 한정되어 있어 제대로 밝힐 수 없었다.[5]

---

[2] 제2차 봉기 이후의 농민군과 반농민군 세력간의 주요 전투 중의 하나로 금산전투도 주목해샤 할 필요성이 제기된 바 있다(박찬승, 「제3부 토론」『동학농민혁명의 지역적 전개와 사회 변동』, 1995, pp.292~293). 한편, 조선 후기 금산지역의 在地士族에 대한 연구도 최근에 발표된 바 있다(李政祐, 「17~19세기 在地士族의 動向과 儒林의 鄕村支配」, 조선시대사학회 제11회 월례발표회, 1998).

[3] 다른지역에서도 재지유림세력이 民堡軍, 民砲軍, 儒會軍, 義兵 등을 결성해 농민군과 대항한 양상에 대해서는 사례연구를 통해 점차 밝혀지고 있다(李離和, 「東學農民戰爭에 나타난 儒林의 對應」『民族史의 展開와 그 文化(下)』, 李佑成紀念論叢, 1990). 영남지방에서는 醴泉·尙州·金山이나(申榮祐, 『甲午農民戰爭과 嶺南保守勢力의 對應-醴泉·尙州·金山의 事例를 중심으로-』, 연세대학교 박사학위논문, 1991), 安義·居昌·安東·義城·星州·善山 등과(申榮祐, 「嶺南 北西部 保守支配層의 民堡軍 結成 論理와 主導層」『東方學志』77·78·79, 1993), 전라도에서는 泰仁 등지에서의 예가 그것이다(李眞榮, 「東學農民戰爭期 全羅道 泰仁 古縣內面의 反農民軍 構成과 活動」『全羅文化論叢』6, 1993 ;「東學農民戰爭과 全羅道 泰仁縣의 在地士族」3장, 4장, 전북대학교 박사학위논문, 1996).

[4] 금산지역에 있어서 民堡軍은 高濟學의『儉庵遺稿』에서, 義所를 설치하고, 盟主와 '義會長'을 중심으로한 민병조직을 이루었다고 하므로 '義會軍'이란 명칭을 쓰기로 한다.

[5] 당시 금산지역의 동학농민군과 의회군에 관한 기록으로는, 黃玹의『梧下記聞』에서 의회군의 맹주였던 鄭翻朝와 鄭志煥의 殉節 사실의 기록과「關草存案」, 甲午 12월 28일조「全羅道72號」의 기록,『駐韓日本公使館記錄』6, 國史編纂委員會, 1991, pp.29~31이 있다. 그렇지만 무엇보다도「錦山被禍爻像別具成冊(甲午

그렇지만 금산지역의 경우에는 동학농민군의 항쟁시에 순절한 인물들의 기념비가 남아 있고,6) 약간의 개인 기록물도 남아 있어 보다 구체적인 사실을 알 수 있게 되었다. 그 중에서 금산지역 義會軍 조직의 중심 인물 중의 한 사람이었던 高濟學(1838~1915)의 유고인 『儉庵遺稿』가 전하고 있는데, 여기에는 당시 동학농민군과 재지세력의 동향이 기술되어 있어 주목된다.

그동안 이러한 농민군에 대응한 재지세력에 대한 연구는 미진한 형편이었다. 그것은 주로 농민군을 중심으로 진행되어왔고, 재지세력이라 할 유림세력들의 동향에 대해서는 구체적인 사실을 알 수 없었기 때문이다. 특히나 금산지역은 지역이 갖는 전략적인 중요성과 儒會軍세력의 대응에도 불구하고 몇가지 자료에 한정된 연구로 제대로 밝힐 수 없었다. 그렇지만 금산지역의 경우에는 동학농민군의 항쟁시에 순절한 인물들의 기념비가 남아 있고 일부에 있어서는 개인 기록물도 남아 있어 보다 구체적인 사실을 알 수 있게 되었다. 그 중에서 이들 유림세력 중 '儒會軍' 조직의 중심 인물 중의 한 사람이었던 高濟學의 遺稿인 『儉庵遺稿』가 전하고 있는데, 여기에는 당시 동학농민군과 재지세력의 동향이 기술되어 있어 주목된다.7)

12월 29일 到轉 報次)」, 「各陣將卒成冊」『東學亂記錄』下, 國史編纂委員會, 1959, pp.702~705)의 기록이 자세하다. 이외에도 錦山鄕校 編, 『錦山郡邑誌』, 1960이 있다. 그동안의 연구도 이들 자료의 인용에 그치는 정도였다.

6) 그 주요한 것으로는 儒會軍의 盟主로 추대되었던 鄭翻朝의 殉義碑인 李道宰 撰, 『嘉善大 夫工曹叅判贈正二品都憲鄭公殉義碑』, 犒軍監 韓弘圭의「義士韓公殉節碑」와 武隊長이었던 鄭志煥의 殉義碑인 『行都巡撫營軍官 贈軍務衙門主事鄭公殉義碑』가 있다. 이밖에도 任漢錫과 金濟龍의 記念碑가 있다. 이들은 현재 금산읍 하옥리 남산공원내에 있는데, 이전에는 殉義壇과 함께 금산향교 앞에 있었다고 한다(금산향교 편, 앞의 책, 壇社 및 竪碑 조). 이들에 대한 개략적인 내용과 탁본 자료를 제시한 宋容縡, 「義兵들의 對東學軍 전투」『鄕土硏究』 10, 忠南鄕土硏究會, 1991도 참고된다. 또한 義會長이던 高濟學의 「隱士高公濟學之碑」와 朴勝鎬의 「雲菴朴公首義碑」가 남아 있다.

7) 고제학의 『儉庵遺稿』는 2권 분량의 필사본으로 후손(高在德, 대전시 서구 둔산동 거주)이 소장하고 있다. 후대에 그의 子인 賢相(1845~1925)이 遺文을 간행하려고

따라서 본고에서는 1894년 동학농민군의 금산지역에서의 전투와 유림세력인 義會軍의 활동이 구체적으로 어떻게 전개되었는지를 『儉庵遺稿』를 중심으로 살펴보고자 한다. 이러한 검토는 1894년 동학농민군의 항쟁에서 금산지역이 갖는 의미와 동학농민군의 한계 및 금산 재지유림의 義會軍에 대해 많은 이해를 줄 것으로 기대된다.

II. 錦山地域 東學農民軍의 活動

금산지역은 호남과 호서의 중간에 위치하고 있다. 이러한 전략상의 중요한 금산지역은 동학농민군의 활동에 있어서도 주목되었다.[8] 금산지역의 농민군들은 농민전쟁이 본격화되자 부대를 편성하여 전라감영이 있는 전주의 동서에서 호응하는 동쪽의 한 세력이 되었다.[9]

금산지역에서는 고부민란 직후 제1차 농민항쟁이 시작되기 직전에 농민들의 봉기가 있었다. 3월 12일에는 徐章玉이 지휘하에 있던 농민군 수천 명이 몽둥이를 들고 흰 수건을 쓰고 읍내에 있는 아전의 집을 공격하기까지 하였

했음을 보면(呂永祚 書,「書高公儉庵碑銘後」『儉庵遺稿』附錄) 賢相이 정리·편집한 듯하다. 유고의 체제는 권1에 詩 11수, 書 23편, 文 1편, 序 3편, 記 1편, 권2에 祭文 15편, 墓誌 5편, 附錄으로는 遺事, 碣銘, 祭文, 輓 등이 실려 있다. 이 유고의 편집자로 생각되는 賢相도 직접 義會軍에 참가했던 인물로, 이 당시의 상황은 유고 중 그가 기록한 「遺事」에 상세히 기록되어 있다. 이 필사본을 제공한 曾孫(高在德)의 증언으로는, 후손이 소장한 고제학에 관한 문헌기록은 이 유고가 유일하다고 한다. 한편,『儉庵遺稿』附錄 중의 碣銘은 1916년 從二品嘉善大夫前水使 朴恒來가 撰한 것으로, 前面大字를 「隱士高公濟學之碑」로 해서 錦山郡 富利面 倉坪里 창평초등학교 옆에 있다가 2009년 白岩里로 옮겼고 고제학의 행적과 비석을 옮긴 내력을 기록한 추모비(2012년 曾孫 在德 撰)가 있다.

8) 李榮昊,「대전지역에서의 '1894년 농민전쟁'」『대전문화』3, 1994, p.111.
9) 李榮昊, 앞의 글.

다.[10] 이들 서장옥이 지휘하는 농민군은 전봉준과 일정한 연락체계를 유지하고 있었을 가능성이 높고, 실제 상응하려 했다고 한다.[11]

이 때 고제학은 농민군이 濟原驛에 모여 있으면서 금산을 공격하려한다는 소식을 듣고,[12] 후에 같이 義會軍 義會長이 되었던 朴勝鎬에게 편지를 보내 擧義에 동참하기를 청하면서 동학농민군에 대항하기 위한 대책 마련에 고심

---

10) 金洛鳳,「金洛鳳履歷」『東學農民戰爭史料叢書』7, 1996, pp.378~379 ;「金洛鳳 履歷 羅州部分」, 李相寔·朴孟洙·洪英基 編,『全南地方 東學農民革命資料集』, 1996, p.265 ; 黃玹,『梧下記聞』首筆, pp.51~52. 이 때 통문을 발한 주체는 금산의 東都所라고 한다(裵亢燮,「1890년대 초반 민중의 동향과 고부민란」『1894년 농민전쟁연구』4, 한국역사연구회, 1995, pp.72~73 주)251 ;「충청도지역 東學農民戰爭과 農民軍指導部의 성격」『동학농민혁명과 농민군 지도부의 성격』, 동학농민혁명기념사업회, 1997, p.56). 또한 이들 농민군은 서장옥 휘하 내지 서장옥의 영향을 받은 집단으로 태인·부안 등지의 농민군과 조직적 연관을 가진 세력이고, 3월 말에서 4월 초순 사이에 금산, 진산, 진잠, 연산, 옥천 등지에서 활동한 농민군과도 밀접한 관련이 있었을 것이라 한다(배항섭, 앞의 글, pp.56~57). 한편, 이 때의 봉기가 본격적인 제1차 농민전쟁과 어떠한 관계에 있는지는 확인할 수 없으나 고부민란 이후의 민란의 확대현상으로 볼 수 있다고 한다(李榮昊, 앞의 글, p.111). 또한 이 때의 농민군 지도자로 珍山의 趙在璧, 錦山의 朴能哲이 보이고 있다(權秉悳,「甲午東學亂」『東學農民戰爭史料叢書(附錄)』27, 1996, p.363). 이들도 서장옥 휘하에 있었을 것이다. 「천도교회사 초고」에서는 진산의 접주로 최사문, 최공량이 더 기록되어 있는데, 이 기록 가운데에는 북접 계통의 접주도 포함되었을 것이라 한다(박찬승,「1894년 농민전쟁기 호남지방 농민군의 동향」『동학농민혁명의 지역적 전개와 사회변동』, pp.48~49 ;「1894년 농민봉기와 농민군 지도부의 성격」『동학농민혁명과 농민군 지도부의 성격』, pp.22~23). 한편 이후 금산지역에는 처음에는 龍潭 출신의 金己祚가, 다음은 錦山 출신의 趙東賢이 이 지역의 執綱이었다고 한다(「錦山被禍爻像別具成冊」, 앞의 책, p.703).

11) 李相寔·朴孟洙·洪英基 編, 앞의 책, p.265 ;『동학농민혁명 100년』, pp.413~414.

12) 濟原驛은 지금의 錦山郡 濟原面 濟原初等學校에 위치해 있었다. 지금은 근처의 암각(御風臺, 洗馬池) 앞에 역대 察訪의 비와 최근에 세워진「嘉善大夫錦士朴先生 恒來遺墟碑」가 있다. 제원역은 금산과 영동으로 이어지는 도로에 위치해 있었다.

隱士 高濟學 碑

하고 있었다.[13] 제원역이라면 시간내에 금산읍에 이를 수 있는 지역이기 때문이다. 고제학은 박승호와 같이 이들 농민군을 막을 방도를 구했으나 별다른 성과를 거두지 못했던 것으로 보인다. 이 시기에 재지유림세력으로서는 농민군에 대응할만한 결집된 구심점이 없었기 때문이다.

또한 3월 23일에는, 금산일대에서 농민군 1천여 명이 집결했다. 당시 錦山郡守 閔泳肅은 '東都所에서 通文을 돌려 모인 사람이 1천여 명이고, 폐단을 고칠 것을 요구했다'는 내용의 牒呈을 전라감사 金文鉉에게 올렸다.[14]

이 같은 금산지역 농민군[15]의 활동에 대해서, 부안·고부·영광·무장·흥덕·고창 등 읍의 동학군과는 별도로 "금산과 태인에서 봉기한 부류가 있는데 그것은 하나이면서 둘이다. 합하여 1團을 이루고 3隊로 分作하여 서로 상통하여 기세를 올리는데 동서에서 호응한다"[16]라고 하여 금산의 농민군이 태인의 농민군들과 밀접한 관련을 갖고 농

---

13) 高濟學,「與朴雲庵勝鎬」『儉庵遺稿』1. "仄聞(東匪)都聚于濟原驛 將陷本郡 正所謂 其虛其邪既亟 只且竊惟吾兄 行義峻潔 器局疏通 可謂頹波之砥柱 吾黨之前第 誠能 以此時一鼓當先 孰不響應哉……卽日來會于鸞舍 以圖防禦之計"

14) 『日省錄』 399 ;『承政院日記』 고종 31년 3월 23일 조.

15) 이러한 금산지역의 동학농민군은 전라도 농민군인 고부 등지의 세력, 태인의 세력과 같이 하나의 세력으로 구분하기도 한다(李榮昊, 앞의 글, p.122 註 35).

16) 『隨錄』 4월 5일 啓草,『동학농민전쟁사료총서』 5, 1996, p.169 ; 李榮昊, 앞의 글. 한편, 농민군은 백산봉기에서 연합했지만, 행동시는 전봉준·손화중이 한 부대를, 김개남이 한 부대를 이끌며 때로는 합하고 분산하면서 전력을 극대화하면서 군현을 점령하고 관군을 격파했다고 한다. 또한 이같은 기록은 3월 봉기시 농민군의 분산·집결과 이를 수행한 실체를 말하는 것이라고 한다(李眞榮,「金開南과

민군의 주요한 세력으로 봉기하였음을 말해주고 있다.

이후 농민군은 4월 3일경에는 진산 방축리와 옥천 서화면에서 모여 금산읍을 공격 하였다. 이 때 금산의 행상접장 金致洪·任漢錫 등이 지휘하는 상인 및 읍민 1천여 명이 동학농민군의 공격을 맞아 전투를 벌여 동학군 114명을 참수시켰다.[17] 이 때 전투의 자세한 상황은 알 수 없다. 그런데 이들이 농민군을 참수시킨 지역은 금산과 바로 인접한 진산 방축리였을 것이다.[18] 진산 방축리는 서장옥이 지휘하는 농민군의 주요 근거지이기도 하였다.[19] 김치홍·임한석 등이 지휘하는 금산 재지세력들은 동학군 근거지를 공격한 것이다. 진산 방축리는 대둔산 능선으로 둘러싸여 있고, 금산 읍내와 전라도 완주와 진잠과 회덕방면으로 통하는 길목에 위치하고 있다. 임진왜란 당시 權栗의 梨峙大捷이 있던 곳도 이 곳에서 멀지 않음을 보면 이 지역의 전략적 중요

農民軍 指導者의 活動」『東學農民戰爭과 全羅道 泰仁縣의 在地士族』, pp.82~83).

17) 黃玹, 『梧下記聞』 首筆, p.55 : 『隨錄』 營奇, 『東學農民戰爭史料叢書』 5, 1996, pp.183~185. 『隨錄』 營奇에서는 4월 2일의 일로 기록하고 있다. 이 때 보고한 錦山兼任龍潭縣監은 吳鼎善일 것이고, 그의 供狀 기록(「兩湖右先鋒日記」『東學亂記錄』 上, p.312)은 바로 이때의 사실을 말하는 것으로 생각된다. 한편, 이 때 금산 재지세력(상인과 읍민)을 이끌었던 任漢錫에 대해서는, 금산읍 하옥리 남산공원내에 朴恒來가 1902년에 撰한 「義商領率兼守城統察任公漢錫之碑」가 남아 있다. 이 비의 전면대자의 내용으로 보면, 임한석이 보부상을 이끌던 중심 인물이었던 듯 하다.

18) 「大抵防築里爲名者 卽珍邑之凹陷下流防築處也 又復年前甲午 錦之義士剿匪於其地 匪血至今尙穢之處也」(「通文(1902)」『금산지역의 고문서』, 금산문화원, 1997, p.491). 이 때 금산의 상인과 읍민 천여 명이 珍山의 동학농민군을 습격해 114명을 살해했고, 그 외 1천여 명의 동학농민군은 고부 백산에 집결되었을 것이라 한다(韓㳓劤, 『東學과 農民蜂起』, 一潮閣, 1983, p.105).

19) 金洛鳳, 앞의 책, p.378에 의하면, 서장옥이 珍山郡 防築里(현 충남 금산군 진산면 방축리)에 會所를 설치하였다고 한다. 여기서 서장옥의 '管下'라는 의미는 接이나 包와 같은 동학의 교단조직을 의미하는 것이라 한다(장영민, 「최시형과 서장옥 -남북접 문제와 관련하여」『동학농민혁명과 농민군 지도부의 성격』, pp.136~137).

성을 짐작할 수 있다. 농민군에 의한 이 지역의 점거는 이러한 중요성을 감안한 것일 것이다. 그렇다면 이들이 옥천과 진산에서 금산읍을 공격하려 한 것은 금산읍을 동쪽과 서쪽에서 공격하려는 양면 작전이었음이 들어난다. 이때 금산의 김치홍, 임한석이 이끄는 재지세력들은 옥천의 농민군보다는 진산의 농민군을 공격한 것이다. 그러므로 이 때 참수되었다는 농민군 대부분은 진산 방축리에 있던 농민군으로 보인다.[20]

여기서 이 당시 금산지역의 보부상의 활동이 주목된다. 다른 지역에서 보부상들의 활동은 주로 농민군에 가담하는 세력이었는데, 금산지역에서는 이들이 주축이 되어 농민군에 대응하는 양상을 보이고 있다. 이는 아마도 금산지역에서 농민군에 의한 직접적인 침해가 그 주원인이 아니었던가 한다.[21] 그런데 이 때 농민군에 대항할 수 있었던 계교를 마련한 것은 군민으로 참전했던 金濟龍이었다.[22] 그 계교가 구체적으로 어떠한 것인지는 알 수 없으나 전투경험이 전혀 없는 군사들이었으므로 정면에서 접전을 벌이기보다는 지역의 지리에 익숙한 이점을 최대한 활용한 기습작전이었던 것으로 보인다.[23] 여기에는 뒤에 의회군의 砲隊長이던 丁斗燮, 盟主 鄭翻朝, 武隊長 鄭志煥도 가담했다.[24] 金洛鳳은 이 때의 사정을 '翌朝의 金(錦)山의 炮運(軍)으게 咸沒

---

20) 이들 진산에서 패한 농민군 천여 명은 전라도 농민군의 주력부대와 합류하였을 것이라 한다(배항섭, 「충청도지역 東學農民戰爭과 農民軍指導部의 성격」, 앞의 책, p.57).
21) 직접적인 원인은 알 수 없으나 동학농민군과의 대응에서 많은 피해를 입은 듯하다.
22) 김제룡에 대해서는 별다른 기록은 보이지 않으나, 금산읍 하옥리 남산공원 내에 朴恒來가 1902년에 撰한 「右哨長行巡諭營軍官金公濟龍之碑」가 남아 있다.
23) 「是歲春 敵犯郡 郡民金濟龍設計 襲破之 賊蓄憤欲甘心閭境洶懼 莫保朝夕」『嘉善大夫工曹叅判贈正二品都憲鄭公殉義碑』
24) 「所與共事者 丁斗燮金濟龍任漢錫叅判鄭翻朝軍官鄭志煥 約與同死 歃血而盟 嘗剿賊于珍山」奇宇萬 撰, 「義士韓公殉節碑」;「本郡東徒之蘗 始自三月初 而裸商頭目金致洪任漢錫士人丁斗燮竝力防守 僅免慘酷之禍矣」「各陣將卒成冊」, 앞의 책,

을 當하다'라고 하고 있는데,25) 여명을 틈타 기습작전을 벌였고, 이 때 정두섭 휘하 포군의 활약이 컸지 않았나 생각된다.26) 이로써 보면, 이 때부터 뒤에 편성되는 의회군의 지도층 대부분이 참여하기 시작한 것으로 보인다.

이상에서와 같이 4월 3일경 농민군을 맞아 대응한 금산의 상인과 읍민 1천여 명이라는 사실에서, 3월 12일의 동학농민군의 금산읍 점거로 인해 아전은 물론 상인과 읍민에게까지 피해가 컸음을 알 수 있다. 이에 따라 상인들과 읍민이 농민군에 대항했던 것으로 생각된다. 여기서 옥천에 모인 농민군과 금산지역 농민군이 서로 교류 및 연대가 활발했음에도27) 금산지역의 읍민들의 강력한 반발에 부딪힌 것이다. 이렇게 되자 금산지역의 농민군은 일단 퇴각할 수 밖에 없었다.

이러한 농민군의 움직임이 다소 조용할 즈음에 청주병영에서는 병정 200명을 옥천과 은진의 요충지에 파견했는데 그 가운데 120명은 옥천에 파견되었다. 그것은 옥천이 당시 금산지역으로 통하는 길목으로 이는 충청도와 전라도의 동학농민군이 서로 합세하는 것을 막기 위한 조처이었다.28) 이에 따

---

p.702. 이같은 금산지역에서는 초기 동학농민군과의 대응에서 보부상들의 활동이 주목되는데, 제2차 농민전쟁이 일어나고 농민군이 公州에서 대패함에 따라 농민군에 가담했던 보부상들은 전향해 관군에 가담하거나, 錦山의 보부상대를 비롯해 모든 지방에서 관군과 양반 民堡軍의 武力으로 활동한 것으로 파악된다(愼鏞廈,「甲午農民戰爭의 主體勢力과 社會身分」『韓國史研究』 50·51, 1985 : 『東學과 甲午農民戰爭研究』, 一潮閣, 1993, p.93). 금산지역에서는, 초기에는 보부상들이 중심이 되어 동학농민군에 대항하다가 이후 재지유림세력의 의회군을 주축으로 대응한 것으로 생각된다.

25) 金洛鳳, 앞의 글, p.378.
26) 이러한 점이 고려되어 후에 丁斗燮이 의회군의 炮隊長을 맡게 되었던 것이 아닌가 한다.
27) 李榮昊, 앞의 글, p.111. 금산지역에서 이러한 농민군과의 대응 상황을 고려할 때, 금산지역 농민군 세력은 그다지 크지 않았던 것이 아닌가 한다. 주로 진산지역의 농민군 세력이 아니었을까 생각된다.
28) 李榮昊, 앞의 글, p.111.

라 전라감사도 금산·여산 등지의 경계를 강화했다.29) 이같은 상황하에서 금산은 청주병영이나 보은 동학교단의 근거지로 가기 위해서는 거쳐야 하는 지역이었고, 공주로 향하는 길목에 위치하는 교통과 전략의 요충임으로 자연 동학농민군과 재지세력간의 마찰이 생길 여지를 갖고 있었다.

III. 義會軍의 組織과 活動

금산지역은 동학농민군 초기 활동기인 1894년 3월 12일과 4월 3일경의 양차에 걸쳐 동학농민군과 읍민들간에 공방이 있었던 지역이었다. 이에 따라 동학농민군과 재지유림을 중심으로한 읍민간에 대립과 갈등이 심화되었으며, 4월 3일경의 전투에서는 비록 동학농민군을 격퇴시켰지마는 이러한 어수선한 상황에서 읍민의 생활은 참담한 것이었다. 이러한 당시의 상황에 대해서 高濟學의 『儉庵遺稿』에서,

> 5월에 이르도록 농사를 짓지 못하고 農村郡人의 人家의 연기가 끊어졌다.

고 하고 있다.30) 이렇게 되자 금산의 읍민들은 재지유림들을 중심으로 동학농민군에 대항하려는 움직임이 전개되었다. 3월과 4월의 공방에서도 보다시피 양쪽의 충돌은 피할 수 없는 일이었다. 이후의 금산지역의 동향에 대해서는 그동안 별다른 기록을 찾을 수 없어 자세한 정황을 알 수 없었으나, 高濟學의 「遺稿」가 발견됨에 따라 보다 상세히 알 수 있게 되었다.

고제학은 누대로 금산지방에 토착한 재지사족이었다.31) 그는 參奉 白周

---

29) 黃玹, 『梧下記聞』 首筆, p.59 ; 李榮昊, 앞의 글.
30) 「時五月 野不耕 農村郡人烟斷絶」, 高賢相 書, 「遺事」(高濟學, 『儉庵遺稿』附錄).
31) 高濟學의 家系는 선조인 潤 때부터 錦山에 정착하였다. 참고로 고제학의 조선조 가계표는 다음과 같다.

鎭에게 나아가 수업을 받았고,32) 1866년에는 아버지의 명으로 과거에 응시하였으나 실패하고는 과거를 단념하고 학문연마에 열중하였다. 그는 가까이 있던 錦谷 宋來熙(1791~1867)33)와 淵齋 宋秉璿(1836~1905)에게 수학하였

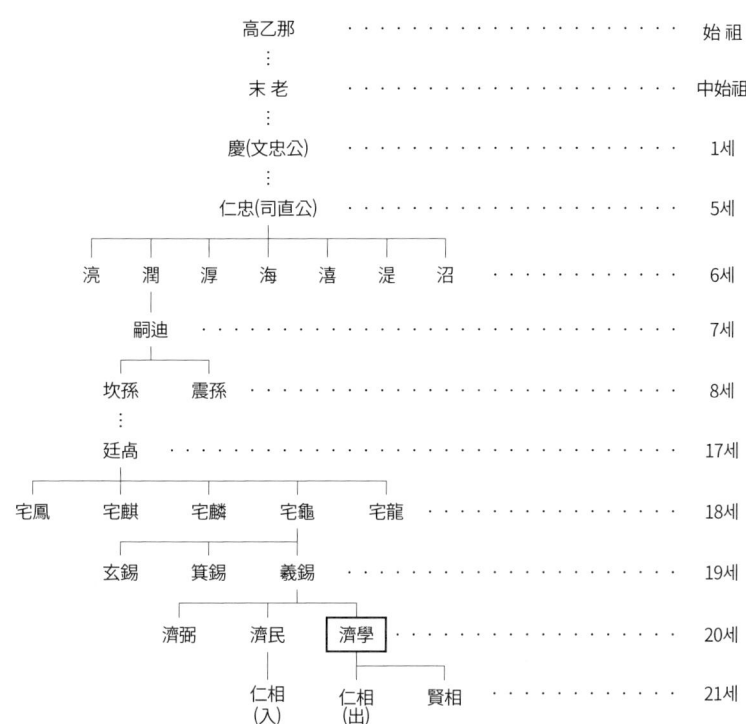

(司直公系 編, 『濟州高氏文忠公派譜』2, 1978 참고)
그의 선대는 12대조인 高坎孫 때부터 鄕案이나 儒稧案 등에 나타나고 있다(『금산지역의 고문서』, pp.121~125).

32) 白周鎭은 本貫은 水原, 字는 文汝, 號는 砂泉이다. 그밖에 자세한 행적은 알 수 없으나, 錦谷 宋來熙와 학문적 교류가 있었다(『錦谷集』1, 「次砂泉白周鎭韻」, 「和呈砂泉白周鎭」; 同書5, 「答白文汝周鎭」). 또한 『休庵先生(白仁傑)實記』 刊行에 많은 힘을 쏟았고 그 跋文을 지었다(『錦谷集』5, 「答白文汝周鎭」; 『休庵先生實記』, 白周鎭, 白東野 「跋文」).

33) 高賢相 書, 「遺事」(高濟學, 『儉庵遺稿』附錄). 고제학의 부친인 高義錫도 宋來熙의 門人이었다고 한다(司直公系 編, 『濟州高氏文忠公派譜』2, 1978, p.163). 아마도

다.34) 고제학은 성격이 剛毅하고 是非가 분명해서 郡에서 어려운 일이 생기면 와서 묻고 시비를 명확히 가릴 정도였다.35) 또한 애국 선현에 대한 추모의 정성이 지극해서 많은 추모시나 제문을 짓기도 하였다.36) 이러한 고제학에 있어서 동학농민군의 금산지역에 대한 부당한 침입과 약탈은 그들이 匪徒의 무리로 비칠 수 밖에 없었을 것이다. 일찍이 3월 12일의 농민군의 금산읍 점거에 대응해 그 대책에 고심했던 그로서는 이에 보다 적극적으로 대비할 방법을 모색한 것으로 보인다. 고제학은 동학농민군의 활동이 치열해지고 직접

고제학이 송래희 문하에서 수업한 것도 부친의 권유에 의한 것이 아니었던가 한다. 한편, 고제학의 外祖父는 바로 尤庵 宋時烈의 7세손이었던 宋欽七이었다. 宋來熙는 錦山 濟原面 桐谷(재말)에 거주하면서 가까이 있던 龍江書院(濟原面 龍化里)의 院長으로 이 곳에서 講學을 하기도 하였다. 龍江書院은 高宗 때 훼철되었는데, 유림들이 서원의 목재를 모아 현존하는 講堂을 건립했다고 한다. 그런데 이 때가 언제이고 누가 주도 했는지에 대한 정확한 기록은 알 수 없었다. 그런데 高濟學이 기록한『儉庵遺稿』1,「仁興洞記」에서 이와 관련 있는 기록을 볼 수 있다. 이 기록에 따르면, 高濟學은 講學之所를 찾다가 인흥동(濟原面 川內3里-仁興洞)을 택하고 여러 유림들과 함께 건물을 세운 것으로 되어 있다. 이 공사는 1890년에 시작해 다음 해에 완공을 보았다고 한다. 용강서원에 대한 직접적인 언급은 없으나, 아마도 高濟學은 자신이 宋來熙의 門人이라는 사실과 당시 훼철된 龍江書院을 염두에 두고 이 건물을 세웠을 것이다.

34) 高賢相 書,「遺事」(高濟學,『儉庵遺稿』附錄). 全羅道 泰仁 古縣內面의 道康金氏門中의 反農民軍 결성에 관여했던 인물들 중에는 淵齋 宋秉璿과 교류하거나 수학했던 인물들이(金永秀, 金永周) 보이는데(李眞榮, 앞의 글, p.55), 양자간의 관련성과 사상적 연관성을 생각해 볼 수 있으나 더 추구해 볼 문제라고 생각된다. 한편, 1898년 11월에 작성된 錦山鄕校의「聖殿重修出義記」에는 淵齋 宋秉璿의「錦山文廟重修記」(『淵齋集』26)와 중수에 필요한 비용을 出捐한 사람들의 명단이 기록되어 있다(『금산지역의 고문서』, pp.202~207). 이 중 의회군의 중심 인물이던 高濟學, 朴勝鎬 등 많은 인물들이 수록되어 있는 점으로 미루어 이들과 연재 송병선과의 관련성도 짐작된다.

35) 呂永祚 書,「書高公儉庵碑銘後」『儉庵遺稿』附錄.

36) 그는「悼閔忠正公泳煥」,「宋淵齋先生挽」,「崔勉庵先生益鉉挽」등의 추모시와「祭錦谷宋先生文」,「祭洪郡守範植文」,「祭淵齋宋先生秉璿文」,「祭宋都事秉珣文」등의 제문을 남기고 있다(高濟學,『儉庵遺稿』1, 2).

적으로 금산지역에까지 미치자, 이에 대처할 義會軍의 조직을 서두르게 되었다. 고제학은 3월과 4월의 동학농민군과의 전투 후에 바로 의회군의 조직에 착수하였던 것으로 보인다.[37] 그는 우선 동학농민군을 黃巾의 무리에 비유하면서 이들의 잘못된 점을 지적하고, 列郡 人士들에게 힘을 합쳐 '扶正斥邪'할 것을 촉구하는 布告文을 띄우고[38] 義會軍을 조직하였다. 먼저 '義所'를 설치하고 '義旗'를 세우고는 피를 마시고 맹서하니,[39] 한 달여 만에 6천여 명이 동조자가 모여 들었다고 한다.[40]

한편, 義會軍의 구성에 있어, 같은 錦谷 宋來熙의 門人이었던 朴勝鎬[41]와 더불어 義會長이 되고,[42] 鄭翻朝(?~1894)를 盟主로 추대했다.[43] 정숙조는 전

---

37) 「於是 郡中紳士奮義禦賊 推公主盟 分防諸隘 如是凡五閱月 賊不敢犯」(「嘉善大夫 工曹參議贈正二品都憲鄭公殉義碑」)
38) 高濟學, 「布告列郡文」 『儉庵遺稿』.
39) 의회군의 義所는 금산 북쪽 1리 되는 곳에(후에 금산향교 동쪽에 옮김) 있었다던 殉義壇 부근이 아니었던가 한다. 순의단은 원래 倡義했던 의회군의 盟壇이었다고 한다(『朝鮮寰輿勝覽』 12, 錦山郡 古跡條, 韓國人文科學院 編, 1993, p.567 ; 금산향교 편, 앞의 책, 壇社條).
40) 「府君乃奮身起義 設義所 竪義旗 歃血爲盟 一月之內 應募者六千餘人」高賢相 書, 「遺事」(高濟學, 『儉庵遺稿』附錄). 이 때 退吏 鄭志煥이 仗義 하고 아전 및 士人 朴勝鎬 · 高濟學 · 朴勝淑 · 前僉使朴恒來 등과 더불어 의논해 鄭翻朝를 盟主로 삼고 義旗를 세우고 통문을 돌려 모집하니 金致洪 · 任漢錫 · 丁斗燮이 참가했다는 기록도 보인다(「各陣將卒成冊」 「錦山被禍爻像別具成冊」, 앞의 책, p.703).
41) 朴勝鎬에 대해서는 奇宇萬이 撰한 碑가 錦山에서 茂朱로 가는 국도변인 錦山郡 南一面 馬壯里에 있다(奇宇萬 撰, 「雲菴朴公首義碑」, 1916). 그런데 奇宇萬의 文集인 『松沙集』 25, 「雲菴朴公首義碑」에 실린 내용과 비문과의 대조 결과 문집에서 문자의 이동과 삽입과 누락된 문장이 있는데, 박승호를 추대해 '義所都會長'으로, 정숙조를 '主盟'으로 삼았다든지, 왕으로부터의 밀지가 당도한 일 등이 그것이다. 어떠한 연유인지 알 수 없다. 내용 중에서 보면, 朴勝鎬는 高濟學과 같이 錦谷 宋來熙의 門人이었다. 한편, 후에 고제학은 박승호의 祭文을 지었다(高濟學, 『儉庵遺稿』 2 「祭朴雲菴勝鎬文」).
42) 朴恒來 撰, 「隱士高公濟學之碑」.
43) 「府君與朴勝鎬爲義會長 推前參判鄭翻朝爲盟主 丁斗燮爲炮隊長 鄭志煥爲武隊長

寅以大人公命赴漢城試不中乃歎曰文藝者行
仕之具而科擧者發朝之初細繹壯仕將以致君
澤民然文藝而求之歟上心乃卷歸絶意仕路承
順篤時諧讀不出户爲憐思罕覯
其志付書於府君曰先以立志爲基次以修學爲
尙二者於此君至而猶未至此君將復用力於斯以
待强仕之年聞甚嘉尙丁卯大人公以時患不起
府君斷指下血更迎五日及咸服紫殿骨立居庭
歠食一遵古禮慈夫人悶其毁瘠勉以從權不能
得服闋往見渕齋宋先生於汶川遠溪論議諶宽

分柝纖毫嗣後是瀆相問交誼壽通壬申李氏公
早世因廢食不寢悲勵過情以次子仁相爲李氏
公後連遭喪亂家事鞏卷乃專意幹蠱隨以鄉
賓客之非隨力欵接各得歡心辛巳丁先妣憂如
丁卯禮甲午東匪撞亂剿寧公藏殺掠人民兩湖
之間邑宰郡鋒逃身適任新官李容德
自長水轉茲郡路梗不赴時五月野不耕農隣
人烟斷絶府君乃奮起設義所竪義旗徼
爲盟一月之内應募者六千餘人府君與朴勝鎬
爲義會長推前叅判鄭翻朝爲盟主丁斗燮爲炮

隊長鄭志燁爲武隊長梁在鳳辛龜錫爲叅謀士
乃效死守城通商務勸農稼送丁斗燮率百餘軍
迎李容德于長水民情稍定時召募官任最洙奉
客旨來義所設策應營呂募兩湖間至十月玲山
可剿滅志燁見書以出戰請百卒沒浮水嚴若暴襲
小吏書於府君曰賊毁百卒沒浮水嚴我軍
初集未聞兵事不如堅守復請官官曰
吶喊至浮水嚴四面山上旗幟林立穀萬兵馬下山
軍官之命何但守城乃己府君止之不得乃泺軍
吶喊重圍我軍敗北賊乘勢陷城丁斗燮鄭

志燁俱戰軍卒死傷者百餘人各鳥獸散府君
獨危坐待之不肖輩泣諫不若避楢而再圖府君
從之乃下居昌適朴公恒來軍官兵二百人來到
相與入錦爲約觀察使以無朝令越道界不許
請昌守丁觀察下軍五百其郡民情沱迚不
肯乃與散亡人嚴尙任漢錫金濟龍等四十餘
人遂錦郡先是賊縛致盟至害其尸因縱火
村閭盡爲灰燼時京兵到郡尋整軍伍防禦太嚴
聚龍平後巡察使李道宰至郡請見府君慰諭曰
吾今歷玲高兩邑人皆逃避是犯罪之致到此

高濟學, 『儉庵遺稿』, 附錄「遺事」부분

직 參判으로 1881년(고종 18) 5월에 금산군수로 부임하여 1885년 7월에 이임된 인물로 일찍부터 금산과 관계가 있던 인물이었다.[44] 그는 관료생활을 마친 후에 錦山에 移居해 있었다.[45] 그런데 그가 어떻게 해서 義會軍의 맹주로 추대되었을까하는 의문이 있다. 그것은 먼저 그가 금산군수를 역임했을 때의 善政과 관직생활에서 물러난 후에 금산에 거주하고 있었던 사실과 당시 고관 출신으로 재지유림들의 신망을 받고 있었음을 들 수 있다. 그렇지만 무엇보다도 당시 全羅道觀察使였던 李道宰의 지적과 같이, 그가 금산군수 재임시에 趙重峯과 高霽峯를 모신 義壇아래의 從容堂에서 군내 유림들과 義契를 맺었던 사실에 주목할 필요가 있다.[46] 이 때 契員이 수백 명이었다고 하므로

梁在鳳辛龜錫爲參謀士」高賢相 書,「遺事」(高濟學, 『儉庵遺稿』附錄).

44) 그의 殉義碑 외에도 현재 금산군 남이면 석동리에는 1886년 5월에 세워진 그의 不忘碑도 남아 있다. 또한 錦山鄕校 앞에도 그의 선정비가 있다. 이렇게 보면, 금산에는 그와 관련된 비석이 3개나 있었음을 알 수 있다. 특히 그 중 남이면 석동리 寶石寺 경내에 세워진 그의 불망비가 주목된다. 일찍이 보석사에는 義兵 僧將이던 靈圭大師의 眞影을 모신 「毅禪閣」(1835)과 「義兵僧將靈圭大師殉義碑」(1840)가 있었다. 그의 금산에서의 활동을 고려할 때, 이 같은 보석사 경내에 그의 불망비가 서있는 점은 그가 군수 재임시 칠백의총종용당에서 의계를 맺은 사실과 함께 영규대사와 관련 때문이었을 것이다. 그의 불망비 陰記에 '住持僧龍隱'이 특기되어 있는 것은 이 점에서 참고 된다. 한편, 그의 官歷은 長陵令, 麟蹄縣監(1870. 6~1873. 閏6), 金川郡守(『麟蹄郡邑誌』先生案), 淸州牧使(『承政院日記』및 『高宗實錄』 23년 6월 10일조) 등을 역임했는데, 가는 곳마다 치적이 있어 선정비가 세워졌다.

45) 「公嘗宰是邑 有遺愛 郡人信之 後謝官 因家焉」(「嘉善大夫工曹參議贈正二品都憲鄭公殉義碑」)

46) 「嗚呼 在昔龍蛇之燹 趙重峯高霽峯兩先生殉節于此地 後人立義壇以享之 公初莅是郡也 與郡中紳士修義契於壇下從容堂 慨然言于衆曰 昔趙先生與七百義士 立殣於此 今吾契員爲數百人 有能異日復踵先生之義否」(「嘉善大夫工曹參議贈正二品都憲鄭公殉義碑」). 이러한 鄭翻朝를 비롯한 유림들의 義契의 성립에 임진왜란시의 칠백의사와 관련지어 성립되고 있음을 보면, 당시 일본의 제국주의적 침략의 조짐에 대한 대응의식이 있었을 것이다. 한편, 그가 금산군수로 재임(1881. 5~1885. 7) 중이던 1883년 11월 20일에는 趙憲을 文廟에 배향하는 일이 있었다(「敎贈領議政

의계의 구성원은 군내 대부분의 유림들이 포함되었을 것이다. 이렇게 보면 고제학과 박승호를 중심으로 결성된 義會軍은 주로 이들 의계의 계원이 중심이 되었을 것이다. 여기에 의계의 성립 때부터 정숙조와 긴밀한 유대를 갖고 있던 고제학[47] 등은 의회군의 맹주로 정숙조를 추대하면서 擧義의 명분과 구심점을 찾으려 했던 것이 아닌가 한다.[48]

또한 4월 3일경에 농민군과의 전투에서 금산지역의 민보군을 이끌었던 韓弘圭, 丁斗燮, 金濟龍, 任漢錫, 鄭志煥 등도 의계로서 맺어진 사람들이었을 것이다. 이 중 임한석을 제외하고는 이들 대부분이 義會軍의 지도층으로 편성되면서 보다 조직적으로 구성되었던 것이 아닌가 한다. 이러한 의계를 중심으로 구성된 義會軍에는 盟主와 義會長 휘하에 炮隊長 丁斗燮, 武隊長 鄭志煥을 두고 梁在鳳과 辛龜錫은 參謀士로 삼았다고 한다.[49] 이를 도표화 하면 다음과 같다.[50]

文烈公趙憲從祀文廟書」, 금산칠백의총기념관소장 ; 『高宗實錄』 20, 고종 20년 11월 20일조). 이같은 사실은 그가 금산지역 유림들과 義契를 맺은 일을 더욱 의미 있게 하는 구실을 했을 것이다.

47) 한편, 의계의 구심점이던 종용당에서는 흥학계도 성립되었는데, 고제학은 그 흥학계첩의 서문도 쓰고 있다(高濟學, 「從容堂興學稧帖序」『儉庵遺稿』). 이러한 사실로서도 정숙조와 고제학의 밀접한 관계를 생각해 볼 수 있다.

48) 고제학이 박승호에게 보낸 편지에서도 擧義를 촉구하면서, 금산이 다른 지역과는 다르게 임진왜란시 趙憲과 高敬命의 殉義 사실이 있음을 들고 있다(「況我郡異於他邦 兩峯殉義之事 昭人耳目 彛衷所激 其必有挺身而罩勇者矣」(高濟學, 「與朴雲庵勝鎬」『儉庵遺稿』 1).

49) 高賢相 書, 「遺事」(高濟學, 『儉庵遺稿』 附錄), 朴恒來 撰, 「隱士高公濟學之碑」. 한편, 1898년 11월에 작성된 錦山鄕校의 「聖殿重脩出義記」에는 淵齋 宋秉璿의 「錦山文廟重修記」(『淵齋集』 26)와 중수에 필요한 비용을 出捐한 사람들의 명단이 기록되어 있다(『금산지역의 고문서』, pp.202~207). 이 시기가 의회군 성립 시기로부터 멀지 않고, 참여 인물 중 의회군의 중심 인물들(16명)이 대거 참여하고 있는 점으로 미루어 나머지 대부분의 인물들도 의회군에 가담했던 인물들이었을 것이다.

50) 도표 작성에는 高濟學의 『儉庵遺稿』를 주로 하고, 여기에 李道宰 撰, 「嘉善大夫工

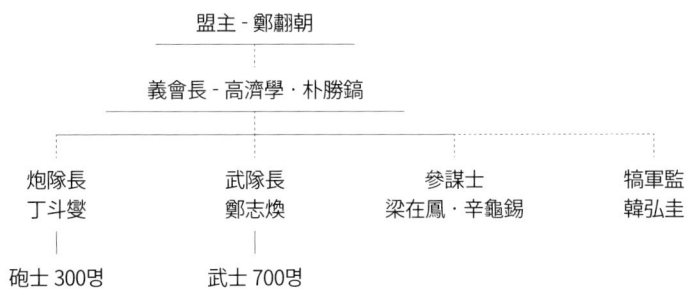

그런데 이러한 義會軍의 조직에서 4월 3일경의 동학농민군과 전투에서 공을 세운 行商接長 金致洪·任漢錫은 그 중심인물에서 제외되었다는 점이 주목된다. 이것은 이들 의회군이 유림세력이 주축이 된 義契를 중심으로 운영되었던 조직이었음을 보여주는 것이다. 이 때 모집된 인원은 砲士 300명과 武士 700명 그리고 民兵 1천여 명이었다고 한다.[51] 이를 위 조직표와 비교하면 炮隊長 丁斗燮 휘하에 砲士 300명, 武隊長 鄭志煥 휘하에 武士 700명이 있었다는 것을 알 수 있다. 이들이 금산 의회군의 주력이었다고 생각된다.

한편 이 같은 조직이 일단 성립된 후에는 조직의 유지와 농민군에게 적절히 대항하기 위해서는 보다 구체적으로 조직이 정비될 필요가 있었다. 먼저 의회군의 조직의 유지는 중요한 문제였다. 일시에 많은 병력의 모집으로 군량 등 군사비용이 적지 않았기 때문이다. 군량의 경우에는 위 義會軍 조직표에서도 보다시피 '犒軍監'이라는 직책까지 두어 조직적으로 운영하고자 했으나, 워낙 군비가 많이 소요되므로 자체 조달이 부족하게 되자 순무영에 군량 원조를 청하기까지 했던 것이다. 이에 따라 순무영사 申正熙는 鄭志煥을 軍

曹參議贈正二品都憲鄭公殉義碑」,「行都巡撫營軍官贈軍務衙門主事鄭公殉義碑」 및 奇宇萬 撰,「義士韓公殉節碑」를 참조하였다.

51) 「募得砲士三百 武士七百 民兵千餘」(「行都巡撫營軍官贈軍務衙門主事鄭公殉義碑」 및 奇宇萬 撰,「義士韓公殉節碑」).

官, 丁斗燮을 召募官으로 삼아 장려했다고 한다.52) 이는 이들 義會軍 조직과 관이 연결될 수 있는 기반을 마련한 것으로 보인다. 뒤의 일이지만 농민군과의 전투에서 패한 후에 고제학은 大邱中軍 朴恒來에게 보낸 서신에서도,

> 기밀의 일이 주도면밀하지 못해서 적에게 패한 바 되어, 官軍의 죽은 자가 2인이고 民兵의 죽음은 무수합니다.53)

라 하여 사망자 중에 官軍이 2명 포함되어 있는 것으로 보아 의회군의 활동에 관군의 참여도 있었던 것으로 보인다.

이러한 조직을 갖춘 정숙조의 義會軍은 城을 지키면서 상업과 농업을 권장하는 등 민생안정에 힘을 기울이고 있었다. 또한 포대장인 정두섭 휘하 100여 명을 보내 그동안 동학농민군으로 인해 금산에 부임하지 못하고 전임지인 長水에 있던 新官 李容德을 맞게 했다.54)

---

52) 「時軍費甚廣 諸義士損家財 猶不能支 請濟餉於巡撫營 營使申公正熙置君(鄭志煥) 爲軍官 丁君(丁斗燮)爲召募官以獎之」(李道宰 撰, 「行都巡撫營軍官贈軍務衙門主事鄭公殉義碑」);『承宣院日記』高宗 31년 9월 26일조.

53) 「幾事不密 爲賊所敗 官軍之死者二人 民兵之物故無數」(『儉庵遺稿』 1, 與大邱中軍朴錦士恒來). 1894년 당시에 朴恒來는 大邱 南營의 兵房(中軍?)이었다(申榮祐, 앞의 글, p.287 南榮兵 9次 파견 자료와 經費). 1984년에 세워진 박항래의 유허비는 금산군 제원면 제원리 제원초등학교(舊濟原驛) 근처 御風臺 유적지 앞에 위치하고 있다. 비문에는 그가 만년에 관직에서 물러나 금산으로 이거한 것으로 되어 있지만, 고제학과의 교류에서도 보다시피 이미 이전부터 금산 유림들과 교류가 있었다고 보아야 하겠다. 한편, 박항래는 구례군수시절에는 梅泉 黃玹과도 교류가 있었다. 또한 박항래는 후에 고제학과 같이 금산지역에서 국채보상운동을 주도하기도 하였었다.

54) 「乃效死守城 通商務 勸農稼 送丁斗燮 率百餘軍 逆李容德于長水 民情稍定 時召募官任最洙奉密旨來義所 設策應營 召募兩湖間」高賢相 書, 「遺事」(高濟學,『儉庵遺稿』附錄), 奇宇萬 撰, 「雲菴朴公首義碑」;『朝鮮寰輿勝覽』12, 錦山郡 節義 朴烘緖條. 이 때 召募官 任最洙가 密旨를 받들고 義所에 왔었다고 하는데, 그 밀지의 구체적인 내용은 아직 알 수 없다.

Ⅳ. 珍山 浮水巖 戰鬪

금산 의회군의 활동이 전개되는 동안 동학농민군의 제2차 기포가 전개되고 있었다. 10월에 이르러 본격적인 활동이 시작되자, 전라도 농민군 가운데 김개남부대는 금산을 거쳐 청주병영을 공격하고자 하였다.[55] 이러한 농민군의 금산에 대한 공격과 점령은 10월 22일에 이루어졌는데, 그 결정적인 전투를 치른 것은 珍山 浮水巖 戰鬪였다.[56] 당시의 전투에 대해 『儉庵遺稿』의 「遺事」에서는 다음과 같이 전하고 있다.

> 10월에 이르러 珍山의 小吏(衙前, 필자)가 鄭志煥에게 편지로 말하기를, '적 수백 명이 浮水巖에 출몰하니 갑자기 습격할 것 같으면 섬멸할 수 있을 것입니다'하니, 志煥이 편지를 보고 출전하기를 府君(高濟學, 필자)에 청하니 부군이 가로되, "우리 군은 처음 모집해서 兵事를 듣지 못했으니 굳게 지킴만 못합니다"하였다. 다시 官에 청하니 官이 가로되, "조정에서 관리를 보낸 명령이 있는데 어찌 성만 지킨단 말이오"하고 부군이 막지 못하게 하니 부득이 군사를 파견했다. 군사가 浮水巖에 이르니 사면 산 위에 旗幟가 빽빽이 서 있었다. 數萬의 兵馬가 산을 내려오며 고함치며 우리 군사를 겹겹이 에워쌌다. 우리 군사가 패배하니 적은 승세를 타고 성을 함

---

55) 김개남군의 북상경로는 일부는 고산 - 진산 - 연산의 경로로, 일부는 고산·진산 등지의 농민군이 금산을 점령하고 있을 때 고산 - 진산 - 금산 - 진잠의 경로로 북상했을 것이라 한다(박찬승, 앞의 글, pp.65~66).

56) 고제학은 전투에서 죽은 士卒을 위한 祭文을 지으면서 특히 부수암 전투를 지적하고 있다(高濟學, 『儉庵遺稿』2, 「祭亡士卒文」). 浮水巖은 錦山郡 珍山面 浮岩里에 있다. 이 곳은 지리상으로도 전라도 완주에서 올라오는 길과 논산, 대전, 금산 읍내로 통하는 길목에 위치하고 있다. 또한 일찍이 서장옥이 會所를 설치했던 진산 방축리와는 2km 남짓한 거리이다. 한편, 부암리는 潘南朴氏의 세거지이다. 이 곳에 거주하는 朴日陽(금산군 진산면 부암리 거주, 76세)의 증언에 의하면, 이 곳에서는 의회군과 동학군과의 전투가 있었는데, 그 때 박일양의 潘南朴氏門中에서도 많이 참여했었다고 한다. 또한 집안의 박장군이며, 지금도 그 때의 전투로 생긴 지명인 썩은배미, 취봉이니 하는 지명을 알려 주었다.

부수암 마을 전경

락했다. 丁斗燮·鄭志煥은 함께 싸웠고 軍卒 死傷者가 100여 명이었다.⁵⁷⁾ 나머지는 각자 鳥獸처럼 흩어졌다.⁵⁸⁾

이 전투의 보다 자세한 정황은 알 수 없지만, 珍山의 小吏의 정보를 그대로 믿고 출정한 의회군은 함정에 빠졌던 것임을 알 수 있다. 이 때 의회군의 주력이던 무대장 정지환과 포대장 정두섭 및 호군감 한홍규는 금산과 진산의 경계인 松院峙(소라니재)를 방어하고 있었고,⁵⁹⁾ 동학농민군은 이미 부수암 주위를 둘러싸고 의회군을 기다리고 있는 형세였다.⁶⁰⁾ 이는 진산의 아전과 동

---

57) 이 때 죽은 자는 64명이었다고 한다(奇宇萬 撰, 「義士韓公殉節碑」).
58) 「至十月 珍山小吏書於鄭志煥曰 賊數百出沒浮水巖 若暴襲 可剿滅 志煥見書以出戰請于府君 府君曰 我軍初集 未聞兵事 不如堅守 復請官 官曰 朝家有差官之命 何但守城乃已 府君止之不得 乃派軍 軍至浮水巖 四面山上 旗幟林立 數萬兵馬 下山吶喊 重圍我軍 我軍敗北 賊乘勢陷城 丁斗燮鄭志煥俱戰 軍卒死傷者百餘人 餘各鳥獸散」高賢相 書, 「遺事」(高濟學, 『儉庵遺稿』附錄).
59) 「十月日 大驅入境 公與鄭志煥丁斗燮及其昆季子姪 防禦于珍山界松院峙」 奇宇萬, 「義士韓公殉節碑」
60) 「各陣將卒成冊」, 앞의 책, p.703.

학농민군의 결탁으로 이루어진 계략이었다.⁶¹⁾ 이에 대해 후에 고제학은 그것이 아전의 농간이었음을 개탄하고 있는 데서도 잘 알 수 있다.⁶²⁾ 이 때 고제학은 직접 나아가 싸우기보다는 수비 위주의 방어전략을 구상했었던 듯하다. 그것은 갑자기 모은 민병조직이기에 제대로 군사훈련이 되지 못했기 때문이었다. 이 전투에서 패배한 의회군은 다시 금산읍으로 들어오는 길목인 錦城山, 挿峙,⁶³⁾ 民峙에서 대치하는 상황이 되었다.⁶⁴⁾ 그러나 이 때 농민군은 김개남 부대만이 아니라 진산·고산의 농민군, 영동·옥천·무주의 농민군 그리고 연산·공주·강경의 농민군이 가세한 세력이었다.⁶⁵⁾ 결국 10월 24일에는 이같은 군사적인 열세로 말미암아 義會軍은 다시 패배하고 말았다. 이 전투에서 맹주인 정숙조 이하 포대장 정두섭,⁶⁶⁾ 무대장 정지환,⁶⁷⁾ 호군감 한홍규 등 사상자가 100여 명이었다. 특히 맹주였던 정숙조는 생포되어 제원역 남

---

61) 12월 6일 체포된 전봉준 휘하의 이른바 運粮官, 牛馬監 등의 직책을 갖고 있던 蘇眞甲·金官之·金萬業에게서 얻은 농민군 우두머리간에 오간 문서중에는 孝浦·淸州·錦山 전투시의 기록이 있는데, 그 設計가 극히 흉폭했다고 한다(「巡撫先鋒陣謄錄」『東學亂記錄』上, p.614). 여기서 청주와 금산은 김개남이나 서장옥계열의 농민군이 참여한 전투였다고 한다(김양식, 앞의 책, p.350).

62) 「彼凶徒情形叵測 伶吏毒矢 陽附陰慝」高濟學,『儉庵遺稿』2,「祭鄭參判翻朝」;「奸胥傍窺 誘我以書松峴之上浮水之下」,「錦山鄕儒致奠文 朴勝淑 吳太善 梁在文」『儉庵遺稿』附錄 祭文.

63) 이 때 挿(鍤)峙를 방어하던 朴齊君·齊學 형제와 그 숙부인 朴延壽가 이 전투에서 죽음을 당했다고 한다(『朝鮮寰輿勝覽』12, 錦山郡 忠臣 條).

64) 「各陣將卒成冊」, 앞의 책, p.703.

65) 「巡撫先鋒陣謄錄」『東學亂記錄』上, p.684;「各陣將卒成冊」錦山被禍爻像別具成冊,『東學亂記錄』下, pp.702~706;李榮昊, 앞의 글, p.116.

66) 이 때 丁斗燮은 砲士 수십 명을 이끌고 龍潭으로 갔다가 여의치 않아 慶尙道招捕使朴恒來에게 가던 중 茂朱에서 동학농민군에게 붙잡혀 錦山 場垈에 돌아와 죽음을 당하였다고 한다(「各陣將卒成冊」錦山被禍爻像別具成冊, 앞의 책, p.704).

67) 이 전투에서 鄭志煥·志旭 형제와 정지환의 아들인 集鍾이 죽었다고 한다(「行都巡撫營軍官贈軍務衙門主事鄭公殉義碑」).

문 밖으로 끌려가 모욕과 죽음을 당하고는 그 시체는 불살라졌다.[68] 또한 현감도 겨우 죽음을 모면할 정도로 부상을 입었다. 이 때의 참상은,

> 이 錦山縣에는 원래 민가가 4, 5백호나 있었는데 東學徒 때문에 불타고 지금 남은 것은 겨우 80戶가량 밖에 되지 않는다. (중략) (인민들이) 모두 "東匪 때문에 집이 불태워지고 財貨는 빼앗기고 아이들은 죽음을 당하고 처는 掠取당해 죽은 곳도 알 수 없는 지경이다"라고 말하였다. (중략) '관아도 역시 東匪의 거친 약탈을 당해 器械·米穀·錢財를 모조리 빼앗아 갔다'고 하였다. (중략) 동학도가 겁탈하고 지나간 뒤의 참상은 말할 것도 없이 한 두 마을에 그치지 않지만 그것이 가장 비참하기 그지없었던 곳은 全羅·忠淸 2도 가운데 실로 이 錦山縣이 으뜸이다.[69]

라고 할 정도였다.

이러한 농민군의 계략과 전면 공격으로 금산의 義會軍은 패배하고 김개남의 농민군은 금산을 함락시킬 수 있었다. 김개남의 농민군은 이 전투가 북상 중에 치룬 최초의 전투였고,[70] 승전이었다는 점에서 그 의의가 있었다. 김개남의 농민군으로서는 농민군의 사기진작을 위해서도 필요한 일이었을 것이다. 이같은 농민군의 활동은 농민군의 9월 재봉기 이후 김개남의 활동이 기존 질서를 전면 부정하는 방향으로 나아가고 있었던 점에서 이해되기도 한다.[71]

---

68) 李道宰 撰,「嘉善大夫工曹參議贈正二品都憲鄭公殉義碑」; 高賢相 書,「遺事」(高濟學,『儉庵遺稿』附錄).
69) 『駐韓日本公使館記錄』6, 國史編纂委員會, 1991, pp.29~31.
70) 김개남 부대의 금산공격은 2차 농민전쟁에서 전봉준·최시형·김개남이 각각 이끄는 농민군 부대중 최초의 전투행위였다는 점에서 그 의의가 있다고 한다(김양식,「농민군의 2차 기병과 농민군도소의 붕괴」『근대한국의 사회변동과 농민전쟁』, 1996, p.347).
71) 이 같은 김개남의 활동을 錦山전투와 鎭岑의 상황에서 그 예로 들고 있다(李眞榮, 앞의 글, pp.97~98 ;「전봉준·김개남의 정치적 지향과 전략」『동학농민혁명과 농민군 지도부의 성격』, pp.175~176).

그렇지만 이 때도 농민군의 공격이 혹심해서 그들이 원래 내건 기치와는 달리 군물을 탈취하고 인명을 살상하는 등 이 지역의 인심과는 위배되게 되었다.

이 때 이들 농민군의 주동자 중 朴萬宗·崔正範·鄭容業 등은 그해 연말에 공주부에 파견된 兩湖召募使 文錫鳳에 의해 체포되기에 이르렀다.[72] 그 중에 鄭容業은 公州 山內面 夫沙里에 거주했는데, 농민군의 지도자 중 행패가 제일 심했고 농민군의 금산 침입시 우두머리였다고 한다.[73] 이와 같이 농민군의 금산 침입은 민심을 얻고 수습하기보다는 전일의 패배에 대한 설욕의 감정이 있었던 것이 아닌가 한다.

한편, 제1차 의회군이 농민군에게 패한 이후 그 조직이 와해되자, 고제학을 비롯한 의회군 지도층 중 생존한 사람들을 중심으로 다시 의회군을 조직하려고 하였다. 그것은 공주 우금치 전투 이후에서도 보다시피 농민군의 활동이 있었기 때문이었다.[74] 그 중심 인물은 역시 고제학이었다. 그는 일시 茂朱에 피신했었으나, 백방으로 수습할 대책 마련에 부심하고 있었다. 그는 居昌府使 丁觀燮이 의려를 모집해 그 세력을 떨치고 있다는 소식을 듣고 직접 가서 병력을 지원받아 다시 의회군을 도모하려 했고,[75] 大邱營將 朴恒來에

---

[72] 「幸而得三南匪類都大將云者朴萬宗崔正凡輩 此漢之罪 犯瑈準介男 一而二 二而一者也 寇陷錦城 奪取軍物 屠戮公州 殺害人命 此漢之作魁也」(文錫鳳,『義山遺稿』1, 上都巡撫營 및 上巡營). 文錫鳳의『義山遺稿』에는 이 당시의 금산지역을 비롯한 진잠일대의 동학의 활동을 이해하는데 참고가 된다. 최초의 을미의병을 대전 유성에서 일으켰다는 문석봉은 1894년 11월 兩湖召募使로 朴萬宗을 체포하는 등 동학군 진압에 공을 세우기도 하였는데(金祥起,『韓末義兵研究』, 一潮閣, 1997, p.164), 이러한 그의 문집에는 금산 지역 동학과 관련된 기록이 보이고 있다.

[73] 「公州山內面夫沙里居鄭允甫容業 卽匪徒中行惡無雙者也 勒徵舊債 抑掘人塚 是其餘事 且寇陷錦山時 與賊魁二而一 一而二者也」(文錫鳳,『義山遺稿』1, 上巡營).

[74] 「各地東學黨征討에 關한 諸報告-錦山縣附近戰鬪詳報」『駐韓日本公使館記錄』1, p.522 ; 김창수, 「동학혁명군의 퇴산」『東學革命百年紀念論叢(上)』, 東學革命100주년紀念事業會, 1994, p.574.

[75] 영남 북서부 지역에서 가장 일찍이 민보군을 조직해서 농민군의 활동을 제압한 지역은 安義와 居昌(丁觀燮)이었고, 이들 두 지역에서 민보군 결성을 주도한 것은 수

게 편지를 부쳐 병력 지원을 받으려 하였다.76) 당시 大邱 南營의 中軍이었던 朴恒來에게 서신을 띄워 동학농민군과의 전투에서의 패배의 경과를 말하고, 지원병을 이끌고 와 영동과 옥천 사이에 있는 그 소굴을 쳐부수면 자신도 의회군의 나머지 병력을 수습하여 동참할 것을 전했었다.77) 이에 따라 거창으로 갔던 고제학은 마침 박항래가 관병 2백 명을 이끌고 왔기에 함께 금산으로 가려 했으나 조정의 명령이 없다는 이유로 관찰사가 허락하지 않았고, 다시 정관섭 휘하 5백 명을 청했으나 여의치 않아 흩어져 피신해 있던 엄한상, 임한석, 김제룡 등 40여 인과 같이 돌아왔다고 한다.78)

그러나 이 같은 고제학의 전략이 실현되지 못하게 됨에 따라 자체적으로 보다 조직적인 의회군 조직이 이루어졌던 것으로 보인다. 의회군 조직이 정비된 후의 상황을 보다 상세히 전해주는 것이 「鄭翻朝殉義碑」의 陰記 부분에 보이는 의회군 조직이다. 이 비가 1906년에 세워진 사실을 생각하면 처음 의회군 성립 당시의 조직은 아니라고 볼 수 있다. 그러나 순의비가 세워진 鄭翻朝와 鄭志煥을 제외한 처음 의회군 성립 당시의 구성원이 기록되고 있음을 보면, 이 음기의 기록은 의회군의 조직에 대한 기록일 것으로 생각된다. 그렇지만 시기적으로 제1차 의회군의 조직이 부수암 전투 이후에 와해된 뒤로 보다 조직적으로 정비되면서 구성된 의회군 조직으로 생각된다. 그 조직을 보면,

---

령들이었다고 한다(申榮祐, 앞의 글, 『東方學志』 77·78·79, pp.639~640, 주)23).

76) 「卽聞 嶺南匪徒皆北上 而居昌倅丁觀燮召募義旅 聲勢頗壯 吾欲往說之 苟得一哨驍勇之兵 則可以爲再圖之機 且欲寄書于大邱朴營將 使之提兵速來計耳」(高濟學, 「寄兒賢相」『儉庵遺稿』1).

77) 「竊惟 公以治劇之才操 可爲之權 何不懇乞于棠軒 引一隊精銳兵 倍道疾馳 直抵永沃間 擣其巢穴 則濟學亦當收拾殘卒 鼓噪從之矣 殲厥渠魁 散其黨與 爲國省憂 爲私家雪耻 則豈不快哉」(高濟學, 「與大邱中軍朴錦士恒來」『儉庵遺稿』1). 후에 朴恒來는 高濟學의 碣銘을 썼다(『儉庵遺稿』附錄「碣銘」).

78) 「(高濟學)乃下居昌 適朴公恒來率官兵二百人來到 相與入錦爲約 觀察使以無朝令越道界不許 請居昌守丁觀燮麾下軍五百 其郡民情洶洶不肯 乃與散亡人嚴漢尙任漢錫金濟龍等四十餘人還入錦郡(高賢相 書,「遺事」(高濟學,『儉庵遺稿』附錄).

會長 : 朴勝鎬 · 高濟學

總督 : 朴勝淑[79] · 朴烘緒

參謀 : 李錫九[80] · 朴□來[81] · 劉祥烈[82] · 嚴禧永

軍器監察 : 金斗鎭 · 丁義洙

財政會計 : 金大植 · 池東洙

義士長 : 辛龜錫 · 梁在鳳

炮士長 : 丁斗燮

武士 前哨長 : 嚴宋永 左哨長 : 卞永圭 中哨長 : 崔鳳俊 右哨長 : 金濟龍

後哨長 : 金希文

別哨□長 : 鄭溫默

監察 : 任漢錫

別監□ : 金在熙 · 金東煥

官餉 : 金濟璜

義童頭領 : 鄭志模 · 韓觀德[83]

各面訓長 : 金寅洙 · 高疇錫 · 朴勝夏 · 朴琦緒[84] · 郭秉圭 · 辛埈浩[85] · 金永

---

79) 奇宇萬은 금산의 의회군 義會長이었던 朴勝鎬의 「雲菴朴公首義碑」를 撰했는가 하면, 뒤에 2차 의회군 구성시 總督이었던 朴勝淑의 요청으로 그의 선대 「潘南朴氏三世忠義碑」(금산군 남일면 마장리 금남초등학교 옆에 있다)를 짓기도 하였다 (奇宇萬, 『松沙集』 25).

80) 고제학이 詩를 논하며 이석우에게 편지를 보낸 일이 있다(高濟學, 『儉庵遺稿』 1, 「與李禹範錫九」).

81) 비문에는 글자가 마모되어 알 수 없으나, 錦山鄕校 編, 『錦山郡邑誌』, 壇社 殉義壇 條에서는 '朴恒來'라고 기록하고 있다.

82) 고제학과 교류가 있었다(高濟學, 『儉庵遺稿』 1, 「與劉參奉祥烈」).

83) 義童頭領이던 韓觀德은 진산 부수암 전투 후에 죽은 호군감 한홍규의 아들이었다(奇宇萬 撰, 「義士韓公殉節碑」).

84) 朴琦緒는 친구들과 협력해서 面丁을 이끌고 松峙(솔티재, 금산에서 龍潭으로 넘어가는 고개)를 방어했다고 한다(『朝鮮寰輿勝覽』 12, 錦山郡 節義 朴琦緒 條).

85) 辛埈浩는 從弟 埈鳳과 더불어 面丁을 이끌고 栢嶺(잣고개, 금산에서 全州 방면으

　　　　仁・李文鏞・全基正・辛益柱・高益相・高濟福・金蘭植・梁在圭
　　　　・辛元錫・吉基淳86)・郭秉斗・李埰・梁學祖
　都訓長:西門燁・梁恪淳87)

　라고 하여 보다 구체적으로 조직되었음을 알 수 있다. 이 때에도 조직 구성에 있어서, 초기 義會長이었던 고제학과 박승호가 會長이 되어 이끌었음을 알 수 있다.88) 또한 재정회계를 전담할 인원과 각 면의 哨長을 구성한 점은 처음 조직되었을 때의 의회군 보다 좀 더 조직적이었음을 보여준다. 여기에 군량보급에 관한 일을 맡아 보았을 것으로 생각되는 '官餉'이 보이고 있다. 또한 각 면 단위로 訓長을 두어 조직한 것을 보면 의회군의 조직이 군 전체에 걸쳐서 이루어졌음을 말해주는 것이다.

　그러나 이 같은 제2차 의회군의 조직은 직접적인 동학농민군과의 충돌은 없었지만 일시적으로 유지되어 동학농민군의 잔여세력에 대항하는 경우도 있었다. 진산 부수암 전투 후에 죽은 의회군 호군감 한홍규의 아들인 韓觀德은 義童 400명과 같이 복수하려 하였다.89) 이러한 그가 정지모와 더불어 제2

　　　로 가는 고개)를 방어했다고 한다(『朝鮮寰輿勝覽』12, 錦山郡 節義 辛埈浩 條).
86) 吉基淳은 訓長이 되어 무리를 이끌고 금산과 茂朱를 연결하는 芝蔘峙(지삼티)를 지켰다고 한다(『朝鮮寰輿勝覽』12, 錦山郡 節義 吉基淳 條).
87)「嘉善大夫工曹參議贈正二品都憲鄭公殉義碑」陰記. 한편, 금산향교 편,『금산군읍지』단사 순의단 조 ;『朝鮮寰輿勝覽』12, 錦山郡 節義 박홍서 조)에는 이와 유사한 기록이 있는데, 1차 부수암 전투 후에 죽은 의회군도 같이 기록되어 있고, 이것이 의회군 조직으로 기록되어 있으나, 1, 2차를 망라해서 기록해 놓은 것으로 이해해야 할 듯하다. 이밖에도 三百義士를 이끌고 방어했다는 朴庸緒(『朝鮮寰輿勝覽』12, 錦山郡 孝子 朴庸緒 條)와 의회군이던 박승숙, 고제학, 박승호, 한홍규, 김제룡과 같이 금산의 '義旅'로서 기록된 나머지 7명도 역시 의회군의 일원이었을 것이다(「義旅」『東學農民戰爭史料叢書』17, pp.356~357).
88) 이후에 고제학은 의회군의 지도층 인사들과 당시 동학농민군과의 전투에서 죽은 이들을 위한 추모시와 제문을 남기고 있다(高濟學,『儉庵遺稿』1, 2).
89)「次子觀德 方沖年 領義童四百 爲復讎計」(奇宇萬 撰,「義士韓公殉節碑」).

차 의회군 조직에서 義童頭領으로 된 데에는 이에서 연유할 것이다. 또한 동학농민전쟁 후에 금산의 일부지역에서 '義兵'이라고 칭하는 사람들이 그 복수를 위해 沃川에까지 갔던 사실에서 그러한 정황을 알 수 있게 한다.[90]

V. 맺음말

이상에서 금산지역의 동학농민군과 의회군의 대립이 구체적으로 어떻게 전개되었는가에 대해서 살펴보았다.

1894년 10월, 금산지역은 청주에서의 전투를 앞두고 북상하던 전라도 농민군의 주력부대 중 하나인 김개남 부대와 서장옥의 부대 및 북접의 진산·고산·영동·옥천·연산·공주 등의 농민군이 합세하는 지역으로서 동학농민군에게는 중요한 전략적 요충지였다.

한편, 금산지역 재지유림들은 농민군이 3월 12일에 금산읍에 들어옴으로 해서 받은 피해가 있었고, 4월 3일경에는 일부 읍민을 중심으로 이에 대응해 농민군을 격퇴시킨 사실 등으로 해서 농민군과의 직접적인 마찰이 심화되었다. 이를 계기로 재지유림들은 5월경에는 농민군에 대항한 의회군을 조직한

---

[90] 今聞 錦山居金俊榮 以其逢辱于東徒之事 不勝其宿怨 招集鄉民 稱以義兵 多殺民衆 延及沃川等地云」. 또한 제2차 농민전쟁에서 동학농민군이 최후로 항전한 1895년 1월 24일 大芚山에서의 전투에도 錦山 義兵將 金鎭容은 전날의 패배를 복수하기 위해 300명을 이끌고 참가했다고 한다(文錫鳳, 『義山遺稿』1, 上巡營). 이밖에도 錦山 義兵將 金致弘(洪?)은 동학농민군과의 전투에 관군을 도와 龍潭에서 대포를 끌고 오거나, 잔여세력을 찾아 복수하기도 하였다(文錫鳳, 『義山遺稿』1, 上巡營 ; 권2, 報巡營狀). 이 때의 김치홍이 4월 3일의 동학농민군과의 전투에서 공을 세운 行商接長 金致洪인지 여부는 아직 알 수 없다. 이밖에도 錦山退校 李秉相에 대한 기록이 있는데(「甲午軍功錄」『東學亂記錄』下, p.722), 그가 1894년 어느 때 어디서 공로가 있었는지는 자세히 알 수 없지만, 의회군이던 김제룡과 같이 기록되어 있는 것을 보면 그도 의회군의 일원이었던 듯하다(「義旅」『東學農民戰爭史料叢書』17, p.357).

것이다. 의회군은 기존의 義契라는 지역유림들의 조직체를 확대한 조직이었다. 그러나 군사적인 열세로 10월 22일 진산의 부수암 전투와 금산읍 전투에서의 패배로 의회군 조직은 무너지게 되었다. 김개남의 농민군으로서는 이들 전투가 북상 중에 치룬 최초의 전투였고, 승전이었다는 점에서 그 의의가 있었다. 그러나 이 때도 동학농민군의 공격은 그들이 내건 기치와는 달리 군물을 탈취하고 인명을 살상하는 등 이 지역의 인심과는 위배되었다.

그 후 다시 의회군의 지도층은 보다 조직적인 의회군을 성립시켰으나, 동학농민군이 해체됨에 따라 적은 규모의 전투 참여는 있었지만 결국은 해산되었다.

이러한 금산지역의 의회군과 동학농민군간의 문제는 금산지역에만 국한되었던 문제라고는 생각되지 않는다.[91] 최근의 여러 지역 사례연구에서도 밝혀져 있다시피 많은 지역에서 금산지역과 같은 문제가 발생되었다. 이를 통해서 보더라도 이러한 재지세력과 동학농민군과의 대립은 동학농민군 연구에 중요한 문제임을 말해주는 것이다. 금산지역에서는 다행히 농민군과 의회군의 문서 기록이 남아 있어 그것을 추구하는데 많은 도움이 되었다. 이 같은 연구는 동학농민군 연구에 대한 보다 근본적인 문제의 추구에 일정한 역할을 하리라고 기대한다.

---

91) 금산지역에 있어서의 재지유림세력과 동학농민군은 너무나 현격한 입장의 차이를 보이고 있다. 그러나 이들에 대해서 극단의 대립적 입장에서만 볼 수는 없을 것이다. 양쪽의 활동이 다 민족의 장래를 염려하는 데에서 출발하기 때문이다. 이들 의회군의 고제학을 비롯한 중심 인물들은 임진왜란 시 금산에서 순절한 權悰의 전첩비를 세우는 일이라든지, 祠宇의 創建 등에 적극 나서거나(『금산지역의 고문서』, pp.491~496), 國債報償運動과 같은 활동(高濟學 · 朴恒來 · 권창식 등의 錦山郡國債報償一心同盟(「皇城新聞」1907년 3월 18일 3면 雜報,「大韓每日申報」1907년 3월 19일 1면 雜報 ; 李尙根,「國債報償運動에 關한 硏究」『國史館論叢』18, 1990, p.10)에서도 보다시피 이들의 활동은 금산지역사회에서 지대한 영향을 미치고 있었다. 또한 이들의 의식속에서 여전히 임진왜란 시의 칠백의사의 救國精神을 계승하고 있다는 사실은 주목할 일이다.

[高濟學, 『儉庵遺稿』, 附錄 「遺事」 全文]

附錄

遺事

府君姓高氏諱濟學字敬習號儉庵貫濟州系目
高乙那爲耽羅王至四十五世孫自號高麗太祖
戊戌道太子末卷入朝待之優渥仍賜星主
君使之世一朝見黑世爲尙書至諱慶以翊戴元
勳封玉城君諡文忠與鄭圃隱李牧隱諸賢爲道
義交是生諱用賢銀靑光祿大夫諡文英淸名直
節著于世稱野叟先生者也入本朝有諱潤郡
守肇基于錦山歷八世文章懿行俱載東史有諱

日望卽府君六世祖也生諱尙濂是生萬齡是生
廷高書法道麗文章卓越祖諱宅龜號愚潭明於
易倫潛於榮利爲世準則之楠家風者歸爲考
諱義錫生二男長曰府君恩津宋氏九菴文正公
七世孤諱欽七女 憲廟戊戌四月九日申時生
府君于錦山寧歲芽豪姿端莊氣宇沉重異群兒
遊不嬉復唐鑑一卷試敎之半行不幾復而
輒誦復請盖益復誦不錯字育於淸州外氏家有
年始道曾江史勝冕受業於日叅奉周顯攻合

寅以大人公命赴漢試歲不中乃歎曰文藝者行
仕之具而科擧者發朝之初初學壯仕將以致君
澤民焉文藝而求之歟上心乃歸絶意仕路承
其志付書於府君曰汝立志爲基次以修學爲
尙二者於君至而猶未至此君將復用力於斯以
待強仕之年聞甚嘉尙丁卯大人公以時患不
府君斷指下血更迎五日汝咸眠紫毀骨立居處
歠食一遵古禮慈夫人間其毀瘠勉以從權不能
得眼閒往見淵齋宋先生於汰川遠溪論議講亮

分析纖毫嗣後是績相問交誼宻通壬申李氏公
早世因廢食不寢悲慟過情以次子仁相為李氏
公後連遭喪亂家事旁落乃專意幹盡瀰灑以節
賓客之來隨力歓接各得歓心辛巳丁先妣憂如
丁卯禮甲午東匪擾亂剝奪公藏穀人民兩湖
之間邑宰者瓷前泰判鄭嗣朝為盟主丁斗燮
為義會長推本郡適値新官李容德
為盟一月之內應募者六千餘人府君與朴勝鎬
人煙斷絕滋郡乃奮身起義設義旗歃血
自長水轉茲郡路梗不赴時五月野不耕農村郡
人問營警召募兩湖問至十月玲山
迅李容德于長水民情稍宓時召募官任最沫奉
客旨來義所設策應營召募兩湖問至十月玲山
小吏書鄭志煥曰賊數百出没浮水嚴若暴襲
可剿滅志煥見書不如堅守復請官曰
朝家有
差官之命何但守城乃已府君止之不得乃派軍
軍至浮水嚴四面山上旗幟林立殺萬兵馬下山
吶喊重圍我軍敗北賊來勢陷城丁斗燮鄭

隊長鄭志煥為武隊長梁在鳳辛龜錫為參謀
乃效死守城通商務勸農稼送二斗燮率百餘軍

志煥俱戰軍卒死傷者百餘八多鳥獸散府君
獨危坐待之不肯輩泣諫不若避而再圖府君
從之乃下居昌適朴公恒來宰官兵二百人來到
相與八錦為約觀察使以無
朝令越道界不許
請昌守丁觀夔庵下軍五百其郡民情汹汹不
肯乃與散亡人嚴漢尙任漢錫金濟龍等四十餘
人遷錦郡先是賊縛致盟主害其尸因縱大
村閭盡為灰燼時京兵到郡再整軍伍防禦太嚴
尋亂錦郡巡察使李道宰至郡請見府君慰諭曰
吾今歷高兩邑人亦逃避是犯罪之致到此郡

果老少人民簇迎道路此化域之民內省而不懼
寔由於二儒守正斥邪之效也至於城陷運也何
哉府君自甲午後不出百里界時與不肖輩枕戲
於阡陌間而於世利泊如也乙卯六月以暑病轉
革其月九日辰時考終于崇亨年七十八癸于錦
山富利會坪前負山庚坐原前配光山
金氏議政公韓國光后韓箕範女生
憲廟辛
四月六日先府君三十七年而卒育一男 韓不肯
賢相後配迂安明民韓光后基女
廟辛酉十二
月十三日生育一男一女男仁相女適李昌榮

相男光璿光男光年光義光日光義烏仁相后有
三女長適金廷基二皆幼仁相有一安亦幼嗚呼
府君持身簡重神彩煒然濃眉白晳眼珠澄澈唇
固而結髯跣而短跂屨安詳言語切實性至孝隨
慕其容可掬而各隨其品質諄諄題諭所居湫
甫一日先世遺墨補綴藏之雖怒時迎人必莞
所奉甚薄底之哀然曰貪寒之常寧富而致心
不肖輩日我可恕人不可爲人恕也有人授之物
慫不若食而安也每日淸晨盥洗整冠正咲戒
曰此甲午亂中公家遺物適搜柜其處而來府君
却之曰吾爲義長卸下甄亡殆矣未得盡汲而痊
之況貨乎我吾可貨也伹儀禮一部是吾家靑氈
不可爲他人之有獨受之器字淸簡外遜內寬亭
未到前拙若無所幹能而反其墨事爲不計己之
利害不許人之是非勇往直前而無所撓屈雖怒
遽之際無一黙氣其嚴重復類此與同卽止
友設講室濟陽勸奬文學蒙秀復歸之非理之賄
雖半縷半粒不受焉家而平生以儉享爲準則因
以驕之自解曰儉者廉之本廉者行之先欲行其
行不可以不廉欲其廉不可以不儉君子以儉

俊德小人以俊喪軀其素行繄可見也每當先也
諱辰雖至老不弛祀必齋沐入參曰吾今耋㸑未
知明年有如今日矣因臨席盡禮嗚呼府君㫌言
誼行不肖不能萬一而無善而
不知不明也雖懼其或陷於不明之罪故茲敢畧
撥如右以竢當世立言君子不肖子賢相泣血謹
書

부록1

「壬午六月日記」解題[1]

　「壬午六月日記」는 1882년(高宗 19) 壬午軍亂 당시 明成皇后(1851~1895)의 피난 기록이다.
　이 기록물은 恩津宋氏로 尤菴 宋時烈, 同春堂 宋浚吉과 더불어 '三宋'으로 불리던 霽月堂 宋奎濂(1630~1709)의 후손가[宋憲卿]에 전해오던 자료이다. 가로 14.7cm, 세로 20cm의 한지에 紙繩으로 結束한 成冊古文書의 형태였고 表題나 題籤은 없다. 內紙 첫 장의 첫머리에 제목으로 "壬午六月日記"라고 적고 날짜별로 기록해 놓았다. 전체 8장 분량으로 제일 뒷장에는 필사를 위한 井間紙[2]가 있고, 이 일기를 묶었던 지승 조각에서는 일기 내용 일부분에 해당하는 草書가 있었다. 이런 사실로 볼 때, 원래 草本은 아니었을 것으로 추정된다.[3]
　송규렴의 7대 후손 宋憲卿(1870~1893)은 임오군란 시 明成皇后를 가장 측

---

1) 이 자료는 『(은진송씨 제월당가 기탁유물 특별전) 명성황후를 모시다 -1882년 임오군란-』, 대전광역시향토사료관, 2008, pp.83~93 중 부분 수정 보완한 것이다.
2) 井間紙의 행은 8행인데 「임오유월일기」의 행도 역시 8행이다. 정간지의 상단만 井間이고 나머지는 세로 행만 줄을 그어놓은 정간지이다.
3) 앞의 책, 2008, pp.64~65.

근에서 호종했던 閔應植(1844~1903)의 사위이다. 그런 연유로 이 기록이 은진 송씨가에 전해진 것으로 보인다. 어떠한 연유로 이 집안에 전해오는 지는 자세치 않으나 草本은 아니고 후대 필사본인 점을 고려하면 민응식의 딸로 송헌경의 配位인 驪興閔氏(1869~1952)를 통해 전해졌을 가능성이 높다.[4] 또한 『혜경궁읍혈록』, 『仁顯聖母行錄 附壬午六月日記』 등은 여흥민씨가 필사한 것으로 전한다.[5] 그런데 후자의 題簽 아래에 쓰인 '壬午六月日記'의 글씨체와 「壬午六月日記」의 내지 첫머리에 쓰인 제목 글씨체가 똑같으므로 동일인의 筆寫 기록으로 볼 수 있다. 아울러 이 책의 말미에는 '경신원월십구일필셔'라는 필사 연대가 적혀 있으므로 이 筆寫者가 여흥민씨이고 그 생몰연대로 추정하면 필사 연대는 1920년[庚申] 1월 19일이 되고 「壬午六月日記」도 이 무렵 필사된 것으로 볼 수 있다.[6]

이 일기의 내용은 1882년 6월 9일, 임오군란이 발발한 후 13일에 명성황후가 서울 碧洞 翊贊 閔應植 집으로 피란한 것을 시작으로 8월 1일 還宮하기까지 51일간의 日氣, 명성황후의 동정, 환후, 그 처방, 모신 인물, 내왕 인물 등이다.

그동안 임오군란 시 명성황후의 動靜에 대해서는 忠州 長湖院 閔應植 鄕第에서 피난하고 있었다는 정도의 소개가 대부분이었다. 그러나 이 기록은 51일간 빠지는 날짜가 없이 명성황후의 동정을 기록하고 있고 17명의 내왕 인물들의 이름이 구체적으로 기록되어 있어 임오군란 시 명성황후에 관한 가장 상세하고 중요한 사료로 생각한다. 필자는 이 자료에 대해 2006~2007년에 걸친 현장 답사를 통해서 이에 대한 상세한 譯註 작업을 할 수 있었다. 다음은 자료에 대한 역주 및 全文 影印 등이다.

---

[4] 후손의 증언으로도 송헌경의 배위인 여흥민씨가 친정에서 가지고 왔다고 하고, 후손들도 이 같은 일기의 존재를 알고 있었다고 한다.

[5] 앞의 책, 2008, p.48, p.68.

[6] 인현왕후의 외조부는 송준길이고, 인현왕후와 명성황후가 민씨인 점과 고난을 겪은 공통점 등은 여흥민씨가 부록으로 「壬午六月日記」를 기록한 동기가 되었을 것이다. 이 점은 더 나아가 『혜경궁읍혈록』의 필사에까지 이른 것으로 볼 수 있다.

□ 임오(壬午 : 1882, 高宗 19) 6월 일 기록[壬午六月日記][7)]

- (6월)13일. 맑음. 2경(更) 쯤, 중궁전하께서 벽동(碧洞)[8)] 익찬(翊贊) 민응식(閔應植) 집에 거둥하셨다.[9)] 옥후(玉候)가 인후 증세(咽喉症候)로 편찮으셨다. 박하유(薄荷油)[10)]를 올렸다.
- 十三日 晴 二更量 中宮殿下 臨御于碧洞翊贊閔應植家 玉候以咽喉症候靡寧 進御薄荷油[11)]

- 14일. 맑고 더웠다. 새벽에 민응식과 진사(進士) 민긍식(閔肯植)과 현흥택(玄興澤),[12)] 계집종[婢子] 1명이 중궁전하를 모시고 가 광주(廣州) 취적리(吹笛里) 임천군수(林川郡守) 이근영(李根永) 집[13)]에 이르러 점심을 자시고 조현점사(鳥峴店

---

7) 草書 斷片에 '午六月日記'라고 추정되는 글자 반쪽이 남아 있다.
8) 서울 옛 지도에서는 闢洞으로도 표기되고 한글 이름은 '벽장골'로 불리는데, 오늘날 서울시 종로구 송현동·사간동·중학동에 걸쳐 있던 마을 일대가 된다. 명성황후는 가까이 仁顯王后가 살던 感古堂(종로구 안국동 덕성여고 자리)에서 왕비가 될 때까지 살았음에도(한영우,『명성황후, 제국을 일으키다』, 효형출판, 2001, p.22) 이곳은 이미 노출된 곳이므로 피했음을 알 수 있다.
9) 이보다 앞서 임오군란 발발 당시 명성황후는 궁에서 洪啓薰의 등에 업혀 빠져나왔다고 하는데, 궁중에서 동대문으로 명성황후를 업고 司禦 尹泰駿家로 피난시킨 이는 尹秉官이었다고 한다(2006. 7. 4. 玄孫 尹政烈 증언).
10) 현재 남아 있는 명성황후의 편지에도 박하유에 대한 언급이 있는 것을 보면(이기대 편,『명성황후 편지글』, 다운샘, 2007, pp.112~113), 평소 명성황후는 박하유를 애용하였던 듯하다.
11) 원문 교정은 []로 하였다.
12) 현흥택의 이같은 역할은 이후 乙未事變에서 시위대 연대장으로서의 처신(이영숙 편,『명성황후 시해사건 러시아 비밀문서』, 서림재, 2005, pp.41~42)과 이후 春生門事件이나 獨立協會에서의 활동을 이해하는 한 단초가 될 것이다.
13) 현재 경기도 성남시 수정구 상적동 李載福씨댁으로 추정된다. 기왕에 명성황후가 피난했다는 이재복씨의 증언이 있었고(2007.2.5), 상적동은 '저푸리' 또는 '적취리'

舍)14) 숙소(宿所)에 이르렀다. 옥후(玉候)가 더 불편했다가 4경이 지나 조금 평순(平順)해 지셨다.

• 十四日 晴熱 平明 閔應植與進士閔肯植及玄興澤婢子一名 陪行至廣州吹笛里林川郡守李根永家 中火 至鳥峴店舍宿所 玉候添損 四更後小得平順

• 15일. 맑고 더웠다. 새벽에 모시고 가 이천읍(利川邑) 점사(店舍)에 이르러 점심을 자시고, 여주(驪州) 단강(丹江) 권삼대(權三大) 집 숙소에 이르렀다.15) 전오위

(『한국 지명 총람』 17(경기편), 한글학회, 1985, p.377), '적푸리'라고도 하는데(『城南市史』 1(자연과 민속), 2004, p.168, p.178), 옛 漢字 지명은 廣州 '笛吹里'였다. 그러므로 이 기록의 '吹笛里'는 '笛吹里'를 筆寫 하던 중의 誤記로 보겠다. 이재복 선생(78세)의 증언으로는, 이재복씨댁은 원래 한옥으로 안채 8間, 행랑채 12間이었다고 한다. 그 사진이 남아 있는데, 명성황후는 임오군란 당시 피난왔는데 오는 날 앞마을부터 이곳으로 피난온다는 소문이 있었다고 한다. 또한, 명성황후가 피난올 때 여러 가마 중 제일 허름한 가마에서 내렸다고 한다. 또한 명성황후는 이재복씨댁 건년방에 계셨는데 高宗의 천연색 御眞을 모시고 다녔고 기념으로 이재복씨댁에 남겼고 자신도 직접 목격했다고 하였다. 현재의 건물은 그 당시의 건물 그 위치에 지었고, 기념으로 당시 건물의 上樑文이 쓰인 상량대를 소장하고 있다. 그 글귀는 "崇禎記元後四戊午二月十一日酉時竪柱上樑"으로 1858년(哲宗 9)임을 알수 있다.

14) 地理志에서도 酒幕으로 '草峴店'이 있는데(『重訂南漢志』 卷3), 현 경기도 광주시 목현동 '새오개' 마을이라고 한다(『重訂 南漢志』, 廣州文化院, 2005, p.126). 원래 새오개는 '鳥峴洞'이라고도 하였다(『한국 지명 총람』 17(경기편) 상, 한글학회, 1985, p.195). 결국 '草'와 '鳥'는 우리말 '새'의 訓이 달리 쓰인 것에 불과함을 알수 있다. 주민의 증언으로도 새오개 버스 정류장 근처 주유소 부근에 주막집이 있었다고 한다.

15) 현재 경기도 여주군 여주읍 단현1리 부라우 마을로 마을 주민인 權在英씨댁은 원래 부라우 나루 옆 99칸이었다는 민참판댁 근처에 있었으나 후에 민참판댁이 들어서면서 민참판댁에서 현재의 위치로 옮겨주었다고 하였다. 옮기기 전의 위치가 권삼대의 집이었을 가능성이 높다고 하겠다. 주민들의 증언 중에는 민참판댁 건물지의 위치며 당시까지 남아 있던 민참판댁의 많은 건물을 기억하고 있었고, 고문서, 전적, 병풍 등이 많이 있던 것을 보았다는 분들도 있어 이러한 사실들을 뒷받침해주고 있다.

장(前五衛將) 민영기(閔泳綺)가 왔다.
- 十五日 晴熱 平明 陪行至利川邑店舍 中火 (至驪州丹江權三大家宿所 前五衛將閔泳綺來

- 16일. 맑고 더웠다. 밤에 이슬비가 왔다. 중궁전하께옵서 같은(동네) 이웃 한점대(韓点大) 집으로 옮기셨다.16) 환후(患候)는 한결같았다. 감길탕(甘吉湯)17) 두 첩(帖), 박하탕(薄荷湯)에 용뇌(龍腦)를 타서 올리니 자셨다(含御).
- 十六日 晴熱 夜微雨 移御于同隣韓点大家 患候一樣 進御甘吉(桔)湯二帖薄荷湯和龍腦 含御

- 17일. 맑고 더웠다. 소나기가 왔다. 그대로 머무르셨다. 감길탕 한 첩, 박하탕에 용뇌를 타서 올리니 드셨다. 옥체(玉體) 다리[脚部] 부스럼 난 곳에 고름이 나서 고약(膏藥)을 부쳐 드렸다.
- 十七日 晴熱 驟雨 因爲駐御 進御甘吉湯一帖薄荷湯和龍腦 含御 玉體脚部腫處成膿 進付膏藥

- 18일.18) 비가 종일 왔다. 그대로 머무르셨다. 환후는 그만 했다. 오후에 인후 증세가 있었다. 부스럼은 저절로 터졌다[헐었다]. 감길탕 한 첩, 개고기국[狗羹] 한 보시기[甫兒], 붕어를 진하게 삶은 국물[鮒魚膏] 한 보시기를 올렸다. 민긍식이 먼저 충주(忠州) 노은(老隱)에 갔다.

---

16) 역시 부라우 마을 주민인 朴光珍 선생(71세)의 증언으로는, 선생의 집(61번지)이 명성황후의 피난처였다고 들었고 현재의 집 이전에 ㄱ자형 초가가 있었는데 그 벽장 속에 은거했다는 이야기도 들었다고 하고 자신도 그 집을 헐고 현재의 집을 지을 당시에 그 벽장을 보았다고 하였다.
17) 甘桔湯. 본문에는 '吉'로 되어 있으나 '桔'일 것이다. 이하 같다.
18) 壬午軍變의 소식이 淸측에 알려진 것은 6월 18일 하오 2시라고 한다(權錫奉, 『淸末 對朝鮮政策史硏究』, 一潮閣, 1986, p.191).

• 十八日. 雨終日 因爲駐御 患候一樣 午後咽喉症候 腫自潰 進御甘吉湯一帖 狗羹一甫兒 鮒魚膏一甫兒 閔肯植先往忠州老隱

• 19일. 아침에 비가 오다가 오후에 잠깐 개었고 오후 5시 넘어서는 계속 퍼부어댔다. 새벽에 모시고 가 충주 매산(梅山)[19]에 이르러 오봉학(吳鳳鶴) 집에서 점심을 자셨다. 사창(社倉) 민응식의 향제(鄕第)를 숙소로 했다.

• 十九日. 朝雨午後暫霽 申後連注 平明 陪行至忠州梅山 中火于吳鳳鶴家 宿 所于社倉閔應植鄕第

• 20일. 비 오다 구름 끼다 했다. 그대로 머무르셨다. 대나무 통으로 환처(患處)에 붕사(硼砂)를 조금 불었다.

• 二十日. 或雨或陰 因爲駐御 以竹筒吹硼砂小許于患處

• 21일. 맑고 더웠다. 어둑 새벽에 모시고 가 노은(老隱: 충주) 유학(幼學) 이시일(李是鎰) 집에서 머무르셨다.[20] 감길탕 한 첩, 박하탕에 용뇌를 타서 올리니 드셨다. 옥후(玉候)가 점차 나아지셨다.

• 二十一日 晴熱 昧爽 陪行駐御于老隱幼學李是鎰家 進御甘吉湯一帖 薄荷湯和龍腦 含御 玉候漸次平復

---

19) 충주 매산은 오늘날 충북 음성군 감곡면 매괴중고등학교 일대를 말한다.
20) 충북 충주시 노은면 가신리 신흥동 마을에는 마을 입구에 명성황후의 피란지와 國望山에 얽힌 전설을 소개하는 표석이 있고, 동네 회관 맞은편에는 피란지였다는 곳과 方形과 圓形 礎石들이 남아 있다. 동네 주민들의 증언으로는 피란지였고 후에 궁궐을 지으려다 만 것이 현재의 초석이었다는 것이다. 지표조사 결과 주변에서 조선시대 기와편과 자기편 등이 산재한 것으로 보아 瓦家가 있었던 것으로 추정된다. 최근 이 일기를 주요 근거로 들면서 피란지 근처에 「明成皇后避難遺墟碑」가 세워졌다. 한편, 명성황후 피란지 복원을 위한 학술회의도 열렸다(『명성황후와 충주』, 충주시・예성문화연구회, 2008).

• 22일. 맑음. 그대로 머무르셨다. 고 판서(判書) 민승호(閔升鎬) 처 정경부인(貞敬夫人) 이씨, 전 참판(參判) 민영익(閔泳翊) 처 정부인(貞夫人) 김씨가 죽산(竹山)에서 왔다.
• 二十二日 晴 因爲駐御 故判書閔升鎬妻貞敬夫人李氏 前參判閔泳翊妻貞夫人金氏 自竹山來

• 23일. 맑음. 그대로 머무르셨다.
• 二十三日 晴 因爲駐御

• 24일. 맑음. 그대로 머무르셨다.
• 二十四日 晴 因爲駐御

• 25일. 오후에 가랑비[細雨]가 왔다. 그대로 머무르셨다.
• 二十五日 午後細雨 因爲駐御

• 26일. 오후에 비가 왔다. 그대로 머무르셨다.
• 二十六日 午後雨 因爲駐御

• 27일. 맑음. 그대로 머무르셨다.
• 二十七日 晴 因爲駐御

• 28일. 맑음. 오후 5시 넘어서 모시고 가 매산(梅山 : 충주)21) 전 판서 민영위(閔泳

---

21) 매산은 오늘날 충북 음성군 감곡면 매괴중고등학교 일대인데, 현재 학교에는 표석이 서있다. 원래 옛 감곡 매괴성당 자리였다. 표석이나 원래 감곡 매괴 성당의 기록이나 그동안의 기록에서 명성황후의 육촌오빠인 민응식의 109칸집이 있었고 이곳에 명성황후가 피난왔었다는 내용이 대부분이었다. 그러나 이 기록으로 보아 이곳은 민영위의 집이었음이 분명하다. 그것은 「뮈텔 주교 일기」 1897년 5

緯)22) 집으로 옮기셨다.
• 二十八日 晴 申後陪行 移御于梅山前判書閔泳緯家

• 29일. 맑음. 그대로 머무르셨다. 가미양위탕(加味養胃湯)23) 두 첩을 올렸다.
• 二十九日 晴 因爲駐御 進御加味養胃(胃)湯二帖

• 30일. 맑음. 그대로 머무르셨다. 양주탕 한 첩을 올렸다.
• 三十日 晴 因爲駐御 進御養胃湯一帖

• 7월 1일. 맑음. 그대로 머무르셨다. 청서육화탕(淸暑六和湯) 한 첩을 올렸다.
• 七月初一日 晴 因爲駐御 進御淸暑六和湯一帖

• 2일. 맑고 더웠다. 민영기가 모시고 가 지평(砥平) 섬실(蟾實) 전 현감(縣監) 안정옥(安晶玉)24) 집으로 옮기셨다.25) 민응식26)은 사람들 이목(耳目)에 시끄러움

월 13일 조에 閔炯植(1859~1930)이 내방했는데 그는 부이용 신부가 매입한 장호원 집의 옛 주인인 閔丙奭(1858~1940)의 숙부라는 내용(천주교 명동교회 編, 한국교회사연구소 譯註, 『뮈텔 주교 일기 Ⅱ(1896~1900)』, 한국교회사연구소, 1993, p.177)과 4월 7일 조에서 드예 신부가 장원(장호원)과 원주의 새 사제관 설계도를 가져 왔다고 하고(위의 책, p.165) 그 베낀 설계도를 일기에 싣고 있는데(p.167의 장원 사제관 설계도), 여기에도 '폐허(민비의 피신처)'란 설명이 있다. 이 기록에서 장호원 집의 옛 주인이 민병석이라고 하는데 민병석은 바로 민영위의 손자이다(『驪興閔氏三房派譜』, 1988, pp.215~217). 그러므로 그동안의 기록에서 장호원 민응식의 집에 명성황후가 피난 온 것이라는 기록은 잘못된 것이다. 한편, 「뮈텔 주교 일기」는 당대 민영위의 손자와 왕래나 성당 건축을 위한 집 거래 사정, 설계도의 내용 등으로 보아 매우 신빙성이 높은 기록임을 알 수 있고, 옛 매괴 성당의 사진 자료가 남아 있으므로 정확한 명성황후 피난처를 파악할 수 있을 것이다.

22) 諱字를 띠지로 가려놓았다.
23) 加味養胃湯. 본문에는 '胃'로 되어 있으나 '胃'일 것이다.
24) 安鼎玉(1846~1891)은 본관은 順興, 자는 景信, 호는 竹下이다. 武科하고 嘉義大夫

을 꺼려 뒤에 출발했고 여주읍(驪州邑)에 이르러 머물러 묵었다.
• 初二日 晴熱 閔泳綺陪行 移御于砥平蟾實前縣監安晶(鼎)玉家 閔應植憚煩耳目 追後發行 至驪州邑止宿

• 3일. 이슬비가 오더니 밤에는 몹시 쏟아졌다. 그대로 머무르셨다. 청서육화탕(淸暑六和湯) 한 첩을 올렸다. 인후 증세가 다시 더했다. 민응식[27]이 왔다.

黃海道兵馬節度使에까지 이르렀다. 시호는 靖敏이다. 그에 관해서는 족보(『順興安氏族譜(贊成公派)』권3, 1980, p.609)와 묘비(양평군 양동면 매월리)의 기록이 있다. 묘비는 1909년 7월에 세워졌는데 尹用求가 짓고 劉漢翼이 썼다. 이중 임오군란에 관한 부분이 비문의 주요한 부분을 이루고 있다. 관련된 부분은 다음과 같다. "壬午夏 亂兵犯闕 明成皇后潛幸于外宮中 不知幸處 前縣監安公鼎玉 時解官在京 愾然歎曰 三綱絶矣 吾受國恩厚 惟自靖耳 挈家歸砥平田廬 踰月始知后在忠州長湖駭機蟣伺 慮不測 又將遷徙 奮曰 吾可以盡臣分 死非恤也 舁小轎 奉至家 淨房奧 嚴防護 朝夕躬調膳 嘗而後御 家人幷不知爲后也 歷十三日 復幸長湖 公步從 袖餕屑和粥 進于路次 陪扈不離 又踰月 亂定 遣宰臣百官 備法駕迎還 公辭歸家後 値行賞拜官 公輒固讓 逡巡曰 曾非敢以媒寵也……" 비문에서는 13일간 머문 것처럼 표현되었으나 일기대로라면 정확히 7월 2일에서 11일까지이므로 10일간이다. 비문과같이 다시 장호원 오봉학의 집에 돌아오기까지 안정옥이 배종했고 이후에도 계속 서울을 오가며 주요한 연락을 담당하였다. 후일 안정옥이 죽은후 그의 형인 안준옥 관련 명성황후의 편지 중 "저의 아우를 생각하니 너무 불쌍하다"는 표현(이기대 편, 앞의 책, p.171)은 바로 안정옥을 두고 한 말일 것이다. '安鼎玉'을 '安晶玉'으로 기록한 데에는 원래의 草書 日記 초본을 脫草 移書하는 과정에서 나타난 오류로 추정된다. 본 일기 7월 27일자에서는 '安鼎玉'으로 맞게 표기하고 있음을 보면 더욱 그렇게 생각한다. 위의 족보나 비문 이외에도 후손이 소장하고 있는 1866년(高宗 3) 안정옥의 武科 급제 紅牌와 1875년(고종 12) 교지에는 '安晶玉'으로 쓰다가 1878년(고종 15) 교지, 1882년 8월 고종의 署押이 있는 傳令과 이후 1908년(純宗 2) 贈諡[靖敏] 勅命에는 '安鼎玉'으로 되어 있다. 이같은 교지 자료 제공에는 후손 안준희님의 후의가 있었음을 밝혀둔다.

25) 경기도 양평군 양동면 석곡리 섬실에는 길 하나를 사이에 두고 한쪽은 사이실, 한쪽은 섬실이 된다. 사이실에는 楊平 義兵將 중의 한사람인 下沙 安承佑의 生家가 있다. 그 증손인 安載興 선생(66세)과 마을 주민들의 증언으로는 현재 섬실의 박현태씨 집이 명성황후의 피난처였다고 하였다. 안재흥 선생은 이 이야기를 族叔인 安昌淳 선생에게서 들었다고 증언하였다. 현재 가옥은 원모습은 잃은 듯하나

• 初三日 微雨 夜暴注 因爲駐御 進御淸暑六和湯一帖 咽喉症候更爲添損 閔應植來到

• 4일. 이른 아침에 비가 오더니 저녁에 그쳤다. 그대로 머무르셨다. 양위탕[28] 한 첩을 올렸다. 전 오위장(五衛將) 구연소(具然韶)[29]를 충주 병영(兵營)에 보냈다.
• 初四日 早雨 晩止 因爲駐御 進御養胃[胃]湯一帖 送前五衛將具然韶于忠洲(州)兵營

• 5일. 맑음. 그대로 머무르셨다. 인후 증세가 점차 나아지셨다.
• 初五日 晴 因爲駐御 咽喉症候漸爲平復

• 6일. 맑음. 그대로 머무르셨다. 양위탕[30] 한 첩을 올렸다. 민영기를 양근(楊根) 자잠리(紫岑里)에 보냈다.
• 初六日 晴 因爲駐御 進御養胃[胃]湯一帖 送閔泳綺于楊根紫岑里

• 7일. 맑음. 그대로 머무르셨다. 곽향정기산(藿香正氣散) 한 첩을 올렸다. 민긍식이 들어왔다.
• 初七日 晴 因爲駐御 進御藿香正氣散一帖 閔肯植入來

    대청의 상부 架構 모습이나 주변의 와편, 자기편의 존재로 보아 가능성이 높다고 하겠다.

26) 이 곳에도 諱字를 띠지로 가려놓았다. 이 또한 필사자가 여흥민씨일 가능성을 말해준다.
27) 이 곳에도 역시 諱字를 띠지로 가려놓았다.
28) 養胃湯. 본문에는 '胃'로 되어 있으나 '胃'일 것이다.
29) 具然韶는 안정옥의 査頓이다(『順興安氏族譜(贊成公派)』권3, 1980, p.609). 이 같은 관계로 안정옥의 추천으로 구연소의 활동이 있었을 것이다.
30) 앞 주와 같다.

• 8일. 맑음. 그대로 머무르셨다. 양위탕31) 한 첩을 올렸다. 민영기가 돌아 왔다.
• 初八日 晴 因爲駐御 進御養胃(胃)湯一帖 閔泳綺還來

• 9일. 맑음. 그대로 머무르셨다. 옥체 다리의 부스럼이 다 아물었다.
• 初九日 晴 因爲駐御 玉體脚部腫處完合

• 10일. 맑음. 그대로 머무르셨다.
• 初十日 晴 因爲駐御

• 11일. 맑음. 그대로 머무르셨다. 민영기·민응식은 다른 사람의 이목을 꺼려서 먼저 나왔다.
• 十一日 晴 因爲駐御 閔泳綺閔應植嫌人耳目 先爲出來

• 12일. 맑음. 안정옥이 모시고 가 매산 오봉학 집 숙소로 돌아왔다. 민긍식은 먼저 다른 길로 나왔다.
• 十二日 晴 安晶[鼎]玉陪行 還御于梅山吳鳳鶴家宿所 閔肯植先從他路出來

• 13일. 맑음. 민영위 집 뒷채로 옮기셨다.
• 十三日 晴 移御于閔泳緯家後舍

• 14일. 비가 종일 내렸다. 그대로 머무르셨다.
• 十四日 雨終日 因爲駐御

• 15일. 구름 끼더니 비를 뿌렸다. 그대로 머무르셨다. 안정옥을 서울(京城)에 보냈다.

───────────────

31) 앞 주와 같다.

• 十五日 陰 洒雨 因爲駐御 送安晶[鼎]玉于京城

• 16일. 맑음. 그대로 머무르셨다. 우철(又哲)이 와서 서울 소식[京報]을 들었다. 안정옥이 중도에서 청사(淸使)가 내건 방문(榜)을 베껴서 돌아왔다. 김천 찰방(金泉察訪) 민치헌(閔致憲)이 왔다.
• 十六日 晴 因爲駐御 又哲來聞京報 安晶[鼎]玉自中路謄淸使揭榜而還來 金泉察訪閔致憲來

• 17일. 맑음. 그대로 머무르셨다. 민치헌을 서울에 보냈다. 이현식(李賢植)이 민영익의 봉서(封書)를 가지고 왔다.
• 十七日 晴 因爲駐御 送閔致憲于京城 李賢植持閔泳翊封書而來

• 18일. 맑음. 그대로 머무르셨다. 이현식이 돌아갔다. 안정옥을 서울에 보냈다.
• 十八日 晴 因爲駐御 李賢植還去 送安晶玉于京城

• 19일. 비가 오다가 오후에 그쳤다. 그대로 머무르셨다. 옥후(玉候)가 학질 증세(痁症)로 편치 않으셨다. 향사평위산(香砂平胃散)[32] 두 첩을 올렸다.
• 十九日 雨 午後止 因爲駐御 玉候以痁症靡寧 進御香砂平胄(胃)散二帖

• 20일. 맑음. 그대로 머무르셨다. 수삼(水蔘) 한 냥쭝[一兩重]을 올렸다.
• 二十日 晴 因爲駐御 進御水蔘一兩重

• 21일. 맑음. 그대로 머무르셨다. 수삼 한 냥쭝을 올렸다. 학질 증세가 가라앉지 않았다.
• 二十一日 晴 因爲駐御 進御水蔘一兩重 痁候未得平復

---

32) 香砂平胃散. 본문에는 '胄'라고 되어 있으나 '胃'일 것이다.

• 22일. 맑음. 그대로 머무르셨다. 안신사물탕(安神四物湯)33) 두 첩을 올렸다. 민치헌과 안정옥이 서울에서 돌아왔다.
• 二十二日 晴 因爲駐御 進御安神四物湯二帖 閔致憲及安晶[鼎]玉自京還來

• 23일. 비가 종일 왔다. 그대로 머무르셨다. 수삼 한 냥쭝을 올렸다. 학질 증세가 더해서 양성(陽城) 의인(醫人) 박응종(朴應鍾) 처소에 사람을 보냈다.
• 二十三日 雨終日 因爲駐御 進御水蔘一兩重 以痁候添損 送人于陽城醫人朴應鍾處

• 24일. 맑음. 그대로 머무르셨다. 밤에 산삼(山蔘) 다섯 전 쭝[戔重]을 올렸다. 안정옥이 (중궁전하께서 내려주신) 봉서(封書)를 가지고 서울로 올라갔다.
• 二十四日 晴 因爲駐御 夜 進御山蔘五戔重 安晶玉賷封書上京

• 25일. 맑음. 이른 아침에 산삼 다섯 전 쭝을 올렸다. 민영위 집 안채로 옮기셨다. 학질 증세(痁候)가 한결같았다. 양성 의인 박응종이 왔다.
• 二十五日 晴 早朝 進御山蔘五戔重 移御于閔泳緯家內舍 痁候一樣 陽城醫人朴應鍾來到34)

• 26일. 맑음. 그대로 머무르셨다. 이른 아침 박응종이 진찰하러 들어갔다. 가미군자탕(加味君子湯) 두 첩을 올렸다. 좌찬성(左贊成) 민태호(閔台鎬) 집 하인이 봉서(封書)를 가지고 왔다. 같은 달 19일, 전 감찰(監察) 심의순(沈宜淳)이 환정곤위사(還正壼位事 : 왕비의 자리를 도로 바르게 하는 일)로 오장경(吳長慶) 제독(提督)에게 정문(呈文)을 했고 장차 며칠 안으로 (중궁전하를) 영접하는 일이 있을 것이라고 한 까닭에 부사과(副司果) 김설현(金卨鉉)이 이 일을 아뢰기 위해 서울에서 이른

---

33) 四物安神湯.
34) 남은 글자 획과 뜻으로 보아 '來到'로 읽을 수 있다.

아침 왔다. 이현식이 왔다. 이 날 밤, 봉서(封書)[35] 무감(武監) 여덟 명이 내려왔고 화복(華服)의 전교(傳敎)를 들었다.

• 二十六日 晴 因爲駐御 早朝 朴應鍾入診 進御加味君子湯二帖 左贊成閔台鎬家下人持封書而來 同月十九日 前監察沈宜淳以還正壼位事 呈文于吳提[36]督長慶 將有不日奉迎之擧 故副司果金鼎鉉爲告此事 自京早朝來到 李賢植來 是夜封書武監八名下來 聞華服之傳敎

• 27일. 맑음. 그대로 머무르셨다. 학질 증세가 점점 덜했다. 가미군자탕 한 첩, 가감군자탕(加減君子湯) 한 첩을 올렸다. 영접할 배종(陪從) 관원(官員)이 내려왔다. 안정옥이 회답 봉서(回答封書)를 가지고 내려왔다.

• 二十七日 晴 因爲駐御 痁候稍有減勢 進御加味君子湯一貼加減君子湯一貼 奉迎陪從官員下來 安鼎玉賚回答封書下來

• 28일. 맑음. 아침에 가감군자탕 한 첩을 올렸다. 손시(巽時:오전 8시 반에서 9시 반까지)에 가마를 움직여 죽산부(竹山府) 내아(內衙)를 숙소로 했다. 가감군자탕 한 첩을 올렸다.

• 二十八日 晴 朝 進御加減君子湯一貼 巽時 動駕 宿所于竹山府內衙 夜 進御加減君子湯一貼

• 29일. 맑음. 이른 아침 가감군자탕 한 첩을 올렸다. 오전 6시경[卯刻] 가마를 움직여 양지현(陽智縣) 내아(內衙)에 이르렀다. 잠깐 머물러 낮 수라를 자셨다[晝

---

35) 高宗이 封書였을 것이다.
36) 일부 草書 斷片은 '□沈○○以還正壼位事 呈文于吳提□'라는 기록한 행과 그 다음 행은 글자가 반 정도 남아 있는데, 다른 초서 단편 쪽과 대조하면 서로 맞아서 「壬午六月日記」를 토대로 두 줄 정도 복원할 수 있다. 그 남은 글자로 복원하면 '金鼎鉉爲告 此 事 自京早朝 來 到 李賢'으로 읽을 수 있어 초본은 한행에 15자 이상이었을 것으로 추정된다. 이 또한 이 본이 筆寫本임을 증명한다.

停]. 민영익이 왔다. 학질(증세가) 남은 증세(가 있었다)……땅거미 질 무렵 용인현(龍仁縣) 동헌(東軒) 숙소에 이르렀다. 평진탕(平陳湯) 한 첩을 올렸다.

• 二十九日 晴 早 進御加減君子湯一貼 卯刻 動駕 至陽智縣內衙 晝停 閔泳翊來 痁□□□37) 餘症 初38)昏 至龍仁縣東軒宿所 進御平陳湯一貼

• 8월 1일. 맑음. 아침에 평진탕 한 첩을 올렸다. 오전 6시경[卯刻], 가마를 움직여 신원(新院)에 이르렀다. 어군막(御軍幕)에서 잠깐 머물러 낮 수라를 자셨다. 신각(申刻 : 오후 3시에서 5시)에 궁(宮)으로 돌아오셨다.

• 八月初一日 晴 朝 進御平陳湯一貼 卯刻 動駕 至新院 晝停于御軍幕 申刻 還宮

---

37) 원문에는 세 글자 정도 있었을 것인데 훼손되어 판독할 수 없다.
38) 남은 글자획으로 '初'자로 읽을 수 있다.

[全文 影印]39)

壬午六月日記

十三日晴二更量
中宮殿下臨御于碧洞翊贊閔應植家 玉
候咽喉症候靡寧進 御薄荷油
十四日晴熱平明閔應植與進士閔肯植及玄興澤
婢子二名陪行至廣州里林川郡守李根永
家中火至鳥峴店舍宿所 玉候添損四更後
小得平順

十五日晴熱平明陪行至利川邑底舍中火驪州丹
江權三天家宿卽前五衛將閔泳綺末
十六日晴熱夜微雨 後御于同儒韓点尖家 患
候懺 進御甘吉湯二帖薄荷湯和龍腦 舍
御
十七日晴熱驟雨因為 駐御
荷湯和龍腦 舍御 玉體脚部腫處成膿
進付膏藥

十八日雨終日因為 駐御 患候一樣 午後咽喉症
候咸腫目潰 進御甘吉湯一帖狗蔓一百紀鮒魚
十九日朝午後暫霽申後連注平明陪行至忠州梅
山中火于吳鳳鶴家宿卽卽手社倉閔應植鄉第
患處
二十日晴熱昧爽陪行 駐御于老隱幼學李是
鐽家 進御甘吉湯一帖薄荷湯和龍腦 舍御
二十一日晴因為 駐御漸次平復
二十二日晴因為 駐御故判書閔升鎬妻貞夫人
李氏前參判閔泳翊妻貞夫人金氏自舘末
候
二十三日晴因為 駐御
二十四日晴因為 駐御
二十五日午後 駐御
二十六日午後細雨因為 駐御

---

39) 대전시립박물관 소장.

二十七日晴因為 駐御
二十八日晴申後陪行 移御于楸山前判書閔家
二十九日晴因為 駐御 進御加味養胃湯二帖
三十日晴因為 駐御 進御養胃湯一帖
閏初一日晴因為 駐御 進御清暑六和湯一帖
初二日晴熱悶泳綺陪行 移御于砥平鑑賓前縣監安晶玉炭閔祖燁頻日追後發行
初三日微雨夜暴注因為 駐御 進御消暑六和湯一帖咽喉症候更爲添損閔來到
初四日早雨晩止因為 駐御 進御養胃湯一帖送前五衛將其然韶于忠州兵營
初五日晴因為 駐御咽喉症候漸爲平後
初六日晴因為 駐御 進御養胃湯一帖送閔泳綺于楊根紫岑里
旦驪州邑止宿

初七日晴因為 駐御 進御藿香正氣散一帖閔
初八日晴因為 駐御 進御養胃湯一帖閔泳綺首植入來
初九日晴因為 駐御 還來
初十日晴因為 駐御 玉體脚部腫處完合
十一日晴因為 駐御閔泳綺閔應植嫉人耳目先爲出來
十二日晴安晶玉陪行還 御于梅山吳鳳鶴家宿所
十三日晴 移御于閔泳綺家後舍
十四日雨終日因為 駐御送安晶玉于京城
十五日陰洒雨因為 駐御又哲未聞京報安晶玉自中路騰淸使揭榜而未還金泉察訪閔致憲來
十六日晴因為 駐御送閔致憲于京城李尉植持

十八日晴 因爲 駐御 李賢稙還去送臺晶玉
陰沍翻封書而來
于京城
十九日雨午後止 因爲 進御香砎甲貼散二帖
寧 進御香砎甲貼散二帖
二十日晴 因爲 駐御 進御水蔘一兩重
二十一日晴 因爲 駐御 進御水蔘一兩重 症
候未得平復
二十二日晴 因爲 駐御 進御至神四物湯二帖間
毀憲及姙晶玉自京還來
二十三日雨終日 因爲 駐御 進御水蔘一兩重以
症候漸損送人于陽城醫人朴鷹鍾處
二十四日晴 因爲 駐御夜 進御山蔘五戔重安
晶玉賣封書上京
二十五日晴早朝 進御山蔘五戔重 梭御于閨
陰導家內舍 症候一樣陽城醫人朴鷹鍾

二十六日晴 因爲 駐御早朝朴鷹鍾入診 進御
加味君子湯二帖 左賀成問台鎬家下人持封
書而來 同月十九日前監察沈豈淳以還正
壺信事皇叔于吳擂智長慶將有不日奉
迓三擧故副司果金喬鉉爲告由事自京卓
朝來到李賢稙來是夜封書武監八名下來
聞華服之傳敎
二十七日晴 因爲 駐御 症候稍有減勢 進御
加味君子湯一貼加減君子湯一貼 奉迎陪從
宜竄下來 安沜玉賣回答封書下來
二十八日晴朝 進御加減君子湯一貼強時動
駕宿所于竹山府內衙夜 進御加減君子湯
一貼
二十九日晴早 進御加減君子湯一貼卯刻 動
駕是早智縣內局書傳閔像翊來 症

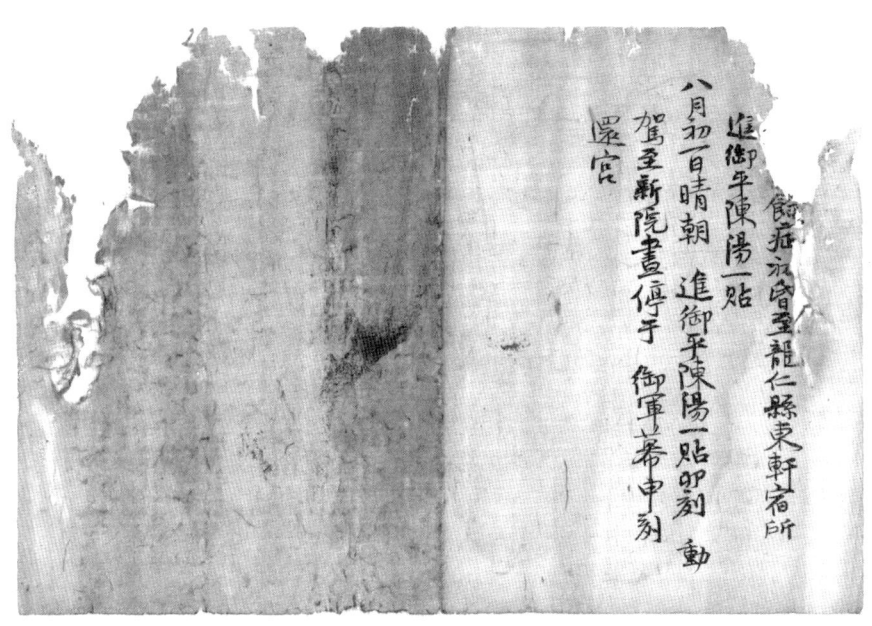

부록2

拓本*

탁본이란 금석이나 기타 물체에 새겨진 글씨나 문양 등을 종이에 그대로 떠내는 것을 말한다.

탁본이 언제 어떻게 시작되었는지는 알 수 없으나, 중국에서는 인쇄의 한 방법이기도 하였다는데, 부르는 명칭도 타본(打本), 탑본(榻本, 搨本), 탁본(拓本) 등 몇 가지가 있다. 문자학(文字學)이나 고증학(考證學)의 발달과 함께 더욱 발달하였다고 볼 수 있다.

우리나라에서도 언제부터 시작되었는지는 알 길이 없다. 그러나 648년 신라 김춘추(太宗武烈王)가 중국에서 당(唐) 태종이 직접 짓고 쓴 진사비(晉祠碑)나 온탕비(溫湯碑)를 들여온 것은 그 탁본일 가능성이 있다.[1] 또한 신라의 금석문

---

* 이 글은 「拓本」(『同人』, 동방문화진흥회, 2002)을 부분 수정·보완한 것이다.
[1] 이들 碑의 신라 도입에 관해서는 『三國史記』卷5, 眞德王 2年 條, 崔致遠 撰「大朗慧和尙塔碑」『舊唐書』·『新唐書』新羅傳에 그 기록이 보이는데, 두 비의 탑본이 보내진 것으로 이해되고 있다(崔完秀, 「우리나라 古代·中世 書藝의 흐름과 특질」『옛탁본의 아름다움, 그리고 우리 역사』論文集, 1998, p.10). 한편, 이들 비의 신라 도입과 관련하여 그 영향을 살펴본 글도 있다(拙稿, 「有懷堂 權以鎭의 新羅 溫井碑攷」『道山學報』 8, 2001). 근래 두 비의 탁본 影印과 원문이 소개된 바 있다(金膺顯 編, 「晉祠銘·溫湯銘」『東方書範(卷十六)』, 東方硏書會, 1994).

에서 왕희지(王羲之)체를 볼 수 있는 것, 신라 서성(新羅書聖)이라던 김생(金生)의 글씨가 거의 왕희지의 글씨에 핍절했다는 사실[2] 등은 이미 당시에 왕희지의 원서(原書)는 아니더라도 그것을 기본으로 번각(飜刻), 복각(覆刻)한 것이 신라에 들어와 글씨본으로 활용되었을 것으로 추정되니, 우리나라에 있어서도 탁본의 역사는 길다고 할 것이다.[3] 불국사 석가탑 안에서 발견된 무구정광대다라니경(無垢淨光大陀羅尼經)이 목판에서 인쇄된 것이고, 이 인쇄술이 탁본의 경험에서 비롯된 것이라면, 탁본 기법은 이미 오래전부터 활용되어 왔다고 보겠다. 예전의 탁본 도구의 구체적인 모습이 드러나는 것은 조선시대 기록에서 볼 수 있다.『세종실록(世宗實錄)』권96, 24년 5월 정해(丁亥)조에,

> (임금께서)각도의 비문(碑文)을 대소 신료(臣僚)에게 나누어 주었다. 처음에 임금은 각도절(寺社) 비명(碑銘)을 찍어(印 : 拓本) 서법(書法)으로 삼게 하려 각도에 명해 탁본(模本)해 들이게 했다. 각도에서는 길고 큰 종이를 만드느라 장정을 징발하고, 또 밀랍(蜜)[4]·먹(墨)·털(毨)[5]을 거두고 몇 해를 두고 탁본(摹印)[6]하니, 민폐가 심하고 마침내는 쓸데없이 되었다. 임금이 나누어 주는데, 어떤 사람은 10여 장을 얻고, 궁중노비(內奴)·선부(膳夫)[7]들까지도 다 넘치게 받았다. 당시 경상도 사

---

2) 『三國史記』卷48, 金生傳.
3) 金石類에 대한 搨印하는 기법은 중국에서 우리나라에 일찍이 도입되어 경험하였을 것이고, 이것은 초기의 木板印刷術을 낳게 하는 데 큰 작용을 했을 것이라 한다(千惠鳳,「木板印刷의 起源 및 보급」『韓國典籍印刷史』, 汎友社, 1990, pp.19~23).
4) 중국에 있어서 탁본에서 밀랍(蠟)을 섞어 쓴 예를 볼 수 있다(屠隆, 權德周 譯,『考槃餘事』, 乙酉文庫89, 1972, pp.25~26, p.255). 이와 유사하게 사용하지 않았을까 생각된다.
5) 拓包의 내용물로써 사용했던 듯하다.
6) 우리나라의 활자본과 목판본에서 模印 또는 '摹印'의 용어도 사용되었다고 하는데(千惠鳳,『韓國 書誌學』, 民音社, 1991, p.124), 여기서는 탁본의 의미로 보겠다.
7) 조선시대, 司饔院에 딸린 종7품의 雜織(『韓國漢字語辭典』卷3, 1995, p.904). 요리를 만드는 사람.

람들이 말하기를, '민간의 모전(毛氈)으로 만든 관(氈冠)이 거의 다 없어졌다'고 하였다.8)

하는 기록을 볼 수 있다.

　탁본의 세계에서 우리가 흔히 알고 있는 먹물을 사용한 습탁(濕拓)과 대상물에 먹물을 쓰지 않고 고형묵(固形墨)을 종이에 문질러 먹이 묻게 하는 건탁(乾拓)9)으로 나누어 볼 때, 위의 예전의 탁본은 어떤 방법을 사용했는지 자세히 알지 못하고 있다. 다만, 먹물과 밀랍을 사용한 점을 고려하면, 중국의 탁본 방법과 근사하지 않았을까 추정된다.10)

　오늘날 우리가 쉽게 접하고 할 수 있는 것이 습탁이다. 습탁의 방법을 소개하면 아래와 같다. 우선 탁본을 하기 전에 갖추어야 할 준비물을 들어보면, 화선지,11) 솜방망이(먹손, 拓包),12) 먹물,13) 옷솔,14) 붓,15) 접시,16) 물수건, 물통,

---

8) 「賜各道碑文于大小臣僚. 初, 上欲印各道寺社碑銘, 以爲書法, 命各道模印以進. 各道造長潤紙篰, 徵聚丁夫, 又斂蠟墨與氈, 經年模印, 民弊甚多而卒爲無用. 及其頒賜, 一人或得十餘丈, 以至內奴膳夫, 亦皆濫受. 時, 慶尙民爲之語曰, 民間氈冠, 殆盡無遺」(『世宗實錄』卷96, 24년 壬戌 五月 丁亥條)

9) 종래 우리나라나 중국에서의 건탁 방법은 대상면에 온통 먹을 묻히고, 그 위에 종이를 얹은 후 목판베끼기(말초에 벌꿀 밀집을 녹여 굳힌 도구)로 문질러 인쇄하는 방법으로, 경판 등 목판인쇄에 쓰이던 방법이라고 한다(김정호·이해준·호남향사회원,「탁본의 요령」『향토사 이론과 실제』, 향토문화진흥원 출판부, 1993, p.317).

10) 이를 추정해 볼 수 있는 근거가 있다. 「楚人不善氈蠟, 往往紙墨不精」이 그것이다 (翁方綱, 李彦章 校刊,「怡亭銘跋」『復初齋文集』卷24).『복초재문집』저본은 옹방강의 門人인 이언장의 編校와 아들 李以烜의 교정 과정이 수록된 1877년 발문(이이훤)이 있는 『복초재문집』35권본으로, 필자는 국립중앙도서관 소장본(古古 5-73-라2)을 이용했다.

11) 대상물에 따라 적당한 종이를 선택하면 될 것이다.

12) 이물질이 섞이지 않은 솜뭉치를 무명으로 한 겹 싸고, 다시 그 위에 명주로 싸서 고무줄로 단단히 묶어 Ŏ 이같은 모양으로 만들어 꼭지는 손잡이가 되는 형태로

분무기(물뿌리개, 스프레이), 유색테이프,[17] 소청(또는 외올베), 신문지[18] 등이 필요하다. 이같은 준비물을 가지고 탁본 순서를 열거하면 다음과 같다.

- 탁본할 대상물 표면의 이물질을 깨끗이 털고 닦아내도록 한다.
- 대상물보다 충분히 크게 화선지를 잘라낸다.
- 대상물에 화선지를 가능한 밀착시키고 탁본 대상면 이외의 주변에 화선지가 움직이지 않도록 유색테이프로 대상물에 붙여 놓는다.
- 준비한 물수건(손으로 잡았을 때 물이 조금 흐르는 정도)을 원형봉모양으로 말아 화선지가 밀착된 대상물 중간부터 바깥쪽으로 화선지와 대상물이 밀착되도록 붙여 나간다.[19] 이 때 적당한 힘의 안배가 있어야 물먹은 화선지가 찢어지지 않게 된다.

만들면 된다. 내용물은 대상물에 따라 좁쌀, 참깨, 상치씨, 들깨, 팥, 등겨 등을 사용하기도 한다. 크기는 李祖黙의 지적과 같이(부록 참조), 대상물의 크기나 글씨에 따라 크기를 달리해 쓰면 된다. 이같은 탁포를 몇 개 준비하면 되겠다.
13) 직접 갈아 쓰되, 이조묵의 지적과 같이(부록 참조) 가급적 아교 성분이 적은 것이 좋다. 근래 일본 뿐만 아니라 우리나라에서 흔히 쓰는 방법이 油墨인데, 松煙(소나무 태운 그을음, 카본)과 올리브유를 섞어 만든 것이다(김정호·이해준·호남향사회원, 앞의 글, p.313).
14) 손거울과 같은 형태로 손잡이가 달리고, 털이 적당히 억세고 고르게 박힌 솔이 좋겠다.
15) 탁포에 먹을 옮기는 데 필요하다.
16) 프라스틱제가 쓰기 편하고 좋다.
17) 종이 색깔과 구분하기 좋다. 근래에는 가위나 칼을 대지 않고도 손으로 자를 수 있는 유색테이프가 있어 편리하다.
18) 물수건 이하는 탁본 대상물에 따라 여유있게 준비하면 될 것이다.
19) 이 때 한약에서 사용하는 대왐풀의 뿌리(白芨)를 달인 물을 대상물의 면에 바르고 그 위에 종이를 바르거나 종이 위에 바르고 탁본하면, 종이가 잘 떨어지지 않고 탁본할 수 있다고 한다(前田次郎, 『拓本の技法』, 理工學社, 1973, pp.3-17~19, pp.4-8~9 ; 「拓本法을 알아 둡시다」 『自由』 8월호, 1980, pp.94~95).

- 대상물과 화선지가 완전하게 밀착되어 고르게 펴져 있는지 살핀다. 약간의 구김은 문제될 것이 없으나, 구김이 클 경우는 조심스럽게 화선지를 대상물에서 떼어내고 다시 붙여 나간다.

- 다음으로 소청같은 천으로 대상물에 붙은 화선지 위를 덮고, 옷솔을 가지고 수직으로 가볍게 두드린다. 이는 화선지가 대상물의 凹凸 부분에 골고루 들어가게 할 뿐만 아니라 화선지의 건조에도 효과가 있어 좋다. 그렇지 않고 대상물에 붙은 화선지에 대고 직접 솔로 치게 되면, 눈에 잘 보이지 않는 보푸라기가 일어나 탁본시 먹물이 엉기는 현상도 발생되어 좋지 않다.

- 화선지가 적당히 마르기를 기다리는데, 너무 마르면 탁포에 먹물을 묻혀 두드리는 중에 종이가 떨어져 나올 수가 있고, 덜마르면 먹물의 번짐현상이 있으니 좋지 않다. 종이가 좀 마르면 희끗희끗해지며 손 끝에 마른 느낌이 들 때, 신속히 먹물이 묻은 탁포로 두드려 탁본을 떠내는 것이 중요하다. 치기 전 신문지 등에 미리 쳐보아 먹물의 농도를 조절하는 것도 빼놓을 수 없는 일이다.[20] 건조의 정도는 몇 번의 실습이면 터득할 수 있다.

- 전면을 탁본하고 나서 한 발 물러서서 전체 먹의 농도를 점검해보는 것이 그 다음 할 일이다. 농도의 옅고 짙음이 두드러져 보인다든지 너무 옅거나 짙어도 좋지 않다. 그 기준은 대상물의 글씨나 문양을 가장 잘 확인할 수 있을 정도의 농도면 좋겠다. 이런 점을 감안해 부족한 부분을 보완하는 것이 탁본의 마무리 작업이 되겠다.

- 이같은 과정 중에 유색테이프로 붙여 놓은 대상물 변두리에 분무기로 틈틈이 수분을 보충해주면, 대상물에서 종이가 떨어져나가는 시간을 지연시키는데 도움을 준다. 단, 이 때 탁본할 종이까지 수분이 스며들지 않도록 주의한다.

- 탁본이 완성된 후 대상물에서 종이를 바로 떼어내려 하지 말고, 뗄 수 있는지 테두리에서부터 천천히 확인한 후에 조심스럽게 떼어내도록 한다.

---

20) 이 점도 일찍이 이조묵이 지적한 바 있다(부록 참조).

- 탁본이 된 종이는 준비해간 신문지에 두루말아 표구 전까지 임시 보관하면 된다. 혹시 대상물의 凹凸이 심해 종이가 찢어지는 경우도 있으나 표구처리하면 문제될 것 없다.

　이상이 대강의 탁본하는 방법인데, 시기나 대상물에 따라 탁본하는 사람이 더 좋은 방법으로 보완해나가면 그것이 가장 좋은 방법이 된다.
　이 같은 탁본은 고문자학이나 금석학(金石學)을 공부하는 이에게 더없이 좋은 자료를 제공하기도 한다. 고대 문헌자료가 부족한 우리나라에서 금석문(金石文)의 중요성은 이루 말할 수가 없다. 우리나라 산출의 좋은 돌은 많은 금석문을 남기게 했다. 그러나 예전에도 수많은 탁본과 훼손으로 망실된 예가 많다.21) 반면에 그로 인해 많은 탁본이 전해져 이를 바탕으로 비문을 복원하는 예도 볼 수 있다.22) 역사상 문헌으로 남겨있지 않은 사실을 탁본을 통해서 얻어 볼 수 있으니 탁본은 예전의 사실을 공부하는 데 좋은 자료가 되기도 한다.
　탁본하는데 주의할 일은, 대상물이 문화유산이거나 어느 집안 소유이거나 개인 소유이거나 사전에 허가를 받도록 해야 한다. 우리의 소중한 문화유산임을 깊이 명심하고 아끼는 마음으로 탁본에 임해야 하겠다. 우리는 종종 대상물 특히 비석에 먹물이 직접 묻어 있는 경우를 보게 되는데, 그것은 탁본의 아주 그릇된 방법이며, 유물에 심각한 오염과 훼손을 가져오게 된다. 왜 탁본을 하는지 알게 될 때, 우리는 탁본이 그저 단순한 관심에서 할 것이 아님을 알 것이다. 우리가 탁본하는 그 자체는 대상물에 좋을 수가 없다. 우연히 훼손

---

21) 『三國遺事』의 저자 一然의 碑인 「普覺國尊碑」(경북 군위군 고로면 화북리 麟角寺 소재)는 王羲之書 集子碑로도 유명한데, 그 좋은 예가 될 것이다. 임진란에 간악한 왜는 한겨울에 불을 피우면서까지 탁본했다 한다. 또한 과거 응시자들이 비석의 글자를 깎아내어 갈아 마시면 國師의 神力으로 급제한다는 미신도 있었다고 한다(蔣濟明, 『麟角寺誌』, 1981, p.17).
22) 역시 一然의 碑인 「普覺國尊碑」가 그 대표적인 예가 될 것이다.

될 수도 있다. 이런 점을 염두에 두면, 취미 삼아 하는 탁본이 아닌 한 조각 돌의 자취 속에서 선인의 체취를 마음 속 깊이 느끼고 배우는 자세로 겸손히 하는 그런 탁본을 해야 할 것이다.[23]

덧붙여, 조선 후기 금석학(金石學)에 조예가 깊었던 육교 이조묵(六橋 李祖默, 1792~1840)이 지은 『羅麗琳瑯攷』의 부록으로 탁본 비결이 소개되어 있으므로,[24] 번역문과 원문을 실어 탁본에 좋은 참고가 되게 하고, 옛 탁본법을 살펴보는데 이바지하고자 한다.

· 탁비비결(拓碑秘訣)

비석을 탁본하는 방법은 여름과 가을 바람 없는 날이 좋고 겨울같은 계절에는 좋지 않다.

먼저 깨끗한 물로 모래나 흙 등을 씻어낸다. 그런 다음에 분당지(粉唐紙)[25]를 써서 비석에 펴고 가늘게 물을 한 번 뿌리고 종이가 좀 마르기를 기다려서 아주 가는 흰털을 종이 위에 쥐고서 목추(木錘)로 털을 두드려서 글자가 있는 곳이 깊이 들어가게 하고, 먹을 사용하는 데는 고르고 깨끗하게 하고 가볍게 문지르는 것이 좋다.(原註)[26]-추는 평평하고 둥글어야 종이에 두드려 찢어지지

---

23) 이상은 주로 拓碑의 측면에서 설명한 것인데, 탁본의 범위는 이밖에도 그 대상물에 따라 또는 먹물 대용의 채색물감 사용에 따라 그 응용 범위는 매우 넓다고 하겠다.
24) 『三韓金石錄(外)』, 亞細亞文化社, 1981, pp.209~212에 소개되어 있어 그 해당 부분 영인본을 싣는다.
25) 중국에서 나는 빛이 희고 얇은 종이의 한가지. 榜紙(『韓國漢字語辭典』 卷3, pp.737~738).
26) 原文 夾註를 말한다.

附拓碑秘訣

拓碑之法宜於夏秋無風之日不宜於冬令先以淨水洗去沙泥淨盡再用粉唐紙鋪石細噴水一過俟紙稍乾用極細白氊拓紙上以木錘搗氊使入字處極深而用墨則宜勻淨輕拭<small>錘須平圓方能搗紙</small>不破俟紙上字紋深入均乾後再用單紬

《羅麗琳瑯攷》 一

裹細綿用線束緊帛曰此卽拓字用墨之紬團子也造數十九以上等香墨<small>性膠少者磨汁拭勻蘸入紬團上再可用心爲貴</small>方能全神畢露一絲無隱也團之大小不拘隨字鉅細時制宜若拓高大之碑宜用大紬團中實以綿花須以細拓團方能輕靈用<small>筆</small>
空紙置碑側將欲搨字時先以團上蘸墨兩團相搏<small>紬團與團合打則面平而細</small>仍在空紙上試墨輕重勻細再拓正文不傳之妙盡得三昧而雖泐甚處亦見原神矣<small>初齋集註云每値石邊破汲古醫俗此事復處尤可愛卽此義也</small>
爲本鴨東素無金石之學拓碑雖富皆付刻工每有濃墨橫掃痕且輕重不勻肥瘦明暗之間盡失本來面目此中三昧非深於攷覈者無從剖析余因痼癖實精於此技故泄此秘緒得無作俑之誚耶同好君子幸細心看卽無量金石緣也

《羅麗琳瑯攷》 二

六橋補囑

않는다 종이 위의 글자가 깊이 들어간 곳이 고루 마르기를 기다린 후, 다음은 홑 명주를 써서 안에 가는 솜[細綿]을 넣고 실로 팽팽하게 명주 아가리를 묶으면, 이것이 글자를 탁본하는 데 먹을 묻히는 명주솜뭉치[27]이다.

   수 십 덩어리 이상 향묵(香墨)(原註)-아교 성질이 적은 것을 귀하게 여긴다-을 만들어 갈아 즙을 내 문질러 명주솜뭉치 위에 고르게 스며들게 한 다음에 마음을 써서 세밀히 두드리면, 바야흐로 능히 온 신묘함을 다 드러내어 한 오라기 숨김이 없을 것이다.

   명주솜뭉치의 크고 작고는 구애될 것 없이 글자에 따라서 크고 작게 하고, 때에 따라서 알맞게 하면 된다. 커다란 비석을 탁본한다 하면, 당연히 큰 명주솜뭉치를 쓰는데 안에는 목화솜[綿花]으로 채운다.

   모름지기 빈 종이는 비석 옆에 놓아두고, 글자를 탁본할 때 먼저 명주솜뭉치 위에 먹물을 묻히고 두 명주솜뭉치를 서로 치고,(原註)-명주솜뭉치와 명주솜뭉치를 마주치면 명주의 면이 평평해지고 세밀해진다- 빈종이 위에 시험삼아 먹을 묻혀 먹의 정도[輕重]와 고르고 세밀한지 본 다음에, 정문(正文)[28]에서 전하지 않는 묘(妙, 精微?)를 탁본해 삼매(三昧)를 다 얻을 것 같으면, 비록 비석의 마모가 심한 곳도 또한 원신(原神)을 보게 된다.(原註)-복초재집(復初齋集)[29] 주(註)에 이르기를, '매양 비석 주변 파손된 곳을 대하면 더욱 사랑스럽다'[30]했으니 바로 이 뜻이다-

   옛 책을 탐독해 속된 것을 고친다 했다[汲古醫俗]. 이 일(탁본)은 우리나라[鴨東]에서는 전혀 금석학(金石學)에서 없었다. 비석을 탁본한 것은 비록 풍부하나, 다 각공(刻工:글 새기는 장인)에게 부탁해서 매번 진한 먹(물)이 휩쓴[橫掃] 흔적

---

27) 拓包를 말한다. 이하 같다.

28) 本文.

29) 중국 淸나라 학자 翁方綱(1733~1818)의 문집으로 詩集 62卷, 文集 35卷.

30) 『復初齋文集』 卷28, 「跋宋搨大觀帖」 말미의 註로, 「諦翫大觀眞本, **每至石邊破處, 更可愛**」 중에서 인용한 것이다.

이 있고, 또한 먹의 정도[輕重]가 고르지 못하고 두텁고 약하고 밝고 어두운 사이에 다 본래 면목을 잃었으니,³¹⁾ 이 중 삼매(三昧)는 옛 글을 살피는데[攷斀] 조예가 깊은 사람이 아니고서는 종내 해득[剖析]할 바 없다.

내 고질적인 버릇[痼癖]으로 이 기예에 실로 밝은 까닭에 이 비결[秘緖]을 발설하니, 옳지 못한 것을 처음 만들었다는 꾸짖음[作俑之誚]은 없을 것인가? 동호군자(同好君子)가 다행히 세심히 살펴 본다면 무량금석연(無量金石緣)이겠다.

육교(六橋: 李祖黙의 號)는 보촉(補囑)하노라.

〔附拓碑秘訣〕
拓碑之法 宜於夏秋無風之日 不宜於冬令 先以淨水洗去沙泥淨盡 再用粉唐紙鋪石 細噴水一過 俟紙稍乾 用極細白氈拈紙上 以木錘搗氈 使入字處極深 而用墨則宜勻淨輕拭-錘須平圓 方能搗紙不破 俟紙上字紋深入均乾後 再用單紬裹細綿 用線束緊帛口 此卽拓字用墨之紬團子也 造數十丸以上等香墨-膠性少者爲貴 磨汁(汁?)拭勻蘸入紬團上 再可用心細拓 方能全神畢露 一絲無隱也 團之大小不拘 隨字鉅細 因時制宜 若拓高大之碑 宜用大紬團 中實以綿花 須以空紙置碑側 將欲搨字時 先以團上蘸墨 兩團相搏-團與團合打 則紬面平而細 仍在空紙上試墨輕重勻細 再拓正文不傳之妙 盡得三昧 而雖泐甚處 亦見原神矣-復初齋集註云 每値石邊破處 尤可愛 卽此義也 汲古醫俗 此事爲本鴨東素無金石之學 拓碑雖富 皆付刻工 每有濃墨橫掃痕 且輕重不勻 肥瘦明暗之間 盡失本來面目 此中三昧 非深於攷斀者 無從剖析 余因痼癖 實精於此技 故泄此秘緖 得無作俑之誚耶 同好君子幸細心看 卽無量金石緣也

六橋補囑

---

31) 예전의 法帖이나 碑帖 등에서 이런 예를 많이 볼 수 있다.

<參考文獻>[32]

- 李祖黙,「附拓碑秘訣」『羅麗琳瑯攷』, 1824.
- 篠崎四郎,『拓本と魚拓』, 葦牙書房, 1942.
- 前田次郎,『拓本の技法』, 理工學社, 1973.
- 本山ちえ,『拓本入門』, 大阪 : 保育社, 1976.
- 「拓本法을 알아 둡시다」『自由』 8월호(통권94호), 1980, pp.92~98.
- 炳震,『拓本의 世界』, 一志社, 1983.
- 秦弘燮,「탁본」『한국민족문화대백과사전』 22, 1991, pp.866~867.
- 김정호 · 이해준 · 호남향사회원,「탁본의 요령」『향토사 이론과 실제』, 향토문화진흥원 출판부, 1993.
- 許興植,「韓國金石學의 現況과 課題」『韓國史學』 16, 한국정신문화연구원, 1996, pp.103~112.

---

[32] 탁본에 참고가 될 만한 자료를 모아보았다. 이외에도 다른 자료도 있을 것이나 주로 필자의 경험을 토대로 적어 보았다. 이를 바탕으로 활용하면 좋은 탁본을 하는 데 약간의 참고가 될 것이다.

찾아보기

ㄱ

加減君子湯 375
加味君子湯 374, 375
加味養胃湯 369
加設實職帖 299
迦葉如來舍利塔 170
가수원동 87
加耶 47
嘉靖 157
家風 206, 248
簡易方 273
葛川 186
甘吉湯 366, 367
甘藷譜 58
甲子士禍 230
甲川(省川) 78
甲村所 77, 78
강경 331, 351
姜德煥 314~316

강릉 256
姜錫範 177
江原道觀察使 224, 236, 249, 253, 254, 256, 260, 261
康留買墓誌 112
姜允權 245
康益裕 44
康再賢 44
姜必履 58
姜鶴年 265, 271, 272, 281, 283, 287
康獻大王 186
姜希孟 229
개고기국 366
개뱅이다리(佳芳橋) 199
開運 186
居邊 219
居昌 185, 354
居昌府使 353
居漆山郡 47

乾拓 383
劍山島(黑山島) 132
儉庵遺稿 333, 334, 340, 349, 359
結價 324, 326, 329
경덕왕 57
경덕왕대 76
景文王 150, 182, 184
경사동 237
敬順王 157, 172, 173
景宗 295, 297, 300, 305
경주 141, 144, 161, 164, 172, 173, 182, 184
京鄕通商旅行尺牘 92
薊山紀程 17
桂苑遺香 191
鷄足山 80
高建武 26
高敬命 82
高句麗 13, 19, 22~24, 27, 31, 40, 45, 46, 75, 141, 153
高麗 21, 40, 75, 77, 79, 164, 172, 186, 209, 212, 218, 220, 221
고문자학 386
고부 336
고부민란 331, 334
고산 331, 351, 357
高益相 356
古字 221
高濟福 356
高霽峯 345
高濟學 333, 335, 336, 340, 342, 343, 346, 351, 353, 355, 356

高疇錫 355
고창 336
骨積島 30, 34
골품체제 149
龔公山地藏大師 153
公山日記 258
功臣 223, 261
工役 324, 326, 327, 329
公州 79, 81, 83, 84, 87, 88, 92, 224, 226, 227, 232, 250, 255~259, 261, 267, 308, 329, 331, 351, 357
公州牧 76
公州牧使 226
公州縣監 88
公廳 324, 326, 329
公淸道 暗行御史 309
郭秉圭 355
郭秉斗 356
藿香正氣散 371
官結 310
官餉 356
廣宗 184
光州 164
怪石 224, 225, 250, 253~257, 260~262
怪石碑 261
校宮 325, 327
橋梁 324, 326, 329
敎禪 133, 190
求古老味 84
求禮 175
龜城 20
具然韶 371

救荒摘奸單子 233
救荒撮要 236
救恤 295
國人 142
國葬都監 234
國朝榜目 297
國學 63, 64
軍官 347
軍額 311, 327
軍役 299
군인 휴양소 95
軍政 309~311, 327, 329
君弼 268
權溥 209
勸分 298
權三大 365
權尙夏 270, 271
權諰 49
權惟 49
權慄 337
權以鎭 48~50, 52~56, 58~61, 65, 73
均貞系 150
勤謹人 246
錦江漁叟 223, 237, 261
金龜仙人 68
금산 331~340, 342, 343, 345~354, 357, 358
錦山郡守 336, 345
金山郡守 258
金山寺事蹟 175
금산읍 336
錦山縣 352

金生所 77
金石文 386
金石學 386, 387, 389
錦城郡 164
錦城山 351
金魚 68
금정산 68
錦華 318, 319
記官 218
紀念碑 154
己卯名賢 229
己卯士禍 229, 230, 232
紀事碑 198, 217, 221
己巳換局 270
杞城 79
箕城(平壤)人 40
杞城府 79
吉基淳 356
吉元模 44~46
金可紀 149
金甲淳 90, 92, 95
金鎧 245
김개남 331, 351, 352, 357, 358
김개남부대 349, 357
金洛鳳 338
金蘭植 356
金大植 355
金東煥 355
金斗鎭 355
金夢林 58
金文鉉 336
金半千 227, 229, 232~234

金傅大王 172, 174
金傅大王祠 173
金泗昌 227
金尙憲 246
金生 382
金卨鉉 374
金聖采 13, 14
金秀文 245, 246
金首孫 226, 229
金洵 244
金珣 245
金安國 229, 232
金陽(魏昕) 166
金永仁 355
金雨 245
金雲卿 149
金庚信 21
金允夫 149
金潤煥 91
金仁問 123, 124, 132, 134, 135, 137, 139~148, 154
김인문전 140
金寅洙 355
金立之 97, 121, 128, 135~137, 148~156, 170
金長生 177
金張廉 131
金在熙 355
金淨 82, 88
金井山 67, 68
金濟龍 338, 346, 354, 355
金濟璜 355

金宗直 226, 229
金周元 137, 143, 145, 146, 148
金昌業 17, 19
金泉察訪 373
金春秋 62~64, 74
金致洪 337, 338, 347
金澤榮 33
金浦 225, 229, 237
金憲昌 146, 148, 167
金昕 123, 125, 130~135, 143, 145~149, 166, 168
金洽 83
金希文 355

ㄴ

羅州 164
羅麗琳瑯攷 387
樂浪公主 173
南德裕山 185, 186
南山 132, 163
南陽灣 132
南原梁氏 228, 237
藍田 323
藍浦 132, 140, 161, 162
藍浦群賊 167
南海神 71
納粟 298~300, 306
納粟 空名帖 298
納粟帖 299, 300
納粟品官 306
內僧堂 169

來護兒 26
老君像 69
老君殿 69
路粮廳 326
奴斯只縣 76
老隱 366, 367

ㄷ

丹江 365
檀君 34
丹木 246
單方新編 277, 286
檀越 151
丹竈 260
達摩圓宗 153
唐 63, 64, 69, 123, 149, 150, 153
堂洞 259, 260
당동 258
塘洞 253
堂(唐, 塘)洞里 257
당암리 257
唐 太宗 62
唐恩浦 130~132
大邱營將 353
大邱中軍 348
大朗慧傳 188
大朗慧和尙白月葆光塔 170
大朗慧和尙塔碑 97, 99~102, 104, 110, 111, 118, 119, 123, 127, 129~131, 133~135, 143, 144, 151, 152, 154~156, 161~170, 175, 184, 190, 192
大唐大達法師塔銘 110
大東奇聞 273
大同錢木 325
大芚寺事蹟 175
대둔산 337
大蓮(連)寺 193
大別 84
大安寺寂忍國師照輪淸淨塔碑 153
大田溫泉株式會社 91, 93
대전천 78
대정동 304, 305
대정리 297
大棗旨 83
大中 165
大昕 166
대흥 212, 218, 220
大興輪寺 168
대흥면 221
大興城 132, 163
大興縣 197, 220, 221
大興縣監 214
大興戶長 205~207, 209, 212, 213, 218, 221
德裕山 185, 187, 196
德宗 162
都領 218
都吏隱結 311, 327, 329
道盛 223
도안동 87
刀尺里 269
道興造象 115
獨起佛 87, 95

독기울 87
독지(기)우울(獨只于乙) 87
突厥 27
洞契 289, 301, 302~306
東都所 336
東萊 47, 48, 61, 68, 71, 73
동래부 51
東萊府使 48, 50, 52, 54, 58
東萊山城 51
東萊溫井(泉) 51, 53, 57, 58, 64~66, 74, 88
東萊雜詩 54
東匯 352
同浴錄 82, 95
동제답 302~304, 306
同朝之賻 248, 249, 262
冬至使 309
同春堂日記 268, 273, 274
동학농민군 331~335, 337, 339, 340, 342, 343, 347~350, 354, 356~358
동학농민전쟁 331
東學徒 352
東海 164
杜詩 323

ㅁ

麻谷山 163
馬祖系 128
馬祖道一 153
馬韓 153, 172, 174
萬年旅館 93
만년장 95

萬世德碑 51
曼倩 265
亡伊·亡所伊 75, 77, 79
網障 84
梅山 367, 368, 372
盟主 338, 343, 345, 346, 351
明成皇后 362, 363
明宗 75, 77, 83, 223, 235, 237, 242, 243, 249, 252, 253, 260~262
鳴鶴所 75, 77~79
募粟別單 299
牧民官 242
牧民心鑑 210, 244
沐浴院 67
睦林奇 19
木錘 387
妙吉祥塔 128
武監 375
武經總要 27, 29
無垢淨光大陀羅尼經 382
無垢淨石塔 128, 151
武隊長 338, 346, 347, 350
武士 347
無相 128
武成廟 21
無愁洞里 78
無染 123, 125, 128, 130~135, 143, 145, 147, 148, 150, 154, 161~172, 175, 176, 179, 182~188, 190~192, 195, 196
無染國師別集 168, 175, 188, 190, 196
無染國師行狀 188, 190, 196

無染傳 133
無染行狀 175
戊午史禍 223, 226, 227, 230, 232, 261
무장 336
茂朱 331, 351, 353
文武王 67
文聖大王 174
文聖王 133, 134, 148, 150, 157, 164, 166~168, 171, 172, 174, 190
文聖王妃 134
文定王后 235
文昌候集 162
물레고개 255
彌勒寺 193
彌勒院 273
彌造川 83
美化部曲 77, 78
民庫 326
閔肯植 364, 366, 371, 372
民兵 347
민보군 332, 346
閔升鎬 368
閔哀王 166
閔泳綺 366, 369, 371, 372
閔泳肅 336
閔泳緯 368, 372, 374
閔泳翊 368, 373, 376
民隱 320
閔應植 363, 364, 367, 369, 370, 372
民峙 351
閔致憲 373, 374
閔台鎬 374

ㅂ

朴□來 355
朴琦緒 355
朴亮之 149
朴萬大 318
朴萬宗 353
朴炳琦旅館 93
搏山所 77
朴祥 232
朴守良 244, 245
朴勝淑 355
朴勝夏 355
朴勝鎬 335, 336, 343, 346, 355, 356
朴永俊 245
박옹 192
朴邕序 188, 191
朴元 83
朴惟棟 156, 176~178, 181, 183, 196
朴訔 211
朴應鍾 374
朴仁範 152
朴泰恒 300
薄荷油 364
薄荷湯 366, 367
朴恒來 348, 353
朴亨 83
朴烘緒 355
般若寺 179, 183
方丈 69
방축리 337
白蠟燭 246
白蓮寺 194

百禮祝輯 285
百祥樓 16, 34, 46
白雲寺 193
百濟 75, 76, 122, 123, 137, 144, 153, 154,
    157, 161, 172
百濟國 122
백제 부흥운동 139
백제 사찰 138, 139
白周鎭 340
백화산 187
飜刻 382
梵魚寺 48, 67~69, 73
梵天 68
梵行 166
法性禪師 163, 190
法王 122, 137, 138, 144
碧洞 364
碧松堂 智嚴 179
卞永圭 355
변한 153
卞勳男 245
別單 320
別墅 229
別枝畵 319
兵鏡 21
兵部 56
丙子胡亂 263, 266, 283, 287
兵將說 27
輔國安民 331
補軍錢 327
보부상 338
普愼 187

保幼新編 264, 265, 271, 277, 280~282,
    284, 286~288
보은 340
菩提寺 大鏡大師 麗嚴 188
寶徹和尙 163
覆刻 382
복산 297
복산리 290
福水所 77, 78
본피궁 141
奉德寺 70
蓬萊 68
鳳鳴館 93
封書 373~375
夫擔軍 324, 326, 329
浮圖塔 170, 171
夫沙里 353
釜山子城碑 51
浮石山 163
浮水巖 349, 350, 356, 358
부수암 전투 349, 354
부안 336
扶正斥邪 343
復初齋集 389
復戶 324, 326, 329
북접 357
北村 83
粉唐紙 387
불국사 382
硼砂 367
碑閣營建有司 314, 317
毘盧遮那佛一大尊像 171

備邊司 237, 309
賓貢科 149, 150, 152, 153

ㅅ

四君子 319
士大夫 244
士林 243
士林勢力 223, 230, 261
司馬榜目 44, 297
飼病鷹說 286
四山碑銘 97, 155, 175, 191, 195
士習 243, 244
事審官 172, 173
四維 244
思政殿 234
士族 263
社倉 367
士風 242
四海 48, 61, 69, 71
士禍 223
산내면 78
山城 83
山長 44
山中宰相 133, 147
薩水 16, 23~29, 41, 43, 46
薩水大戰 33, 34
薩水大捷 13, 19, 21, 22, 25, 29~31, 41, 42, 45, 46
三綱行實圖 209, 210
三國史記 24, 25, 140
三岐 83

杉山旅館 94
三政 310, 311
삼척 256
三千佛 171
三千佛殿 156, 157, 168, 169, 171
三層無垢淨石塔 143
三韓 152
揷峙 351
喪擔軍 325
상대동 76, 87
상량문 317, 329
常盤館 94
上長 218
尙州 深妙寺 182
상중리 199
上湯 81
上戶長 218
色吏層 219
徐居正 81, 226, 229
書啓 320
書啓別單 316
西門烽 356
西峯部曲 77
徐雨錫 285
西原 123
西游日記 13, 14
書狀官 309
徐長輔 17
徐章玉 334, 335, 357
書租 324, 326, 329
서화면 337
釋迦牟尼 121

釋迦如來舍利塔 170
석가탑 382
石多山 31
釋燈大德 163
石顚 191, 192
禪那別館 182
禪門寶藏錄 155, 188, 189
善山 44, 84
宣祖 242
禪宗 97, 121, 133, 153, 155
宣宗 165
偰循 210
雪嶽山 131, 190
雪岳山 163
蟾實 369
聖骨 172
成九鏞 250
聖德王 57, 61, 69, 72~74
成無忌 264, 280, 288
聖先 308
成世章 245
成宗 216, 242
聖住寺 97, 122~125, 129, 132~148,
　　150~152, 154~157, 161, 162,
　　166~175, 183, 187, 190, 193, 194
聖住寺碑 97~99, 103, 110, 118, 119,
　　125, 127, 129, 134~138, 143, 144,
　　150~153, 155, 156, 160~162, 169,
　　170, 184
聖住寺碑 復元圖 101, 108
聖住寺碑 拓影 109
聖住寺碑片 102

聖住山門 120, 155, 156, 160, 176, 185,
　　188, 195
聖住禪寺 160
聖住禪院 160, 168
星州李氏 308
成渾 82
聖興寺 194
世道 243
世祖 19~21, 79
세종 207~211, 214, 216, 220
召信臣 323
蕭正表墓誌 110
소태봉 297
蘇蝦 68
俗字 221
孫汝誠 83
宋啓洙 324, 326~329
宋光迪 58
宋國澤 283
宋奎濂 362
宋近洙 177
宋麒壽 230
宋基學 89
宋相壽 259
宋來熙 341, 343
宋明欽 13~16, 19, 21, 22, 45
宋文欽 89, 91
宋秉璿 341
宋鳳壽 82, 83
宋象賢 51, 82
宋時烈 49, 88, 89, 177, 181, 265, 267,
　　268, 270, 274~276, 283, 284, 323,

325, 362
松院峙(소라니재) 350
宋益璟 245
宋益壽 245, 246
宋浚吉 13, 177, 265, 267, 272~274, 283, 288, 323, 325, 362
宋村 267, 268, 271, 273, 274, 283, 287, 288
宋致淵 89, 91
宋憲卿 362, 363
宋徽相 85
宋欽俊 325
刷馬錢 325
刷錢 324, 326, 329
刷廳 326
隋煬帝 40, 160
隋軍 21, 25, 45
壽洞 83
守令七事 210
收漫軒 49
隋兵墳墓 30
壽石史(傳來 庭石) 225
수안보 온천 92
水雲 281
宿衛學生 149, 153
肅宗 277, 299
循吏 244
巡撫 72
순무영 347
順孫 208, 210
巡狩 70, 71, 73, 74
巡狩碑 48

順安縣 20
詢义 176, 183~185, 187, 188, 196
純祖 242
崇岩 168
崇嚴山聖住寺事蹟 133, 155, 156, 195
嵩嚴山門 120, 160
崇嚴山聖住寺 151, 160
崇賢書院 325
濕拓 383
僧亮 187
勝利館 94
侍衛監 56
時政記 235
食邑 140, 141, 173
申鑑 265
辛龜錫 346, 355
神農氏 279
申大規 276
신도안 81
新羅 47, 48, 52, 61, 64, 65, 69, 71, 74, 97, 122, 123, 128, 139, 153, 157, 174, 209, 381
新羅 溫井碑 48, 73, 74
新羅史 74
新羅書聖 382
新羅王 52
申曼 263~268, 270~277, 280~288
신문왕 56, 65, 139
辛士衡 245
신상하 302~306
神仙 260
辛世雄 29

新院 376
辛元錫 356
申愈 271
申濡 87, 88
申翊隆 265, 266, 268, 271, 287
辛益柱 356
申正熙 347
辛埈浩 355
新增東國輿地勝覽 177
申欽 266, 267
實學 263
心(深)光 185
尋(深)妙寺 179
深谷寺 193
心光 186, 188, 196
深妙寺 176, 179, 182, 183~185, 187, 188, 193, 196
深妙寺碑 179, 183, 184, 196
沈宜淳 374
沈香 69

ㅇ

雅亭 191, 192
雅亭遺稿 188
安陵(安州) 19
安陵七佛寺碑銘 18
安名世 235
安北大都護府 17
安北府 17
安軾 83
安神四物湯 374

安晶玉 369, 372~375
安從琠 245
安州 13, 14, 17, 31~35, 43~46
安州城 43, 46
안주읍성 15
安州人 30
安玹 245
安興學校 34, 35, 46
安興學校庭 33
暗行御史洪公遠謨民惠實蹟 313
압록수 29
哀莊王 145, 162
藥洞 95
藥師如來舍利塔 170
藥性歌 285
梁恪淳 356
양녕대군 210, 215
良民 289, 301
陽城 374
梁誠之 21, 229
楊素 27
梁淑 228, 232
양위탕 371, 372
良人 299, 305
梁在圭 356
梁在鳳 346, 355
陽智縣 375
梁學祖 356
兩湖召募使 文錫鳳 353
御軍幕 376
御史 233, 307, 308
御史洪公遠謨永世不忘碑 312

於義洞 82, 83
嚴榮永 355
엄한상 354
嚴禧永 355
呂東奎 316, 329
驪山 63, 70, 74
驪山 溫湯 64
여산 온탕비 63
麗嚴 186
驪州邑 370
輿地圖書 79, 173
驪泉[驪山溫泉] 65
驪興閔氏 363
易經 234
歷代兵要 21, 27
驛站 310
櫟泉家 89
易學 261
演福寺鐘 18
연산 258, 331, 351, 357
燕山(君) 215, 216, 220
連水縣 164
延安李氏 285
延載 123
延在浩 314, 317, 319
廉謹 236, 242, 246
廉謹吏 242
廉謹人 244, 246, 249
靈覺寺 185, 186, 188, 196
靈覺寺重修記 186
營建有司 314, 315
영광 336

永同 83, 331, 351, 354, 357
永樂 205
永明寺 20
瀛洲 69
靈泉旅館 94
永平縣監 316
禮安金氏 225~227, 232, 236
吳健 82
誤渡灘 30, 34
오리골 212
吳鳳鶴 367, 372
吳祥 245
五色石寺 131, 163, 190
五嶽 69
五衛陣法 21
吳長慶 374
烏合寺 133
烏合寺 138, 160, 165, 166
玉果縣監 227
옥녀봉 297
玉馬山 173, 174
沃川 84, 331, 338, 339, 351, 354, 357
溫水 57
溫陽 57
溫井 48, 52, 54, 55, 57, 61, 69~71, 74, 81
溫井改建碑 58, 74
溫井碑 54, 55, 59~61, 69, 73, 74
溫井直 88
溫泉 47, 57, 59, 64, 71, 73, 74, 76, 80, 81~84, 95
溫泉旅館 94
溫湯碑 62, 64, 70, 381

溫湯碑文 74
完文 314, 320, 328~330
완주 337
王旨 207
王羲之 382
왜 50
왜관 50
外戚 223, 261
요동 29
용계동 269
龍腦 366, 367
龍塘峴 34, 43, 45, 46
龍仁縣 376
龍藏寺碑 111
우금치 353
宇文述 23
禹世謙 245
于仲文 23, 41
熊州 167
熊川州 145, 146
圓瓊 187
元旦肅拜 214
願堂 142~147
圓朗 187
元鑽遠墓誌 119
願刹 124, 172
院村里 181
元和 163
元曉 195
月光寺圓朗禪師碑 187
월평동산성 75
爲己之學 228, 261

魏昕 125~127, 133~135, 143, 145~148, 151, 166
윗들거리 212
유(성)창 77
유등천[柳等(浦)川] 78
遺事 349
劉祥烈 355
유성 80, 89
유성 온천 75, 76, 79, 81, 88~96
柔城(儒城) 81
유성관광호텔 95
유성구 76
儒城溫泉株式會社 91, 92
儒城溫泉會社 91
儒城浴所 90, 95
儒城縣 75~80, 87
유성호텔 92
遺愛碑 315
裕寂 166
儒鄕公事員宋公啓洙本縣防弊事實記 316, 320, 321, 329, 330
儒會軍 333
有懷堂 49
有懷堂集 52
六橋 390
六頭品 149, 152, 153
六部 56, 71
六祖 153
六曹 56
尹光雲 83
尹東轄 77
尹釜 245

尹拯 49
尹春年 245
尹沈 231
尹湯卿 83
尹鉉 245
尹鑴 272
允興 134, 147, 150
恩津 83, 308, 329, 339
恩津宋氏 89, 267, 273, 362, 363
乙卯倭變 237
乙巳士禍 235
을지공석상 34
乙支文德 13, 21, 23~29, 31, 32, 34, 40~46
乙支文德 石碑 復原圖 37
乙支文德石像 33, 34, 36
乙支文德傳 24
邑司 219
宜(醫)鑑 280
宜(醫)學入門 280
義契 345~347, 358
義谷 82
醫局 273, 274, 283, 288
義旗 343
義壇 345
義童 356
義童頭領 357
義兵 357
義夫 208, 210
義相 67, 73, 195
義湘臺 48
醫書 264
醫藥書 264

醫人 374
誼靜 134, 151
의좋은 형제 197, 221, 222
宜和夫人 134, 147
義會軍 332~335, 338, 339, 343, 345~354, 356~358
義會長 335, 343, 356
의휘 276, 277, 288
李謇愚 285
李瓊仝 229
李景奭 226
李穀 53, 54
李慣 267
李久洄 258
李久源 227
李久澄 230
李貴 267
李根培 253
李根永 364
李芑 235
李德懋 188, 191
李道宰 345
吏讀 199, 220, 221
李得永 315~317
李鑾 258, 260
李蕢 235, 245
李穆 225~229, 230, 247, 261
李夢弼 245
李文鏽 356
李炳璇 253
李錫九 355
李成万 197, 198, 205~209, 211~221

李世璋 223~233, 243~247, 249, 252, 257~262
李世璋 年譜 238
李世燦 250
李穄 228
李順 197, 205, 206, 212, 214, 221
李舜臣 82
李埁 356
李是遠 309, 316
李是鎰 367
李深源 81
二十四孝圖 209
吏額 310
李彦瑞 83
李榮 245
李沃 18
李容德 348
李原 211
李元鎭 54, 55
李潤慶 230, 231
李義絅 286
李貞 82
李祖默 387
李浚慶 230, 236, 242, 245, 249
李重慶 245
利川 233
梨峙大捷 337
李評事集 230, 261
李賢植 373
李滉 230, 236, 242, 245, 249
吏況 311
인쇄술 382

仁叟 82
仁王道場 70
仁容寺 142
仁宗 235
仁顯聖母行錄 附壬午六月日記 363
一石 156, 176, 196
任輔臣 245
壬戌民亂 308, 329
任良臣 84
林億齡 231, 232
壬午軍亂 362, 363
壬午六月日記 362, 363
林有培 83
任俊明 84
임진왜란 50, 51, 337
林川 266
林川郡守 364
任漢錫 337, 338, 346, 347, 354, 355
臨海郡公 123
任虎臣 245
林孝生 289, 290, 294~306
林薰 185
入朝使 149
入湯紀念碑 52
입후(入後) 300

ㅈ

紫雲 281
紫岑里 371
子定 49
將軍 56

長湍 233
張道斌 36, 37, 39
章服 64
萇山國[萊山國] 47
獐山城(慶山郡 慶山邑) 140
長生殿 69
張成祿 318
長水 348
狀申 206, 221
長安 123
張維 266
丈六世尊像 126, 143, 148, 151
長湖院 363
載初 123, 139, 140, 145
謫客 324, 326, 329
寂忍國師 153
全基正 356
田畓結價詳定 326
全唐詩 149
傳來石 262
전봉준 335
田賦 310, 326, 327, 329
田遇春 83
全朝鮮弓術大會 94
全州 223, 334
全八元 318
全彭齡 245
節目 324, 326, 329
節婦 208, 210
絶影島 48
節義廉恥 243, 244
鄭敬晢 92

鄭經世 274, 283
丁觀燮 353, 354
定光如來舍利塔 170
鄭逑 258
正己 244
正德 157
丁斗燮 338, 339, 346~348, 350, 351, 355
靜明造象記 111
呈文 374
定配罪人料 326
鄭翻朝 338, 343, 346, 348, 351, 354
鄭翻朝殉義碑 354
正心 179
丁若鏞 277, 286
鄭溫默 355
鄭容業 353
貞元 162
鄭惟吉 247
丁義洙 355
鄭宗榮 245
靜衆無相禪師 128
鄭志模 355, 356
鄭志煥 338, 346, 347, 349~351, 354
鄭震 84
鄭招 208
淨土寺 法鏡大師 玄暉 188
正統 187
鄭誧 54
旌表門閭 206, 217, 221
鄭彙憲 157
鄭興旅館 93
提督 374

濟原驛 335, 336, 351
濟衆新編 285
趙光祖 235
祖堂集 133, 155, 163, 165
조대장 302~306
詔文 218
調府 56
조사당(祖師堂) 169
趙士秀 245
趙涑 267
趙雲龜 310
趙翊 258, 260
糶糴 310
朝正使 130
趙重峯 345
漕倉 310
趙憲 82, 177
鳥峴店舍 364
存愛院 274, 283
從容堂 345
左哨長 355
周法尙 26
周世鵬 236, 245, 249
朱子書 270
舟村 263, 265, 269, 270, 284, 288
舟村舊址 269
舟邨 申公(昴) 280
舟村新方 264, 265, 271, 273, 276, 277, 282, 284, 286~288
舟村遺稿 271
舟村精舍 275
舟村集 264, 265, 271, 287

竹山 368
竹山府 375
竹下稿 285
中等朝鮮歷史 34
中祀 48, 61, 64, 67, 69, 71, 73
중종 230, 231, 233, 234, 242, 243
中宗反正 230
中哨長 355
增補單方新編 276, 286, 288
增訂中等朝鮮歷史 33
池東洙 355
只士川 84
至相寺 132, 163
池松旭 286
志崇 166
知申事 205, 208, 210
志精 318, 319
智證 191
地黃 275
震旦 121
晉祠 63
晉祠碑 62, 64, 381
진산 331, 337, 338, 350, 351, 357
珍山 浮水巖 349
晉書 62~64
鎭岑 79, 258, 263, 268, 274~276, 284, 337
鎭岑 九峯山 268
鎭岑 舟村 268, 274
鎭岑邑誌 269
진잠현 79
진주목사 329

辰韓 153
賑恤 295
진휼청 299
진흥왕 72

大

爨龍顔碑 119
參謀士 346, 347
倉里 77
昌林寺無垢淨塔願記 128, 135, 148, 153, 170
창원 황씨 294~298, 305, 306
千佛殿 157
天順 186
賤人 299
天頎 188
牒呈 336
淸簡 242, 246
淸簡人 244, 249
淸廉 244
淸白 248, 252, 253, 261
淸白吏 223, 224, 242~244, 260, 261
淸使 373
淸暑六和湯 369, 370
靑松府使 230
청주 357
청주병영 339, 340, 349
淸州韓氏 266
淸川江 16, 23, 34, 45
淸川江祀壇 32
淸川祠 31, 32, 41, 44, 46

淸海鎭 166
淸虛堂集 155, 188, 189
淸虛集 175
哨長 356
椒井 84, 88, 95, 96
椒井編 87
村介所 77, 78
撮要 273
崔光演 229
崔鳳俊 355
崔淑精 229
崔元 152
崔仁渷 192
崔正範 353
崔濟愚 281
崔致遠 97, 127, 128, 149, 152, 155, 169, 184, 185, 191
崔賀 152, 153
鄒魯 323
追慕碑 301, 304
追善願堂 124, 139, 142, 144, 145, 148, 154
追善者 123, 142
秋城郡 135, 152
追者 142
충녕대군 210
忠元 65
충주 병영 371
忠州 木溪 267
忠州牧使 228
聚遠樓記 226
吹笛里 364

緇流 179
七代錄 188, 189
七墳遺墟碑 304
七佛 19
칠불 석상 30
七佛島 30
七佛樓 19
七佛寺 13~15, 19~23, 30, 34, 41, 45, 46
七祖 128, 129
七祖師堂 128, 143, 151, 169
針伊所 77

ㅌ

打本 381
拓碑秘訣 387
탁포 385
炭東面 78
榻本 381
태인 336
太祖 81, 95, 164, 172, 186, 242
太宗 65, 70, 80, 81, 95, 381
太宗臺 48
太宗廟號 139
太宗武烈王 61, 64, 69, 381
泰昕 133, 166
土姓 219
土姓吏族 218, 220, 222
通文 336
통일신라 76, 77
通志錄 82
退溪 230

投扇江 253, 255

ㅍ

破軍沼 30
扁鵲 279
平壤 31
평양성 25
平壤旅館 93
平陳湯 376
布告文 343
砲隊長 338, 346~348, 350, 351
砲士 347
表訓 67, 73

ㅎ

河演 205, 208, 210, 211
賀正禮 64
下湯 81
鶴橋契 308
韓繼禧 19~21, 45
韓觀德 355, 356
한국전쟁 95
翰林臺 148, 150, 151
翰林郎 97, 150, 153, 154, 170
한우물 289, 297, 302, 304~306
한우물 복산 301
寒齋 223
韓点大 366
寒竹堂涉筆 188

韓弘圭 346, 347, 350, 351, 356
항월리 289, 290, 304
海東無染國師無說吐論 188, 190
海東七代錄 175, 188, 189, 196
海眼(鐵面老人) 175, 176
海雲臺 48
海印寺 128
海印寺妙吉祥塔記 128
海州 164
行商接長 337, 347
行寂 128
行縣監李公得永遺愛碑 316, 329
鄕官 259
향리 218
香墨 389
香附 275
鄕射堂 325~327, 330
香砂平胃散 373
鄕藥救急方 273
鄕藥集成方 273
鄕員 316, 329
鄕廳 316, 327, 329, 330
憲康王 179, 183, 184, 186, 196
憲德王 149, 167
憲安王 184
獻王 137, 160, 161
獻王代 122
獻王太子 122
軒轅氏 279
憲貞系 150
憲宗 163
賢良科 235

顯宗 295, 297, 300, 305
玄鎭健 34~37, 39
玄暉 186
玄興澤 364
兄邊 48, 61, 67, 69, 71
혜경궁읍혈록 363
慧昭 191
惠王 137, 138, 144
犒軍監 347, 350, 351, 356
호메이칸(鳳鳴館) 95
戶長 218, 220, 221
戶長正朝 214
戶籍書租紙米 325
胡椒 246
洪景謨 162
洪遠謨 324
洪龜遐 308
洪曇 245
洪命耉 266
洪鳳漢 308
鴻山 83
洪錫 226
洪湜 245
鴻叟 44
洪彦謨 308
洪遠謨 307~309, 311, 314~317, 319, 320, 324, 326~330
洪義浩 309
洪履祥 308
弘治 205, 206
洪義綏 308
化樂天宮 125

畫僧 319
華嚴 132, 163
華嚴寺 175
華嚴寺事蹟 175
華嚴思想 67, 73
華嚴十刹 68, 69
華嚴學 190
華淸宮 69
華佗 279
還穀 311
還政 311
還正壺位事 374
黃澗 177
황간면 177
黃澗縣監 177
黃巾 343
黃溪 177
黃溪誌 156, 176, 178, 179, 183, 196
黃義敦 33, 34, 43
黃自厚 273
黃州牧使 236, 237
黃春吉 318
黃憲 232
黃玹 33
黃希老 84
懷德 82, 177, 258, 259, 263, 267, 273, 281, 283, 284, 308, 314, 324, 325, 329, 337
회덕향교 320, 329, 330
懷德縣 80, 89, 311, 314, 320, 327~330
懷德縣監 307, 310, 311, 315, 316, 329
懷德縣三政捄弊條目成冊 311, 327, 329

회덕황씨 273
懷讓 153
會長 356
會昌 164
會昌廢佛 131
茴香 275
孝源 295, 305
효자 208, 210
孝宗 270
孝行錄 209~211
후백제 186
勳舊勢力 223, 261
訓長 356
休靜 175, 188
翕別執事 44
흥덕 336
興德王 150
興仁部曲 77
稀痘法 280

∷ 본서 수록 논문 發表誌名 ∷

- 「櫟泉 宋明欽의 七佛寺鐘銘記와 薩水大捷」(『충청학 연구』 7, 2005)
- 「有懷堂 權以鎭의 新羅 溫井碑攷」(『道山學報』 8, 도산학술연구원, 2001)
- 「儒城 溫泉考」(「유성온천 이야기」 『유성온천과 대전』, 대전시립박물관, 2021)
- 「金立之의 聖住寺碑」(『古代研究』 6, 古代研究會, 1998)
- 「聖住山門 관련 史料의 검토」(『古代研究』 7, 古代研究會, 1999)
- 「의좋은 형제 '李成万·李順'의 紀事碑攷」(『湖西地方史研究』, 호서사학회, 2003)
- 「淸白吏 錦江漁叟 李世璋의 怪石과 怪石碑」(『충청학과 충청문화』 6, 충청남도역사문화연구원, 2007)
- 「舟村 申晸의 『保幼新編』 편찬과 『舟村新方』」(『藏書閣』 25, 한국학중앙연구원, 2011)
- 「한우물 마을의 임효생(林孝生) 묘비고(墓碑攷)」(『충남 역사·문화의 자료와 현장』, 국사편찬위원회 사료조사위원 충남·대전지회, 2012)
- 「어사(御史) 홍원모(洪遠謨)의 영세불망비(永世不忘碑) 고찰」(『대전문화』 21, 대전광역시사편찬위원회, 2012)
- 「1894년 錦山地域 義會軍의 組織과 活動」(『忠南史學』 10, 忠南史學會, 1998)

•양승률(梁承律)•

충남대학교 사학과
충남대학교 박사과정 수료
대전시립박물관 학예연구실장
현재 경기대학교 인문학연구소 연구원

금석문으로 본 단편 한국사 연구 斷編 韓國史 硏究

초판발행일	2025년 6월 30일
지 은 이	양승률
발 행 인	김선경
책임편집	김소라
발 행 처	서경문화사
	주소 : 서울시 종로구 이화장길 70-14(204호)
	전화 : 743-8203, 8205 / 팩스 : 743-8210
	메일 : sk7438203@naver.com
신고번호	제1994-000041호
ISBN	978-89-6062-264-7　　93910

ⓒ 2025. 양승률·서경문화사 All rights reserved.

※ 파본은 구입처에서 교환하여 드립니다.

정가 39,800원